2021, IM JAHR DES METALL-BÜFFELS, KANN MAN MIT MUT VIEL ERREICHEN

2021

	Januar	Februar	März	April
Mo	4 11 18 25	1 8 15 22	1 8 15 22 29	5 12 19 26
Di	5 12 19 26	2 9 16 23	2 9 16 23 30	6 13 20 27
Mi	6 13 20 27	3 10 17 24	3 10 17 24 31	7 14 21 28
Do	7 14 21 28	4 11 18 25	4 11 18 25	1 8 15 22 29
Fr	1 8 15 22 29	5 12 19 26	5 12 19 26	2 9 16 23 30
Sa	2 9 16 23 30	6 13 20 27	6 13 20 27	3 10 17 24
So	**3 10 17 24 31**	**7 14 21 28**	**7 14 21 28**	**4 11 18 25**

	Mai	Juni	Juli	August
Mo	3 10 17 **24** 31	7 14 21 28	5 12 19 26	2 9 16 23 30
Di	4 11 18 25	1 8 15 22 29	6 13 20 27	3 10 17 24 31
Mi	5 12 19 26	2 9 16 23 30	7 14 21 28	4 11 18 25
Do	6 **13** 20 27	3 10 17 24	1 8 15 22 29	5 12 19 26
Fr	7 14 21 28	4 11 18 25	2 9 16 23 30	6 13 20 27
Sa	1 8 15 22 29	5 12 19 26	3 10 17 24 31	7 14 21 28
So	**2 9 16 23 30**	**6 13 20 27**	**4 11 18 25**	**1 8 15 22 29**

	September	Oktober	November	Dezember
Mo	6 13 20 27	4 11 18 25	1 8 15 22 29	6 13 20 27
Di	7 14 21 28	5 12 19 26	2 9 16 23 30	7 14 21 28
Mi	1 8 15 22 29	6 13 20 27	3 10 17 24	1 8 15 22 29
Do	2 9 16 23 30	7 14 21 28	4 11 18 25	2 9 16 23 30
Fr	3 10 17 24	1 8 15 22 29	5 12 19 26	3 10 17 24 31
Sa	4 11 18 25	2 9 16 23 30	6 13 20 27	4 11 18 **25**
So	**5 12 19 26**	**3 10 17 24 31**	**7 14 21 28**	**5 12 19 26**

Glückskalender für Kinder 2021/2022

Land	Winter-/Frühjahrs-/ Osterferien	Pfingstferien	Sommerferien	Herbstferien	Weihnachts-ferien
Baden-Württemberg	01.04. 06.04. - 10.04.	25.05. - 05.06.	29.07. - 11.09.	31.10./ 02.11. - 06.11.	23.12. - 08.01.
Bayern	15.02. - 19.02. 29.03. - 10.04.	25.05. - 04.06.	30.07. - 13.09.	02.11. - 05.11./ 17.11.	24.12. - 08.01.
Berlin	01.02. - 06.02. 29.03. - 10.04.	14.05.	24.06. - 06.08.	11.10. - 23.10.	24.12. - 31.12.
Brandenburg	01.02. - 06.02. 29.03. - 09.04.	–	24.06. - 07.08.	11.10. - 23.10.	23.12. - 31.12.
Bremen	01.02. - 02.02. 27.03. - 10.04.	14.05. / 25.05.	22.07. - 01.09.	18.10. - 30.10.	23.12. - 08.01.
Hamburg	29.01. 01.03. - 12.03.	10.05. - 14.05.	24.06. - 04.08.	04.10. - 15.10.	23.12. - 04.01.
Hessen	– 06.04. - 16.04.	–	19.07. - 27.08.	11.10. - 23.10.	23.12. - 08.01.
Mecklenburg-Vorpommern	06.02. - 18.02./19.02. 29.03. - 07.04.	14.05./ 21.05. - 25.05.	21.06. - 31.07.	02.10. - 09.10./ 01.11./02.11.	22.12. - 31.12.
Niedersachsen	01.02. - 02.02. 29.03. - 09.04.	14.05. / 25.05.	22.07. - 01.09.	18.10. - 29.10.	23.12. - 07.01.
Nordrhein-Westfalen	– 29.03. - 10.04.	25.05.	05.07. - 17.08.	11.10. - 23.10.	24.12. - 08.01.
Rheinland-Pfalz	– 29.03. - 06.04.	25.05. - 02.06.	19.07. - 27.08.	11.10. - 22.10.	23.12. - 31.12.
Saarland	15.02. - 19.02. 29.03. - 07.04.	25.05. - 28.05.	19.07. - 27.08.	18.10. - 29.10.	23.12. - 03.01.
Sachsen	08.02. - 20.02. 02.04. - 10.04.	14.05.	26.07. - 03.09.	18.10. - 30.10.	23.12. - 01.01.
Sachsen-Anhalt	08.02. - 13.02. 29.03. - 03.04.	10.05. - 22.05.	22.07. - 01.09.	25.10. - 30.10.	22.12. - 08.01.
Schleswig-Holstein	– 01.04. - 16.04.	14.05. - 15.05.	21.06. - 31.07.	04.10. - 16.10.	23.12. - 08.01.
Thüringen	08.02. - 13.02. 29.03. - 10.04.	14.05.	26.07. - 04.09.	25.10. - 06.11.	23.12. - 31.12.

Auf den Inseln Sylt, Föhr, Amrum und Helgoland sowie auf den Halligen gelten für die Sommer- und Herbstferien Sonderregelungen

INHALT

Ihr Chinesisches Horoskop-Jahrbuch erscheint seit 45 Jahren im

BIO Ritter Verlag
Monatshauser Str. 8
D-82327 Tutzing
Fax (0 81 58) 71 42
E-Mail: bioritterverlag@aol.com

Das Chinesische Horoskop-Jahrbuch aus dem BIO Ritter Verlag kann auch bei AMAZON oder über den Buchhandel bestellt werden

Prognosen/Texte: Daniela Herzberg/Roger Keller
Illustration chinesische Tierzeichen: Reinhard Habeck
Redaktion: Monica Ritter
Satz: Ostfriesische Presse Druck GmbH, Emden
Druck: Silber-Druck, Niestetal

Im Jahr des Metall-Büffels kann man mit Mut viel erreichen

Liebe Leserin, lieber Leser!

Daniela Herzberg mit ihrem Lebensgefährten Roger Keller, der unter anderem für die Monatstabellen mit den wertvollen Entscheidungshilfen verantwortlich ist

Als ich im vergangenen Jahr das Editorial für das Jahr der Metall-Ratte geschrieben habe, habe ich von einem möglichen Neuanfang in vielen Bereichen gesprochen. Was dann folgte, war in diesem Umfang wirklich nicht voraussehbar. Ein weltweiter Lockdown aufgrund eines Virus ließ uns alle monatelang innehalten und wir wurden gezwungen, alte Strukturen und Konzepte in Frage zu stellen - sei es auf globaler oder auch persönlicher Ebene.

Die Metall-Ratte hat dafür gesorgt, dass wir nicht nur über Grenzen hinausgedacht, sondern diese in den vergangenen zwölf Monaten auch häufig überschritten haben - und das nicht immer nur im positiven Sinne. Wer hätte sich zum Beispiel vorstellen können, dass unsere Grundrechte eingeschränkt und die Wirtschaft lahmgelegt wird zum Schutz unserer Gesundheit.

Ist die Ratte im vergangenen Jahr eher dadurch aufgefallen, dass es ihr schwerfiel, eine Richtung einzuhalten und klare Entscheidungen zu treffen, wird das dem neuen Jahresregenten wohl kaum Probleme bereiten. Dem Metall-Büffel wird es verstärkt darum gehen, nach klaren Vorgaben auf dem einmal eingeschlagenen Weg voranzuschreiten und dafür zu sorgen, dass sich die von allen Seiten heraufbeschworene neue Realität etablieren kann.

Wie diese Realität ausschauen wird, hat dabei jeder Einzelne von uns selbst in der Hand. Wer die Herausforderungen aus 2020 als Chance für einen wirklichen Neuanfang sieht, den kann der Büffel nun dabei unterstützen, eine stabile Basis für die Zukunft zu schaffen. Auch wenn der Weg erst einmal unbequem erscheint, sorgt der neue Herrscher dafür, dass wir nicht verzagen. Wir sollten die Ärmel hochkrempeln und den nötigen Einsatz zeigen. Mit Beharrlichkeit und Fleiß lässt sich 2021 auf allen Ebenen auf diese Weise damit viel erreichen.

Das eher konservative Weltbild des Büffels und die Erlebnisse des vergangenen Jahres können nun allerdings auch dazu führen, dass wir uns noch weniger trauen, einen Richtungswechsel vorzunehmen. Dann kann es uns passieren, dass wir in alte Gewohnheiten zurückfallen und weitermachen wie bisher, anstatt uns auf nötige Veränderungen einzulassen. Doch das bringt uns weder auf der persönlichen noch auf der globalen Ebene voran und bereitet uns auch kaum auf künftige Krisen vor.

Nach den Ereignissen des vergangenen Jahres heißt es, neue Stabilität und Vertrauen zu gewinnen. Mit seiner strukturierenden und erdenden Kraft kann der Metall-Büffel uns dabei unterstützen. Aus dem Erlebten sollten wir gelernt haben, dass wir unsere Verantwortung nicht einfach nach oben abgeben können. Mögen 2021 in allen Bereichen die Entscheidungen mit Herz und Vernunft getroffen werden - zu unserem Wohle und zum Wohle aller.

Herzlichst

Daniela Herzberg

P.S.: In diesem Jahr feiern wir übrigens die 45. Ausgabe des China-Horoskops! Einen ganz herzlichen Dank an alle Leser, die uns schon so lange die Treue halten!

Tipps für die Nutzung des China Horoskop Jahrbuchs 2021

Der Metall-Büffel bringt ab Februar 2021 sicher mehr Stabilität ins Jahresgeschehen und sorgt dafür, dass allerorten mehr Ruhe einkehrt. Wie immer finden Sie hier ein paar nützliche Informationen, die Ihnen den Einsatz unseres Ratgebers erleichtern sollen.

Wie bestimme ich mein Tierzeichen?

Der Hauptunterschied zwischen einem westlichen und einem chinesischen Horoskop besteht darin, dass in China das Tierzeichen nach dem Jahr berechnet wird und nicht wie im westlichen Horoskop nach dem Monat. **Welches chinesische Tierzeichen für welches Jahr gilt, können Sie ganz einfach in der Tabelle auf den Seiten 8/9 nachlesen.** Aber Achtung: Bei den Chinesen beginnt das astrologische Jahr nicht wie bei uns am 1. Januar, sondern nach dem chinesischen Sonnenkalender immer um den 4. Februar. Wer also vor diesem Termin geboren wurde, gehört noch zum Tierzeichen des Vorjahres.
Die zu der Jahresvorschau der einzelnen Tierzeichen angegebenen Daten ab Seite 10 beziehen sich übrigens auf den jeweiligen Termin des chinesischen Neujahrsfestes, der im Gegensatz zum persönlichen Horoskop nach dem Mondkalender berechnet wird.

Was Ihre Geburtsstunde über Sie verrät

Neben dem Geburtsjahr hat auch die Geburtsstunde einen wichtigen Einfluss auf die Persönlichkeit eines Menschen. Gibt das Tier des Jahres Hinweise auf Ihr Äußeres, so spiegelt das Tier der Geburtsstunde eher Ihre innere Persönlichkeit wider. Je nachdem, wie diese beiden Tiere zueinander stehen, ist der Mensch in Harmonie mit sich selbst oder geprägt von Spannungen innerhalb seiner Persönlichkeit. Oft finden sich auch Aspekte Ihrer Persönlichkeit im Tier der Geburtsstunde, die das Jahrestier nicht repräsentiert.
Die Chinesen teilen den Tag in zwölf Doppelstunden ein und ihr Tag beginnt, anders als bei uns, bereits um 23:00 Uhr mit der Doppelstunde der Ratte. Ihr persönliches Stundentier können Sie ganz einfach mit Hilfe der Tabelle auf Seiten 8 und 9 finden.
Je nachdem, wo Sie geboren sind, müssen Sie Ihre Geburtszeit der realen astronomischen Zeit anpassen. Für Deutschland, Österreich, die Schweiz und einige andere europäischen Länder gilt die so genannte Mitteleuropäische Zeit (kurz MEZ), die bei Görlitz an der deutsch-polnischen Grenze gemessen wird. Generell gilt: Je weiter westlich Ihr Geburtsort von Görlitz entfernt liegt, desto höher die Abweichung. Wenn also jemand zum Beispiel um 12:00 Uhr in Köln geboren wurde, ergibt sich aus astronomischer Sicht eine Abweichung von minus 32 Minuten. Das bedeutet, dass die astronomische Geburtszeit etwas früher bei etwa 11:28 Uhr liegt. Für Geburtsdaten nach 1980 müssen Sie darüber hinaus zwischen Ende März und Anfang Oktober die Sommerzeit berücksichtigen und eine Stunde abziehen, um die genaue astronomische Zeit zu erhalten.

Die Entstehung der Tierzeichen, die Fünf Elemente und Yin/Yang

Jahrtausende lang waren die Geheimnisse der chinesischen Astrologie nur dem Kaiser und seinem Hofstaat vorbehalten. Wahrscheinlich waren es buddhistische Mönche, die vor etwa 1200 Jahren einen Weg fanden, die kaiserlichen Verbote zu umgehen, um mit Horoskopen ihren Lebensunterhalt aufbessern zu können. Sie nahmen das bis dahin geheime Wissen um die Fünf Elemente und Yin und Yang und ordneten den Eigenschaften zwölf Tierzeichen zu. Jedes Jahr wurde einem Tier zugewiesen, so dass sich jedes der Tierzeichen alle zwölf Jahre wiederholt.

So kam jedes Tier zu seinem persönlichen Element und seiner Polarität, die seine Charaktereigenschaften recht genau widerspiegeln. Yang-Holz steht zum Beispiel für ungestümes, expansives Wachstum, das sehr eindrucksvoll durch den Tiger repräsentiert wird. Die mütterliche Yin-Erde passt dagegen hervorragend zur sanftmütigen Ziege.
Neben dem Element, welches das Tier repräsentiert, ergibt sich durch das Geburtsjahr jedoch noch ein weiterer Elemente-Anteil, mit dessen Hilfe sich die Tierzeichen noch besser einordnen lassen. Nicht jeder Drache ist gleich – je nachdem, ob Holz, Feuer, Erde, Metall oder Wasser ihn begleiten ist er mal forscher, mal verträumter. **Welches Element Ihr Geburtszeichen charakterisiert, können Sie auf der Seite mit Ihrer persönlichen Jahresvorschau ab Seite 10 im Kasten neben den Geburtsjahren nachlesen.**

Wer passt zu wem?

Diese Frage ist leider nicht ganz so einfach zu beantworten. Was man klar sagen kann, ist, dass es wie auch im westlichen Horoskop Tierzeichen gibt, die sich besser verstehen als andere. Auf der Tabelle auf den Seiten 8 und 9 finden Sie die günstigen und die weniger günstigen Kombinationen für Ihr Tierzeichen. Falls Sie Ihr Stundentier kennen, können Sie auch dieses in Ihr Urteil mit einbeziehen. Manchmal ergeben sich daraus neue Aspekte, die bei ausschließlicher Betrachtung des Jahrestiers nicht so offensichtlich zu sehen sind.
Generell vermittelt Ihnen die Tabelle eine Tendenz, wie die Tiere miteinander harmonieren. Bedenken Sie jedoch bitte, dass sich ein komplettes Horoskop (Geburtstag, -stunde, -monat und -jahr) aus vier Tierzeichen bzw. acht Elementanteilen zusammensetzt, die für eine genaue Analyse im Gesamtkontext und unter dem zeitlichen Aspekt betrachtet werden müssen. So kann die Kombination aus zwei Jahrestieren auf den ersten Blick unharmonisch sein, sich aber bei genauerem Betrachten des gesamten Bildes durchaus zu einem harmonischen Ganzen zusammenfügen.

Astronomische Abweichung der Geburtszeit von der MEZ

Aachen	ca. -36 min	**Freiburg**	ca. -29 min
Augsburg	ca. -16 min	**Fulda**	ca. -21 min
Baden-Baden	ca. -27 min	**Hamburg**	ca. -20 min
Berlin	ca. -6 min	**Hannover**	ca. -25 min
Bielefeld	ca. -26 min	**Karlsruhe**	ca. -26 min
Bonn	ca. -32 min	**Kassel**	ca. -22 min
Bremen	ca. -25 min	**Kiel**	ca. -19 min
Dortmund	ca. -30 min	**Köln**	ca. -32 min
Dresden	ca. -5 min	**Leipzig**	ca. -11 min
Düsseldorf	ca. -33 min	**Magdeburg**	ca. -14 min
Erfurt	ca. -16 min	**München**	ca. -14 min
Flensburg	ca. -22 min	**Nürnberg**	ca. -16 min
Frankfurt a. Main	ca. -25 min	**Stuttgart**	ca. -23 min
Wien	ca. + 5 min	**Zürich**	ca. -26 min
Graz	ca. + 1 min	**Bern**	ca. -30 min

Tierzeichen	Grund-element	Geburts-zeit	Passt generell zu	Passt gene-rell nicht zu	Geburtsjahre mit Zusatzelement	Eigenschaften
Ratte 	Yang Wasser	23:00 – 01:00	Ratte Büffel Drache Affe	Pferd Hase Hahn	1924, 1984 Holz-Ratte 1936, 1996 Feuer-Ratte 1948, 2008 Erd-Ratte 1960, 2020 Metall-Ratte 1972 Wasser-Ratte	kreativ bewusst clever weitsichtig kommunikativ
Büffel 	Yin Erde	01:00 – 03:00	Ratte Schlange Hahn	Ziege Drache Hund	1925, 1985 Holz-Büffel 1937, 1997 Feuer-Büffel 1949, 2009 Erd-Büffel 1961, 2021 Metall-Büffel 1973 Wasser-Büffel	einfallsreich stark konservativ durchsetzungsstark aufmerksam
Tiger 	Yang Holz	03:00 – 05:00	Pferd Hund Schwein Hase	Affe Tiger Schlange	1926, 1986 Feuer-Tiger 1938, 1998 Erd-Tiger 1950, 2010 Metall-Tiger 1962, 2022 Wasser-Tiger 1974 Holz-Tiger	strategisch willensstark entschlossen mutig führungsstark
Hase 	Yin Holz	05:00 – 07:00	Hase Ziege Schwein Schlange Tiger	Drache Hahn Pferd Ratte	1927, 1987 Feuer-Hase 1939, 1999 Erd-Hase 1951, 2011 Metall-Hase 1963, 2023 Wasser-Hase 1975 Holz-Hase	träumerisch diplomatisch häuslich heilend intuitiv
Drache 	Yang Erde	07:00 – 09:00	Ratte Affe Schlange	Hund Hase Ziege Büffel	1928, 1988 Erd-Drache 1940, 2000 Metall-Drache 1952, 2012 Wasser-Drache 1964, 2024 Holz-Drache 1976 Feuer-Drache	moralisch selbstsicher glückbringend opportunistisch erfolgreich
Schlange 	Yin Feuer	09:00 – 11:00	Büffel Hahn Drache Hase Affe	Schwein Tiger	1929, 1989 Erd-Schlange 1941, 2001 Metall-Schlange 1953, 2013 Wasser-Schlange 1965, 2025 Holz-Schlange 1977 Feuer-Schlange	traditionell zufrieden abwartend verlässlich vorsichtig

Pferd 	Yang Feuer	11:00 – 13:00	Pferd Tiger Hund Ziege	Ratte Hahn Hase	1930, 1990 Metall-Pferd 1942, 2002 Wasser-Pferd 1954, 2014 Holz-Pferd 1966, 2026 Feuer-Pferd 1978 Erd-Pferd	teamfähig verantwortungsvoll hitzig versonnen aktiv
Ziege 	Yin Erde	13:00 – 15:00	Ziege Hase Schwein Pferd	Büffel Hund Drache	1931, 1991 Metall-Ziege 1943, 2003 Wasser-Ziege 1955, 2015 Holz-Ziege 1967, 2027 Feuer-Ziege 1979 Erd-Ziege	selbstlos freundlich genügsam künstlerisch versonnen
Affe 	Yang Metall	15:00 – 17:00	Affe Ratte Drache Hahn Schlange	Tiger Schwein	1920, 1980 Metall-Affe 1932, 1992 Wasser-Affe 1944, 2004 Holz-Affe 1956, 2016 Feuer-Affe 1968, 2028 Erd-Affe	entschlussfreudig elegant fingerfertig leichtsinnig zuversichtlich
Hahn 	Yin Metall	17:00 – 19:00	Büffel Schlange Affe	Hase Hahn Ratte Pferd	1921, 1981 Metall-Hahn 1933, 1993 Wasser-Hahn 1945, 2005 Holz-Hahn 1957, 2017 Feuer-Hahn 1969, 2029 Erd-Hahn	stolz weitsichtig perfektionistisch offen sparsam
Hund 	Yang Erde	19:00 – 21:00	Hund Tiger Pferd Schwein	Drache Ziege Büffel	1922, 1982 Wasser-Hund 1934, 1994 Holz-Hund 1946, 2006 Feuer-Hund 1958, 2018 Erd-Hund 1970, 2030 Metall-Hund	wachsam intellektuell loyal misstrauisch komplex
Schwein 	Yin Wasser	21:00 – 23:00	Schwein Hase Ziege Hund Tiger	Schlange Affe	1923, 1983 Wasser-Schwein 1935, 1995 Holz-Schwein 1947, 2007 Feuer-Schwein 1959, 2019 Erd-Schwein 1971, 2031 Metall-Schwein	gesprächig treu hingebungsvoll mitfühlend fleißig

Die Tierzeichen und ihre Entsprechungen

TZE, die RATTE will Resultate sehen

Wenn Sie eine Ratte sind, sind Sie in einem der folgenden Jahre geboren:

鼠

1936	Feuer-Ratte	(24.01.1936-10.02.1937)
1948	Erd-Ratte	(10.02.1948-28.01.1949)
1960	Metall-Ratte	(28.01.1960-14.02.1961)
1972	Wasser-Ratte	(15.02.1972-03.02.1973)
1984	Holz-Ratte	(02.02.1984-19.02.1985)
1996	Feuer-Ratte	(19.02.1996-06.02.1997)
2008	Erd-Ratte	(07.02.2008-25.01.2009)
2020	Metall-Ratte	(25.01.2020-11.02.2021)

Grund-Element
Wasser Yang

An Ideen hat es der Ratte in den vergangenen zwölf Monaten sicher nicht gemangelt. Unter den gegebenen Umständen war es aber sicher nicht einfach, diese auch nach ihren persönlichen Vorstellungen umzusetzen. So haben die sich auftürmenden Hindernisse so manchen Elan gebremst. Aber die Ratte ist kein Tierzeichen, das lange Trübsal bläst, wenn die Dinge nicht so laufen, wie sie es sich vorstellt. Lässt sich ein Projekt nicht nach ihren Vorstellungen umsetzen, hat das erste Tierzeichen im Horoskop mindestens noch einen Plan B in der Tasche.

Und genau diese Alternativen darf die Ratte nun aus dem Hut zaubern. Denn mit dem Büffel steht ihr nun ein Herrscher zur Seite, der sie vor allem dann unterstützt, wenn es um die Umsetzung ihrer Pläne geht. Wer nun seinen Mut zusammennimmt und beherzt die Gelegenheiten ergreift, die sich bieten, kann mit dem Büffel an der Seite auch vergangene Verluste schnell wettmachen.

In der Liebe kann es durchaus Überraschungen geben in den kommenden Monaten. Das gilt sowohl für bestehende Partnerschaften als auch für eine frische Liebe, die sich vor allem in einem Umfeld von Sicherheit und gegenseitigem Vertrauen entwickeln kann. Wenn die Ratte bereit ist, kontinuierlich und ernsthaft an ihrer Beziehung zu arbeiten, wird sie dafür vom beständigen Büffel sicherlich belohnt.

Beruflich wird die Ratte immer dann punkten, wenn sie nichts übereilt und versucht, mehr Genauigkeit walten zu lassen. Eine gewissenhafte Vorbereitung ist dabei der Schlüssel zum Erfolg. Das dürfte sich vor allem bei Projekten zeigen, in die Ratte-Geborene schon viel Zeit und Mühe investiert haben. Auch die finanzielle Situation kann sich merklich entspannen, wenn die Ratte alle Parameter im Auge behält und sich nicht von Nebenschauplätzen ablenken lässt.

Ihr Powertipp für 2021
Konzentrieren Sie sich auf das Hier und Jetzt. Anstatt von künftigen Erfolgen zu träumen, besinnen Sie sich lieber auf die aktuellen Möglichkeiten.

Die Ratte und ihre Familie

Die Ratte liebt es, in Gesellschaft zu sein. Das wirkt sich natürlich auch auf ihr Familienleben aus. Zuhause wird man die Ratte im Kreise der Familie jedoch eher selten finden. Dafür ist sie viel zu neugierig auf all die schönen Dinge, die abseits von Heim und Familie vor sich gehen. Deshalb macht es ihr deutlich mehr Spaß, Partner, Kinder und Verwandte mit ausgefallenen Aktivitäten zu überraschen, als Abend für Abend mit ihnen vor dem Fernseher zu verbringen.

Die Ratte ist häufig der Initiator in einer Familie, der dafür sorgt, dass man sich trifft und gegenseitig unterstützt. Mit ihrer aufgeschlossenen und kontaktfreudigen Art ist sie immer ein gern gesehener Gast bei Familienfesten. Sie findet schnell den richtigen Draht, auch wenn man sich schon lange nicht mehr gesehen hat.

Für den Familienalltag mit all seinen kleinen und großen Problemen ist die Ratte nicht ganz so gut geschaffen. Ihre Lieben tun deshalb gut daran, ihr nicht allzu viel Verantwortung auf einmal aufzubürden. Auch wenn sie sich am Anfang begeistert bemüht, allen Aufgaben gerecht zu werden, lässt der Eifer recht schnell nach, wenn es komplizierter wird.

Die Ratte und ihre Freunde

Als eines der kontaktfreudigsten Tierzeichen im chinesischen Horoskop, hat die Ratte in der Regel keine Schwierigkeiten, sich auf dem öffentlichen Parkett zu bewegen. Mit ihrer charmanten Art macht die Ratte schnell Bekanntschaften und wird als Mittelpunkt jeder Feier geschätzt. Sie fühlt sich meistens pudelwohl inmitten eines großen Freundeskreises und liebt es, ihre Freizeit mit gemeinsamen Aktivitäten zu verbringen.

Die meisten Ratten haben viele unterschiedliche Kontakte, was vor allem daran liegt, dass sie so vielseitig interessiert sind und sich an jedem Gespräch beteiligen können.

DIE RATTE –
kontaktfreudig und kreativ

Geht es jedoch darum, jemanden zu finden, dem sie wirklich in allen Lagen ihres Lebens vertrauen kann, zeigt sich die auf den ersten Blick so offene Ratte erst einmal zurückhaltend. Enge Freunde haben die meisten Ratten deshalb eher wenige und diese wählen sie mit großem Bedacht aus.

Selbst wenn man zum Kreise der Vertrauten zählt, heißt das bei der Ratte noch lange nicht, dass man über ihre Gefühlslage im Bilde ist. So merken selbst die Menschen in ihrem engsten Umfeld oft erst sehr spät, wenn es der Ratte nicht gut geht, denn sie mag nicht mit ihren Problemen hausieren gehen.

Wer der Ratte also ein wirklicher Freund sein will, der muss nicht nur mir ihr feiern können, sondern auch dann zu ihr stehen, wenn sie nicht als strahlender Mittelpunkt das gesellschaftliche Parkett beschreitet. Erst wenn die Ratte sich bei einem Freund hundertprozentig sicher fühlt, kann sie alle Masken fallenlassen. Dann ist ihr Vertrauen fast grenzenlos und sie ist erleichtert, dass sie sich ihren Frust in einem sicheren Rahmen von der Seele reden kann.

KIU, der BÜFFEL behält seine Ziele im Auge

Grund-Element
Erde Yin

Wenn Sie ein Büffel sind, sind Sie in einem der folgenden Jahre geboren:

牛

1937	Feuer-Büffel	(11.02.1937-30.01.1938)
1949	Erd-Büffel	(29.01.1949-16.02.1950)
1961	Metall-Büffel	(15.02.1961-04.02.1962)
1973	Wasser-Büffel	(04.02.1973-22.01.1974)
1985	Holz-Büffel	(20.02.1985-08.02.1986)
1997	Feuer-Büffel	(07.02.1997-27.01.1998)
2009	Erd-Büffel	(26.01.2009-13.02.2010)
2021	Metall-Büffel	(12.02.2021-31.01.2022)

So mancher Büffel hat in den vergangenen Monaten sicher einen sehr langen Atem gebraucht und seine sonst wirklich unerschütterliche Geduld wurde mehr als einmal auf die Probe gestellt. Die Metall-Ratte hat dabei auf allen Ebenen für Unruhe gesorgt, so dass es selbst für den besonnenen Büffel nicht immer einfach gewesen sein dürfte, ruhig und gelassen zu bleiben.

Mit dem Start in das neue Jahr kommt wieder stärker die erdende Energie zum Einsatz, die dafür sorgt, dass der Büffel auch in schwierigen Situationen nicht den Kopf verliert. Besonnenheit, eine gute langfristige Planung und Vertrauen in die eigenen Fähigkeiten helfen ihm nun, konstruktiv an der Lösung der 2020 entstandenen Probleme zu arbeiten. Wenn er sich dabei mit Gleichgesinnten zusammen tut, kann ihn das beflügeln. So lässt sich gemeinsam der Karren aus dem Dreck ziehen und wieder auf die richtige Spur bringen.

In dem Jahr mit dem eigenen Jahresregenten kann der Büffel voll und ganz in seine Kraft kommen und selbstbewusst seine Meinung präsentieren. Das kann sich vor allem auf der beruflichen Ebene zeigen, wo es mit der Karriere in diesem Jahr ein gutes Stück voran gehen dürfte. In Verhandlungen kann der Büffel sich leichter durchsetzen und auf allen Ebenen seine Position festigen. Solange er auf Bewährtes setzt, sollten sich auch seine Finanzen positiv entwickeln.

In der Liebe kommt es nun generell wieder mehr auf konservativere Werte wie Beständigkeit und Treue an. Das dürfte nicht nur die Chancen so manches einsamen Büffels beim anderen Geschlecht deutlich erhöhen, sondern sorgt auch in bestehenden Beziehungen für ruhigeres Fahrwasser. Das muss nicht bedeuten, dass die Leidenschaft im Jahr 2021 zu kurz kommt.

Ihr Powertipp für 2021

Sie können sich in diesem Jahr hervorragend durchsetzen. Das sollten Sie nutzen, um nicht nur persönliche Ambitionen umzusetzen, sondern auch andere davon profitieren zu lassen.

Der Büffel und seine Familie

Auch wenn der Büffel am liebsten den Ton angeben würde in seiner Familie, wird er doch mit seiner eher ruhigen Art regelmäßig überstimmt. Vielleicht kommen seine Vorschläge auch oft einfach ein wenig zu konservativ daher… Er ist eben nicht unbedingt ein Freund vorschneller Versprechungen, sondern verlässt sich lieber auf Fakten und stichhaltige Argumente.

Gerade das und seine Zuverlässigkeit beschert dem Büffel vor allem in Krisenzeiten das Vertrauen der ganzen Familie. Abgesehen davon schätzen Partner, Nachwuchs und Verwandtschaft am Büffel vor allem seine Diskretion. Wohl kaum ein anderes Zeichen des chinesischen Tierkreises bietet so eine wunderbar starke Schulter zum Anlehnen und Ausweinen und kann dabei ein Geheimnis so gut für sich behalten!

Dass die Willensstärke des Büffels manchmal in Sturheit umschlagen kann, bekommt im Familienkreis sicher jeder einmal zu spüren. Er rückt eben ausgesprochen ungern von seinem einmal gefällten Urteil ab! Dadurch kann der Haussegen schon mal ganz schön schief hängen! Abgesehen davon ist der Büffel aber ein ausgesprochen angenehmer Zeitgenosse, der im Familienalltag gerne seinen Teil der Verantwortung übernimmt und auch vor lästigen Pflichten nicht zurückschreckt. Das macht ihn zum echten Fels in der Brandung im Familienalltag.

Der Büffel und seine Freunde

Im Gegensatz zu vielen anderen Tierzeichen ist es für den Büffel nicht immer ganz einfach, Freunde zu finden. Ihm fehlt vor allem die Leichtigkeit, mit der zum Beispiel Ratte oder Affe neue Kontakte knüpfen. Smalltalk und oberflächliche Gespräche sind einfach nicht sein Fall.

Das dürfte auch der Grund dafür sein, dass viele Büffel ihre Freunde vor allem am Arbeitsplatz finden. Tüftelt man gemeinsam an der Lösung eines Problems ergeben sich viele Ansatzpunkte, den Kontakt auch außerhalb der Arbeitszeit aufrecht zu erhalten und zu intensivieren.

DER BÜFFEL – zuverlässig und pflichtbewusst

Den meisten Büffeln ist es wichtig, mit den Freunden die Interessen zu teilen. Man verbringt die gemeinsame Zeit deshalb auch weniger mit Gesprächen bei einem Glas Rotwein als vielmehr bei der Ausübung gemeinsamer Hobbys.

Wenn man sich trifft, geht man mit den Freunden ins Konzert, besucht gemeinsam eine Ausstellung oder macht einen Sonntagsausflug in das Café, das man immer schon einmal ausprobieren wollte. Einfach nur ziellos um die Kneipen zu ziehen, ist in der Regel nicht nach dem Geschmack des Büffels.

Büffel sind treue Freunde, auf die man immer zählen kann. Da spielt es kaum eine Rolle, zu welcher Tages- oder Nachtzeit man an seine Tür klopft. Ein Freund in Not wird immer die Unterstützung vom Büffel bekommen, die er braucht. Ohne wenn und aber stellt er seine eigenen Aktivitäten zurück, um zu helfen. Er verlangt allerdings, dass man auf seine Ratschläge auch hört und daran arbeitet, die Probleme aus der Welt schaffen. Wer also ein paar Wochen später wieder mit den selben Anliegen vor seiner Tür steht, den erwartet unter Umständen statt einer wärmenden Umarmung eine eiskalte Dusche.

YING, der TIGER kommt mit Diplomatie gut voran

Grund-Element
Holz Yang

Wenn Sie ein Tiger sind, sind Sie in einem der folgenden Jahre geboren:

虎

1938	Erd-Tiger	(31.01.1938-18.02.1939)
1950	Metall-Tiger	(17.02.1950-05.02.1951)
1962	Wasser-Tiger	(05.02.1962-24.01.1963)
1974	Holz-Tiger	(23.01.1974-10.02.1975)
1986	Feuer-Tiger	(09.02.1986-28.01.1987)
1998	Erd-Tiger	(28.01.1998-15.02.1999)
2010	Metall-Tiger	(14.02.2010-02.02.2011)
2022	Wasser-Tiger	(01.02.2022-21.01.2023)

So manchen Tiger dürfte es ziemlich irritiert haben, im Jahr der Metall-Ratte derart in seinem Aktionsradius eingeschränkt worden zu sein, wie es die Situation erfordert hat. Dafür gab es für den Tiger deutlich mehr Zeit, etwas für seine emotionalen Belange zu tun und auch für seine Gesundheit. Wer die unfreiwillige Muße genutzt hat, geht gestärkt aus der Krise hervor.

Mit der konservativen Grundhaltung des Metall-Büffels können die meisten Tiger auf den ersten Blick nicht viel anfangen. Der tapfere Streiter liebt das Abenteuer und lässt sich nur ungern festbinden. Mit der Erfahrung aus dem letzten Jahr ist er aber nun vielleicht eher bereit, seine Schritte mit mehr Bedacht zu wählen. Das muss nicht heißen, dass er deshalb keine Fortschritte machen kann! So wird er in den nächsten Monaten sogar feststellen, dass man auf traditionelleren Pfaden leichter zur persönlichen Zufriedenheit finden kann.

Geht es um berufliche Belange, ist der Tiger gut beraten, sich in den kommenden Monaten diplomatisch zu verhalten. Mit dem Metall-Büffel als Regent wird er schnell auf Granit beißen, wenn er sich nicht an die Etikette hält oder zu sehr auf seine Autorität pocht, die ihm seiner Meinung nach zusteht. Mit viel Taktgefühl und schlüssigen Argumenten wird er seine Projekte nun am besten voranbringen. Dabei ist es wichtig, dass er sich beizeiten Rat holt, wenn er das Gefühl hat, alleine nicht weiter zu kommen.

Auch in Liebesangelegenheiten sollte der Tiger nun lieber Diplomatie walten lassen. In bestehenden Partnerschaften geht es vor allem darum, eine gemeinsame Basis zu finden, auf der man sich verständigen kann. 2021 zeigt sich generell als ein gutes Jahr für den Tiger, um die Grundlage für eine lange und harmonische Beziehung zu schaffen.

Ihr Powertipp für 2021

Sie müssen nicht um jeden Preis Recht behalten. Im Jahr des Metall-Büffels sparen Sie Ihre Kräfte, wenn Sie manchmal einfach nachgeben.

Der Tiger und seine Familie

Der freiheitsliebende Tiger mag auf den ersten Blick nicht unbedingt als typischer Familienmensch erscheinen. Dafür verbringt er seine Zeit viel zu gerne in seiner Höhle, anstatt sich mit Begeisterung in einen zuweilen doch chaotischen Familienalltag zu stürzen. Das soll nicht heißen, dass der Tiger für das Zusammenleben in der Familie nicht geeignet ist. Solange sich alle an die von ihm aufgestellten Regeln halten, fühlt er sich im Kreise seiner Lieben durchaus wohl.

Seine Familie verteidigt der Tiger mit Leib und Seele. Auf sie lässt er so schnell nichts kommen und reagiert durchaus gereizt, wenn man Partner oder Nachwuchs zu nahe tritt. Wer seiner Familie einmal Verletzungen zugefügt hat, wird es schwer haben, wieder mit ihm ins Reine zu kommen. Solche Dinge kann er nur schwer vergessen.

Familiären Konflikten geht der Tiger nicht aus dem Weg, sondern trägt sie direkt an Ort und Stelle aus – so weiß jeder immer ganz genau, woran er ist.

Die Geduld des Tigers hat allerdings seine Grenzen. Bis zu einem gewissen Grad setzt er alle Hebel in Bewegung, um den Zusammenhalt zu gewährleisten. Aber irgendwann ist jedes Maß einmal voll. Wenn er sieht, dass seine Bemühungen nicht fruchten, kann er eine Verbindung auch komplett lösen. Da spielt es dann auch keine große Rolle, wie eng die familiäre Bindung einmal war.

DER TIGER – freiheitsliebend und souverän

Der Tiger und seine Freunde

Wer einen Tiger zum Freund haben will, muss ihm vor allen Dingen Raum lassen für die persönlichen Interessen. Die meisten Tiger finden es eher lästig als bereichernd, wenn ständig irgendwelche Aktivitäten anstehen.

Freundschaft bedeutet für den Tiger eben nicht unbedingt, dass man ständig aufeinander hocken muss und keinen Geburtstag vergessen darf. Ihm ist es viel wichtiger zu wissen, auf wen er im Zweifelsfall zählen kann.

So haben die meisten Tiger nur eine Handvoll wirklich guter Freunde, von denen sie genau wissen, dass sie sie auch dann nachts aus dem Bett klingeln können, wenn man schon Monate lang nichts mehr voneinander gehört hat.

Umgekehrt bietet der Tiger seinen Freunden immer einen Rückzugsort. Dabei stellt er keine unbequemen Fragen, sondern ist einfach nur da, wenn er gebraucht wird. Er hört zu, wenn der Freund es wünscht und man kann sich darauf verlassen, dass er vertrauliche Mitteilungen für sich behält. Dieselbe Diskretion erwartet er auch von seinen Freunden.

Hat der Tiger das Gefühl, dass ein ihm lieber Mensch ungerecht behandelt wurde, ist es mit seiner inneren Ruhe schnell vorbei und er zeigt seine scharfen Zähne. Sein ausgeprägter Gerechtigkeitssinn lässt es einfach nicht zu, den Mund zu halten, wenn einem ihm nahestehenden Menschen ein Unrecht geschieht. Dabei kann er allerdings auch schon einmal ordentlich ins Fettnäpfchen treten und in Situationen Partei ergreifen, in denen er sich besser herausgehalten hätte.

MAO, dem HASEN eröffnen sich gute Möglichkeiten

Grund-Element
Holz Yin

Wenn Sie ein Hase sind, sind Sie in einem der folgenden Jahre geboren:

兔

1939	Erd-Hase	(19.02.1939-07.02.1940)
1951	Metall-Hase	(06.02.1951-26.01.1952)
1963	Wasser-Hase	(25.01.1963-12.02.1964)
1975	Holz-Hase	(11.02.1975-30.01.1976)
1987	Feuer-Hase	(29.01.1987-16.02.1988)
1999	Erd-Hase	(16.02.1999-04.02.2000)
2011	Metall-Hase	(03.02.2011-22.01.2012)
2023	Wasser-Hase	(22.01.2023-09.02.2024)

So mancher Hase mag in den vergangenen Monaten irritiert auf den zunehmend raueren Umgangston in seiner Umgebung reagiert haben. Als Meister der Diplomatie ist es ihm einfach unangenehm, wenn nicht zivil miteinander umgegangen wird. Das kann dazu geführt haben, dass sich der Hase im Ratten-Jahr mehr zurückgezogen hat, als es die eigentliche Situation erfordert hätte. Dadurch sind ihm unter Umständen eine Reihe von guten Gelegenheiten entgangen. Wer dagegen trotz widriger Situationen offen für Veränderungen geblieben ist, steht nun zu Beginn des Jahres des Metall-Büffels deutlich besser da.

Allzu sehr sollte sich der Hase nicht über entgangene Chancen grämen, denn der neue Jahresherrscher spart nicht mit guten Möglichkeiten. 2021 kann der Hase vor allem sein Ansehen und seine gesellschaftliche Position stärken. Das Ganze wird aber nur funktionieren, wenn er bereit ist, sich wieder mehr nach draußen zu trauen. Ganz wichtig ist dabei, dass er sich auf sein Bauchgefühl verlässt und nicht nur ausschließlich auf Zahlen baut. Die zuversichtliche und gleichzeitig vorsichtige Art des Büffels kann den Hasen in seinem Vertrauen in sich selbst und seine Pläne bestärken.

Wer sich beruflich verändern will oder finanzielle Vorteile erzielen möchte, muss dafür die eigene Komfortzone erst einmal verlassen. Das kann bedeuten, dass dafür starke Einschnitte im Privatleben wie zum Beispiel ein Ortswechsel erforderlich sind.

Dem familienfreundlichen Hasen wird es sicherlich nicht leicht fallen, Entscheidungen für seinen Erfolg zu treffen, für die er das Wohl seiner Lieben hintenan stellen soll. Wer sich da lieber für Partner und Familie als Lebensmittelpunkt entscheidet, wird vielleicht weniger Lorbeeren ernten. Doch der Büffel als Jahresagent wird solche Entscheidungen mit einem zufriedenen Leben und viel persönlichem Glück segnen.

Ihr Powertipp für 2021

Finden Sie die goldene Mitte zwischen persönlichem Glück und beruflichem Erfolg. Mehr Geld auf dem Konto nützt nichts, wenn Sie im persönlichen Bereich nicht zufrieden sind.

Der Hase und seine Familie

Der Hase gilt als das familienfreundlichste Zeichen im chinesischen Tierkreis. Kein Wunder also, dass er sich am wohlsten im Kreise seiner Lieben fühlt! So mancher Hase scheut keine Mühen, um es seinen Lieben recht zu machen.

Wenn die Familie ruft, lässt der Hase gern alles stehen und liegen. Dabei haben es ihm die jüngsten Familienmitglieder am meisten angetan, denn mit Kindern weiß der Hase hervorragend umzugehen. So findet man ihn auf Familienfesten dann auch eher spielend inmitten einer fröhlichen Kinderschar, als vertieft in ein ernstes Gespräch.

Mit seiner guten Intuition hat der Hase ein Gespür für die Sorgen und Nöte seiner nächsten Mitmenschen. Manchmal vergisst er bei aller Anteilnahme, auch für sich selbst zu sorgen. Wird er sich dessen bewusst, meldet er eigene Ansprüche trotzdem meist nur zögerlich an. Er erwartet eher, dass der Rest der Familie schon merkt, wenn er an seine Grenzen stößt.

Sollte der Haussegen im Familienalltag einmal schief hängen, ist der Hase nicht unbedingt der Erste, der auf Missstände aufmerksam macht. Offene Kritik und heftige Diskussionen sind nämlich überhaupt nicht nach seinem Geschmack. Er wartet lieber darauf, dass sich die Wellen von alleine wieder glätten.

DER HASE – familienfreundlich und friedliebend

Der Hase und seine Freunde

Der diplomatische Hase kommt im Grunde mit jedem zurecht, denn er ist geprägt von Mitgefühl und Verständnis. Das macht ihn zum begehrten Freund in allen Lebenslagen. Einem Hasen kann man sich immer anvertrauen! Selbst wenn man noch so große Fehler gemacht hat, wird er es dem Freund am Ende doch meistens verzeihen.

Viele Hasen kommen gar nicht dazu, sich ihre Freunde selbst auszusuchen, sondern werden von der anderen Seite zu Freunden auserkoren. Dabei kann es ihm durchaus passieren, dass seine fast unerschöpfliche Hilfsbereitschaft auch schon einmal ausgenutzt wird. In solchen Fällen investiert der Hase viel mehr in eine freundschaftliche Beziehung als er am Ende zurückbekommt. Doch selbst wenn er das bemerkt, fällt es ihm schwer, den vermeintlichen falschen Freund zur Rede zu stellen. Lieber zieht er sich unauffällig zurück und lässt die Sache im Sande verlaufen.

Die meisten Hasen verfügen jedoch über eine gute Menschenkenntnis, die ihnen zugute kommt, wenn sie auf der Suche nach echter Freundschaft sind. Ihr untrügliches Gespür sagt ihnen recht schnell, ob man mit der neuen Bekanntschaft die Höhen und Tiefen des Lebens teilen kann.

Hat der Hase einen Freund gefunden, so behälter ihn in der Regel über viele Jahre und ist bemüht, den Kontakt niemals ganz abreißen zu lassen. Er möchte Anteil haben am Leben seines Freundes und ist nicht nur bei Familienfesten, sondern auch bei Abschlussfeiern, Beförderungen oder anderen wichtigen Ereignissen gern an seiner Seite.

Für den besten Freund oder die beste Freundin würden die meisten Hasen fast alles tun. Im Zweifelsfall werfen sie sogar die eigenen Überzeugungen über Bord, um die Freundschaft zu bewahren oder den Freund zu schützen.

SHENG, der DRACHE kann mit Geduld viel erreichen

Grund-Element
Erde Yang

Wenn Sie ein Drache sind, sind Sie in einem der folgenden Jahre geboren:

龍

1928	Erd-Drache	(23.01.1928-09.02.1929)
1940	Metall-Drache	(08.02.1940-26.01.1941)
1952	Wasser-Drache	(27.01.1952-13.02.1953)
1964	Holz-Drache	(13.02.1964-01.02.1965)
1976	Feuer-Drache	(31.01.1976-17.02.1977)
1988	Erd-Drache	(17.02.1988-05.02.1989)
2000	Metall-Drache	(05.02.2000-23.01.2001)
2012	Wasser-Drache	(23.01.2012-09.02.2013)

Wie gerne hätte der Drache in den vergangenen zwölf Monaten seine Visionen und Träume großartig in Szene gesetzt. Der Jahresregent, die Ratte, war ein wunderbarer Ideengeber, der gerade den Drachen besonders inspirieren kann. Manchmal lässt es aber das wirkliche Leben leider nicht zu, dass aus Luftschlössern echte Traumhäuser werden… Das mag 2020 so einige Drachen zunächst einmal frustriert haben. Glücklicherweise neigen sie jedoch meist dazu, nicht allzu lange Trübsal zu blasen. Sie überlegen sich lieber schnell, wie sie aus einer eingefahrenen Situation wieder heraus kommen können.

Wer sich nun zum Start des Büffel-Jahres wünscht, das rasante Tempo wieder aufzunehmen, wird zunächst einmal enttäuscht werden. Der neue Jahresregent neigt nicht zu schnellen Entscheidungen, sondern erst einmal zu einer genauen und bedächtigen Analyse der Situation. Und das ist gut so – bewahrt die besonnene Art des neuen Herrschers den Drachen doch davor, vorschnell aufs falsche Pferd zu setzen.

Besonders auf beruflicher Ebene kann der Drache von der vorsichtigen Art des Büffels profitieren und jetzt längerfristige Projekte mit guten Aussichten an den Start bringen. Er sollte sich also nicht durch bürokratische Hürden oder umständliche Regeln entmutigen lassen. Am Ende zählt das Ergebnis und da kann man sich auf die Durchsetzungskraft und Zielstrebigkeit des Büffels verlassen.

Auch im Bereich der persönlichen Beziehungen entwickeln sich die Dinge 2021 etwas schleppender als im vergangenen Jahr. Herzen lassen sich nicht so leicht erobern und auch in bestehenden Partnerschaften geht es mehr um Beständigkeit und Loyalität als um Abwechslung. Da muss sich der Drache nun mehr anstrengen als bisher – dafür ist das gemeinsame Glück in der Regel dann auch eher von Dauer.

Ihr Powertipp für 2021

Je mehr Geduld Sie zeigen, desto einfacher lösen sich Probleme in Luft auf. Schrauben Sie Ihr Tempo zurück!

Der Drache und seine Familie

Bei den meisten Drachen liegen die Prioritäten nicht unbedingt auf einem harmonischen Familienalltag - das ist ihm in der Regel einfach nicht spannend genug! Trotzdem kann er es durchaus genießen, Teil einer Familie zu sein; vorausgesetzt man spannt ihn nicht allzu sehr in langweilige Alltagsaktivitäten ein.

Sobald Abwechslung ins Spiel kommt, ist der Drache voll und ganz in seinem Element. Das können vor allem die jüngeren Familienmitglieder bestätigen. Sie bringen gerne den nötigen Schwung ins Familienleben und räumen auf mit alten und verstaubten Regeln – das ist ganz nach dem Geschmack des Drachen, der sich bei kreativen Themen am besten einbringen kann.

Die ganze Familie kann von den vielseitigen Interessen des Drachen profitieren, wenn dieser sich ausreichend Zeit für seine Lieben nimmt. Im Gegenzug kommt er im Schosse der Familie vielleicht ein wenig mehr zu Ruhe und darf sich entspannen.

Wer den Drachen langfristig an Heim und Familie binden will, muss sich einiges einfallen lassen. Als Individualist braucht er viel Freiraum, um sich wohlzufühlen. Wenn es gelingt, für ausreichend Abwechslung zu sorgen, verweilt der Drache gerne länger im trauten Heim und bereichert das tägliche Leben mit seiner offenen Art. Das ist dann ganz nach seinem Geschmack.

DER DRACHE – fantasievoll und vielseitig

Der Drache und seine Freunde

Im Kreise seiner Freunde fühlt sich der Drache im Zentrum der Aufmerksamkeit am wohlsten. Als Glückstier der Chinesen ist er es einfach gewohnt, im Mittelpunkt zu stehen. So ist es nicht verwunderlich, dass er auch von seinen Freunden in der Regel vor allem erwartet, dass sie ihm die nötige Zuwendung zeigen und ihm zuhören.

Für Kritik sind die meisten Drachen nicht besonders empfänglich – schon gar nicht, wenn sie aus dem inneren Kreis von Vertrauten kommt oder er gar in einem öffentlichen Rahmen damit konfrontiert wird. Vielmehr erwartet der Drache von seinen Freunden absolute Loyalität. Im Gegenzug ist auch er in der Regel ein Freund, auf den man sich verlassen kann, wenn es darauf ankommt.

Langweilig wird es mit dem Drachen sicher nicht. Mit seiner phantasievollen Art sorgt er dafür, dass man sich in seiner Gegenwart immer wie etwas Besonderes fühlt. Großzügig teilt er seine Privilegien mit den Menschen an seiner Seite und hat kein Problem damit, wenn sein eigener Glanz auch ein wenig auf sie abfärbt.

Gemeinsam mit seinen Freunden kann man den Drachen häufig in der Öffentlichkeit antreffen. Er liebt es, alle seine Lieben zu einem schicken Essen einzuladen oder das Nachtleben unsicher zu machen. Je mehr man ihm dafür Anerkennung zollt, desto mehr Freude macht ihm das Ganze.

Sollte es doch einmal zu Auseinandersetzungen kommen, zeigt sich der Drache nur wenig nachtragend. Einem Gewitter gleich entlädt sich sein Ärger und ist im nächsten Augenblick schon wieder vergessen.

SZE, die SCHLANGE darf mit Unterstützung rechnen

Grund-Element
Feuer Yin

Wenn Sie eine Schlange sind, sind Sie in einem der folgenden Jahre geboren:

蛇

1929	Erd-Schlange	(10.02.1929-29.01.1930)
1941	Metall-Schlange	(27.01.1941-14.02.1942)
1953	Wasser-Schlange	(14.02.1953-02.02.1954)
1965	Holz-Schlange	(02.02.1965-20.01.1966)
1977	Feuer-Schlange	(18.02.1977-06.02.1978)
1989	Erd-Schlange	(06.02.1989-26.01.1990)
2001	Metall-Schlange	(24.01.2001-11.02.2002)
2013	Wasser-Schlange	(10.02.2013-30.01.2014)

Mit ihrem geschulten Blick hat sich so manche Schlange im vergangenen Jahr ein recht klares Bild von der aktuellen Situation und den Auswirkungen auf die persönlichen Ziele machen können. Sicher waren viele nicht zufrieden mit den Möglichkeiten, die die Metall-Ratte ihnen unter den speziellen Umständen bieten konnte. Anstatt sich darüber lautstark aufzuregen, zieht sich die Schlange in der Regel zurück und versucht, der Sache auf den Grund zu gehen. So kommt sie meistens schneller aus der Talsohle hinaus als viele andere.

Das gilt umso mehr, als dass 2021 nun der Büffel das Zepter von der Ratte übernimmt und damit ein Herrscher ans Ruder kommt, der der Schlange rundum wohl gesonnen ist. Der neue Regent kann der Schlange ihre Stabilität zurückbringen – und das in einer Zeit, wo viele Dinge nicht mehr gut vorhersehbar sind. Wer einen sicheren Hafen sucht, ist beim Metall-Büffel sicher gut aufgehoben und vor heftigen Stürmen geschützt.

Eine gute Vorbereitung und Planung mit Augenmaß ist vor allem dann gefragt, wenn es um berufliche Angelegenheiten geht. Das dürfte der Schlange sehr entgegen kommen. Sie hat in der Regel keine Schwierigkeiten damit, sich gründlich auf ein Projekt einzulassen und sich auch mit scheinbar unwichtigen Details zu beschäftigen. Wer karrieremäßig vorankommen will, muss sich mit dem Büffel am Ruder wahrscheinlich längerfristig festlegen, denn der aktuelle Herrscher im Tierkreis ist kein Freund von Schnellschüssen.

In der Liebe wird von der Schlange Kontinuität verlangt. 2021 ist sicher kein Jahr, in dem man für eine kurze Phase der Leidenschaft alles riskieren sollte. Vielmehr geht es jetzt darum, bestehende Bindungen zu festigen. Das mag der geheimnisvollen Schlange nicht immer leicht fallen – ist aber der beste Weg zu dauerhaftem Glück.

Ihr Powertipp für 2021
Planen Sie jetzt längerfristig und lassen Sie sich nicht von kurzfristigen Erfolgsaussichten vom ursprünglichen Weg abbringen.

Die Schlange und ihre Familie

Obwohl die Schlange sich gerne einmal zurückzieht und das Alleinsein genießt, ist sie durchaus familientauglich. Mit Ihrem umfassenden Wissen steht sie ihren Lieben gern mit Rat und Tat zur Seite. Und auch ihr Hang zum Mystischen kommt in der Familie meist gut an.

Dafür tun sich Partner, Kinder und Verwandtschaft manchmal sicher ein wenig schwerer damit, dass die Schlange ausreichend Zeit für sich selbst braucht, um im Gleichgewicht zu bleiben. Besonders bei den jüngeren Familienmitgliedern braucht es da einiges an Einfühlungsvermögen, damit sie sich nicht zurückgesetzt fühlen, wenn sich die Schlange zurückzieht.

So manche Schlange neigt im Alltag vielleicht dazu, die Menschen in ihrem unmittelbaren Umfeld zuweilen zu sehr zu vereinnahmen. Da ist es dann besonders wichtig, dass klare Grenzen gezogen werden, an die sich alle zu halten haben.

Schlangen sind bekannt für ihre Geduld. Sie wissen in der Regel genau, dass ein harmonisches Familienleben auf Dauer den Einsatz aller Beteiligten erfordert. Mit Ausdauer und Einfühlungsvermögen kann die Schlange aus jedem zu Hause einen sicheren Hafen machen, in dem sich die Familie gut aufgehoben fühlt.

Die Schlange und ihre Freunde

Die Schlange gehört nicht unbedingt zu denTierzeichen, die schnell Freundschaften schließen. Dafür verhält sie sich zumeist zu abwartend und zögerlich allem Unbekannten und Neuen gegenüber. Will man ihr Freund werden, muss man sich diese Gunst in der Regel erst einmal verdienen.

Die Schlange hat es überhaupt nicht eilig, ihre Entscheidung zu treffen. Schließlich hält sie nichts von oberflächlichen Bekanntschaften, sondern wünscht sich Menschen, denen sie wirklich vertrauen kann. Um die Freundschaft der Schlange zu gewinnen, muss man also vor allem Zeit investieren.

DIE SCHLANGE –
harmoniebedürftig und geheimnisvoll

Im Gegenzug tut die Schlange fast alles für ihre Freunde und macht um ihren Einsatz kein großes Aufheben. Sie ist einfach zur Stelle, wenn sie gebraucht wird und unterstützt mit ihrer unauffälligen Art überall dort, wo Not am Mann ist. Sie erwartet dafür keine Gegenleistung, schätzt es aber, wenn man ihre Zuwendung zu würdigen weiß.

Die meisten Schlangen haben je nach Lebensphase zumeist nur wenige sehr gute Freunde, die sie am liebsten mit niemandem teilen möchten. Versucht einer dieser Freunde, aus der engen Bindung ein wenig auszubrechen, kann die Schlange mit Eifersucht reagieren oder sich verletzt zurückziehen. Es braucht dann viel diplomatisches Geschick, den Riss zu kitten und beide Seiten wieder zu versöhnen.

Ist die Harmonie erst einmal wieder hergestellt, ist die Schlange oberflächlich bereit, zu vergessen was vorgefallen ist. Tief in ihrem Herzen vergisst sie jedoch keine Verletzung, die ihr zugefügt worden ist und wird noch vorsichtiger, wenn es darum geht, erneut zu vertrauen.

WU, das PFERD kann neue Energie tanken

Grund-Element Feuer Yang

Wenn Sie ein Pferd sind, sind Sie in einem der folgenden Jahre geboren:

馬

1930	Metall-Pferd	(30.01.1930-16.02.1931)
1942	Wasser-Pferd	(15.02.1942-04.02.1943)
1954	Holz-Pferd	(03.02.1954-23.01.1955)
1966	Feuer-Pferd	(21.01.1966-08.02.1967)
1978	Erd-Pferd	(07.02.1978-27.01.1979)
1990	Metall-Pferd	(27.01.1990-14.02.1991)
2002	Wasser-Pferd	(12.02.2002-31.01.2003)
2014	Holz-Pferd	(31.01.2014-18.02.2015)

Für die meisten Pferde werden die vergangenen Monate sicher anstrengend gewesen sein. Die Ratte steht im Tierkreis in direkter Opposition zum Pferd, so dass ihm wohl ordentlich Gegenwind ins Gesicht geblasen wurde. Dabei wurde seine Geduld ordentlich auf die Probe gestellt, denn kaum etwas hat sich 2020 so entwickelt wie erwartet. Wer dabei in ziellosen Aktivismus verfallen ist, braucht nun sicher erst einmal eine Pause, um die Batterien aufzuladen.

Sicher gehört auch der Büffel nicht unbedingt zu den liebsten Gefährten des Pferdes, aber diese beiden können sich in der Regel doch gut arrangieren. Für Abenteuer und waghalsige Ausflüge ist 2021 allerdings weniger geeignet. So wird es für die meisten Pferde auch in diesem Jahr nicht einfach sein, die eigenen Ansprüche durchzusetzen. Es wird wohl eher darum gehen, alltägliche Dinge zu managen und geschäftliche Angelegenheiten so effizient wie möglich zu erledigen. Erfüllt das Pferd zuverlässig seine Aufgaben, wird man ihm sicher keine Steine in den Weg legen.

Mit dem Wunsch nach Unabhängigkeit kann der Metall-Büffel nicht allzu viel anfangen. Für ihn zählen vielmehr Konstanz und der Wille zum Durchhalten. Damit die eigenen Projekte in dem Maße vorankommen, wie es sich das Pferd wünscht, muss es in den kommenden 12 Monaten sicher auch mal nachgeben können. Dafür kann es sicher sein, dass solche Bemühungen auch unterstützt werden.

In Herzensangelegenheiten sollte das Pferd 2021 klar Stellung beziehen. Wenn es sich nicht entscheiden kann und mit den Gedanken ständig woanders ist, sind Meinungsverschiedenheiten oder Zerwürfnisse vorprogrammiert. Nur wer mit dem Partner in die selbe Richtung schaut, kann gemeinsam mit ihm wachsen.

Ihr Powertipp für 2021

Wenn Sie nicht zu forsch voran galoppieren und sich an die Regeln halten, können Sie mit Hilfe rechnen. Hüten Sie sich vor Alleingängen!

Das Pferd und seine Familie

An einer großen Familie, die gemeinsam durch Dick und Dünn geht, findet das Pferd schnell Gefallen. Dabei ist ihm wichtig, dass bei allem Zusammenhalt jeder seine Ecken und Kanten beibehalten und seine kleinen Freiheiten ausleben darf.

Das Pferd setzt sich bereitwillig und kompromisslos für das Fortkommen seiner Lieben ein. Es versteht seine Familie als Team, wo jedes einzelnes Mitglied eine wichtige Rolle spielt. Gemeinsam meistert man den Alltag und verteilt die Aufgaben gerecht nach den Fähigkeiten der einzelnen Beteiligten.

Damit der Einsatz der Familie von Erfolg gekrönt wird, geht das Pferd auch unbequeme Wege, erledigt lästige Pflichten und stürzt sich wenn nötig auch in Unkosten. Wichtig ist, dass sie alle gemeinsam vorankommen. Die Familie dankt ihm diese Unterstützung, indem sie sich zu Leistungen anspornen lässt, auf die das Pferd stolz sein kann.

Für sich selbst nimmt das Pferd nicht unbedingt familiäre Hilfe in Anspruch. Es möchte sich möglichst nicht von anderen abhängig machen und verlässt sich lieber auf die eigenen Fähigkeiten. Dadurch kann im engsten Familienkreis mitunter der Eindruck entstehen, dass man auf das Pferd keine Rücksicht nehmen muss. In wirklichen Krisenzeiten wird ihm dann unter Umständen nicht die benötigte Unterstützung zuteil, da alle davon ausgehen, dass das starke Pferd schon alleine klar kommt.

Das Pferd und seine Freunde

Die meisten Pferde verfügen über eingesundes Selbstbewusstsein und bewegen sich deshalb recht sicher auf dem sozialen Parkett. Sie kommen leicht mit ihrem Gegenüber ins Gespräch und merken rasch, ob eine flüchtige Bekanntschaft das Potenzial zu einer wirklichen Freundschaft hat.

Pferden fällt es nicht schwer, neue Freunde zu gewinnen – vor allem, wenn sie gemeinsame Interessen als Basis für die Beziehung ausmachen können. Ob man mit dem Freund den

DAS PFERD – freiheitsliebend und selbstbewusst

Beruf teilt oder in der Freizeit an den gleichen Dingen Gefallen findet, spielt für das Pferd keine große Rolle. Die Hauptsache ist, dass es Dinge gibt, über die man sprechen kann und die man teilen kann.

Gemeinsame sportliche Aktivitäten im Freundeskreis sind recht typisch für viele Pferde. Man möchte sich spielerisch messen und dabei vor allem viel Spaß haben.

Die meisten Pferde machen nicht allzu viele Worte um ihre Gefühle, sondern lassen lieber Taten sprechen. Anstatt also mit dem besten Freund über persönliche Probleme zu debattieren, laden sie ihn lieber zu einem Ausflug ein.

Allzu viele Verpflichtungen mag das Pferd für seine Freunde allerdings nicht übernehmen. Dazu liebt es seine Freiheit viel zu sehr und mag sich selbst nicht zu sehr einbinden lassen.

Spontane Aktionen sind da schon mehr nach dem Geschmack des Pferdes. Es zeigt sich gerne bereit einzuspringen, wenn wirklich Not am Mann ist – sei es als Babysitter für die Kinder der besten Freundin, als Möbelpacker beim Umzug des Sportkumpels oder als Chauffeur, der den Arbeitskollegen um Mitternacht vom Flughafen abholt.

WEI, die ZIEGE lernt sich durchzusetzen

Grund-Element
Erde Yin

Wenn Sie eine Ziege sind, sind Sie in einem der folgenden Jahre geboren:

羊

1931	Metall-Ziege	(17.02.1931-05.02.1932)
1943	Wasser-Ziege	(05.02.1943-24.01.1944)
1955	Holz-Ziege	(24.01.1955-11.02.1956)
1967	Feuer-Ziege	(09.02.1967-29.01.1968)
1979	Erd-Ziege	(28.01.1979-15.02.1980)
1991	Metall-Ziege	(15.02.1991-03.02.1992)
2003	Wasser-Ziege	(01.02.2003-21.01.2004)
2015	Holz-Ziege	(19.02.2015-07.02.2016)

Sicher hat die Ziege mit ihrer methodischen Ader im letzten Jahr so manchen Missstand erkannt. Das zuweilen eher sprunghafte Vorgehen der Ratte war wohl kaum nach ihrem Geschmack. Vor allem dann, wenn es um das Wohl der ihr anvertrauten Menschen ging, hätte sie sich weniger Probleme gewünscht. Die Sorge um Andere hat die Ziege sicher so manches Mal davon abgehalten, die eigenen Pläne zielstrebig zu verfolgen. So dürfte bei einigen die Selbstverwirklichung 2020 mitunter auf der Strecke geblieben sein.

Mit dem Metall-Büffel tritt nun ein Zeichen auf den Plan, das die Ziege deutlich mehr als die Ratte unterstützen kann. Obwohl der Büffel, der neue Herrscher im chinesischen Tierkreis, in direkter Opposition zu Ziege steht, teilt er doch ihre eher traditionelle Grundhaltung. Mit seiner Stärke kann er die Ziege vor allem dann wunderbar unterstützen, wenn es darum geht, sich durchzusetzen.

Gerade auf beruflicher Ebene können Ziege-Geborene nun besser mit auftretenden Hindernissen umgehen. Mit dem verlässlichen Büffel im Rücken traut sie sich zu, für ihre Ansichten einzustehen und andere zu überzeugen. Das führt zwar nicht unbedingt zu einem schnelleren Ergebnis, kann ihr jedoch den Respekt von Kollegen und Vorgesetzten bringen.

Mit stetem Bemühen wird sie so die Anerkennung gewinnen, die sie sich redlich verdient hat.

Auf der privaten Ebene sind jetzt umsichtige Entscheidungen gefragt. Der neue Jahresagent schätzt keine überstürzten Entschlüsse. Vor allem in engen Beziehungen gilt es nun herauszufinden, ob da jemand nur das eigene Wohl und Wehe im Auge hat. Auch die Interessen der Familie gilt es nicht zu vernachlässigen. Das sollte der einfühlsamen Ziege allerdings nicht allzu schwer fallen.

Ihr Powertipp für 2021

Setzen Sie sich realistische Ziele und nützen Sie die neugewonnene Stärke! Wer sich ablenken lässt, kann ins Abseits geraten.

Die Ziege und ihre Familie

So manche Ziege findet im Familienleben ihre Erfüllung. Das ist nicht verwunderlich, denn die Yin-Erde ist das Element der Ziege und die steht unter anderem für das Sorgende und Mütterliche. So ist die Ziege häufig für den reibungslosen Ablauf des Familienlebens zuständig und kümmert sich um alles und um jeden. Je mehr Häupter sie zu versorgen hat, desto mehr neigt sie jedoch dazu, ihre eigenen Bedürfnisse hintenan zu stellen und im allgemeinen Trubel unterzugehen. Dem Rest der Familie fällt das meistens gar nicht auf.

Organisatorisch macht der Ziege so leicht niemand etwas vor. Ein straff durchgeplanter Familienalltag ist für sie deshalb kein Problem und sie verliert so gut wie nie den Überblick über die zahlreichen Aktivitäten der einzelnen Familienmitglieder. Schlüssel verlegt, Sportsachen nicht gefunden, Hausaufgaben nicht erledigt – die Ziege ist die Erste, an die man sich dann wendet.

Dabei haben sich alle schon zu sehr daran gewöhnt, dass sie immer zur Stelle ist, dass ihr Einsatz vielleicht nicht immer so gewürdigt wird, wie sie es verdient hätte. Auch wenn die Familie an der ersten Stelle steht, muss die Ziege das nicht hinnehmen und sollte beizeiten klar stellen, dass sie auch ein eigenes Leben hat. Die eigenen Ideen und Ideale könnten im hektischen Familienleben sonst leicht verblassen.

Die Ziege und ihre Freunde

Die Ziege braucht Menschen in ihrem Umfeld, auf die sie in jeder Situation bauen kann. In einer Freundschaft ist sie stets zur Stelle, wenn sie helfen kann. In ihrem großen Herzen ist viel Platz für ihre Freunde und sie zeigt sich sehr einfühlsam, wenn es darum geht, ihnen eine Freude zu machen.

Die Ziege ist sich nie zu schade, den ersten Schritt zu machen, selbst wenn der Impuls eigentlich von der anderen Seite kommen sollte. Hat sie allerdings das Gefühl, dass ihr Einsatz auf Dauer nicht geschätzt wird, zieht sie sich zurück und es braucht seine Zeit, bis sie sich wieder aus ihrem Schneckenhaus hervorwagt.

DIE ZIEGE – einfühlsam und ruhebedürftig

Die gleiche Einsatzbereitschaft, die sie selbst zeigt, wünscht sich die Ziege auch von ihren Freunden. Sie kann deshalb empfindlich reagieren, wenn diese nicht ganz so selbstverständlich wie sie selbst auf ihre Bitten eingehen.

Ihren Umgang wählt die Ziege mit Bedacht. Und selbst räumliche Entfernungen können sie nicht davon abhalten, den Kontakt zu halten. Regelmäßige Anrufe und Mails sind ihr ein Bedürfnis. Mit ihrer methodischen Art sorgt sie dafür, dass kein Geburtstag oder Feiertag ohne einen lieben Gruß von ihr vergeht.

In schweren Phasen ihres Lebens braucht die Ziege ein solides Netz von Menschen, mit denen sie sich austauschen und auf die sie sich verlassen kann. Dabei möchte sie so viele Meinungen wie möglich hören und ist für jeden Rat dankbar. Ist die Situation dann ausgestanden, lässt sie ihre Freunde nicht darüber im Unklaren, sondern sorgt dafür, dass alle auf aktuellem Stand sind und sich nicht weiter um sie sorgen müssen.

SUNG, der AFFE kann einen Gang zurückschalten

Grund-Element
Metall Yang

Wenn Sie ein Affe sind, sind Sie in einem der folgenden Jahre geboren:

猴

1932	Wasser-Affe	(06.02.1932-25.01.1933)
1944	Holz-Affe	(25.01.1944-12.02.1945)
1956	Feuer-Affe	(12.02.1956-30.01.1957)
1968	Erd-Affe	(30.01.1968-16.02.1969)
1980	Metall-Affe	(16.02.1980-04.02.1981)
1992	Wasser-Affe	(04.02.1992-22.01.1993)
2004	Holz-Affe	(22.01.2004-08.02.2005)
2016	Feuer-Affe	(08.02.2016-28.01.2017)

Was hat der Affe für große Erwartungen an das Jahr der Metall-Ratte gehabt! Schließlich ergänzen sich diese beiden Zeichen wunderbar, wenn es um die Entwicklung von Ideen und ihre Umsetzung geht. So mancher Affe wird jedoch festgestellt haben, dass 2020 die Bäume nicht in den Himmel gewachsen sind. Glücklicherweise gehört der Affe zu den Tierzeichen, die improvisieren können! Wer nicht vor die Tür darf, entwickelt seine Projekte eben zu Hause und bringt sie auf anderen Kanälen in die Welt. So dürfte sich die Frustration bei den meisten Affen in Grenzen gehalten haben.

Mit dem Beginn des Büffel-Jahres geht es nun deutlich mehr um Resultate als um großartige Pläne. Das bedeutet für den Affen, dass er es tunlichst vermeiden sollte, auf mehreren Hochzeiten gleichzeitig zu tanzen. Vielmehr wird es das Wichtigste sein, dass er sich voll und ganz auf die Aufgaben konzentriert, die ihm gestellt werden. Neue kreative Ansätze haben 2021 deutlich weniger Chancen, umgesetzt zu werden. Es sei denn, sie werden akribisch vorbereitet und mit Vernunft und der Mithilfe solider Partner präsentiert.

Gerade wenn es um berufliche Projekte geht, wird der Affe seine kommunikativen Fähigkeiten gut gebrauchen können, um die nötigen Helfer mit ins Boot zu holen. Dabei sollte er bescheiden auftreten und sein Ego nicht zu sehr in den Mittelpunkt stellen. Chancen realistisch einschätzen. Alles andere kommt beim Metall-Büffel überhaupt nicht gut an und schmälert die Aussichten auf Erfolg.

Wer auf der Suche nach einer neuen Liebe ist, wird sich gute Chancen ausrechnen können, wenn er auf beständige Werte und Loyalität setzt. Der Büffel gehört zu den verlässlichsten Tierzeichen und erwartet diese Tugend auch von seinen Untertanen. Für eine harmonische Beziehung geht es nun also vor allem darum, eine solide Vertrauensbasis aufzubauen.

Ihr Powertipp für 2021

Reagieren Sie flexibel auf mögliche Einschränkungen. So kann auch aus schwierigen Situationen etwas Gutes erwachsen.

Der Affe und seine Familie

Wo der Affe auftaucht, ist immer etwas los! Die ganze Familie schätzt seine Unterhaltsamkeit, denn mit seiner unbeschwerten Art bringt er Spaß und Freude ins Leben seiner Lieben.

Langweilige Alltagsroutinen behagen dem Affen nicht besonders. Damit die Spannung erhalten bleibt, lässt er sich lieber neue Dinge einfallen und hält damit alle auf Trab. Bei den Kindern in der Familie ist der Affe deshalb besonders beliebt. Wer sonst versteht es schon so geschickt, die lieben Kleinen mit den kleinen und großen Wundern des Alltags zu faszinieren.

Bei den erwachsenen Familienmitgliedern kommt sein Tatendrang dagegen nicht immer ganz so gut an. Das liegt auch daran, dass der Affe oft zu viele Dinge auf einmal erledigen will und sich dabei verzettelt. Dadurch schleicht sich dann eine gewisse Nachlässigkeit im familiären Alltag ein, die der Rest der Familie oft ausbaden darf, was sich nicht gerade positiv auf das Zusammenleben auswirkt.

Abgesehen von diesen doch eher sympathischen Schwächen geht der Affe jedoch gern im Familienleben auf. Er bringt bereitwillig seine Fähigkeiten zum Wohle der gesamten Sippe ein und läuft zur Hochform auf, wenn sein Einsatz auch entsprechend wertgeschätzt wird.

Der Affe und seine Freunde

Die meisten Affen sind im Freundeskreis besonders geschätzt, denn ihre gute Laune wirkt ansteckend und läßt die alltäglichen Probleme schnell in den Hintergrund treten. Egal, ob man sich gemütlich zusammensetzt, einen gemeinsamen Ausflug unternimmt oder sich auf einer Veranstaltung trifft – es macht einfach Spaß, mit einem Affen zusammen zu sein. Der Affe übernimmt gerne den unterhaltenden Part in seinem Freundeskreis und ist sich nicht zu schade, wenn Scherze auch mal auf seine Kosten gehen.

Wenn er mitunter nicht die gebührende Aufmerksamkeit für die Probleme seiner Freunde aufzubringen scheint, liegt das höchstwahrscheinlich daran, dass er einfach zu viele andere Dinge im Kopf hat. Das bedeutet aber nicht, dass er nicht helfen will – ganz im Gegenteil! Während man sich noch an seiner Schulter ausweint, spielt er in Gedanken schon durch, wie er dem Freund am besten aus dem Schlamassel helfen kann.

DER AFFE – unterhaltsam und umtriebig

Der Affe ist nicht besonders gewissenhaft, wenn es darum geht, den Kontakt zu seinen Freunden zu halten. So vergisst er schon mal eine Verabredung oder ruft nicht zurück, obwohl man darum gebeten hat. Man sollte jedoch nicht den Fehler machen, den Grad seiner Zuneigung daran zu messen, wie oft er sich meldet. Die meisten Affen tragen ihre Freunde fest in ihrem Herzen, selbst wenn sie lange nichts von sich hören lassen. Es ist eben immer irgend etwas Dringendes dazwischen gekommen...

Diese Nachlässigkeit machen die meisten Affen mehr als wett, wenn sie sich für ihre Freunde die tollsten Überraschungen ausdenken. Sie haben überhaupt kein Problem damit, in aller Öffentlichkeit ihre Sympathie für die Menschen zu zeigen, die ihnen etwas bedeuten.

YU, der HAHN darf sich etwas zutrauen

Grund-Element
Metall Yin

Wenn Sie ein Hahn sind, sind Sie in einem der folgenden Jahre geboren:

雞

1933	Wasser-Hahn	(26.01.1933-13.02.1934)
1945	Holz-Hahn	(13.02.1945-01.02.1946)
1957	Feuer-Hahn	(31.01.1957-17.02.1958)
1969	Erd-Hahn	(17.02.1969-05.02.1970)
1981	Metall-Hahn	(05.02.1981-24.01.1982)
1993	Wasser-Hahn	(23.01.1993-09.02.1994)
2005	Holz-Hahn	(09.02.2005-28.01.2006)
2017	Feuer-Hahn	(29.01.2017-15.02.2018)

Im Jahr der Ratte war es für den Hahn wichtig, dass er sich auf seine Fähigkeiten verlassen konnte. Das sollte ihm genug Selbstvertrauen gegeben haben, um kritische Situationen nicht nur zu meistern, sondern sogar am Ende gestärkt aus ihnen hervorzugehen. Wer sich in den vergangenen zwölf Monaten zu sehr hat verunsichern lassen, wird an der durchgestandenen Krise vor allem auf emotionaler Ebene sicher noch länger zu knabbern haben.

So manche gute Idee, die den Hahn 2020 beflügelt hat, ließ sich aufgrund der Umstände wohl nicht so umsetzen, wie er es sich gewünscht hat. Das kann sich nun aber ändern,denn mit dem Büffel steht dem Hahn jetzt ein Tierzeichen zur Seite, das seine ambitionierten Pläne in allen Bereichen unterstützt. Büffel und Hahn begegnen Herausforderungen des Lebens überlegt und illusionslos. Mit einer guten Planung lassen sich nun auch Dinge umsetzen, die im letzten Jahr aufgrund der schwierigen Umstände nicht zustande gekommen sind.

Der Metall-Büffel ist für seinen langen Atem bekannt. Das kommt dem Hahn vor allem auf beruflicher Ebene entgegen, wo er nun auch langfristig angelegte Projekte auf den Weg bringen kann. Bei Geldanlagen sollten Hahn-Geborene auf Sicherheit bauen und so ihre Finanzen auch für die Zukunft auf ein solides Fundament stellen.

Der familiäre Alltag wird sich harmonisch gestalten lassen, wenn der Hahn seine Verpflichtungen erfüllt und zu seinen Versprechen steht. Das gilt auch für die Partnerschaft, wo er das Gefühl vermitteln sollte, dass man voll und ganz auf ihn zählen kann. Der Haussegen könnte schief hängen, wenn sich der Hahn beruflich zu sehr einspannen lässt und seine Prioritäten nicht klar zu kommunizieren weiß.

Ihr Powertipp für 2021

Sie können erfreulich an Einfluss gewinnen, wenn Sie sich nicht zu fortschrittlich geben, sondern auch traditionelle Ansätze gelten lassen.

Der Hahn und seine Familie

Der Hahn weiß genau, wie man eine Familie organisieren muss, damit alles wie am Schnürchen läuft. Seinen natürlichen Führungsanspruch bekommt nicht nur der engste Familienkreis zu spüren. Auch im weiteren Umfeld genießt er es, alle Fäden in der Hand zu halten. Seine Lieben wissen in der Regel sein Organisationstalent zu schätzen und verlassen sich in vielen Angelegenheiten fast blind auf ihn. Das entgegengebrachte Vertrauen schmeichelt dem Hahn derart, dass er die ihm übertragene Verantwortung so gut wie nie als Belastung empfindet. Sollte es ihm doch einmal zu viel werden, nutzt er sein Talent zum Delegieren und weiß die Familienmitglieder geschickt in seine Pläne einzuspannen.

Wer der Familie eines Hahns wissentlich oder unwissentlich Schaden zufügt, sollte sich besser warm anziehen. Kaum ein anderes Mitglied aus dem chinesischen ierkreis verteidigt die eigene Familie so vehement wie er. Manchmal fällt es ihm allerdings schwer, seine Schützlinge ihren eigenen Weg gehen zu lassen. Besonders die eigenen Kinder können das zu spüren bekommen, wenn sie ersten Schritte in die Unabhängigkeit wagen wollen. Am liebsten würde der Hahn einfach immer seine schützende Hand über sie halten und ihnen aller schweren Entscheidungen abnehmen.

Der Hahn und seine Freunde

Der Hahn braucht nicht viele enge Freunde und lässt nur wenige Menschen wirklich in sein Herz schauen. Wer allerdings einmal sein Vertrauen gewonnen hat, darf sich seiner vollen Unterstützung sicher sein.

Hat man einen Hahn zum Freund, steht er in allen Dingen des Lebens mit Rat und Tat zur Seite. Ohne zu zögern übernimmt er das Ruder, sobald er merkt, dass es einem Freund nicht gut geht. Wenn er der Meinung ist, dass jemand aus seinem Freundeskreis ungerecht behandelt wird, gehört er zu den ersten, die diesen Missstand anprangern.

DER HAHN – organisatorisch und hilfsbereit

Wie in allen Bereichen des Lebens übernimmt der Hahn auch in einer Freundschaft gerne die Führung. Er organisiert Treffen, plant gemeinsame Aktivitäten und hat immer einen genauen Überblick darüber, wo sich seine Freunde gerade aufhalten und was sie gerade beschäftigt. Dies kann den so Umsorgten allerdings auch mitunter etwas zu viel sein.

Auch wenn er räumlich von seinen Freunden getrennt ist, legt er großen Wert darauf, über ihr Leben im Bilde zu sein. Kann er sich nicht direkt versichern, wie es ihnen geht, so verfügt er sicher über entsprechende Kontakte, um über ihre Aktivitäten und ihr Wohlergehen auf dem Laufenden zu bleiben.

So viel er in der Regel über seine Freunde weiß, so wenig mag es der Hahn, seine eigenen Gemütszustände preiszugeben. Gerade wenn es ihm einmal nicht so gut geht, ist es ihm eher unangenehm, seine Freunde mit den eigenen Problemen zu belasten. So muss man es regelrecht aus dem Hahn heraus kitzeln, ob und wie man ihn unterstützen kann. Wem es allerdings gelingt, hinter seine Fassade zu schauen, dem ist er im Nachhinein sehr dankbar – auch wenn er das nicht immer offen zugeben mag.

SHIH, der HUND kann mit Diplomatie punkten

Grund-Element
Erde Yang

Wenn Sie ein Hund sind, sind Sie in einem der folgenden Jahre geboren:

犬

1934	Holz-Hund	(14.02.1934-03.02.1935)
1946	Feuer-Hund	(02.02.1946-21.01.1947)
1958	Erd-Hund	(18.02.1958-07.02.1959)
1970	Metall-Hund	(06.02.1970-26.01.1971)
1982	Wasser-Hund	(25.01.1982-12.02.1983)
1994	Holz-Hund	(10.02.1994-30.01.1995)
2006	Feuer-Hund	(29.01.2006-17.02.2007)
2018	Erd-Hund	(16.02.2018-04.02.2019)

DDas Tempo der Metall-Ratte war nicht wirklich nach dem Geschmack des Hundes, der in der Regel mit rasanten Veränderungen nicht viel anfangen kann. Die Entschleunigung des Alltags, die mit der Krise im letzten Jahr einherging, dürfte so manchem Hund dagegen unter Umständen entgegen gekommen sein. Die bei der Ratte so beliebten Schnellschüsse waren 2020 nämlich eher nicht gefragt, sondern eher geduldiges Abwarten und das Einhalten von Regeln.

Allerdings war es damit allein nicht getan, denn viele bewährte Gegebenheiten wurden verändert, so dass es nun für so manchen Hund-Geborenen neue Arbeits- und Lebensbedingungen gibt. Mit Hilfe des Büffels als Jahresregenten kann sich der Hund wesentlich besser darauf einstellen als mit dem vorherigen. Der neue Herrscher teilt den Sinn für traditionelle Werte und Beständigkeit mit dem Hund und lässt sich kaum zu überstürzten Aktionen hinreißen.

Trotzdem wird der Hund in den folgenden Monaten gut daran tun, mit Vorgesetzten oder Kollegen diplomatisch umzugehen. Möglich auch, dass er sich zuweilen übergangen fühlt oder für seinen Geschmack nicht genug Wertschätzung erfährt. Derartige Unstimmigkeiten lassen sich am besten beseitigen, wenn der Hund Differenzen auch mal aussitzt und nicht versucht, mit allen Mitteln seine Meinung durchzusetzen. An der Sturheit des Büffels hat sich schon so mancher die Zähne ausgebissen. Da ist es wirklich besser, keine Energie auf einen Kampf zu verwenden, der sich nicht gewinnen lässt.

Langjährige Partnerschaften brauchen in diesem Jahr auf jeden Fall frische Akzente. Ansonsten läuft die Beziehung 2021 Gefahr, in der Alltagsroutine zu versinken. Wer auf der Suche nach einer neuen Liebe ist, darf sich durchaus Hoffnung machen. Werte wie Treue und Loyalität stehen jetzt sehr hoch im Kurs.

Ihr Powertipp für 2021

Regen Sie sich nicht unnötig auf! Wenn eine Sache nicht funktioniert, dann ist das eben so – überdenken Sie lieber Ihre Optionen und passen Sie sich entsprechend an.

Der Hund und seine Familie

Dem Hund ist es extrem wichtig, einen guten Draht zu seiner Familie zu haben. Es fühlt sich für ihn einfach am besten an, sich mit Menschen zum umgeben, die er schon sein ganzes Leben lang kennt. Bei seiner Familie braucht er keine Tricks oder Überraschungen zu fürchten und weiß immer, woran er ist.

Dieses Gefühl von Sicherheit und Loyalität vermitteln der Hund auch seinen Lieben, die sich in allen Lebenslagen voll und ganz auf ihn verlassen können. Aufmerksam wacht er über das Wohlergehen der ihm anvertrauten Menschen.

Seine enge Verbundenheit mit der Familie macht es ihm jedoch zuweilen schwer, Veränderungen zu akzeptieren. Am liebsten wäre es dem Hund, dass einfach immer alles so bleibt, wie es ist! Potenzielle Schwiegersöhne und andere familiäre Neuzugänge werden mit Argusaugen beobachtet. Will der eigene Nachwuchs das Nest verlassen, fällt es dem Hund sehr schwer, ihn ziehen zu lassen.

Im familiären Alltag zeichnet sich der Hund durch seine Verlässlichkeit aus. Es bereitet ihm keine Schwierigkeiten, sich an Regeln zu halten. Allerdings sollten diese dann auch für den Rest der Familie gelten. Wenn etwas auf eine bestimmte Art vorgesehen ist, haben sich einfach alle daran zu halten!

Der Hund und seine Freunde

Einen besseren Freund als den Hund kann man sich wohl kaum wünschen. Er ist immer zur Stelle, wenn er gebraucht wird. Dabei ist er sich nicht zu schade, die Scherben aufzukehren, wenn es mal zu Unstimmigkeiten gekommen sein sollte. In der Regel zeigt er sich auch dann nicht nachtragend, wenn man ihn im Eifer des Gefechts mit ungerechtfertigten Vorwürfen konfrontiert. Mit seiner ruhigen, besonnenen Art wartet er einfach ab, bis sich die Gewitterwolken verzogen haben. Man sollte allerdings nicht vom ihm erwarten, dass er von sich aus die Sprache auf den Konflikt bringt. Wenn möglich zieht er es nämlich vor, schwierige Situationen einfach auszusitzen.

**DER HUND –
verlässlich und besonnen**

Wenn zwischen ihm und seinen Freunden vorübergehend Funkstille herrscht, muss das nicht bedeuten, dass das Verhältnis abgekühlt ist. Vielleicht gibt es einfach keine nennenswerten Neuigkeiten oder der Hund hat zurzeit einfach keine Zeit, seine Freunde zu kontaktieren. Geht die Initiative dann von der anderen Seite aus, so freut er sich ehrlich darüber und ist jeder Zeit bereit, die Verbindung wieder zu aktivieren.

Mit seinen Freunden verbindet den Hund vor allem ein ausgeprägter Sinn für Gerechtigkeit und er schätzt es, wenn man zu wichtigen Themen des Weltgeschehens einer Meinung ist.

Der Hund liebt es, sich mit seinen Freunden über die Höhen und Tiefen des Lebens im Allgemeinen auszulassen. Vertraut er einem Menschen so wird er ihm auch sein Herz öffnen. Bis es allerdings so weit ist, vergeht in der Regel eine Menge Zeit, denn die meisten Hunde sind von Hause aus ein wenig misstrauisch im Bereich der zwischenmenschlichen Beziehungen. So braucht es einiges an Geduld, wenn man seine harte Schale knacken will.

HAN, das SCHWEIN segelt in ruhigeren Gewässern

Wenn Sie ein Schwein sind, sind Sie in einem der folgenden Jahre geboren:

豬

1935	Holz-Schwein	(04.02.1935-23.01.1936)
1947	Feuer-Schwein	(22.01.1947-09.02.1948)
1959	Erd-Schwein	(08.02.1959-27.01.1960)
1971	Metall-Schwein	(27.01.1971-14.02.1972)
1983	Wasser-Schwein	(13.02.1983-01.02.1984)
1995	Holz-Schwein	(31.01.1995-18.02.1996)
2007	Feuer-Schwein	(18.02.2007-06.02.2008)
2019	Erd-Schwein	(05.02.2019-24.02.2020)

Wer sich in den vergangenen zwölf Monaten seine Reserven gut eingeteilt hat, dürfte auch stürmischere Zeiten im Großen und Ganzen gut überstanden haben. Zum Start in den neuen 12 Jahresrythmus waren Veränderungen zu erwarten, die findige Schwein-Geborene zum Anlass für einen kompletten Neuanfang nutzen konnten. Auch wer 2020 keinen unmittelbaren persönlichen Nutzen aus der Ausnahmesituation ziehen konnte, hatte zumindest die Möglichkeit, die eigene Situation gründlich zu analysieren und innerlich mehr zur Ruhe zu kommen.

Die eingeschränkte Bewegungsfreiheit im vergangenen Jahr hat sicher oft das vom Schwein so geliebte gesellige Beisammensein verhindert. Trotzdem war es möglich, über andere Kanäle interessante Bekanntschaften machen. Ob sich daraus jetzt dauerhafte Beziehungen entwickeln können, wird sich mit der Zeit zeigen. Auf jeden Fall wird das Schwein 2021 in seinem Bestreben nach mehr Zusammenhalt und Gemeinsamkeit auf allen Ebenen deutlich besser unterstützt. Mit dem Erscheinen des Metall-Büffels brechen für das Schwein günstige Zeiten an. So können nun die Defizite der vergangenen Jahre vor allem auf emotionaler Ebene ausgeglichen werden.

Vielleicht wächst in den kommenden Monaten das Gefühl, bislang zu wenig den eigene Ambitionen gefolgt zu sein. Unter dem Schutz des besonnenen Büffels lassen sich solche Pläne nun wieder beleben und die Position des Schweins gerade auf der beruflichen Ebene deutlich verbessern.

Wie schon so oft im Leben liegt der Schlüssel zur Zufriedenheit für das Schwein in den eigenen vier Wänden. Wer nun Zeit und Liebe darauf verwendet, sein Heim praktischer und schöner zu gestalten, darf sich auf harmonische Stunden im Kreise seiner Lieben freuen. In diesem Rahmen können dann auch in der Partnerschaft mehr Vertrauen, Zärtlichkeit und Wärme gedeihen.

Ihr Powertipp für 2021

Rücken Sie Ihr Augenmerk ruhig wieder mehr auf Ihre eigenen Interessen. Mit dem Büffel an der Seite können Sie sich nun besser durchsetzen und am Ball bleiben.

Das Schwein und seine Familie

Das fürsorgliche Schwein gilt nicht nur als verlässlicher Partner, sondern auch als echtes „Familientier", das sich mit Begeisterung um das familiäre Wohlergehen kümmert. Das Kümmern wird dem Schwein fast nie zu viel und es strahlt eine tiefe Zufriedenheit aus, wenn im Kreise seiner Lieben Harmonie herrscht.

Das heißt jedoch nicht, dass dieses Tierzeichen nur mit Hilfe seiner Familie ein erfülltes Leben führen kann! Das Schwein ist durchaus in der Lage, sich mit der gleichen Hingabe um sein persönliches Wachstum zu kümmern. Vor allem, wenn die Familie die eigenen Pläne unterstützt, kann es Höchstleistungen erbringen.

Mit seinem großen Herzen neigt das Schwein zuweilen dazu, die einzelnen Familienmitglieder durch die rosarote Brille zu sehen. Besonders im Bezug auf seinen Partner und den Nachwuchs neigt es deshalb manchmal zur Schönfärberei und tut sich schwer, konstruktive Kritik zu üben.

Viel lieber lenkt das Schwein seine Aufmerksamkeit auf die positiven Aspekte des Lebens. Und es hat auch die Gabe, immer das Beste in seinen Lieben zu sehen und kann so jedes Familienmitglied wunderbar motivieren.

Das Schwein und seine Freunde

Das Schwein hat mit seinem sonnigen Gemüt eine Gabe dafür, dass sich die Menschen in seiner Gegenwart wohlfühlen. Für seine Freunde läuft das Schwein problemlos zur Hochform auf. Es lädt sie zu sich nach Hause ein, organisiert amüsante Events oder überrascht sie einfach von Zeit zu Zeit mit originellen Aktionen. Wer mit einem Schwein befreundet ist, hat das gute Gefühl, vorbehaltlos akzeptiert zu sein.

Der Gesprächsstoff geht in einer Freundschaft mit einem Schwein sicher nicht aus. Denn es ist vielfältig interessiert. Aber auch Neuigkeiten aus dem Privat- und Liebesleben, Anekdoten aus dem Berufsleben – das Schwein genießt es sehr, all diese Themen mit seinen Freunden zu teilen. Umgekehrt zeigt es auch großes Interesse am Leben seiner Freunde und möchte gern immer auf dem Laufenden gehalten werden. Im Bedarfsfall bietet es auch immer eine Schulter zum Ausweinen und hört einfach nur zu, wenn es nötig ist.

DAS SCHWEIN – wohlwollend und optimistisch

In der Regel hat das Schwein stets immer einen praktischen Rat zur Hand, wenn es darum geht, einem Freund aus der Patsche zu helfen. Es ist nämlich der Meinung, dass jammern nicht hilft, sondern Probleme möglichst rasch und pragmatisch gelöst werden sollten. Wenn es sein muss, ergreift es selbst die Initiative, um einem guten Freund wieder auf die Sprünge zu helfen.

Mit der Diskretion nimmt es das Schwein allerdings nicht immer ganz genau. So kann es passieren, dass ihm aus Versehen Informationen heraus rutschen, die eigentlich nur für seine Ohren bestimmt waren. Passiert ihm ein solcher Fauxpas, ist ihm das furchtbar peinlich – sein Charme sorgt dann allerdings dafür, dass seine Freunde ihm nicht lange böse sein können.

Die wertvollen Entscheidungshilfen für jeden Tag

Egal, ob Sie einen wichtigen Termin wie eine Geschäftseröffnung oder eine Hochzeit planen oder einfach nur wissen wollen, unter welchen Vorzeichen ein bestimmter Tag in der Woche für Ihr Tierzeichen steht – schlagen Sie das entsprechende Datum einfach in unseren praktischen Monatstabellen nach. Ab Seite 42

Wie schon in den letzten Jahren finden Sie auch im aktuellen Jahrbuch wieder nach jeder Monatsprognose eine zusätzliche Doppelseite, auf der wir übersichtlich in Tabellenform wichtige Informationen zu jedem einzelnen Tag des Jahres des **Metall-Büffels** zusammengefasst haben.

Sie können so nicht nur sofort erkennen, welche Tage für Sie persönlich besonders günstig sind, sondern auch, welches Tierzeichen den jeweiligen Tag eines Monats regiert. Darüber hinaus finden Sie oberhalb der Tabelle noch Angaben zum Tierzeichen des Jahres und dem Element des jeweiligen Monats.

Komprimiert auf zwei Zeilen für jeden Tag haben wir in der Tabelle farblich die günstigen und ungünstigen Aktivitäten für Ihr Tierzeichen gekennzeichnet. Außerdem können Sie in einer weiteren Zeile farblich ablesen, ob der jeweilige Tag für Ihr Tierzeichen eher günstig oder ungünstig ist.

So kann Ihnen dieses Horoskop-Jahrbuch noch mehr zum unentbehrlichen Begleiter durch das Jahr des **Metall-Büffels** werden.

Die große Monatsvorschau für jedes der zwölf chinesischen Tierzeichen im Jahr 2021

TZE Ratte

Grundtendenz des Monats: Das Jahr der Metall-Ratte neigt sich seinem Ende zu. Es dürfte für Sie vor allem dann trotz der schwierigen Situation gut gelaufen sein, wenn Sie sich beherzt für einen bestimmten Weg entschieden haben. Wer dagegen zu lange seine verschiedenen Optionen nur im Kopf durchgespielt hat, ist wahrscheinlich nicht besonders weit gekommen.

Mit dem Erd-Büffel, der den Januar begleitet, gibt es nun für die Ratte die Gelegenheit, die schöpferische Energie ihres eigenen Jahres konkret umzusetzen. Dabei wäre es nun wichtig, erst einmal überhaupt zu starten. Sobald der Büffel im Februar übernimmt, können Sie das Ganze zu einem guten Ende bringen.

Liebe, Familie, Freundschaft: So manche Ratte mag nun das Gefühl haben, dass in ihrem Privatleben alles an seinem richtigen Platz ist. Das liegt sicher auch an der erhaltenden Yin-Erdenergie, die sich in diesen Wochen in allen Bereichen bemerkbar macht. Stabilität und Sicherheit sind Werte, die auch im nächsten Jahr wichtiger sind als schnelle Abenteuer.

Sollte es jetzt noch unausgesprochene Kritik geben, wäre es ratsam, sich gemeinsam mit Partner und Familie an einen Tisch zu setzen und die Sache ein für allemal zu klären. Dabei legen Sie am besten auch gleich schon die Aufgabenteilung für die kommenden Monate fest.

Beruf, Finanzen: Wer in den vergangenen Monaten den Überblick behalten hat, kann nun trotz widriger Bedingungen einen guten Teil der Ernte einfahren. Mit dem Büffel geht es 2021 ohnehin mehr darum, Erreichtes auszubauen und auf ein sicheres Fundament zu stellen. Das sollte sich die Ratte bewusst machen.

Rattenjahre kennzeichnen immer den Beginn eines neuen Zwölfjahreszyklus. Wer jetzt also die Weichen für seine berufliche Entwicklung gestellt hat, kann die kommenden Jahre deutlich entspannter angehen.

Tipp des Monats: Bleiben Sie fokussiert! Mit Hilfe des Büffels können Sie dann Ihre wunderbaren Pläne wirklich umsetzen.

KIU Büffel

Grundtendenz des Monats: Für den beständigen Büffel war das letzte Jahr sicher zuweilen recht aufregend. Schließlich wurde sein normales Leben ziemlich auf den Kopf gestellt und er musste sich komplett auf neue Umstände einstellen. Ob er das am Ende als positiv empfunden hat, hing sicher davon ab, in wie weit er bereit war, sich auf Veränderungen einzulassen. Wer davor zurückscheut, sich an eine neue Situation anzupassen, wird im Jahr der Ratte sicher lange nicht so gut klargekommen sein, wie die Büffel, die sich dem Wechsel gegenüber aufgeschlossen gezeigt haben.

Bevor nun im kommenden Monat das eigene Tierzeichen das Zepter von der Ratte übernimmt, besteht noch ein letztes Mal die Möglichkeit, kreativ aus den Vollen zu schöpfen.

Liebe, Familie, Freundschaft: Auch in der Partnerschaft haben sich in den vergangenen Monaten vielleicht einige Veränderungen für den Büffel ergeben. Wer ein bisschen Initiative gezeigt hat, wurde sicher mit schönen Stunden zu zweit belohnt, die sich deutlich von der normalen Routine abgehoben haben. 2021 wird es verstärkt darum gehen, das Erreichte zu erhalten.

Jetzt im Januar sollte alles an seinem richtigen Platz sein für den Büffel, so dass es zum Start in das eigene Jahr keine unangenehmen Überraschungen geben sollte. Sorgen Sie jetzt dafür, dass es für Ihre Lieben genauso aussieht.

Beruf, Finanzen: Wer die ersten Schritte in die neue Richtung gemacht hat, bekommt im neuen Jahr reichlich Gelegenheit, sein Projekt zu einem guten Ende zu bringen. Bis es soweit ist, wollen neue Wege auch für andere begehbar gemacht werden und jede Menge wertvolle Erfahrungen gesammelt werden.

Achten Sie zum Ende des Jahres der Ratte noch einmal darauf, ein gesundes Gleichgewicht zwischen Job und Privatleben zu etablieren. So vermeiden Sie in kommenden Monaten unnötigen Stress und kommen auch nicht in Erklärungsnot.

Tipp des Monats: Die Dinge werden sich für den Büffel vorteilhaft entwickeln, wenn er sich Flexibilität bewahrt.

YING Tiger

Grundtendenz des Monats: Zum Abschluss des Jahres der Metall-Ratte kommt mit einem Erd-Büffel eine deutlich stabilere Energie ins Spiel. Das wird dem Tiger nicht unbedingt gefallen, denn das bedeutet, dass Entscheidungen deutlich konservativer getroffen werden. Mit den Einschränkungen der letzten Monate konnte er seine Abenteuerlust 2020 kaum ausleben wie gewohnt und kann seine Ungeduld nun nur schwer zügeln.
Da es jetzt wieder etwas ruhiger zugeht, wäre ein guter Zeitpunkt, sich verstärkt um die eigenen Gesundheit zu kümmern. Organisieren Sie zum Beispiel den fälligen Check-Up oder kümmern Sie sich endlich um kleinere Wehwehchen, die Sie schon länger plagen.

Liebe, Familie, Freundschaft: Auf der privaten Ebene sollte im Idealfall alles an seinem richtigen Platz sein. Vielleicht ist es allerdings noch einmal erforderlich, in einem gemeinsamen Gespräch eine klarere Gewichtung zwischen Beruf und Privatleben vorzunehmen. So wecken Sie keine falschen Erwartungen bei Ihren Lieben und müssen sich nicht rechtfertigen, wenn es wieder einmal später wird.
Bestehende Beziehungen konnten in den letzten zwölf Monaten viel gemeinsam erleben. Wer die Veränderungen mit offenen Armen angenommen hat, dessen Bindung sollte im Jahr der Ratte noch stärker geworden sein.

Beruf, Finanzen: Mit dem Büffel im Monat bekommt der Tiger nun die Gelegenheit, sich langsam auf seine gemächlichere Gangart einzustellen. Ab nächstem Monat übernimmt dieses Tierzeichen das Zepter, da muss der Tiger deutlich bedächtiger zu Werke gehen.
Nehmen Sie sich in den letzten Wochen der Regentschaft der Metall-Ratte vor möglicher Konkurrenz in Acht und lassen Sie sich lieber nicht auf offene Konflikte ein. Der Sturm wird sicher bald vorüber ziehen, da lohnt es sich nicht, sich jetzt noch groß darüber aufzuregen.

Tipp des Monats: Wer die Gelegenheiten in den vergangenen Monaten beim Schopf gegriffen hat, kann stabil darauf aufbauen.

MAO Hase

Grundtendenz des Monats: Mit der nötigen Entschlossenheit lassen sich nun ein paar Dinge zum Abschluss bringen. Dafür sorgt nicht zuletzt der Erd-Büffel, der Ihnen im Januar zur Seite steht. Gemeinsam mit der Ratte unterstützt er nun all die Hasen, die wirklich wissen, was sie wollen. Wenn Ihnen das immer noch nicht klar ist, dürfen Sie nun auch nicht mit tollen Ergebnissen rechnen.
Zum Ende der Regentschaft der Metall-Ratte mögen sich manche Hasen fragen, was sie aus den vergangenen zwölf Monaten und den veränderten Lebensumständen mitnehmen konnten. Neben kreativen Impulsen dürfte die Ratte Sie vor allem gelehrt haben, dass Sie für Ihre Wünsche eintreten müssen.

Liebe, Familie, Freundschaft: Der beständige Büffel gibt Ihnen im Januar schon einmal einen Vorgeschmack auf die kommenden Monate, denn er übernimmt ab nächsten Monat die Jahresherrschaft. Das bedeutet sicher weniger Aufregung im Privatleben - schließlich liebt er es, wenn alles seinen geregelten Gang geht.
In der Liebe geht es nun weniger darum, neue Herzen zu erobern. Vielmehr wünscht man sich, dass bestehende Bande gefestigt werden und respektvoll miteinander umgegangen wird. Das dürfte dem harmoniebedürftigen Hasen mehr als Recht sein.

Beruf, Finanzen: Ratte und Büffel sind vor allem auf der beruflichen Ebene eine schlagkräftige Verbindung. Das mag so mancher Hase nun noch einmal nutzen wollen - zumal es in den vergangenen 12 Monaten viele Einschränkungen gab. Es besteht nun durchaus die Möglichkeit, dass die gesetzten Ziele noch erreicht werden können! Und falls es doch nicht ganz hinkommt, müssen Sie sich auch nicht grämen. Schließlich ist der kommende Regent ein Meister darin, Dinge zu Ende zu bringen. Von dieser Seite bekommen Sie also weiterhin tatkräftige Unterstützung.

Tipp des Monats: Es kommt, wie es kommen muss! Lehnen Sie sich zurück und freuen Sie sich auf mehr Stabilität und in allen Bereichen.

> Kleine Kälte / Große Kälte < Januar

SHENG
Drache

Grundtendenz des Monats: Im Januar bekommt der Drache einen Vorgeschmack auf die neue Regentschaft. Nun tritt nämlich der Büffel auf den Plan, der ab Februar auch die Jahresherrschaft übernimmt. Am ehestem merkt man das daran, dass langsam aber sicher die phantasievollen Luftschlösser wieder mehr umsetzbaren Konzepten weichen. Dem Drachen sollte das recht sein, denn so werden seine Aktivitäten von vornherein auf ihre Machbarkeit überprüft.

Es ist an der Zeit, Kassensturz zu machen und zu schauen, was Sie aus der Regentschaft der Metall-Ratte mitnehmen und an die neuen Verhältnisse anpassen können.

Liebe, Familie, Freundschaft: Ein bisschen mehr Beständigkeit kann dem Drachen in seinem Privatleben nicht schaden. Da kommt der Büffel jetzt gerade recht. Mit seiner besonnenen Art sorgt er dafür, dass sich alle Wogen glätten und sich ein Gefühl von Sicherheit breit macht.

Mit Sturheit allein werden Sie sicher kein Herz gewinnen. Es kann aber schon hilfreich sein, wenn Sie nicht schon nach der ersten Zurückweisung aufgeben. Schließlich beeindruckt es sehr, wenn man auch dann am Ball bleibt, wenn die Aussichten auf den ersten Blick nicht ganz so rosig sind.

Beruf, Finanzen: Mit der Kombination aus Ratte und Büffel können zum Ende der Regentschaft eine Reihe von losen Enden zusammengeführt werden. Schließlich sind diese Beiden ein prima Team, wenn es darum geht, etwas bis zum Schluss durchzuziehen. So kann sich doch noch der Erfolg einstellen, auf den Sie die letzten Monate gewartet haben.

Bevor nächsten Monat der Büffel komplett das Zepter übernimmt wäre es sicher noch einmal gut, wenn der Drache seine Prioritäten am Arbeitsplatz für die kommenden Monate klar definiert. Dann werden Sie auch nicht für Arbeiten eingespannt, die Ihnen nicht liegen.

Tipp des Monats: Passen Sie sich an die aktuellen Veränderungen an und legen Sie den zukünftigen Kurs jetzt fest.

SZE
Schlange

Grundtendenz des Monats: Wenn im nächsten Monat der Metall-Büffel das Zepter von der Ratte übernimmt, darf sich die Schlange darüber sicher ganz besonders freuen. Einen Vorgeschmack gibt es bereits im Januar, wo der Büffel den Monat begleitet. In Kombination mit der Ratte werden nun vor allem die Projekte ins Zentrum der Aufmerksamkeit gerückt, an denen Sie aufgrund der angespannten Situation 2020 nicht weiter arbeiten konnten. Die Motivation ist extrem hoch, diese nun noch fertig zu stellen.

Mit einer starken Erd-Energie geht die Regentschaft der Ratte zu Ende. Das wirkt sich vor allem dann aus, wenn es darum geht, das Erreichte auf ein langfristiges Fundament zu stellen.

Liebe, Familie, Freundschaft: Büffel und Schlange ergänzen sich in fast allen Belangen. Das gilt auch für die Liebe, die jetzt vor allem in langjährigen Beziehungen für ein wunderbares Miteinander sorgt. Lassen Sie sich nicht von außen vorschreiben, wie Sie sich zu fühlen haben und Ihren gemeinsamen Alltag leben sollten. Solange es sich für Sie richtig anfühlt, ist alles in Ordnung. Gibt es im Familienkreis noch Klärungsbedarf? Dann sollten Sie den Monat dazu nutzen, gemeinsam nach Lösungen zu suchen. Wichtig ist jetzt vor allem, dass Sie sich gegenseitig zuhören.

Beruf, Finanzen: Schon jetzt bekommt die Schlange einen Vorgeschmack auf den Führungsstil des kommenden Jahresregenten. Die Durchsetzungskraft des Büffels verleiht mehr Biss und kann ihr berufliches Standing enorm unterstützen. Hinzu kommt, dass Sie mehr Sicherheit ausstrahlen, weil Sie spüren, dass alles an seinem richtigen Platz ist.

Am Ende des Jahres zählt das erreichte Ergebnis. Wer sich auf seine Aufgaben konzentriert hat, konnte trotz widriger Umstände manch lohnenswertes Projekt im Jahr der Metall-Ratte an den Start bringen. Nun gilt es nur noch, 2021 die Sache erfolgreich zu Ende zu bringen.

Tipp des Monats: Ein gewisses Maß an Mitgefühl ist sicher nicht falsch, solange Sie darüber nicht die eigenen Ziele vergessen.

WU Pferd

Grundtendenz des Monats: Im letzten Monat des Rattenjahres lässt der Einfluss der Herrscherin merklich nach. Das liegt auch daran, dass der Büffel schon in diesem Monat präsent ist, obwohl er offiziell erst im Februar die Regentschaft übernimmt. Gleichzeitig wird nun das Erd-Element gut unterstützt, was es dem Pferd erleichtert, seine Emotionen auszugleichen. Damit kann sich gleichzeitig auch eine neue Zuversicht breit machen - vor allem auch für diejenigen, für die es 2020 besonders schwierig war.

Sie können in diesen Wochen noch einmal das kreative Potential der Metall-Ratte dazu nutzen, eine neue Richtung einzuschlagen.

Liebe, Familie, Freundschaft: Es mag in den vergangenen Monaten zuweilen turbulent zu Hause zugegangen sein. Jetzt, wo sich die Aufregung legt und mehr Stabilität eintritt, kann das Pferd erkennen, dass es auf diese Weise viel lernen konnte. Auch wenn es manchmal anstrengend war, war es sicher auch spannend die Entwicklung jedes Einzelnen zu erleben.

Wer mag, kann sich in diesen Wochen eine Auszeit mit Familie und Partner gönnen. So lässt sich eine gute Basis für die kommenden zwölf Monate schaffen, wo es ohnehin mehr darum geht, bestehende Strukturen zu erhalten und zu verbessern, anstatt sich auf die Suche nach etwas Neuem zu begeben.

Beruf, Finanzen: Mit dem Büffel ist nun alles an seinem richtigen Platz. Ob das allerdings den Ansprüchen des Pferdes entspricht, steht auf einem anderen Blatt. Wer mit dem Erreichten nicht zufrieden ist, sollte sich nicht zu sehr grämen. Sie haben unter den schwierigen Umständen getan, was Sie konnten! Mehr war 2020 für das Pferd eben nicht drin.

Das kann sich schon in den nächsten Wochen ändern, denn mit dem Büffel kommt mehr Durchsetzungskraft und konkretes Handeln ins Spiel, was dem Pferd besser liegen dürfte.

Tipp des Monats: Experimente sind nun nicht gefragt. Bleiben Sie auf dem vorgegebenen Weg!

WEI Ziege

Grundtendenz des Monats: Sicher hat sich für die Ziege im vergangenen Jahr nicht so viel bewegen können, wie sie es sich gewünscht hat. Sie dürfen nicht vergessen, dass die Ratte den Beginn eines neuen Zyklus markiert und Veränderungen ankündigt, die durchaus auch drastisch sein können. Da ist es nicht so verwunderlich, dass viele gute Ansätze erst einmal in der Planung stecken geblieben sind. Mit dem Büffel, der diesen Monat begleitet und auch auf die Ratte als Jahresregent folgt, geht es nun langsam wieder mehr um die konkrete Umsetzung.

Ratte und Büffel stehen in der Chinesischen Astrologie unter anderem für das Haus der Kreativität. In dem Bereich können Sie nun sicher wieder einiges an Unterstützung erfahren.

Liebe, Familie, Freundschaft: Auch langfristige Beziehungen gehören zuweilen auf den Prüfstand gestellt. Damit sich der Alltag nicht zu sehr einschleicht und die Anziehungskraft immer mehr nachlässt, braucht es nun noch einmal frische Impulse. Die kann sich die Ziege von außen holen… aber vielleicht hat sie ja auch selbst ein paar gute Ideen, wie sich ein frischer Schwung in die Partnerschaft bringen lässt.

Im Grunde sollte es auf der familiären Ebene recht rund laufen zum Ende des Ratten-Jahres. Für alle Fälle sollten Sie sich nun aber ruhig noch einmal alle zusammensetzen und über die Prioritäten für das kommende Jahr sprechen.

Beruf, Finanzen: Mit dem Ende des Jahres bleibt sicher so manche Frage für die Ziege unbeantwortet. Es war einfach nicht genug Zeit, um sich in Ruhe mit all den Dingen auseinanderzusetzen, die Ihnen wichtig sind! Wählen Sie nun im letzten Monat der Regentschaft die Bereiche aus, in denen Sie sich 2021 mehr engagieren möchten. Wenn dafür zusätzliche Fort- und Weiterbildungen nötig sind, sollten Sie diese nun ruhig schon organisieren und fest in den neuen Kalender einplanen.

Tipp des Monats: Das kommende Jahr bringt vor allem mehr Stabilität. Stellen Sie nun die Weichen für Ihre persönlichen Ziele!

SUNG
Affe

Grundtendenz des Monats: Im letzten Monat im Jahr der Metall-Ratte ist die erdige Energie des kommenden Herrschers zu spüren. Das liegt daran, dass der Büffel schon den Monat begleitet und seinen Einfluss mehr und mehr geltend macht. Für den Affen bedeutet das sicher deutlich weniger Schwankungen und mehr Stabilität - was nach dem vielen Auf und Ab der letzten Monate sicher nicht schaden kann. Sie mögen das jetzt aber trotzdem als etwas langweilig empfinden.
Veränderungen hat es 2020 für den Affen wahrscheinlich genug gegeben. 2021 kann er sich dafür einsetzen, welche davon sich manifestieren dürfen und so einen längerfristigen Effekt auf sein Leben haben.

Liebe, Familie, Freundschaft: Wenn Sie es sich nun gestatten innezuhalten, werden Sie feststellen, dass auf der privaten Ebene alle Dinge an ihrem richtigen Platz sind und jeder genau zu wissen scheint, was zu tun ist. Das sollte Ihnen die Zuversicht geben, dass auch in den kommenden zwölf Monaten der Familienzusammenhalt gesichert ist.
In der Liebe mag es nun wichtiger sein als im Jahr zuvor, Zeit gemeinsam zu verbringen. Legen Sie Ihre Prioritäten am besten gleich jetzt gemeinsam fest und versprechen Sie sich gegenseitig, dass Sie sich auch daran halten.

Beruf, Finanzen: Ratte und Büffel sind durchaus ein gutes Gespann, wenn es um die Umsetzung von kreativen Ideen geht. Dermaßen gerüstet kann es dem Affen nun gelingen, noch die eine oder andere Aktion in trockene Tücher zu packen. Der Büffel stärkt dabei vor allem Ihre Ausdauer. So können auch eher lästige Arbeiten gut zu einem Abschluss gebracht werden.
Mit dem kommenden Jahresherrscher wird es für den Affen vielleicht nicht ganz so spannend werden, dafür lassen sich viele 2020 begonnene Aktionen sicher erfolgreich weiterführen.

Tipp des Monats: Wer sein Potential in der Krise erkannt und ausgelebt hat, geht enorm zufrieden in das neue Jahr. Für alle anderen gilt es, weiterhin am Ball zu bleiben.

YU
Hahn

Grundtendenz des Monats: Das Jahr der Metall-Ratte neigt sich dem Ende zu und am Horizont kündigt sich schon der Büffel an, der das Zepter ab Februar übernimmt und jetzt schon mal an der Seite der Ratte erscheint. Das wird die meisten Hähne freuen, denn es war in den vergangenen Monaten sicher nicht immer einfach, in der Balance zu bleiben. Die unstete Ratte und der monatelange Lockdown haben Sie wahrscheinlich dazu gebracht, Reserven anzuzapfen, die Sie lieber noch ein wenig länger aufgehoben hätten.
Mit dem Büffel im Januar kommt nun aber schon die Kraft ins Spiel, mit der der Hahn seine ehrgeizigen Ziele deutlich einfacher verfolgen kann.

Liebe, Familie, Freundschaft: Sorgen Sie nun für ausgeglichene Zustände in Ihren eigenen vier Wänden. Das gilt nicht nur für Ihren eigenen Seelenzustand, sondern auch für den Ihres Partners oder Ihrer Kinder. Vielleicht ist es eine gute Idee, sich noch einmal gemeinsam an einen Tisch zu setzen und sich intensiv auszutauschen. Missverständnisse können so beseitigt werden und alle bekommen das Gefühl, dass Sie sich am richtigen Platz befinden.
Für die Partnersuche ist der Januar nicht ganz so gut geeignet. Mit der recht starken Erd-Energie dürfte sich in diesem Bereich einfach nicht genug bewegen. Es sei denn, Sie wissen schon genau, welches Herz Sie erobern möchten - dann stehen die Chancen gut.

Beruf, Finanzen: Mit Hilfe des Büffels kann auch der Hahn im Jahr der Ratte noch einige Dinge zum Abschluss bringen. Ob sich das positiv auf Karriere oder Bankkonto auswirkt, wird sich wahrscheinlich erst zu einem späteren Zeitpunkt zeigen.
Die Zeiten der riskanten Unternehmungen dürfte mit dem Erscheinen des Büffels erst einmal vorbei sein. Jetzt kommt ein deutlich konservativerer Herrscher ans Ruder. Das kann sich für den Hahn als sehr vorteilhaft erweisen, wenn es ihm gelingt, auf bereits Bestehendem aufzubauen.

Tipp des Monats: Bleiben Sie besonnen bei Ihren Entscheidungen!

> Kleine Kälte / Große Kälte < Januar

SHIH
Hund

Grundtendenz des Monats: Es mag so scheinen, dass dem scheidenden Jahresregenten im Januar schon ein wenig die Luft ausgeht. Das bedeutet, dass sich der Hund nun wieder mehr Zeit für die Projekte nehmen darf, die aufgrund der aktuellen Lage auf Eis gelegt wurden und nicht weiter versuchen muss, sich selbst neu zu erfinden. So manchen Hund mag das beruhigen, andere werden die Herausforderungen vielleicht vermissen.

Der Büffel bringt im Januar reichlich Erde mit und gibt auch dem Hund schon einmal einen Vorgeschmack auf seine Regentschaft, die im Februar beginnt. Da geht es dann weniger darum, wer die tollste Idee hat, sondern eher darum, wer das Ganze am zuverlässigsten umsetzen kann.

Liebe, Familie, Freundschaft: Verantwortungsbewusstsein und Traditionen werden 2021 wieder ganz groß geschrieben. Das dürfte den meisten Hund ganz recht sein, denn damit bewegen sie sich wieder mehr auf bekanntem Terrain. Zum Abschluss des Ratten-Jahres kann es aber sicher nicht schaden, noch einmal den einen oder andere frischen Impuls mitzunehmen.

Wer bislang nicht dazu gekommen ist, seine familiären Angelegenheiten zu ordnen, sollte sich jetzt wirklich sputen. Im Jahr des Metall-Büffels können Sie es sich nicht leisten, Ihre Prioritäten ständig hin und her zu schieben. Sorgen Sie deshalb gleich für klare Verhältnisse.

Beruf, Finanzen: Mit Fleiß und Beharrlichkeit können nun doch noch einige Projekte zu einem guten Abschluss gebracht werden. Und selbst, wenn Sie nicht alle Arbeiten erledigen konnten, die Ihnen die Ratte in den vergangenen Monaten aufgetragen hat, so sind Sie doch auf jedem Fall auf einem guten Weg.

Mit dem Büffel an der Seite lassen sich im Januar auch komplexe Dinge regeln. Das mag zwar jetzt etwas länger dauern, dafür wird die Sache umso gründlicher erledigt und Sie brauchen sich danach nie mehr darum zu kümmern.

Tipp des Monats: 2021 ist Durchsetzungskraft gefragt. Bereiten Sie sich jetzt schon darauf vor und zeigen Sie Entschlossenheit.

HAN
Schwein

Grundtendenz des Monats: Mit dem Büffel kündigt sich im Januar schon einmal die deutlich erdigere Energie an, die ab nächsten Monat vorherrschen wird. Anstatt um diffuse Ideen wird es dann wohl mehr darum gehen, bestehende Konzepte möglichst schlüssig und gut umzusetzen. Das sollte das Schwein aber nicht schrecken - schließlich sind Sie es gewohnt, komplexe Sachverhalte zu erfassen und zu einem erfolgreichen Ende zu bringen.

Nutzen Sie den letzten Monat im Jahr der Ratte ruhig noch einmal dazu, Ihre Kommunikation auf allen Ebenen zu stärken und das Gespräch zu suchen, wann immer es möglich ist.

Liebe, Familie, Freundschaft: Auch im Privatleben sollte nun wieder mehr Beständigkeit einkehren. Die Ratte hat in den letzten Monaten sicher zuweilen für Turbulenzen gesorgt, vor allem in Verbindung mit den Ereignissen im vergangenen Jahr. Trotzdem konnten neue Impulse gesetzt werden und damit vielleicht so manche eingefahrene Situation in Bewegung gebracht werden. Vor allem, wenn Sie Ihre Gefühle sofort zum Ausdruck gebracht haben, haben Sie viel lernen können.

Sollte es auf der familiären Ebene noch offene Fragen geben, ist nun der richtige Zeitpunkt, endgültig alle Fäden zusammen zu führen.

Beruf, Finanzen: Die Zeit der Ungewissheit ist nun auch für das Schwein erst einmal vorbei. Die meisten Schweingeborenen mögen das mit Erleichterung aufnehmen - schließlich verspricht das neue Jahr, deutlich weniger anstrengend zu werden.

Manch einer mag aber nun auch ein bisschen den Zeiten nachtrauern, in denen man sich neu erfinden musste und dazu auch die nötige Zeit eingeräumt bekam.

Wer sich privat zu gebunden gefühlt hat, um beruflich mehr durchzustarten, hat 2021 vielleicht nicht die mutigen Schritte in eine neue Richtung machen können.

Tipp des Monats: Die Dinge sind dort, wo Sie hingehören! Lassen Sie das Jahr entspannt ausklingen.

Januar 2021	Jahreskonstellation – Metall Ratte Monatskonstellation – Erd Büffel

1. Erd Hahn	Ratte **Büffel** Tiger Hase Drache **Schlange** Pferd Ziege **Affe Hahn** Hund Schwein **Günstig:** Handel, Geschäftseröffnungen, Hochzeiten und andere Feste planen. **Ungünstig:** Beerdigungen, Reisen, Arztbesuche.
2. Metall Hund	Ratte Büffel **Tiger** Hase Drache Schlange **Pferd** Ziege Affe Hahn **Hund Schwein** **Günstig:** Handwerkliche Aktivitäten, Handel, Hochzeiten, Reisen **Ungünstig:** Trauerfeiern und Beerdigungen, schwere körperliche Arbeit
3. Metall Schwein	Ratte Büffel Tiger **Hase** Drache Schlange Pferd **Ziege** Affe Hahn **Hund Schwein** **Günstig:** Ankündigungen machen, Beerdigungen, Trauerfeiern. **Ungünstig:** Handel, Vergnügungen, Freizeitaktivitäten
4. Wasser Ratte	**Ratte Büffel** Tiger Hase **Drache** Schlange Pferd Ziege **Affe** Hahn Hund Schwein **Günstig:** Kleidung schneidern, Handel, Buchhaltung, Ausflüge, neue Dinge beginnen. **Ungünstig:** Geschäfte eröffnen, Kraftanstrengungen, Reisen, Ersparnisse ausgeben.
5. Wasser Büffel	**Ratte Büffel** Tiger Hase Drache **Schlange** Pferd Ziege Affe **Hahn** Hund Schwein **Günstig:** Kleidung schneidern, Handel, Buchhaltung, Ausflüge, neue Dinge beginnen. **Ungünstig:** Geschäfte eröffnen, Kraftanstrengungen, Reisen, Ersparnisse ausgeben.
6. Holz Tiger	Ratte Büffel **Tiger Hase** Drache Schlange **Pferd** Ziege Affe Hahn **Hund** Schwein **Günstig:** Putzen, waschen, fasten, seelische und körperliche Pflege, Arztbesuche. **Ungünstig:** Ausdauersport, Reisen, Hochzeit.
7. Holz Hase	Ratte Büffel **Tiger Hase** Drache Schlange Pferd **Ziege** Affe Hahn Hund **Schwein** **Günstig:** Umziehen, Reisen, Hochzeiten, Empfänge, wichtige Konferenzen. **Ungünstig:** geistige Arbeiten, Gartenarbeit, häusliche Tätigkeiten.
8. Feuer Drache	**Ratte** Büffel Tiger Hase **Drache Schlange** Pferd Ziege **Affe** Hahn Hund Schwein **Günstig:** Versammlungen, gerechte Verteilungen, Hochzeit, Konferenzen, Umzug. **Ungünstig:** Gartenarbeit, Dinge zum Abschluss bringen.
9. Feuer Schlange	Ratte **Büffel** Tiger Hase **Drache Schlange** Pferd Ziege Affe **Hahn** Hund Schwein **Günstig:** Gartenarbeit, Feiern, Hochzeit, Dinge zum Abschluss bringen. **Ungünstig:** keine Anschuldigungen gegen Dritte erheben.
10. Erd Pferd	Ratte Büffel **Tiger** Hase Drache Schlange **Pferd Ziege** Affe Hahn **Hund** Schwein **Günstig:** Gartenarbeit, Hochzeit, Dinge zum Abschluss bringen. **Ungünstig:** Umzug, Reisen, Geschäftseröffnung
11. Erd Ziege	Ratte Büffel Tiger **Hase** Drache Schlange **Pferd Ziege** Affe Hahn Hund **Schwein** **Günstig:** Ausruhen, Meditation, seinen Hobbys nachgehen. **Ungünstig:** wichtige Unternehmungen
12. Metall Affe	**Ratte** Büffel Tiger Hase **Drache** Schlange Pferd Ziege **Affe Hahn** Hund Schwein **Günstig:** Amüsieren, mit Freunden ausgehen, Freizeitaktivitäten **Ungünstig:** geschäftliche Aktivitäten, neue Dinge anfangen.
13. Metall Hahn	Ratte **Büffel** Tiger Hase Drache **Schlange** Pferd Ziege **Affe Hahn** Hund Schwein **Günstig:** für die meisten Aktivitäten, Geschäftsabschlüsse, Partnerschaft **Ungünstig:** negative Bemerkungen über andere Menschen.
14. Wasser Hund	Ratte Büffel **Tiger** Hase Drache Schlange **Pferd** Ziege Affe Hahn **Hund Schwein** **Günstig:** Handel, Geschäftseröffnungen, Hochzeiten und andere Feste planen. **Ungünstig:** Beerdigungen, Reisen, Arztbesuche.
15. Wasser Schwein	Ratte Büffel Tiger **Hase** Drache Schlange Pferd **Ziege** Affe Hahn **Hund Schwein** **Günstig:** Handwerkliche Aktivitäten, Handel, Hochzeiten, Reisen. **Ungünstig:** Trauerfeiern und Beerdigungen, schwere körperliche Arbeit.

Ob ein Tag besonders günstig für Ihr Tierzeichen ist, sehen Sie an folgenden Farben:
Rot = sehr günstig, Grau = günstig, Schwarz = nicht günstig

Jahreskonstellation – Metall Ratte Monatskonstellation – Erd Büffel	Januar 2021

16. Holz Ratte	**Ratte Büffel** Tiger Hase **Drache** Schlange Pferd Ziege **Affe** Hahn Hund Schwein **Günstig:** Ankündigungen machen, Beerdigungen, Trauerfeiern. **Ungünstig:** Handel, Vergnügungen, Freizeitaktivitäten
17. Holz Büffel	**Ratte Büffel** Tiger Hase Drache **Schlange** Pferd Ziege Affe **Hahn** Hund Schwein **Günstig:** Kleidung schneidern, Handel, Buchhaltung, Ausflüge, neue Dinge beginnen. **Ungünstig:** Geschäfte eröffnen, Kraftanstrengungen, Reisen, Ersparnisse ausgeben.
18. Feuer Tiger	Ratte Büffel **Tiger Hase** Drache Schlange **Pferd** Ziege Affe Hahn **Hund** Schwein **Günstig:** Putzen, waschen, fasten, seelische und körperliche Pflege, Arztbesuche. **Ungünstig:** Ausdauersport, Reisen, Hochzeit.
19. Feuer Hase	Ratte Büffel **Tiger Hase** Drache Schlange Pferd **Ziege** Affe Hahn Hund **Schwein** **Günstig:** Umziehen, Reisen, Hochzeiten, Empfänge, wichtige Konferenzen. **Ungünstig:** geistige Arbeiten, Gartenarbeit, häusliche Tätigkeiten.
20. Erd Drache	**Ratte** Büffel Tiger Hase **Drache Schlange** Pferd Ziege **Affe** Hahn Hund Schwein **Günstig:** Versammlungen, gerechte Verteilungen, Hochzeit, Konferenzen, Umzug. **Ungünstig:** Gartenarbeit, Dinge zum Abschluss bringen.
21. Erd Schlange	Ratte **Büffel** Tiger Hase **Drache Schlange** Pferd Ziege Affe **Hahn** Hund Schwein **Günstig:** Gartenarbeit, Feiern, Hochzeit, Dinge zum Abschluss bringen. **Ungünstig:** keine Anschuldigungen gegen Dritte erheben.
22. Metall Pferd	Ratte Büffel **Tiger** Hase Drache Schlange **Pferd Ziege** Affe Hahn **Hund** Schwein **Günstig:** Gartenarbeit, Hochzeit, Dinge zum Abschluss bringen. **Ungünstig:** wichtige Unternehmungen
23. Metall Ziege	Ratte Büffel Tiger **Hase** Drache Schlange **Pferd Ziege** Affe Hahn Hund **Schwein** **Günstig:** Ausruhen, Meditation, seinen Hobbys nachgehen. **Ungünstig:** Gartenarbeit, Dinge zum Abschluss bringen.
24. Wasser Affe	**Ratte** Büffel Tiger Hase **Drache** Schlange Pferd Ziege **Affe Hahn** Hund Schwein **Günstig:** Amüsieren, mit Freunden ausgehen, Freizeitaktivitäten **Ungünstig:** geschäftliche Aktivitäten, neue Dinge anfangen.
25. Wasser Hahn	Ratte **Büffel** Tiger Hase Drache **Schlange** Pferd Ziege **Affe Hahn** Hund Schwein **Günstig:** für die meisten Aktivitäten, Geschäftsabschlüsse, Partnerschaft **Ungünstig:** negative Bemerkungen über andere Menschen.
26. Holz Hund	Ratte Büffel **Tiger** Hase Drache Schlange **Pferd** Ziege Affe Hahn **Hund Schwein** **Günstig:** Handel, Geschäftseröffnungen, Hochzeiten und andere Feste planen. **Ungünstig:** Beerdigungen, Reisen, Arztbesuche.
27. Holz Schwein	Ratte Büffel Tiger **Hase** Drache Schlange Pferd **Ziege** Affe Hahn **Hund Schwein** **Günstig:** Handwerkliche Aktivitäten, Handel, Hochzeiten, Reisen **Ungünstig:** Trauerfeiern und Beerdigungen, schwere körperliche Arbeit
28. Feuer Ratte	**Ratte Büffel** Tiger Hase **Drache** Schlange Pferd Ziege **Affe** Hahn Hund Schwein **Günstig:** Ankündigungen machen, Beerdigungen, Trauerfeiern. **Ungünstig:** Handel, Vergnügungen, Freizeitaktivitäten
29. Feuer Büffel	**Ratte Büffel** Tiger Hase Drache **Schlange** Pferd Ziege Affe **Hahn** Hund Schwein **Günstig:** Kleidung schneidern, Handel, Buchhaltung, Ausflüge, neue Dinge beginnen. **Ungünstig:** Geschäfte eröffnen, Kraftanstrengungen, Reisen, Ersparnisse ausgeben.
30. Erd Tiger	Ratte Büffel **Tiger Hase** Drache Schlange **Pferd** Ziege Affe Hahn **Hund** Schwein **Günstig:** Putzen, waschen, fasten, seelische und körperliche Pflege, Arztbesuche. **Ungünstig:** Ausdauersport, Reisen, Hochzeit.
31. Erd Hase	Ratte Büffel **Tiger Hase** Drache Schlange Pferd **Ziege** Affe Hahn Hund **Schwein** **Günstig:** Umziehen, Reisen, Hochzeiten, Empfänge, wichtige Konferenzen. **Ungünstig:** geistige Arbeiten, Gartenarbeit, häusliche Tätigkeiten.

> Frühlingsbeginn / Regenwasser < Februar

TZE
Ratte

Grundtendenz des Monats: Mit dem Start ins neue Jahr möchte sich so manche Ratte endlich wieder kreativ austoben. Das ist absolut verständlich - schließlich waren die vergangenen zwölf Monate zum großen Teil von Einschränkungen geprägt, die wohl kaum nach dem Geschmack der geschäftigen Ratte waren.

Im Jahr des Metall-Büffels werden die Ideen zwar vielleicht nicht so sprudeln wie 2020. Dafür sorgt der neue Herrscher mit einer realistischen Einschätzung dafür, dass Sie nicht zu viel Energie auf Dinge verwenden, deren Aussicht auf Erfolg eher mäßig sind.

Liebe, Familie, Freundschaft: Wer dauerhaftes Glück auf der privaten Ebene sucht, dürfte mit dem Büffel deutlich besser bedient sein als mit der Ratte aus dem Vorjahr. Schließlich steht der neue Regent für Beständigkeit. Das mag auf den ersten Blick nicht ganz so spannend sein, kann aber Ruhe und Stabilität in Familienleben und Partnerschaft bringen.

Mit dem charismatischen Tiger an Ihrer Seite können Sie im Februar ruhig etwas intensiver nach einem neuen Partner Ausschau halten. Lassen Sie sich dabei nicht zu sehr von Äußerlichkeiten blenden - 2021 kommt es mehr auf die inneren Werte an.

Beruf, Finanzen: Auch auf der beruflichen Ebene kann der Tiger die Ratte in diesen Wochen gut unterstützen. Schließlich ist der König der Tiere bekannt dafür, eine natürliche Autorität auszustrahlen und seine Angelegenheiten stets unter Kontrolle zu haben. Denken Sie also strategisch und planen Sie sorgfältig jeden Ihrer Schritte. Erheben Sie Ihre Stimme, wenn es nötig ist, aber seien Sie dabei nicht zu vorschnell in Ihrem Urteil. Das starke Metall, das Sie in diesen Wochen begleitet, kann Ihnen auf der geschäftlichen Ebene die Struktur geben, um Ihre Projekte voranzutreiben.

Tipp des Monats: Werden Sie nicht ungeduldig. Mit bedächtigen Schritten kommen Sie einfacher vom Platz als mit überhasteten Aktionen.

KIU
Büffel

Grundtendenz des Monats: Kompromisslos zeigt der neue Jahresherrscher Ihnen nun die Richtung für die kommenden zwölf Monate. Dabei wird es zwar wahrscheinlich nicht rasend schnell vorangehen. Aber wenn Sie auf dem vorgeschlagenen Weg bleiben und das Ziel im Auge behalten, kann im Grunde nichts schief gehen.

Im Februar bekommen Sie von einem Metall-Tiger immer dann willkommene Unterstützung, wenn es darum geht, Autorität zu zeigen. So leicht kann man Sie in diesen Wochen nicht von Ihren Überzeugungen abbringen. Dabei wäre es manchmal nicht schlecht, wenn Sie sich die andere Seite wenigstens anhören würden.

Liebe, Familie, Freundschaft: Im täglichen Zusammenleben fehlt dem Büffel in diesen Wochen vielleicht manchmal ein wenig die Geduld, die er sonst so einfach aufbringen kann. Da wird sich vor allem der eigene Nachwuchs genau überlegen, mit was er Sie nun belasten darf. Zeigen Sie sich nicht zu unnachgiebig - sonst werden Ihnen am Ende noch wichtige Informationen vorenthalten.

Mancher Büffel mag wünschen, eine bessere Kontrolle über seinen Partner zu haben. Vielleicht sollten Sie das Gespräch suchen, anstatt zu viele Regeln aufzustellen. So bekommen Sie die gewünschten Informationen freiwillig und brauchen sich keine Sorgen zu machen.

Beruf, Finanzen: An Ihnen führt 2021 kein Weg vorbei, das werden Mitarbeiter, Kollegen und auch die Chefs in den kommenden Monaten mehr als einmal zu spüren bekommen. Clevere Büffel machen sich zu Beginn der neuen Regentschaft unentbehrlich, sind sich aber auch bewusst, dass das mehr Arbeit bedeuten kann.

Wer in diesen Wochen versucht, ohne Ihre Erlaubnis in Ihr berufliches Umfeld einzudringen, bekommt Ihre härteren Seiten zu spüren. Im Februar mag es an Kompromissbereitschaft mangeln, die für eine Zusammenarbeit nötig wäre.

Tipp des Monats: Ein bisschen mehr Fingerspitzengefühl würde nun sicher nicht schaden, anstatt mit dem Kopf durch die Wand zu wollen.

YING
Tiger

Grundtendenz des Monats: Zu Beginn des Büffel-Jahres sollte sich der Tiger am besten noch etwas zurückhalten. Wer nun gleich auf Konfrontationskurs mit dem neuen Herrscher geht, schafft sich keine günstige Ausgangsbasis für den Rest des Jahres. Wenn Sie sich im Februar besonders stark fühlen, liegt das sicher an dem zweiten Tiger, der den Monat begleitet. Trotzdem sollten Sie jetzt auf Konsens hinarbeiten anstatt ohne Wenn und Aber Ihre Meinung durchzusetzen. Sparen Sie sich Ihre Energie lieber für später auf.

Wer sich einen sanften Start in das neue Jahr wünscht, tut gut daran, erst einmal mit dem Strom zu schwimmen und die Lage gut zu beobachten.

Liebe, Familie, Freundschaft: Anstatt um Anerkennung in den eigenen Reihen zu kämpfen, geht es jetzt vielmehr darum, dass Sie sich Zeit nehmen, um mit Ihren Lieben das bereits Erreichte zu feiern und zu genießen. Es vergiftet nur die Atmosphäre in den eigenen vier Wänden, wenn Sie vehement darauf bestehen, das letzte Wort zu haben.

In der Liebe geht es im Jahr des Büffels sicher nicht um schnelle Eroberungen. Der neue Herrscher wünscht sich vielmehr, dass der Tiger sich längerfristig bindet und dafür auch bereit ist, gewisse Zugeständnisse zu machen.

Beruf, Finanzen: „Ein Büffel nimmt es spielend mit zwei Tigern auf" besagt ein altes Chinesisches Sprichwort. Der Februar ist also wirklich nicht der beste Zeitpunkt für Kompetenzgerangel.

Ein besonders starkes Metall begleitet den Tiger in diesen Wochen. Das kann bedeuten, dass nun eventuell finanzielle Angelegenheiten mehr in Ihren Fokus rücken.

Außerdem hilft das Metall vor allem auf der beruflichen Ebene dabei, nun noch besser die Spreu vom Weizen trennen zu können. Wer jetzt konsequent ist, spart sich 2021 so manche fruchtlose Aktivität.

Tipp des Monats: Sie können sich das Leben nun durchaus schwer machen – aber es zwingt Sie niemand dazu… Bleiben Sie entspannt!

MAO
Hase

Grundtendenz des Monats: Nachdem die letzten 12 Monate von Veränderungen bestimmt wurden, versucht der Metall-Büffel nun in allen Bereichen wieder für mehr Ruhe und Stabilität zu sorgen.

Bevor Sie sich jetzt entspannt zurücklehnen, sollten Sie erst einmal die Ziele für 2021 festlegen. Hat der Hase den Wunsch nach mehr Ausbreitung, sollte er gleich im Februar die Ärmel hochkrempeln und loslegen. Schließlich wird der Monat von einem Tiger begleitet, der Ihnen wunderbar helfen kann, Ihr Wirkungsfeld zu erweitern. Gemeinsam lassen sich die ersten Schritte in die neue Richtung gehen, auf die Sie dann im restlichen Jahr aufbauen können.

Liebe, Familie, Freundschaft: Nach all den Aufregungen im Jahr der Ratte ist es nun auch im Privatleben angesagt, das Leben wieder mehr zu genießen. Verbringen Sie Zeit mit den Menschen, die Ihnen wichtig sind - seien es Freunde oder Familie. Zeigen Sie dabei offen Ihre Zuneigung und Gefühle! Gerade weil wir alle eine Zeit hinter uns haben, in der wir uns voneinander fern halten sollten, ist es nun umso wichtiger, den Kontakt wieder herzustellen.

In der Partnerschaft geht es nun nicht darum, einander etwas zu beweisen. Die gegenseitige Wertschätzung sollte selbstverständlich sein.

Beruf, Finanzen: Auch wenn die Grundtendenz im Jahr des Büffels in Richtung erhalten und bewahren geht, muss der Hase in den kommenden zwölf Monaten so manche Entscheidung treffen, wenn er auf der beruflichen Ebene etwas ändern will. Mit dem Tiger an Ihrer Seite dürfen Sie im Februar ruhig beherzt zugreifen, wenn sich eine gute Gelegenheit bietet. Dabei sollten Sie aber die langfristigen Auswirkungen Ihres Handelns nicht vernachlässigen. Wer auf der Karriereleiter nach oben steigen will, darf nicht vergessen, welche Auswirkungen das aufs Privatleben haben kann.

Tipp des Monats: Warten Sie nicht zu lange damit, eine wichtige Entscheidung zu treffen!

> Frühlingsbeginn / Regenwasser < Februar

SHENG Drache

Grundtendenz des Monats: Die Anstrengungen des letzten Jahres dürften nun erst einmal überstanden sein. Der Drache darf nun aber nicht erwarten, dass es gleich wieder besonders spannend wird. Mit dem eher konservativen neuen Jahresherrscher sind da wohl kaum große Abenteuer angesagt. Dafür hilft er Ihnen sicher, auch dann durchzuhalten, wenn es schwieriger wird.

Der Tiger, der den Monat begleitet, muss sich in der Regel nicht besonders anstrengen, um ein gutes Leben zu haben. Wenn Sie Ihre Ungeduld im Zaum halten, können Sie jetzt sicher mehr genießen.

Liebe, Familie, Freundschaft: Will sich der Drache zu neuen Eroberungen aufschwingen, dann sollte er 2021 lieber nicht zu lange zögern. Mit dem Tiger hat er nun einen Partner an der Seite, der gerne neues Terrain erkundet. Schon ab dem nächsten Monat gewinnt die erhaltende Energie des Büffels deutlich mehr Oberhand.

Es kommt jetzt nicht besonders gut an, wenn der Drache zu sehr um die Aufmerksamkeit seiner Lieben buhlt. Sie können deutlich mehr Anerkennung erfahren, wenn Sie bereit sind, zuzuhören und sich mehr Zeit für die Belange von Partner und Familie nehmen.

Beruf, Finanzen: Gleich zu Beginn der neuen Herrschaft geht es darum, dass eigene Terrain gut abzustecken. Was Sie jetzt nicht vorbereiten, kann sich in den folgenden Monaten nur langsam entwickeln. Das gilt besonders für neue Projekte, die im Jahr des Metall-Büffels ohnehin nicht allzu innovativ sein sollten, wenn Sie dafür eine breite Zustimmung brauchen.

Wichtige Verhandlungen sollten Sie lieber noch ein wenig hinausschieben. Im Februar besteht die Tendenz, dass es dabei deutlich hitziger zugeht als sonst und es schwerer ist, die eigenen Wünsche durchzusetzen. Zu einem späteren Zeitpunkt können Sie deutlich leichter das erreichen, was Ihnen vorschwebt.

Tipp des Monats: Bleiben Sie geduldig und warten Sie auf Ihre Gelegenheit! Überstürztes Handeln bringt Sie nun nicht weiter.

SZE Schlange

Grundtendenz des Monats: Für die meisten Schlangen dürfte die Talsohle des letzten Jahres überschritten sein. Mit dem Büffel an Ihrer Seite kann es 2021 bergauf gehen. Gerade in unsicheren Zeiten wünscht die Schlange sich einen Jahresregenten, der verlässlich ist und sich nicht aus der Ruhe bringen lässt. So können Sie sich allen wichtigen Themen beruhigt widmen.

Im Februar gesellt sich zum neuen Jahresregenten ein starker Tiger, der sich selbst und Ihnen nichts mehr beweisen muss. So geht es in diesen Wochen vor allem darum, dass Sie zu schätzen lernen, was Sie erreicht haben - selbst wenn es für Sie nur kleine Schritte waren.

Liebe, Familie, Freundschaft: Sowohl Schlange als auch Tiger schätzen es, einen ganz privaten Rückzugsort zu haben. Für den Rest der Familie ist das vielleicht nicht ganz so wichtig. Deshalb sollten Sie Ihren Lieben aber bitte nicht böse sein, sondern lieber freundlich um Verständnis bitten. Sicher lässt man Ihnen dann ausreichend Raum und Zeit für sich selbst.

Wer auf der Suche nach einem neuen Partner ist, kann mit dem Tiger an seiner Seite jetzt neues Terrain erkunden. Zeigen Sie sich ruhig ein bisschen mutiger, damit man Sie auch wirklich wahrnehmen kann. Damit aus der Sache etwas Ernstes werden kann, sollten Sie sich viel Zeit füreinander nehmen.

Beruf, Finanzen: Die verdiente Anerkennung für Ihren Einsatz lässt nun vielleicht noch ein wenig auf sich warten. Das kann daran liegen, dass der Büffel als Jahresherrscher nicht gerade ein rasantes Tempo vorlegt oder aber auch daran, dass Sie nicht genug auf sich aufmerksam machen. Auch wenn Sie lieber im Hintergrund die Fäden ziehen, müssen Sie sich ab und an schon zu erkennen geben.

Im Jahr des Büffels können Sie Ihre Finanzen wieder auf eine deutlich solidere Grundlage stellen als noch im Jahr zuvor.

Tipp des Monats: Trennen Sie sich nun von Dingen, die Sie nicht mehr in Ihrem Leben brauchen.

WU
Pferd

Grundtendenz des Monats: Mit dem Tiger steht dem Pferd gleich zu Beginn der neuen Regentschaft ein passender Partner zur Seite. Gerade wenn es nun darum geht, endlich wieder einmal etwas Neues zu probieren, brauchen Sie nicht länger zu warten. Dabei spielt es jetzt kaum eine Rolle, ob das Ganze langfristig von Nutzen ist. Genießen Sie es einfach, dass Sie frei entscheiden können und tun Sie das, was Ihnen Spaß macht.
So manches Pferd wird in den vergangenen Monaten ungeduldig mit den Hufen gescharrt haben. Im Jahr des Büffels ist das Tempo zwar nicht berauschend, aber es sollte reichen, damit Sie wieder besser vom Platz kommen.

Liebe, Familie, Freundschaft: Sie wünschen sich eine neue Beziehung? Dann wird es Zeit, dass Sie sich aktiv auf die Suche begeben. Gehen Sie nach draußen und machen Sie sich mit dem neuen Terrain vertraut! Daraus können sich jetzt im Februar durchaus vielversprechende Kontakte ergeben.
Wer zu Hause die Hosen anhat, dürfte sich in diesem Monat recht deutlich zeigen… Wer sich damit nicht wohl fühlt, muss die Situation nicht hinnehmen, sondern darf sich durchaus zur Wehr setzen. Umgekehrt kann es nun aber auch passieren, dass Ihre Lieben von Ihnen mehr Mitspracherecht einfordern.

Beruf, Finanzen: Ein Ziel zu haben, ist immer gut! Vor allem, wenn der neue Jahresherrscher der Metall-Büffel ist, der Ihnen dabei helfen kann, mit kleinen, aber entschiedenen Schritten Ihre Wünsche zu erreichen. Sie werden in den kommenden Monaten zwar sicher manchmal wünschen, dass es schneller voran geht - aber wenn Sie am Ende auf der Zielgeraden stehen ist das Warten schnell vergessen.
Mit dem Metall-Tiger an Ihrer Seite können Sie im Februar sicher den einen oder anderen ehrgeizigen Plan auf den Weg bringen, so lange Sie realistisch in Ihrer Einschätzung bleiben.

Tipp des Monats: Es ist jetzt gar nicht nötig, aktiv um Anerkennung zu kämpfen. Lassen Sie einfach Taten sprechen.

WEI
Ziege

Grundtendenz des Monats: Mit Beginn des Jahres des Metall-Büffels kommt auf die Ziege vielleicht das eine oder andere Hindernis zu. Das liegt unter anderem daran, dass Büffel und Ziege im Chinesischen Tierkreis in direkter Opposition zueinander stehen und sicher nicht immer einer Meinung sind. Aber gerade die Tatsache, dass nicht alles von vorne herein glatt läuft, kann die Ziege in den kommenden Monaten enorm stärken. Sie lernt, mehr für die Dinge zu kämpfen, die ihr wirklich wichtig sind und kann sich 2021 sicher besser durchsetzen als bisher.
Gleich zu Beginn des Jahres können Sie gut Ballast abwerfen und sich so auf die neuen Herausforderungen einstellen. So lässt es sich gleich viel leichter planen.

Liebe, Familie, Freundschaft: Mit einem Tiger an ihrer Seite gelingt es der Ziege nun recht leicht, sich in wichtigen Angelegenheiten im Familienkreis durchzusetzen. Wer sich gleich jetzt seine Freiheiten erkämpft, braucht sich über das Thema im weiteren Verlauf des Jahres nur noch wenig Gedanken zu machen.
In der Liebe darf die Ziege immer dann auf Eroberungskurs gehen, wenn sich jetzt die Gelegenheit dazu bietet. Dabei dürfen Sie ruhig forsch auftreten, sollten aber bitte nichts tun, was nicht Ihrem Naturell entspricht.

Beruf, Finanzen: Auch wenn die Motivation nun groß ist, bedeutet das nicht, dass man Ihnen gleich die Möglichkeiten einräumen kann, die Ihnen vorschweben. Unter Umständen braucht es noch weitere Vorbereitung oder mehr Überzeugungskraft von Ihrer Seite.
Lösen Sie sich von dem Gedanken, immer und überall um Anerkennung kämpfen zu müssen. Wenn Sie sich generell sichtbarer machen, kommt das mit Zeit ganz von alleine. Sie dürfen sich in den kommenden Monaten also ruhig ein bisschen mehr in die vordere Reihe bewegen.

Tipp des Monats: Sorgen Sie jetzt dafür, dass Sie einen guten Start erwischen und lassen Sie sich nicht von kleineren Rückschlägen entmutigen.

SUNG
Affe

Grundtendenz des Monats: Schon im vergangenen Monat hat der Affe eine Ahnung bekommen, wie die Dinge mit dem Metall-Büffel als Regenten laufen werden. Da im Februar nun dazu auch noch ein Tiger die Bühne betritt, mag es sich für den Affen nun vielleicht so anfühlen, als ob ihm irgendwie nichts mehr erlaubt wäre. Der Eindruck dürfte aber trügen, denn obwohl Tiger und Affe nicht die besten Freunde sind im Chinesischen Tierkreis können Sie einander ausgesprochen gut in die Balance bringen.

Das Yang-Metall ist jetzt besonders stark ausgeprägt. Sie könnten das zum Beispiel nutzen, um den Ballast aus dem vergangenen Jahr komplett abzuwerfen.

Liebe, Familie, Freundschaft: Die größeren Aufregungen des letzten Jahres dürften nun überstanden sein, so dass es jetzt wieder mehr darum gehen darf, einfach nur das gemeinsame Leben zu genießen. Unter Umständen lassen sich die Sorgen und Ängste Ihrer Lieben nicht so leicht zerstreuen, wie Sie sich das wünschen würden. Trotzdem sollten Sie nun nicht die Geduld verlieren.

Neue Eroberungen lassen sich mit dem charismatischen Tiger an der Seite viel besser machen. Wer also schon länger auf der Partnersuche ist, darf sich nun in neues Terrain vorwagen.

Beruf, Finanzen: Man wünscht sich von Ihnen 2021 wirklich zielgerichtetes Handeln, lieber Affe. Anstatt also auf vielen Hochzeiten gleichzeitig zu tanzen, sollten Sie sich jetzt lieber gleich zu Beginn der Regentschaft auf die anstehenden Aufgaben konzentrieren. Wenn die Pflicht erst mal erledigt ist, dürfte auch der eher strenge Büffel nichts dagegen haben, wenn Sie sich auch mit anderen Dingen beschäftigen.

Es ist nun gar nicht nötig, dass Sie um Anerkennung kämpfen. Die kommt von ganz alleine, wenn Sie einfach das tun, was Sie am besten können.

Tipp des Monats: Mit einem klaren Ziel vor Augen kann nun im Grunde nichts schief gehen. Wichtig ist, dass Sie sich wirklich konzentrieren!

YU
Hahn

Grundtendenz des Monats: Wer den zeitweisen Stillstand 2020 genutzt hat, um strategisch zu planen, kann nun fulminant starten. Auch wenn Sie schnell alles aufholen wollen, was Sie versäumt haben, sollten Sie nicht gleich zu Beginn des Jahres das ganze Pulver verschießen. Der Büffel wünscht sich vielmehr, dass Sie langsam aber stetig Ihre Projekte aufbauen.

Der Metall-Büffel passt deutlich besser zum Hahn als die Ratte aus dem Jahr zuvor. In allen Bereichen des Lebens kann es für den Hahn jetzt leichter werden. Im Februar wird mit dem Tiger darüber hinaus gleich auch noch die Möglichkeit geboten, das eigene Wirkungsfeld auszudehnen.

Liebe, Familie, Freundschaft: Ihre Familie mag aus den letzten Monaten gewohnt sein, deutlich mehr als sonst von Ihnen zu sehen. Das kann sich allerdings bald ändern, weshalb es nun wirklich wichtig ist, sich mit allen Beteiligten zusammen zu setzen und einen Plan für 2021 zu erstellen. Schließlich sind Sie ein Team, oder? Wandelt der Hahn auf Freiersfüßen darf er sich nun Hoffnung machen. Im Jahr des Büffels geht es allerdings in der Regel um dauerhafte Beziehungen und keine Strohfeuer. Wenn Sie mehr auf ein unverbindliches Abenteuer aus sind, stehen die Zeichen nicht ganz so gut für Sie.

Beruf, Finanzen: Wenn es Ihnen auch mental gelingt, den Stress der vergangenen Monate hinter sich zu lassen, sollte Ihnen ein guter Start in die neue Regentschaft gelingen. Machen Sie sich nicht zu viele Gedanken über das, was war, sondern fokussieren Sie lieber darauf, was nun vor Ihnen liegt.

Das Metall-Element ist in diesem und im nächsten Monat präsent und begünstigt auch den Bereich der Finanzen. Schnelles Geld und innovative Trends sind damit aber nicht unbedingt gemeint. Der Büffel unterstützt vielmehr Investitionen, die langfristig angelegt sind.

Tipp des Monats: Eine gewisse Kontrolle ist nun wichtig, damit Sie auf dem richtigen Kurs bleiben.

SHIH Hund

Grundtendenz des Monats: Versuchen Sie jetzt, sich aus der Starre des letzten Jahres zu lösen und blicken Sie zuversichtlich nach vorne. Mit dem Tiger an Ihrer Seite können Sie neues Selbstvertrauen finden. Die emotionalen Achterbahnfahrten der letzten Monate dürften überwunden sein. Der Büffel ist für seine Beständigkeit bekannt und mit ihm dürften nun wieder deutlich stabilere Verhältnisse herrschen.

Es macht jetzt wirklich keinen Sinn, dass Sie sich weiterhin im Kreis drehen. Gehen Sie raus und treffen Sie Entscheidungen! Selbst wenn Sie die eine oder andere später revidieren müssen, ist es doch ein gutes Gefühl, das eigene Leben wieder mehr zu bestimmen.

Liebe, Familie, Freundschaft: Wenn Sie sich 2020 von Ihren Freunden zurückgezogen haben, hat Ihnen das sicher niemand übel genommen. Aber jetzt ist es wirklich an der Zeit, den Kontakt zu Ihren Freunden wieder aufleben zu lassen. Sie können sicher sein, dass sich darüber alle freuen, auch wenn inzwischen ein wenig Zeit vergangen ist.

Machen Sie sich ruhig wieder Gedanken, wie Sie eine neue Liebe finden können. Mit dem Tiger im Monat ist es auch für eher schüchterne Hunde nun viel einfacher, ein Herz zu erobern. Diese Chance sollten Sie sich nicht entgehen lassen.

Beruf, Finanzen: So mancher Hund mag sich 2020 viele Gedanken über seine finanzielle Situation gemacht haben. Unter der neuen Regentschaft sollte aber auch in diesem Bereich wieder mehr Stabilität eintreten.

Wer sich unter der Regentschaft des Erd-Büffels ausbreiten will, tut gut daran, direkt zu Beginn des Jahres seine Pläne in die Tat umzusetzen. Mit dem Tiger an Ihrer Seite lässt sich neues Terrain relativ sicher erkunden. Übertriebene Risiken werden Sie dabei sicher nicht eingehen wollen – der neue Herrscher ist wie Sie selbst sehr auf Sicherheit bedacht.

Tipp des Monats: Sie sollten sich jetzt wieder mehr zutrauen und die Richtung für die nächsten zwölf Monate beherzt festlegen.

HAN Schwein

Grundtendenz des Monats: Nachdem in den vergangenen zwölf Monaten in vielen Bereichen Stillstand geherrscht hat, brennen Sie nun darauf, Ihre eigene Position zu verbessern. Da kommt der Tiger im Februar ganz recht, denn mit ihm kann man sich wunderbar ausbreiten. Dabei dürfte trotzdem nicht der Genuss zu kurz kommen, dafür wird das Schwein sicher sorgen!

Ob Ihre Schwerpunkte in den kommenden Monaten mehr im privaten Bereich liegen oder ob Sie Ihre Karriere mehr in Schwung bringen wollen, darf nun entschieden werden. Der neue Jahresherrscher unterstützt Sie ohne Einschränkungen, solange es Ihnen gelingt, die Balance zwischen den beiden Welten zu halten.

Liebe, Familie, Freundschaft: Von dem Wunsch nach Expansion des Tigers angesteckt möchten Sie sich nun vielleicht erst einmal auf Ihren eigenen Weg konzentrieren. Das sollte für Familie und Partner kein Problem sein, solange Sie Ihre Wünsche gut kommunizieren und den Alltag so organisieren, dass man auch ohne Sie auskommt.

Der neue Jahresherrscher bringt einen guten Anteil an Metall mit, so dass nun sicher einfacher für das Schwein ist, mehr Struktur in das Familienleben zu bringen. Sorgen Sie dafür, dass jeder weiß, was er zu tun hat, damit alles rund laufen kann.

Beruf, Finanzen: Es ist gar nicht nötig, dass Sie nun groß auf Ihre Fähigkeiten aufmerksam machen. Wer sich 2020 trotz der widrigen Umstände voll eingebracht hat, braucht jetzt nicht mehr um Anerkennung zu kämpfen. Mittlerweile sollte wirklich jeder in Ihrem beruflichen Umfeld wissen, was Sie können. Damit Sie in den kommenden Monaten auch gemäß Ihrer Fähigkeiten eingesetzt werden können, müssen Sie einfach nur konzentriert bei der Sache bleiben.

Sollte das vergangene Jahr ein Loch in Ihre Kassen gerissen haben, lässt sich dieses sicher bald schon wieder flicken.

Tipp des Monats: Starten Sie zuversichtlich in das neue Jahr! Sie haben allen Grund zu Optimismus.

Februar 2021	Jahreskonstellation – Metall Büffel Monatskonstellation – Metall Tiger

1. Metall Drache	Ratte Büffel Tiger Hase Drache Schlange Pferd Ziege Affe Hahn Hund Schwein **Günstig:** Versammlungen, gerechte Verteilungen, Hochzeit, Konferenzen, Umzug. **Ungünstig:** Gartenarbeit, Dinge zum Abschluss bringen.
2. Metall Schlange	Ratte Büffel Tiger Hase Drache Schlange Pferd Ziege Affe Hahn Hund Schwein **Günstig:** Gartenarbeit, Feiern, Hochzeit, Dinge zum Abschluss bringen. **Ungünstig:** keine Anschuldigungen gegen Dritte erheben.
3. Wasser Pferd	Ratte Büffel Tiger Hase Drache Schlange Pferd Ziege Affe Hahn Hund Schwein **Günstig:** Gartenarbeit, Feiern, Hochzeit, Dinge zum Abschluss bringen. **Ungünstig:** keine Anschuldigungen gegen Dritte erheben.
4. Wasser Ziege	Ratte Büffel Tiger Hase Drache Schlange Pferd Ziege Affe Hahn Hund Schwein **Günstig:** Gartenarbeit, Hochzeit, Dinge zum Abschluss bringen. **Ungünstig:** Umzug, Reisen, Geschäftseröffnung.
5. Holz Affe	Ratte Büffel Tiger Hase Drache Schlange Pferd Ziege Affe Hahn Hund Schwein **Günstig:** Ausruhen, Meditation, seinen Hobbys nachgehen. **Ungünstig:** wichtige Unternehmungen.
6. Holz Hahn	Ratte Büffel Tiger Hase Drache Schlange Pferd Ziege Affe Hahn Hund Schwein **Günstig:** Amüsieren, mit Freunden ausgehen, Freizeitaktivitäten. **Ungünstig:** geschäftliche Aktivitäten, neue Dinge anfangen.
7. Feuer Hund	Ratte Büffel Tiger Hase Drache Schlange Pferd Ziege Affe Hahn Hund Schwein **Günstig:** für die meisten Aktivitäten, Geschäftsabschlüsse, Partnerschaft. **Ungünstig:** negative Bemerkungen über andere Menschen.
8. Feuer Schwein	Ratte Büffel Tiger Hase Drache Schlange Pferd Ziege Affe Hahn Hund Schwein **Günstig:** Handel, Geschäftseröffnungen, Hochzeiten und andere Feste planen. **Ungünstig:** Beerdigungen, Reisen, Arztbesuche.
9. Erd Ratte	Ratte Büffel Tiger Hase Drache Schlange Pferd Ziege Affe Hahn Hund Schwein **Günstig:** Handwerkliche Aktivitäten, Handel, Hochzeiten, Reisen. **Ungünstig:** Trauerfeiern und Beerdigungen, schwere körperliche Arbeit.
10. Erd Büffel	Ratte Büffel Tiger Hase Drache Schlange Pferd Ziege Affe Hahn Hund Schwein **Günstig:** Ankündigungen machen, Beerdigungen, Trauerfeiern. **Ungünstig:** Handel, Vergnügungen, Freizeitaktivitäten.
11. Metall Tiger	Ratte Büffel Tiger Hase Drache Schlange Pferd Ziege Affe Hahn Hund Schwein **Günstig:** Kleidung schneidern, Handel, Buchhaltung, Ausflüge, neue Dinge beginnen. **Ungünstig:** Geschäfte eröffnen, Kraftanstrengungen, Reisen, Ersparnisse ausgeben.
12. Metall Hase	Ratte Büffel Tiger Hase Drache Schlange Pferd Ziege Affe Hahn Hund Schwein **Günstig:** Putzen, waschen, fasten, seelische und körperliche Pflege, Arztbesuche. **Ungünstig:** Ausdauersport, Reisen, Hochzeit.
13. Wasser Drache	Ratte Büffel Tiger Hase Drache Schlange Pferd Ziege Affe Hahn Hund Schwein **Günstig:** Umziehen, Reisen, Hochzeiten, Empfänge, wichtige Konferenzen. **Ungünstig:** geistige Arbeiten, Gartenarbeit, häusliche Tätigkeiten.
14. Wasser Schlange	Ratte Büffel Tiger Hase Drache Schlange Pferd Ziege Affe Hahn Hund Schwein **Günstig:** Versammlungen, gerechte Verteilungen, Hochzeit, Konferenzen, Umzug. **Ungünstig:** Gartenarbeit, Dinge zum Abschluss bringen.
15. Holz Pferd	Ratte Büffel Tiger Hase Drache Schlange Pferd Ziege Affe Hahn Hund Schwein **Günstig:** Gartenarbeit, Feiern, Hochzeit, Dinge zum Abschluss bringen. **Ungünstig:** keine Anschuldigungen gegen Dritte erheben.

Ob ein Tag besonders günstig für Ihr Tierzeichen ist, sehen Sie an folgenden Farben:
Rot = sehr günstig, Grau = günstig, Schwarz = nicht günstig

Jahreskonstellation – Metall Büffel
Monatskonstellation – Metall Tiger

Februar 2021

16. Holz Ziege	Ratte Büffel Tiger **Hase** Drache Schlange **Pferd Ziege** Affe Hahn Hund **Schwein** **Günstig:** Gartenarbeit, Hochzeit, Dinge zum Abschluss bringen. **Ungünstig:** Umzug, Reisen, Geschäftseröffnung.
17. Feuer Affe	**Ratte** Büffel Tiger Hase **Drache** Schlange Pferd Ziege **Affe Hahn** Hund Schwein **Günstig:** Ausruhen, Meditation, seinen Hobbys nachgehen. **Ungünstig:** wichtige Unternehmungen.
18. Feuer Hahn	Ratte **Büffel** Tiger Hase Drache **Schlange** Pferd Ziege **Affe Hahn** Hund Schwein **Günstig:** Amüsieren, mit Freunden ausgehen, Freizeitaktivitäten. **Ungünstig:** geschäftliche Aktivitäten, neue Dinge anfangen.
19. Erd Hund	Ratte Büffel **Tiger** Hase Drache Schlange **Pferd** Ziege Affe Hahn **Hund Schwein** **Günstig:** für die meisten Aktivitäten, Geschäftsabschlüsse, Partnerschaft. **Ungünstig:** negative Bemerkungen über andere Menschen.
20. Erd Schwein	Ratte Büffel Tiger **Hase** Drache Schlange Pferd **Ziege** Affe Hahn **Hund Schwein** **Günstig:** Handel, Geschäftseröffnungen, Hochzeiten und andere Feste planen. **Ungünstig:** Beerdigungen, Reisen, Arztbesuche.
21. Metall Ratte	**Ratte Büffel** Tiger Hase **Drache** Schlange Pferd Ziege **Affe** Hahn Hund Schwein **Günstig:** Handwerkliche Aktivitäten, Handel, Hochzeiten, Reisen. **Ungünstig:** Trauerfeiern und Beerdigungen, schwere körperliche Arbeit.
22. Metall Büffel	**Ratte Büffel** Tiger Hase Drache **Schlange** Pferd Ziege Affe **Hahn** Hund Schwein **Günstig:** Ankündigungen machen, Beerdigungen, Trauerfeiern. **Ungünstig:** Handel, Vergnügungen, Freizeitaktivitäten.
23. Wasser Tiger	Ratte Büffel **Tiger Hase** Drache Schlange **Pferd** Ziege Affe Hahn **Hund** Schwein **Günstig:** Kleidung schneidern, Handel, Buchhaltung, Ausflüge, neue Dinge beginnen. **Ungünstig:** Geschäfte eröffnen, Kraftanstrengungen, Reisen, Ersparnisse ausgeben.
24. Wasser Hase	Ratte Büffel **Tiger Hase** Drache Schlange Pferd **Ziege** Affe Hahn Hund **Schwein** **Günstig:** Putzen, waschen, fasten, seelische und körperliche Pflege, Arztbesuche. **Ungünstig:** Ausdauersport, Reisen, Hochzeit.
25. Holz Drache	**Ratte** Büffel Tiger Hase **Drache Schlange** Pferd Ziege **Affe** Hahn Hund Schwein **Günstig:** Umziehen, Reisen, Hochzeiten, Empfänge, wichtige Konferenzen. **Ungünstig:** geistige Arbeiten, Gartenarbeit, häusliche Tätigkeiten.
26. Holz Schlange	Ratte **Büffel** Tiger Hase **Drache Schlange** Pferd Ziege Affe **Hahn** Hund Schwein **Günstig:** Versammlungen, gerechte Verteilungen, Hochzeit, Konferenzen, Umzug. **Ungünstig:** Gartenarbeit, Dinge zum Abschluss bringen.
27. Feuer Pferd	Ratte Büffel **Tiger** Hase Drache Schlange **Pferd Ziege** Affe Hahn **Hund** Schwein **Günstig:** Gartenarbeit, Feiern, Hochzeit, Dinge zum Abschluss bringen. **Ungünstig:** keine Anschuldigungen gegen Dritte erheben.
28. Feuer Ziege	Ratte Büffel Tiger **Hase** Drache Schlange **Pferd Ziege** Affe Hahn Hund **Schwein** **Günstig:** Gartenarbeit, Feiern, Hochzeit, Dinge zum Abschluss bringen. **Ungünstig:** keine Anschuldigungen gegen Dritte erheben.

TZE
Ratte

Grundtendenz des Monats: Hören Sie in diesen Wochen bitte auf Ihr Bauchgefühl, liebe Ratte. Wenn sich eine Sache nicht richtig anfühlt, wäre es sicher besser, die Finger davon zu lassen, anstatt noch mehr Zeit und Energie darauf zu verschwenden.

Vielleicht ist Ihr Sicherheitsbedürfnis im März deutlich höher als sonst? Dann sollten Sie nun ruhig einen Gang zurückschalten und sich in die Behaglichkeit Ihrer eigenen vier Wände zurückziehen. Im Jahr des Metall-Büffels läuft Ihnen das Leben schon nicht davon. Mit seiner Unterstützung geht es zwar langsam, aber dafür stetig für Sie voran.

Liebe, Familie, Freundschaft: Sie können sich nun voll und ganz auf die Unterstützung Ihrer Lieben verlassen. Da spielt es kaum eine Rolle, was genau Sie planen. Es ist allerdings unerlässlich, dass Sie Ihre Ideen rechtzeitig mit Partner und Familie teilen. Niemand lässt sich gerne überrumpeln...

In die Liebe kann mit dem Hasen im März durchaus mehr Schwung kommen. Gerade wenn Sie sich mehr Zärtlichkeit und Aufmerksamkeit wünschen, dürfte nun der richtige Augenblick sein, dies deutlich zum Ausdruck zu bringen. Zeigen auch Sie sich jetzt bereit, mehr in Ihre Beziehung zu investieren.

Beruf, Finanzen: Sie können ein Projekt noch so oft durchdenken, davon werden die Erfolgsaussichten nicht unbedingt besser. Im Jahr des konservativen Büffels ist es sinnvoller, sich von riskanten Aktionen rechtzeitig zu verabschieden. Zum einen ist es nun einfach zu schwierig, für solche Projekte die Zustimmung zu bekommen. Zum anderen ist es nicht ratsam, sich zu verzetteln. Konzentrieren Sie sich lieber auf die Dinge, die ohne Probleme umzusetzen sind. Dabei kann man vielleicht nicht so viel verdienen - dafür besteht aber auch nicht die Gefahr, dass Sie am Ende mit leeren Händen da stehen.

Tipp des Monats: Lassen Sie jetzt los, was Sie nicht mehr brauchen. Dann haben Sie gleich viel mehr Muße, um sich den wirklich wichtigen Dingen in Ihrem Leben zu widmen.

KIU
Büffel

Grundtendenz des Monats: Ein freundlicher Hase würde sich wünschen, dass Sie im März weniger gegen Windmühlen kämpfen und sich mehr auf Ihr Gefühl verlassen. In Ihrem eigenen Jahr will Ihnen wirklich niemand etwas Böses! Da dürfen Sie nun ruhig ein bisschen mehr vertrauen.

Werte wie Beständigkeit und Loyalität stehen im Augenblick hoch im Kurs. Es sollte dem Büffel nicht schwer fallen, sich daran auszurichten - entsprechen sie doch im Grunde seiner inneren Gesinnung. Wer sich in den kommenden Monaten nicht aus dem Gleichgewicht bringen lässt, dem steht ein zufriedenes Leben bevor.

Liebe, Familie, Freundschaft: Mit dem familienfreundlichen Hasen dürfte für so manchen Büffel das Wohl von Partner und Nachwuchs im März noch mehr in den Vordergrund treten. Wenn nun allen Bedürfnissen Rechnung getragen werden soll, werden Sie wohl um einige Kompromisse nicht herum kommen. Ansonsten sieht es mit der Harmonie in den eigenen vier Wänden eher schlecht aus.

Wer sich eine dauerhaft glückliche Partnerschaft wünscht, sollte sich nicht nur auf die Fakten verlassen, sondern gerade jetzt besser seinem Herzen folgen.

Beruf, Finanzen: Im März kommt eine härtere Gangart sicher nicht so gut an wie noch im Monat zuvor. Was sich mit Hilfe des Tigers im Februar noch kompromisslos durchsetzen ließ, braucht nun wahrscheinlich deutlich länger. Da ist es nun umso wichtiger, dass Sie sich gute Argumente zurecht legen, um Ihre Mitstreiter zu überzeugen. Mit der Holzhammer-Methode ist jetzt kaum etwas zu erreichen. Da braucht es schon ein bisschen mehr Fingerspitzengefühl.

Sie haben ein paar gute Ideen, wie man Arbeitsabläufe vereinfachen oder laufende Projekte effektiver gestalten könnte? Nur raus damit! Alles, was zu einem besseren Ergebnis führt, sollte unverzüglich umgesetzt werden.

Tipp des Monats: Ohne Einsatz keine Belohnung! Zeigen Sie jetzt, dass die Kraft zum Durchstarten in sich haben!

YING
Tiger

Grundtendenz des Monats: Nachdem der König des Dschungels sich im vergangenen Jahr stark in seinem Wunsch nach Ausbreitung eingeschränkt gefühlt haben dürfte, möchte er sich jetzt einfach wieder frei und unabhängig bewegen können. Sein Drang nach neuen Erfahrungen wird im März vom Metall-Hasen unterstützt, der gemeinsam mit dem Tiger das Haus der Expansion im Chinesischen Horoskop bildet.

Dabei bleibt es im Jahr des Büffels aber weiterhin wichtig, dass Sie mit Ihrem persönlichen Bestreben möglichst niemandem zu fest auf die Füße treten. Diplomatisches Auftreten ist also weiterhin gefragt, auch wenn das dem Tiger nicht immer leicht fallen dürfte.

Liebe, Familie, Freundschaft: Taucht der Hase im Jahreskreis auf, spielt das Thema Familie und Kinder immer eine größere Rolle. Zusammen mit dem neuen Jahresherrscher wünscht sich der Hase vom Tiger, dass er für sich und seine Lieben eine sichere Umgebung schafft, in der sich alle geborgen fühlen können.

Verliebte Tiger können sich in diesem Monat deutlich besser in ihr Gegenüber einfühlen. Schließlich ist der Hase bekannt für seine gute Intuition und seine Fähigkeit, zu seinen Gefühlen zu stehen. Teilen Sie Ihre Emotionen - auch wenn es Ihnen erst einmal schwer fällt.

Beruf, Finanzen: Neue Projekte, die sich nun am Horizont auftun, wollen gut überprüft werden. Sicher kann es helfen, jetzt auf das Bauchgefühl zu vertrauen. Aber im Jahr des besonnenen Büffels reicht das nicht aus, um einen langfristigen Erfolg zu sichern. Dafür braucht es zusätzlich eine solide Recherche und sicher auch mindestens eine zweite Meinung.

Sie können nun wirklich Unterstützung gebrauchen. Scheuen Sie sich also bitte nicht, bei den Menschen um Hilfe zu bitten, die mit Ihnen und Ihrer Arbeit vertraut sind und ziehen Sie gemeinsam an einem Strang.

Tipp des Monats: Finden Sie ein gutes Gleichgewicht zwischen persönlicher Sicherheit und kalkulierbarem Risiko.

MAO
Hase

Grundtendenz des Monats: Mit einem weiteren Hasen, der den Monat März begleitet, werden bei so manchem die häuslichen Qualitäten geweckt. Es spricht wirklich nichts dagegen, wenn Sie es sich jetzt in der behaglichen Sicherheit Ihres Heimes gemütlich machen und den Dingen einfach mehr ihren Lauf lassen. Vielleicht haben Sie ja Lust, ein paar Verschönerungsarbeiten vorzunehmen?

Wer bislang noch auf der Suche nach seinem Platz ist, bekommt in diesen Wochen den einen oder anderen Vorschlag gemacht. Hören Sie auf Ihre Intuition! Wenn es sich richtig anfühlt, sollten Sie sich ruhig darauf einlassen. Kommen Zweifel auf, heißt es besser „Finger weg!"

Liebe, Familie, Freundschaft: Wer gerade nicht damit beschäftigt ist, seinen Träumen hinterher zu jagen, wird sich im Schoße der Familie nun besonders gut aufgehoben fühlen. Für innere Harmonie braucht es oft weniger, als man glaubt! Die die Unterstützung von engen Vertrauten ist mehr wert, als jedes Lob, das man von außen bekommen kann.

Mit dem zweiten Hasen aus dem aktuellen Monat stehen auch die Zeichen für die Liebe gut. Zeigen Sie Ihrem Partner, dass man in allen Lebenslagen auf Sie zählen kann.

Beruf, Finanzen: Wer ordentlich und gewissenhaft seinen Job macht, steht beim Büffel hoch im Kurs. Schließlich steht der neue Jahresregent für Beständigkeit und schätzt es, wenn Dinge ohne Murren erledigt werden. Jetzt im März können Sie Ihre Kreativität sicher dafür einsetzen, zu schnelleren Lösungen zu finden. Dabei mögen Ihre Ansätze zuweilen ein bisschen unkonventionell sein. Am Ende zählt nur das Ergebnis und nicht der Weg, wie sie dahin gekommen sind. Lassen Sie sich also nicht verunsichern!

Das zusätzliche Yin-Metall kann dem Hasen jetzt dabei helfen, auch dann durchzuhalten, wenn es anstrengend wird.

Tipp des Monats: Wer beruflich durchstarten will, muss jetzt wahrscheinlich seine Prioritäten neu setzen. Entscheiden Sie weise!

SHENG
Drache

Grundtendenz des Monats: Haben Sie ein Ziel vor Augen, auf das Sie in den nächsten Monaten hinarbeiten können? Dann dürfte der Büffel der perfekte Partner für Sie sein. Schließlich geht er vollkommen unbeeindruckt seinen Weg, wenn er sich einmal für eine Richtung entschieden hat. Mit Wankelmut und Zweifeln kann der neue Herrscher dagegen nur wenig anfangen.

Sollte Ihnen bislang noch die Inspiration fehlen, ist es aber auch keine Schande, sich erst einmal zurückzuhalten. Nehmen Sie sich die Zeit, die Sie brauchen, um einen richtig guten Ansatz zu entwickeln. Je besser Sie vorneweg planen, desto reibungsloser lassen sich Ihre Ideen umsetzen.

Liebe, Familie, Freundschaft: Wenn Sie nun die Unterstützung von Partner und Familie brauchen, müssen Sie aktiv darum werben. Von alleine greift man Ihnen wahrscheinlich nicht unter die Schultern - zumal Ihre Lieben oft gar nicht wissen, wie Ihre Ideen aussehen.

In der Liebe läuft es nun unter Umständen nicht ganz so rund für den Drachen. Charisma allein reicht leider nicht aus, wenn es darum geht, den Alltag gemeinsam zu meistern. Da müssen Sie schon praktikable Lösungen anbieten und sich außerdem auch kompromissbereiter zeigen.

Beruf, Finanzen: Ihre Begeisterungsfähigkeit in Ehren, lieber Drache - aber mit dem Büffel am Ruder müssen Ihre Pläne nun wirklich Hand und Fuß haben. Wenn Sie von Kollegen und Vorgesetzten also nicht belächelt werden wollen, sollten Sie vielleicht erst einmal Ihre Hausaufgaben machen. Mit einer guten Basis und dem entsprechenden Hintergrundwissen präsentiert, bekommen Sie die nötige Unterstützung deutlich leichter.

Im vergangenen Jahr musste so mancher Drache seine Ansprüche um einiges herunterschrauben. Da ist es nur verständlich, wenn Sie mehr aus den Vollen schöpfen möchten. Trotzdem sollten Sie nicht zu viel riskieren!

Tipp des Monats: Sie dürfen auf Ihr Bauchgefühl vertrauen, wenn Sie dabei nicht die Realität aus dem Blick verlieren.

SZE
Schlange

Grundtendenz des Monats: Einmal mehr kommt mit zusätzlichem Metall mehr Struktur ins Spiel. Das bedeutet für die Schlange, dass es ihr nun recht leicht fallen sollte, in allen Bereichen ihres Lebens für Ordnung zu sorgen. Vielleicht könnte Sie mal wieder ausmisten? Oder sich von alten Gewohnheiten trennen? Oder einfach nur Ihren Tagesablauf neu strukturieren? Nehmen Sie sich im März ruhig Zeit für solche Aktionen, mit weniger Gepäck lässt sich deutlich leichter reisen...

Auf der zwischenmenschlichen Ebene dürfen Sie ruhig mehr auf Ihre Intuition vertrauen. Wenn sich ein Kontakt nicht gut anfühlt, sollten Sie lieber Abstand halten und sich zurückziehen.

Liebe, Familie, Freundschaft: Mit dem Hasen im Monat stehen die Zeichen für die Schlange in allen Herzensangelegenheiten hervorragend. Schließlich steht die Kombination aus Hase und Schlange für Harmonie und Glück in der Partnerschaft. Der Büffel bringt nun auch noch Werte wie Beständigkeit und Zuverlässigkeit mit. Beste Voraussetzungen für all die Schlangen, die auf eine langfristige Bindung bauen.

Warum in der Ferne schweifen, wenn es zu Hause doch auch ganz schön ist? Ihre Lieben freuen sich nun gemeinsam mit Ihnen an gemütlichen Stunden in den eigenen vier Wänden.

Beruf, Finanzen: Wer jetzt fragt, bekommt wahrscheinlich vollkommen problemlos die gewünschte Unterstützung. Damit man wissen kann, was Sie brauchen, wäre es schon gut, wenn Sie sich dazu auch äußern. Setzen Sie bitte nicht voraus, dass Chef und Kollegen schon von alleine darauf kommen - helfen Sie ihnen auf die Sprünge!

Berufliche Entscheidungen wollen im Jahr des bedächtigen Büffels wirklich gut durchdacht sein. Jetzt im März hilft das zusätzliche Yin-Holz dabei, dass Sie das richtige Gefühl entwickeln und so auch mehr Vertrauen in Ihre eigene Meinung haben.

Tipp des Monats: Sie brauchen in diesen Wochen nicht viel zum glücklich sein. Da dürfen Sie ruhig einen Gang zurückschalten.

Grundtendenz des Monats: Anstatt einfach loszustürmen, sollten Sie nun erst einmal innehalten und sich Zeit nehmen, die Situation gut einzuschätzen. Der Metall-Hase hilft Ihnen im März dabei, besser auf Ihr Bauchgefühl zu hören und sorgt so dafür, dass Sie nicht unversehens in eine brenzlige Lage geraten. Ein gewisses Maß an Sicherheit tut auch dem unabhängigsten Pferd gut...

Generell ist es wohl am besten, wenn das Pferd seine Ansprüche in diesem Monat ein bisschen zurückschraubt und sich mit dem zufrieden gibt, was das Universum nun anbietet. Schon in ein paar Monaten können Sie wieder mehr aus den Vollen schöpfen.

Liebe, Familie, Freundschaft: Es mag das Pferd nach den Einschränkungen des vergangenen Jahres noch so sehr nach draußen ziehen - in diesen Wochen ist sein Platz trotzdem mehr in den eigenen vier Wänden im Kreise seiner Lieben. Wenn Sie nun bereit sind, Familie und Nachwuchs entgegen zu kommen, können Sie im Gegenzug auch voll und ganz auf deren Unterstützung bauen.

Zärtliche Stunden kann das Pferd immer dann erleben, wenn es sich auf sein Gegenüber wirklich einlässt. Der Jahresregent sorgt dafür, dass Sie sich dabei sicher und geborgen fühlen, der Hase bringt die dafür nötige Herzenswärme mit.

Beruf, Finanzen: Auch wenn der Büffel ein sehr realistischer Herrscher ist, reicht es nun nicht, sich ausschließlich auf die Fakten zu verlassen. Mindestens genauso wichtig ist es, wie Sie sich bei der ganzen Sache fühlen. Wenn sich innerlich Zweifel auftun, sollten Sie diese deshalb lieber nicht an Seite wischen, sondern lieber noch einmal ganz genau hinschauen und hinfühlen.

Auch der Kleinkram muss erledigt werden, liebes Pferd. Damit Sie ein Gefühl für das Projekt bekommen, wäre es sicher gut, wenn Sie so viel wie möglich selbst übernehmen und nicht einfach nur delegieren.

Tipp des Monats: Ihr moralischer Kompass ist 2021 ganz besonders wichtig. Da sollten Sie besser keinen Anlass zu Kritik bieten.

Grundtendenz des Monats: Die Ziege fühlt sich am wohlsten, wenn es allen gut geht. Das macht sich umso mehr bemerkbar, wenn wie in diesem Monat mit dem Hasen ein weiteres Tierzeichen mit ähnlichen Ideen ihren Weg kreuzt. Wer allerdings immer nur nett ist, kommt in den kommenden Monaten kein Stück weiter, sondern verhilft am Ende nur den Anderen zum Erfolg. Damit das nicht in Frustration endet, wäre es wichtig, klare Grenzen zu setzen.

Mitgefühl und Solidarität werden im März sehr groß geschrieben. Gerade wenn in es um schon länger bestehende soziale Projekte geht, sollte sich die Ziege ruhig im Rahmen ihrer Möglichkeiten engagieren.

Liebe, Familie, Freundschaft: In Liebesangelegenheiten können Sie mit dem Büffel an Ihrer Seite auf mehr Stabilität und Sicherheit hoffen. Schließlich steht der neue Herrscher für Beständigkeit! Damit das Ganze nicht zu langweilig wird, achten Sie darauf, Ihre Beziehung lebendig zu halten, in dem Sie immer wieder einmal gemeinsam aus dem normalen Alltag ausbrechen.

Mit dem Hasen im Gepäck müssen sich viele Ziegen in diesen Wochen auch verstärkt um ihren Nachwuchs kümmern. Verlassen Sie sich lieber nicht darauf, dass immer alles automatisch gut läuft und behalten Sie die Aktivitäten Ihrer Kinder gut im Auge.

Beruf, Finanzen: Manche Projekte lassen sich nun vielleicht deshalb nicht voran bringen, weil das Wohl der Allgemeinheit zu wenig berücksichtigt wird. Stellen Sie sicher, dass auch die sozialen Aspekte ausreichend betrachtet werden, dann sollte es bei der Durchführung keinen großen Widerstand geben.

Die meisten Ziegen brauchen in diesem Monat nicht viel, um zufrieden zu sein mit ihrer Arbeit. Das sollten Sie aber vor allem Ihren Vorgesetzten nicht unbedingt auf die Nase binden. Zu groß ist die Gefahr, dass Ihre Gutmütigkeit dann ausgenutzt wird.

Tipp des Monats: Wenn Sie mehr Sicherheit brauchen, müssen Sie das aktiv einfordern.

SUNG
Affe

Grundtendenz des Monats: Ihr diplomatisches Geschick können Sie mit Hilfe des Metall-Hasen in diesem Monat sicher mehr als einmal unter Beweis stellen. Vor allem, wenn es darum geht, die eigene Meinung durchzusetzen, erreichen Sie mit sanften Worten deutlich mehr als mit der Holzhammer-Methode. Es kann dadurch aber manchmal etwas länger dauern, bis Sie das Gewünschte erreichen können. Dafür wurde aber auf dem Weg kein unnötiges Porzellan zerschlagen.
Wer in diesen Wochen Unterstützung sucht, der wird sie auch bekommen. Das gilt vor allem dann, wenn Sie Menschen ansprechen, die Ihnen bereits vertraut sind.

Liebe, Familie, Freundschaft: Manchmal ist es einfach zu Hause am Schönsten. Wer in einer harmonischen Umgebung lebt, dem hat es schon im vergangenen Jahr kaum etwas ausgemacht, dass das Leben vor allem in den eigenen vier Wänden stattgefunden hat. Vielleicht möchten Sie sich ja jetzt für eine kurze Zeit wieder mit Partner und Familie einigeln?
Harmonie ist auch in der Partnerschaft gefragt. Mit dem Hasen an Ihrer Seite geht es jetzt sicher auch darum, wie Sie es Ihrem Partner recht machen können, ohne dabei auf die eigenen Bedürfnisse verzichten zu müssen.

Beruf, Finanzen: Bei beruflichen Entscheidungen darf sich der Affe nun ruhig mehr auf sein Bauchgefühl verlassen. Auch wenn der Büffel im Grunde eher für seine vernunftbetonte Art bekannt ist, bedeutet das nicht, dass Sie jetzt nicht auch Ihre Intuition nutzen dürfen.
Wenn Sie etwas nicht wirklich brauchen, sollten Sie es jetzt auch nicht anschaffen. Gerade nach den Erfahrungen im letzten Jahr sollte der Affe gelernt haben, sich eine Reserve anzulegen. Verschwendung ist dem aktuellen Jahresherrscher zuwider. Mal ganz abgesehen davon, dass Sie sich hinterher ärgern, wenn Sie Ihr Geld für unnützes Zeug ausgegeben haben.

Tipp des Monats: Wer freundlich ist, kommt weiter! Erzwingen Sie jetzt keine Entscheidungen, sondern lassen Sie der anderen Seite Zeit.

YU
Hahn

Grundtendenz des Monats: Wem die eigene Gesundheit in der Vergangenheit regelmäßig Sorgen bereitet hat, der sollte sich jetzt wirklich mehr darum kümmern! Hören Sie dabei auch auf Ihr Inneres, anstatt sich nur auf die Meinung der so genannten Experten zu verlassen. Mit dem Hasen bekommen Sie im März ein Tierzeichen zur Seite gestellt, welches Ihre Intuition anregt und damit Ihren inneren Heiler aufwecken kann. Benötigte Hilfe kommt nun vielleicht aus einer Ecke, aus der Sie es gar nicht erwartet hätten. Anstatt so zu tun, als würden Sie die Unterstützung im Grunde gar nicht brauchen, sollten Sie sich ruhig ganz offen darüber freuen.

Liebe, Familie, Freundschaft: Heim und Familie dürften in diesen Wochen noch einmal eine größere Rolle spielen. Mit dem Hasen begleitet ein Tierzeichen den Monat, das dabei vor allem das Wohl der Kleineren im Sinn hat. Wenn der eigene Nachwuchs oder auch der von Angehörigen oder Freunden nun zu Ihnen kommt, dürfen Sie sich ruhig etwas mehr Zeit nehmen.
In Ihrer Partnerschaft kommen Sie nun mit sanften Worten deutlich weiter als mit klaren Ansagen. Versetzen Sie sich in die Lage Ihres Gegenübers und vermeiden Sie unnötige Zurechtweisungen. Am Ende wollen doch beide Seiten ein harmonisches Miteinander.

Beruf, Finanzen: Mehr für sich selbst tun oder andere unterstützen? Das könnte im März die Frage sein, die sich dem Hahn stellt. Bestimmt ist es möglich, beiden Aspekten gerecht zu werden. So können Sie sich besser vernetzen und trotzdem mit Ihren Projekten weiterkommen. Dem Hahn gelingt es in der Regel sehr gut, auch die Aufgaben zu erledigen, die ihm nicht ganz so sehr liegen - einfach, weil er über die nötige Disziplin verfügt. Sie werden nun aber wahrscheinlich feststellen, dass diese leider nicht bei allen anderen gleichermaßen vorhanden ist.

Tipp des Monats: Sorgen Sie für ein gutes Sicherheitsnetz! So können Sie gleich viel freier entscheiden.

SHIH
Hund

Grundtendenz des Monats: Vertrauen Sie in diesem Monat ruhig mehr auf Ihr Bauchgefühl und auf Ihr Herz, denn mit dem Hasen begleitet Sie nun das Tierzeichen im Chinesischen Horoskop mit der besten Intuition. Wer sich ständig einredet, dass das Gewünschte ohnehin nicht zu erreichen ist oder sich 1000 Gründe überlegt, warum etwas nicht klappen kann, tut sich wirklich keinen Gefallen. Sie kreieren Ihre Realität zu einem ganz großen Stück selbst... vertrauen Sie darauf, dass Ihnen im Jahr des Büffels nur Gutes widerfahren kann.

Es ist wichtig, dass Sie in Diskussionen auch dann entspannt bleiben, wenn man nicht Ihrer Meinung ist. Lassen Sie den Dialog zu, nur so kann man das Thema von allen Seiten beleuchten.

Liebe, Familie, Freundschaft: Mit dem Hasen wächst im März bei so manchem das Bedürfnis nach mehr Häuslichkeit und Geborgenheit. Mal ganz abgesehen davon, dass sich die meisten Hunden in den eigenen vier Wänden am wohlsten fühlen. Gerade wenn das Wetter noch nicht ganz so gut ist, spricht nichts dagegen, gemeinsame Aktivitäten mit Partner oder den Kindern nach drinnen zu verlagern.

Die meisten Hunde brauchen auf der privaten Ebene nun nicht viel zum glücklich sein. Harmonische Stunden mit dem Partner, ein gutes Buch oder ein gemütliches Essen im Kreise der Familie reichen vollkommen aus.

Beruf, Finanzen: Wer sich nun zu zögerlich verhält, bekommt mit großer Wahrscheinlichkeit nicht die gewünschten Aufgaben zugeteilt. Sicher ist es für viele Hunde nach dem vergangenen Jahr schwer, einfach so den Sprung ins kalte Wasser zu wagen. Der Büffel sollte Ihnen jedoch genug Sicherheit geben und seine schützende Hand über Sie halten.

Hören Sie nun in sich hinein - was ist Ihnen wirklich wichtig? Was möchten Sie beruflich erreichen? Sie können ohne Probleme die nötige Unterstützung bekommen, wenn Sie den Mund aufmachen.

Tipp des Monats: Fokussieren Sie auf das Positive in Ihrem Leben.

HAN
Schwein

Grundtendenz des Monats: Das soziale Leben darf nun wieder mehr an Fahrt aufnehmen. Das dürfte dem geselligen Schwein sehr recht sein, denn es braucht das gemeinsame Miteinander, um sich wirklich wohl zu fühlen. Mit dem Hasen an seiner Seite kann es jetzt im März vor allem im persönlichen Umfeld wieder überall dort präsent sein, wo es gebraucht wird.

Ein bisschen mehr Disziplin kann sicher nicht schaden, wenn es um das eigene Wohlbefinden geht, liebes Schwein. Wer nun ernsthaft etwas für seine Gesundheit tun will, sollten wirklich regelmäßig aktiv werden. Mit sporadischen Aktionen ist es hier nicht getan. Das gilt übrigens auch für den Bereich der Ernährung, der sich nun mit Hilfe des intuitiven Hasen gut umstellen lässt.

Liebe, Familie, Freundschaft: Das familiäre Umfeld und die eigene häusliche Umgebung wird den meisten Schweingeborenen niemals langweilig. Dafür fühlen Sie sich einfach zu wohl, wenn Sie mit Ihren Lieben zusammen sind. Trotzdem darf die Geborgenheit der eigenen vier Wände nun ruhig wieder mehr verlassen werden - der Büffel hat ein hohes Sicherheitsdenken und wird schon gut auf Sie aufpassen.

Auch wer auf der Suche nach der Liebe ist, wird diese wohl kaum in seiner unmittelbareren Umgebung finden. Deshalb sollten Sie Ihre Fühler wirklich nach draußen ausstrecken.

Beruf, Finanzen: Sie mögen nun vielleicht mir recht wenig zufrieden sein. Trotzdem wäre es gut, zukünftige Ansprüche schon jetzt anzumelden. Je diplomatischer Sie dabei vorgehen, desto wahrscheinlicher wird man Ihren Vorschlägen folgen. So bekommen Sie im Laufe des Jahres die Anerkennung, die Sie verdienen.

Man kann sich noch so gut vorbereiten - manche Dinge lassen sich einfach nicht planen. Diese Erfahrung aus dem letzten Jahr kann Ihnen nun helfen, die Zügel ein wenig schleifen zu lassen und die Dinge mehr auf sich zukommen zu lassen.

Tipp des Monats: Denken Sie kreativ! Manche Probleme brauchen einen unorthodoxen Lösungsansatz.

März 2021

Jahreskonstellation – Metall Büffel
Monatskonstellation – Metall Hase

1. Erd Affe	Ratte Büffel Tiger Hase Drache Schlange Pferd Ziege Affe Hahn Hund Schwein **Günstig:** Ausruhen, Meditation, seinen Hobbys nachgehen. **Ungünstig:** wichtige Unternehmungen.
2. Erd Hahn	Ratte Büffel Tiger Hase Drache Schlange Pferd Ziege Affe Hahn Hund Schwein **Günstig:** Amüsieren, mit Freunden ausgehen, Freizeitaktivitäten. **Ungünstig:** geschäftliche Aktivitäten, neue Dinge anfangen.
3. Metall Hund	Ratte Büffel Tiger Hase Drache Schlange Pferd Ziege Affe Hahn Hund Schwein **Günstig:** für die meisten Aktivitäten, Geschäftsabschlüsse, Partnerschaft. **Ungünstig:** negative Bemerkungen über andere Menschen.
4. Metall Schwein	Ratte Büffel Tiger Hase Drache Schlange Pferd Ziege Affe Hahn Hund Schwein **Günstig:** Handel, Geschäftseröffnungen, Hochzeiten und andere Feste planen. **Ungünstig:** Beerdigungen, Reisen, Arztbesuche.
5. Wasser Ratte	Ratte Büffel Tiger Hase Drache Schlange Pferd Ziege Affe Hahn Hund Schwein **Günstig:** Handel, Geschäftseröffnungen, Hochzeiten und andere Feste planen. **Ungünstig:** Beerdigungen, Reisen, Arztbesuche.
6. Wasser Büffel	Ratte Büffel Tiger Hase Drache Schlange Pferd Ziege Affe Hahn Hund Schwein **Günstig:** Handwerkliche Aktivitäten, Handel, Hochzeiten, Reisen. **Ungünstig:** Trauerfeiern und Beerdigungen, schwere körperliche Arbeit.
7. Holz Tiger	Ratte Büffel Tiger Hase Drache Schlange Pferd Ziege Affe Hahn Hund Schwein **Günstig:** Ankündigungen machen, Beerdigungen, Trauerfeiern. **Ungünstig:** Handel, Vergnügungen, Freizeitaktivitäten.
8. Holz Hase	Ratte Büffel Tiger Hase Drache Schlange Pferd Ziege Affe Hahn Hund Schwein **Günstig:** Kleidung schneidern, Handel, Buchhaltung, Ausflüge, neue Dinge beginnen. **Ungünstig:** Geschäfte eröffnen, Kraftanstrengungen, Reisen, Ersparnisse ausgeben.
9. Feuer Drache	Ratte Büffel Tiger Hase Drache Schlange Pferd Ziege Affe Hahn Hund Schwein **Günstig:** Putzen, waschen, fasten, seelische und körperliche Pflege, Arztbesuche. **Ungünstig:** Ausdauersport, Reisen, Hochzeit.
10. Feuer Schlange	Ratte Büffel Tiger Hase Drache Schlange Pferd Ziege Affe Hahn Hund Schwein **Günstig:** Umziehen, Reisen, Hochzeiten, Empfänge, wichtige Konferenzen. **Ungünstig:** geistige Arbeiten, Gartenarbeit, häusliche Tätigkeiten.
11. Erd Pferd	Ratte Büffel Tiger Hase Drache Schlange Pferd Ziege Affe Hahn Hund Schwein **Günstig:** Versammlungen, gerechte Verteilungen, Hochzeit, Konferenzen, Umzug. **Ungünstig:** Gartenarbeit, Dinge zum Abschluss bringen.
12. Erd Ziege	Ratte Büffel Tiger Hase Drache Schlange Pferd Ziege Affe Hahn Hund Schwein **Günstig:** Gartenarbeit, Feiern, Hochzeit, Dinge zum Abschluss bringen. **Ungünstig:** keine Anschuldigungen gegen Dritte erheben.
13. Metall Affe	Ratte Büffel Tiger Hase Drache Schlange Pferd Ziege Affe Hahn Hund Schwein **Günstig:** Gartenarbeit, Hochzeit, Dinge zum Abschluss bringen. **Ungünstig:** Umzug, Reisen, Geschäftseröffnung.
14. Metall Hahn	Ratte Büffel Tiger Hase Drache Schlange Pferd Ziege Affe Hahn Hund Schwein **Günstig:** Ausruhen, Meditation, seinen Hobbys nachgehen. **Ungünstig:** wichtige Unternehmungen.
15. Wasser Hund	Ratte Büffel Tiger Hase Drache Schlange Pferd Ziege Affe Hahn Hund Schwein **Günstig:** Amüsieren, mit Freunden ausgehen, Freizeitaktivitäten. **Ungünstig:** geschäftliche Aktivitäten, neue Dinge anfangen.

Ob ein Tag besonders günstig für Ihr Tierzeichen ist, sehen Sie an folgenden Farben:
Rot = sehr günstig, Grau = günstig, Schwarz = nicht günstig

Jahreskonstellation – Metall Büffel Monatskonstellation – Metall Hase	März 2021

16. Wasser Schwein	Ratte Büffel Tiger **Hase** Drache Schlange Pferd **Ziege** Affe Hahn **Hund Schwein** **Günstig:** für die meisten Aktivitäten, Geschäftsabschlüsse, Partnerschaft. **Ungünstig:** negative Bemerkungen über andere Menschen.
17. Holz Ratte	**Ratte Büffel** Tiger Hase **Drache** Schlange Pferd Ziege **Affe** Hahn Hund Schwein **Günstig:** Handel, Geschäftseröffnungen, Hochzeiten und andere Feste planen. **Ungünstig:** Beerdigungen, Reisen, Arztbesuche.
18. Holz Büffel	**Ratte Büffel** Tiger Hase Drache **Schlange** Pferd Ziege Affe **Hahn** Hund Schwein **Günstig:** Handwerkliche Aktivitäten, Handel, Hochzeiten, Reisen. **Ungünstig:** Trauerfeiern und Beerdigungen, schwere körperliche Arbeit.
19. Feuer Tiger	Ratte Büffel **Tiger Hase** Drache Schlange **Pferd** Ziege Affe Hahn **Hund** Schwein **Günstig:** Ankündigungen machen, Beerdigungen, Trauerfeiern. **Ungünstig:** Handel, Vergnügungen, Freizeitaktivitäten.
20. Feuer Hase	Ratte Büffel **Tiger Hase** Drache Schlange Pferd **Ziege** Affe Hahn Hund **Schwein** **Günstig:** Kleidung schneidern, Handel, Buchhaltung, Ausflüge, neue Dinge beginnen. **Ungünstig:** Geschäfte eröffnen, Kraftanstrengungen, Reisen, Ersparnisse ausgeben.
21. Erd Drache	**Ratte** Büffel Tiger Hase **Drache Schlange** Pferd Ziege **Affe** Hahn Hund Schwein **Günstig:** Putzen, waschen, fasten, seelische und körperliche Pflege, Arztbesuche. **Ungünstig:** Ausdauersport, Reisen, Hochzeit.
22. Erd Schlange	Ratte **Büffel** Tiger Hase **Drache Schlange** Pferd Ziege Affe **Hahn** Hund Schwein **Günstig:** Umziehen, Reisen, Hochzeiten, Empfänge, wichtige Konferenzen. **Ungünstig:** geistige Arbeiten, Gartenarbeit, häusliche Tätigkeiten.
23. Metall Pferd	Ratte Büffel **Tiger** Hase Drache Schlange **Pferd Ziege** Affe Hahn **Hund** Schwein **Günstig:** Versammlungen, gerechte Verteilungen, Hochzeit, Konferenzen, Umzug. **Ungünstig:** Gartenarbeit, Dinge zum Abschluss bringen.
24. Metall Ziege	Ratte Büffel Tiger **Hase** Drache Schlange **Pferd Ziege** Affe Hahn Hund **Schwein** **Günstig:** Gartenarbeit, Feiern, Hochzeit, Dinge zum Abschluss bringen. **Ungünstig:** keine Anschuldigungen gegen Dritte erheben.
25. Wasser Affe	**Ratte** Büffel Tiger Hase **Drache** Schlange Pferd Ziege **Affe Hahn** Hund Schwein **Günstig:** Gartenarbeit, Feiern, Hochzeit, Dinge zum Abschluss bringen. **Ungünstig:** keine Anschuldigungen gegen Dritte erheben.
26. Wasser Hahn	Ratte **Büffel** Tiger Hase Drache **Schlange** Pferd Ziege **Affe Hahn** Hund Schwein **Günstig:** Ausruhen, Meditation, seinen Hobbys nachgehen. **Ungünstig:** wichtige Unternehmungen.
27. Holz Hund	Ratte Büffel **Tiger** Hase Drache Schlange **Pferd** Ziege Affe Hahn **Hund Schwein** **Günstig:** Amüsieren, mit Freunden ausgehen, Freizeitaktivitäten. **Ungünstig:** geschäftliche Aktivitäten, neue Dinge anfangen.
28. Holz Schwein	Ratte Büffel Tiger **Hase** Drache Schlange Pferd **Ziege** Affe Hahn **Hund Schwein** **Günstig:** für die meisten Aktivitäten, Geschäftsabschlüsse, Partnerschaft. **Ungünstig:** negative Bemerkungen über andere Menschen.
29. Feuer Ratte	**Ratte Büffel** Tiger Hase **Drache** Schlange Pferd Ziege **Affe** Hahn Hund Schwein **Günstig:** Handel, Geschäftseröffnungen, Hochzeiten und andere Feste planen. **Ungünstig:** Beerdigungen, Reisen, Arztbesuche.
30. Feuer Büffel	**Ratte Büffel** Tiger Hase Drache **Schlange** Pferd Ziege Affe **Hahn** Hund Schwein **Günstig:** Handwerkliche Aktivitäten, Handel, Hochzeiten, Reisen. **Ungünstig:** Trauerfeiern und Beerdigungen, schwere körperliche Arbeit.
31. Erd Tiger	Ratte Büffel **Tiger Hase** Drache Schlange **Pferd** Ziege Affe Hahn **Hund** Schwein **Günstig:** Ankündigungen machen, Beerdigungen, Trauerfeiern. **Ungünstig:** Handel, Vergnügungen, Freizeitaktivitäten

TZE
Ratte

Grundtendenz des Monats: An Fantasie hat es der Ratte noch nie gemangelt. In Verbindung mit dem Drachen, der den April begleitet, können Sie noch viel größere Pläne schmieden. Die mögen sich zuweilen waghalsig anhören - aber wer nichts wagt, kann auch nichts gewinnen. Mal ganz abgesehen davon, dass man die Sache ja ohnehin erst einmal dem gestrengen Auge des Büffels präsentieren muss. Spätestens dann wird klar, was sich von Ihren brillanten Ideen umsetzen lässt.
Ratte und Drache können mit dem Büffel eine recht interessante Allianz bilden, denn der Jahresherrscher hat es sich zur Aufgabe gemacht, die vielen angefangenen Projekte der Ratte zum Abschluss zu bringen. Mit dem Drachen tritt nun dazu ein Tierzeichen auf den Plan, was das Ergebnis dann wunderbar präsentieren kann.

Liebe, Familie, Freundschaft: Familie und Partner treten in diesen Wochen vielleicht ein bisschen mehr in den Hintergrund, als sie es verdient haben. Da dürfen Sie sich nun nicht wundern, wenn es Beschwerden hagelt. Vielleicht wäre es doch möglich, Ihre Lieben mehr mit einzubeziehen, liebe Ratte?
Mit dem magnetischen Drachen an der Seite wirkt die Ratte attraktiver, wenn sie sich auf Partnersuche begibt. Achten Sie darauf, dass Sie sich nicht zu sehr im fremden Glanz sonnen!

Beruf, Finanzen: Wenn man Ihnen nun Unterstützung anbietet, sollten Sie diese ruhig annehmen. Das mag Sie nun davor bewahren, dass Sie Ihre eigenen Ressourcen unnötigerweise verschwenden. Selbst wenn Sie den Erfolg hinterher teilen müssen, ist das allemal besser, als sich an einer Sache komplett zu verausgaben.
Auf der finanziellen Ebene ist im Drachen-Monat für die Ratte normalerweise Vorsicht angesagt. In diesem Jahr hat der Drache allerdings das Wasserelement im Gepäck und diese Kombination steht für Wohlstand.

Tipp des Monats: Wenn Sie etwas wirklich wollen, lässt es sich im April gut durchsetzen. Achten Sie darauf, dass das nicht auf Kosten anderer geht!

KIU
Büffel

Grundtendenz des Monats: Wenn Fantasie und Wirklichkeit zu sehr auseinander klaffen, macht das im April nicht nur dem Büffel zu schaffen. 2021 ist einfach nicht das Jahr für große Visionen und bahnbrechende Neuigkeiten. Sicher können Sie Ihre Umgebung davon überzeugen, die Ziele realistischer anzusetzen. Schließlich verstehen Sie den aktuellen Jahresregenten von allen Tierzeichen am besten.
Ein starkes Yang-Wasser stärkt nun einmal mehr die Willenskraft, so dass Sie sich theoretisch besser durchsetzen können. Das sollten Sie nun aber bitte nicht ausnutzen, sondern lieber das Gespräch suchen und eine Lösung finden, die für alle Seiten tragbar ist.

Liebe, Familie, Freundschaft: Mit einem charismatischen Drachen an der Seite kann sich der Büffel einem potentiellen Partner doch gleich viel besser präsentieren. Bleiben Sie aber auf jeden Fall bei der Wahrheit - wer die eigenen Vorzüge nun zu sehr schönt, wird damit zwar jetzt zunächst Erfolg haben. Langfristig wird man es Ihnen aber übel nehmen, wenn Sie gleich zu Beginn einer neuen Beziehung nicht ehrlich waren.
Sie mögen die familiären Verpflichtungen nun unter Umständen ein bisschen lästig finden. Bevor Sie sich jedoch wieder den äußeren Angelegenheiten widmen können, gilt es zunächst einmal, für Ordnung in den eigenen vier Wänden zu sorgen.

Beruf, Finanzen: Der Regendrache wird das Exemplar auch genannt, das den April begleitet. Es steht unter anderem für Wohlstand, was jetzt andeuten könnte, dass Sie Ihre finanzielle Situation verbessern können. Vielleicht ist es an der Zeit, nach einer Gehaltserhöhung zu fragen oder in neue Bereiche zu investieren.
Es könnte nun sein, dass Sie einmal wieder für andere die Kohlen aus dem Feuer holen müssen. Es kann einfach nicht jeder so besonnen durchs Leben gehen wie der Büffel.

Tipp des Monats: Fordern Sie jetzt ruhig Ihre Belohnung ein, wenn Sie Ihnen zusteht.

> Klar und hell / Getreideregen < April

YING
Tiger

Grundtendenz des Monats: So mancher Tiger würde sich gerne wieder mehr aus dem Dickicht herauswagen und sich zeigen im April. Das liegt sicher auch am Wasser-Drachen, der den Monat begleitet und es genießt, an vorderster Front zu stehen. Derart motiviert möchte auch der Tiger nun mit seinen Fähigkeiten glänzen, anstatt im Hintergrund die Fäden zu ziehen.

Je mehr Sie wieder in den Vordergrund treten, desto anstrengender kann das Ganze jedoch auch werden. Die meisten Tiger sollten den Anforderungen gut gewachsen sein, solange sie darauf achten, die eigenen Batterien beizeiten wieder aufzuladen und ihre Energie nicht an Nebenschauplätzen zu verschwenden.

Liebe, Familie, Freundschaft: Sollte die Kommunikation mit dem Partner in der letzten Zeit etwas ins Stocken geraten sein, wäre nun ein guter Zeitpunkt, den Faden erneut aufzunehmen. Das Wasserelement wird nämlich im April und Mai gut unterstützt, so dass es nun einfacher sein dürfte, sich zu erklären und einander zuzuhören.

Mit dem charismatischen Drachen an der Seite ist es für den Tiger einfacher, nach außen attraktiv und begehrenswert zu erscheinen. Das sind gute Voraussetzungen für die Partnersuche, denn so lässt sich ein erster Kontakt vielversprechend gestalten.

Beruf, Finanzen: Aus Sicht des Chinesischen Horoskops bringt der Wasser-Drache Wohlstand und Reichtum. Das bedeutet, dass Sie sich in diesem Monat nicht zurückhalten müssen, wenn es darum geht, eine gerechte Entlohnung für Ihre Arbeit zu fordern. Sie sollten ganz genau wissen, was Ihr Einsatz wert ist und das jetzt auch klar nach außen kommunizieren.

Persönlicher Einsatz wird vom aktuellen Jahresregenten enorm geschätzt. Das gilt auch für Tiger in Chefpositionen, die nun durchaus auch mal mit anpacken sollten, anstatt nur zu delegieren.

Tipp des Monats: Bleiben Sie mit Ihrer Energie im Fluss! Wenn Sie spüren, dass Sie ins Stocken kommen, müssen Sie sofort den Mund aufmachen.

MAO
Hase

Grundtendenz des Monats: Mit dem Drachen betritt im April ein Tierzeichen die Bühne, mit dem auf den ersten Blick weder der Büffel noch der Hase viel anzufangen wissen. Mit seiner Fantasie und Spontanität kommt der Drache beim eher konservativen Jahresregenten erst einmal nicht weit und seine Sorglosigkeit kommt bei den meisten Hasen nicht besonders gut an.

Dabei kann das einzige Fabeltier im Chinesischen Tierkreis in den kommenden Wochen durchaus für ein bisschen Entspannung sorgen. Gerade der Hase kann sicher von der Kontaktfreudigkeit des Drachen profitieren.

Liebe, Familie, Freundschaft: Mit Geduld und Besonnenheit lassen sich im Jahr des Metall-Büffels die meisten Konflikte auf der familiären Ebene langfristig auflösen - vor allem auch deshalb, weil die meisten Hasen ein gutes diplomatisches Geschick haben. Lassen Sie sich in diesem Monat nichts erzählen, sondern vertrauen Sie auf Ihre eigenen Fähigkeiten. Wer auf der Suche nach einem neuen Partner ist, kann sich sicher von der charmanten Art des Drachen unterstützen lassen und nun ganz besonders glänzen. So hinterlassen Sie einen bleibenden Eindruck.

Beruf, Finanzen: Der Drache hat im April das Wasserelement im Gepäck und unterstützt dadurch nun besonders gut das Bestreben nach mehr Wohlstand. Trotzdem sollten Sie bei möglichen Investitionen doppelt hinschauen und nicht einfach blind vertrauen. Schließlich hat kaum jemand Geld zu verschenken.

Sie dürfen am Arbeitsplatz nun ruhig ein bisschen selbstbewusster auftreten, lieber Hase. Im Grunde wissen Sie doch ganz genau, was Sie können. Wenn Sie sich mit Ihren Fähigkeiten verstecken, kann man kaum ihr wahres Potential erkennen und würdigen. Dann kassieren am Ende wieder andere die Lorbeeren, die eigentlich Ihnen zustehen.

Tipp des Monats: Schlichten Sie dort, wo Sie können aber werfen Sie sich nicht in die Schusslinie!

SHENG
Drache

Grundtendenz des Monats: In den kommenden Wochen kann es dem Drachen immer wieder einmal passieren, dass man ihm Hindernisse in den Weg legt. Auch wenn das wahrscheinlich nicht absichtlich passiert, kann es Ihre Geduld auf eine harte Probe stellen. Anstatt sich aufzuregen, sollten Sie lieber die Ärmel hochkrempeln und alles aus dem Weg räumen, was Sie aufhalten kann. Dabei können Sie sich auf die Unterstützung des starken Metall-Büffels verlassen.

Vielleicht ist es ja auch ganz gut, wenn man Sie jetzt ein bisschen ausbremst. So bekommen Sie mehr Zeit, um Ihre Pläne reifen zu lassen und mögliche Fehler auszumerzen.

Liebe, Familie, Freundschaft: Sie sind auf der Suche nach einer neuen Liebe? Dann dürfen Sie sich im April ruhig ein bisschen offensiver nach außen präsentieren. Sie sollten sich aber auch darüber im Klaren sein, dass es im Jahr des Büffels weniger um kurze Abenteuer geht, sondern langfristige Bindungen gefragt sind. Wenn Sie sich dazu noch nicht bereit fühlen, müssen Sie das von Anfang an zugeben.

Sie dürfen Geschenke von Freunden oder der Familie nun ruhig guten Gewissens annehmen. Es geht jetzt nicht darum, dass Sie sich irgendwann revanchieren sollen. Man möchte Ihnen einfach nur eine Freude machen.

Beruf, Finanzen: Mit dem zweiten Drachen an Ihrer Seite sollten Sie sich nun lieber nicht zu riskanten Unternehmungen verführen lassen. Auch wenn das Exemplar aus dem Monat prinzipiell für Wohlstand steht, heißt das noch lange nicht, dass abenteuerliche Eskapaden nun mit finanziellem Erfolg belohnt werden. Da hat der besonnene Jahresherrscher sicher ein Wörtchen mitzureden!

Sie dürfen aber nun ruhig eine angemessene Entschädigung für Ihre Leistung fordern - schließlich wissen Sie ziemlich genau, was Ihr Einsatz wert ist. Lassen Sie sich also nicht mit fadenscheinigen Argumenten vertrösten.

Tipp des Monats: Entscheidungen, die Sie nun treffen, sollten nicht von Ihrer Ungeduld beeinflusst werden.

SZE
Schlange

Grundtendenz des Monats: Mit dem charismatischen Drachen wird in diesem Monat bei so mancher Schlange die spirituelle Ader geweckt und der Draht nach oben ist noch besser ausgeprägt als sonst. Diese beiden Tierzeichen bilden im Chinesischen Tierkreis das „Haus der Spiritualität“. In der Kombination wird es nun leichter für die Schlange in diesem Bereich über Themen zu sprechen, die sie bislang lieber für sich behalten hat.

Hören Sie jetzt besonders gut auf Ihren Körper! So merken Sie einfach schneller, wenn sich Ungleichgewichte anbahnen. Wer eine Auszeit braucht, darf sich gerne zurückziehen, um die eigenen Ressourcen zu schonen.

Liebe, Familie, Freundschaft: Ist die Schlange auf Suche nach einem Partner, darf sie sich nun ruhig ein bisschen mehr Mühe mit ihrer Erscheinung geben. Der Drache kann Ihnen dann sicher zu einem glänzenden Auftritt verhelfen, der lange unvergessen bleibt. Einmal Eindruck zu schinden, reicht aber sicher nicht aus, um ein Herz zu gewinnen…

Wenn Ihre Lieben Ihnen nun eine Freude machen wollen, sollten Sie dankend annehmen. Denken Sie nicht darüber nach, was Sie anders gemacht hätten oder welches Detail nicht ganz perfekt ist – genießen Sie es einfach!

Beruf, Finanzen: Viele Schlange haben gerade auf der beruflichen Ebene oft die Neigung, im Verborgenen zu wirken. Mit dem Drachen an Ihrer Seite wird es nun aber Zeit, in die erste Reihe vorzurücken. Das kann zwar bedeuten, dass Sie neben Lob auch Kritik einstecken müssen. Aber dadurch bekommen Sie die Chance, noch besser zu werden.

Im Grunde wissen Sie ganz genau, was Ihre Leistung wert ist. Nun kann ein guter Zeitpunkt sein, den Gegenwert dafür einzufordern. Das muss nicht mehr Geld bedeuten, sondern kann sich auch über die entsprechende Anerkennung oder erweiterte Verantwortung zeigen.

Tipp des Monats: Trauen Sie sich aus Ihrem Versteck heraus und zeigen Sie der Welt, was in Ihnen steckt.

WU Pferd

Grundtendenz des Monats: Ein recht starker Yang-Wasser Anteil stärkt im April die Willenskraft des Pferdes. Da fällt es gleich viel leichter, sich auch dann durchzusetzen, wenn erst einmal alle eine gegenteilige Meinung haben. Sie sollten allerdings nicht riskieren, dass über den einzuschlagenden Weg Streit ausbricht. Das dürfte die Sache wahrscheinlich nicht wert sein.

Wer sich schon länger mit dem Gedanken trägt, sich mehr auf dem sozialen Parkett zu zeigen, der wird jetzt von einem extrovertierten Drachen aufs Beste dabei unterstützt. Das macht es auch für öffentlichkeitsscheue Pferde leichter, wahrgenommen zu werden ohne dass sie sich dafür verbiegen müssen.

Liebe, Familie, Freundschaft: In der Partnerschaft ist in diesen Wochen eine gewisse Kompromissbereitschaft erforderlich. Es kann wohl kaum dauerhaft Harmonie herrschen, wenn beide Seiten etwas Unterschiedliches wollen. Wenn Ihnen etwas an Ihrer Beziehung liegt, sollten Sie eine Richtungskorrektur vornehmen.

Für frisch verliebte Pferde hängt der Himmel immer dann voller Geigen, wenn man gemeinsam etwas Aufregendes unternehmen kann. Mit dem schnöden Alltag mögen Sie sich vielleicht noch nicht so gerne befassen - aber das ist in der Anfangsphase auch gar nicht nötig!

Beruf, Finanzen: Mit dem Wasser-Drachen an Ihrer Seite dürfen Sie bei Investitionen nun ruhig ein bisschen forscher auftreten. Schließlich bringt er aus Sicht der Chinesischen Astrologie Wohlstand! Vielleicht lässt sich Ihr persönlicher Reichtum ja wirklich mehren im April. Sollte das nun doch nicht der Fall sein, dürfen Sie sich darüber freuen, dass Ihre Leistung anerkannt wird, auch wenn sich das noch nicht in barer Münze auszahlt.

Gute Ideen wollen nun gut präsentiert sein. Da kann Ihnen der Drache mit seiner charismatischen Erscheinung nun sicher gut helfen.

Tipp des Monats: Verkaufen Sie sich jetzt nicht unter Wert! Sie sollten im Grunde genau wissen, was Sie für Ihren Einsatz verlangen können.

WEI Ziege

Grundtendenz des Monats: Im April könnte es so mancher Ziege etwas schwerer fallen sich anzupassen. Vor allem, wenn in Ihrer Umgebung nun ganz andere Vorgaben herrschen als bisher, ist es nicht so einfach, diese vorurteilsfrei anzunehmen. Wenn es Sie Überwindung kostet, Ihre Gefühle zu teilen, ist es vielleicht besser, wenn Sie sich zunächst einmal komplett zurückziehen.

In diesem und im nächsten Monat ist es wichtig für die Ziegen, Ihre Reserven zu schonen. Vor allem, wenn das emotionale Gleichgewicht leidet ist ein klärendes Gespräch oft der beste Weg. Wenn Sie gut erklären können, warum Sie auch einmal nein sagen, wird sich sicher niemand beschweren.

Liebe, Familie, Freundschaft: Wer sich in Ihren vier Wänden nicht an die Regeln hält, wird es 2021 sicher nicht ganz leicht haben. Der Büffel unterstützt sie dabei, dass der Alltag strukturiert und geordnet gemeistert wird. Ob der Rest der Familie davon ebenso begeistert ist, steht allerdings auf einem anderen Blatt.

Macht Ihnen Ihre bessere Hälfte nun ein Geschenk außer der Reihe, so dürfen Sie das ruhig annehmen, ohne das Ganze gleich zu hinterfragen. Es muss nicht immer eine Absicht dahinter stehen.

Beruf, Finanzen: Sich für die anderen einzusetzen fällt der Ziege in der Regel immer leichter, als für die eigenen Ideen zu kämpfen. Der Büffel nimmt Ihren Einsatz für mehr Gerechtigkeit sicher wohlwollend zur Kenntnis, hat aber auch überhaupt nichts dagegen, wenn Sie mehr auf eigene Rechnung aktiv werden. Auf den eigenen Geldbeutel kann sich das nur positiv auswirken - und mehr Freude bereitet es auch.

Ein Wasser-Drache begleitet den April und der bringt aus Sicht der Chinesischen Astrologie Wohlstand mit. Damit die Ziege auch etwas davon haben kann, muss sie sich bewusst werden, was ihr Wert ist.

Tipp des Monats: Sie haben es verdient, dass man Ihnen etwas Gutes tut. Nehmen Sie die Gaben an!

> Klar und hell / Getreideregen < April

SUNG
Affe

Grundtendenz des Monats: Mit dem Regendrachen bekommt der Affe im April prominente Gesellschaft. Der steht nämlich in der Chinesischen Astrologie für Wohlstand und war deshalb im alten China sehr hoch angesehen. Da Affe und Drache ohnehin ein gutes Team abgeben, sollte es in diesen Wochen wirklich rund für Sie laufen.

Wer sich in den vergangenen Monaten eher zurückgehalten hat, darf sich nun ruhig wieder ein bisschen mehr ins Rampenlicht begeben. Die meisten Affen genießen es sehr, im Mittelpunkt der Aufmerksamkeit zu stehen und müssen sich gar nicht anstrengen, um ihre Umgebung ausgezeichnet zu unterhalten. Achten Sie darauf, auch andere glänzen zu lassen.

Liebe, Familie, Freundschaft: Von Luft und Liebe allein kann auch das glücklichste Paar nicht leben. Sollte es im Augenblick finanzielle Engpässe geben, besprechen Sie am besten gemeinsam, wie Sie den Gürtel enger schnallen können, ohne dabei auf die Ihnen wichtigen Dinge verzichten zu müssen.

Der Büffel stellt ganz klare Regeln auf, wenn es um die Verantwortung für andere Menschen geht. Deshalb ist es jetzt ganz klar, dass Sie sich nicht einfach aus dem Staub machen können, wenn es brenzlig wird. Je mehr man sich nun auf Sie verlassen kann, desto mehr bekommen Sie vergolten, wenn Sie Hilfe brauchen.

Beruf, Finanzen: Sind Sie sich Ihres Wertes bewusst, lieber Affe? Dann sollten sie den auch selbstbewusst einfordern! Schließlich erledigen Sie enorm viel Arbeit, die nicht nur Ihnen selbst, sondern auch Ihrer Umgebung nützt. Das darf nun ruhig entsprechend entlohnt werden.

Vielleicht gibt es noch die eine oder andere kreative Idee aus dem vergangenen Jahr, die Sie nicht umsetzen konnten… jetzt wäre sicher ein guter Zeitpunkt, das Ganze noch einmal aufzurollen. Mit dem Drachen an Ihrer Seite können Sie sicher auch die konservativeren Geister davon überzeugen, einen neuen Versuch zu wagen.

Tipp des Monats: Achten Sie auf Ihre Reserven und füllen Sie beizeiten Ihre Batterie auf!

YU
Hahn

Grundtendenz des Monats: Manchmal ist es nicht ganz klar, wer den jetzt den Ton angeben soll… Bevor Sie vorschnell die Führung übernehmen, sollten Sie sich lieber noch einmal vergewissern, ob das so auch für alle Beteiligten in Ordnung ist. In der Regel ist man ganz froh, wenn jemand freiwillig die Verantwortung übernimmt. Gerade jetzt könnte es aber auch sein, dass es da auch bei anderen Ambitionen gibt.

Wenn man Ihnen nun etwas anbietet, dürfen Sie das ruhig dankend annehmen. Die Wahrscheinlichkeit, dass Sie dafür eine Gegenleistung bringen müssen, ist relativ gering. Es ist doch schön, wenn man so an Sie denkt!

Liebe, Familie, Freundschaft: Mit dem magnetischen Drachen begleitet Sie im April ein Tierzeichen, dass sich ohne Scheu zu präsentieren weiß. Das können Sie nun vor allem dann nutzen, wenn Sie am Beginn einer neuen Beziehung stehen oder auf der Suche sind. Versuchen Sie aber bitte nicht, Ihr wahres Selbst zu verschleiern. Wenn man Sie nicht nehmen kann, wie Sie sind, wird das Ganze schnell zu anstrengend.

Es ist wirklich wichtig, dass man miteinander redet, lieber Hahn. Auch wenn beide Seiten eine volle Agenda haben, ist es in einer Beziehung unerlässlich, sich auszutauschen und gegenseitig auf dem Laufenden zu halten.

Beruf, Finanzen: Der Drache bringt in diesem Monat einen guten Anteil an Wasser mit sich, was sich nun positiv auf Ihre Finanzen auswirken kann. Da dieses Tierzeichen manchmal ein wenig zu Leichtsinn neigt, wenn es um Geld geht, sollten Sie bitte nur dann investieren, wenn Sie sich vorher gut informiert haben.

Wer in einem Angestelltenverhältnis arbeitet oder fest an ein Projekt gebunden ist, darf nun ruhig nach einer Gehaltserhöhung fragen. Schließlich wissen Sie recht genau, was Ihr Einsatz wert ist.

Tipp des Monats: Wer dran bleibt, wird belohnt! Sorgen Sie dafür, dass man wahrnimmt, was Sie leisten.

SHIH
Hund

Grundtendenz des Monats: Ein bisschen mehr Fantasie würde dem Hund zuweilen sicher gut tun. Vor allem, wenn es darum geht, verschiedene Szenarien durchzuspielen ist es sehr hilfreich, wenn man manchmal über die realistischen Grenzen hinausdenkt. So können Sie sicherstellen, dass Sie alle Eventualitäten bedacht haben und sind immer gut vorbereitet. Der Drache bringt im April genau diese visionäre Kraft mit, die dem Hund nur nutzen kann.

Mit dem zusätzlichen Yang-Wasser wird in diesem Monat außerdem die Willenskraft gestärkt. Das heißt nun aber nicht, dass Sie um jeden Preis recht haben müssen…

Liebe, Familie, Freundschaft: Einsame Hunde dürfen sich wirklich mehr nach draußen wagen! Wie wollen Sie sonst den Menschen kennenlernen, der für Sie bestimmt ist?

Aber auch langjährige Beziehungen profitieren nun von Ausflügen, die außerhalb des Gewöhnlichen liegen. So halten Sie auch im Jahr des beständigen Büffels Ihre Liebe lebendig und der Alltag bleibt spannend.

Die eigenen Ressourcen zu schonen bleibt weiterhin eine wichtige Aufgabe für den Hund. Verschwenden Sie Ihre Kraft nun nicht an Dinge, die Sie ohnehin nicht beeinflussen können, sondern besinnen Sie sich auf das, was Sie selbst am dringendsten brauchen.

Beruf, Finanzen: Wenn Sie mit dem eingeschlagenen Weg nicht zufrieden sind, braucht es nun wirklich gute Argumente, damit Sie recht bekommen. Vor allem, wer möchte, dass alles beim Alten bleibt, beißt schnell auf Granit. Der Büffel steht zwar wie der Hund auch für das Bewahren bestehender Strukturen. Wenn aber Korrekturen nötig sind, um das Gesamtergebnis zu sichern, wird er sich kaum reinreden lassen.

Im Prinzip sollten sich Ihre Finanzen wieder auf ein solides Fundament stellen lassen. Allerdings können Sie nicht erwarten, dass Ihr Reichtum wächst, wenn Sie nicht aktiv werden.

Tipp des Monats: Wenn Sie sich einsetzen, wird das auf jeden Fall belohnt. Werden Sie aktiv!

HAN
Schwein

Grundtendenz des Monats: Das Jahr des Büffels ist in der Chinesischen Astrologie eines der günstigsten für das Schwein. Nun können Sie nicht nur Ihr persönliches Glück finden, sondern sich auch auf allen anderen Ebenen weiterentwickeln. Dafür braucht es allerdings eine gute Portion Schwung und das sichere Gefühl, dass Sie alles schaffen können, was Sie sich vornehmen.

Mit dem charismatischen Wasser-Drachen lässt es sich besonders gut in allen öffentlichen Bereichen punkten. Zeigen Sie sich also jetzt selbstbewusst der Welt! Sie müssen sich dafür gar nicht verstellen, sondern einfach nur offen und ehrlich Ihre Motivation teilen.

Liebe, Familie, Freundschaft: Vielleicht hat Ihr Partner einfach nicht so ein Mitteilungsbedürfnis wie Sie selbst, liebes Schwein. Das muss aber nicht bedeuten, dass er Ihnen bewusst Dinge verheimlicht. Bohren Sie also bitte nicht zu sehr nach, sondern lassen Sie Ihrer besseren Hälfte ihre Freiräume.

Als „Mutter der Kompanie" ist das Schwein in der Familie und im Freundeskreis oft für alles zuständig. So lange Sie das nicht zu sehr anstrengt und Ihnen Freude bereitet, ist das überhaupt kein Problem. Wenn Ihnen das Ganze nun aber zu viel wird, ist es wirklich keine Schande, das zuzugeben und die eigenen Ressourcen ein wenig mehr zu schonen.

Beruf, Finanzen: Mit dem Büffel als Jahresherrscher ist der sichere Weg immer erst einmal die erste Wahl. Der Drache mag dem Schwein jedoch in diesen Wochen etwas anderes ins Ohr flüstern… Letztendlich ist es allein Ihre Entscheidung, ob Sie sich nun ein bisschen mehr aus der Deckung wagen.

Der Wasser-Drache gilt in der Chinesischen Astrologie als ein Vorbote für Wohlstand und Reichtum. Inwieweit sich das auf die Finanzen des Schweins auswirkt bleibt jetzt abzuwarten. Die Vorzeichen stehen aber durchaus günstig.

Tipp des Monats: Nehmen Sie nun an, was das Universum Ihnen bietet und genießen Sie es!

April 2021	Jahreskonstellation – Metall Büffel Monatskonstellation – Wasser Drache

1. Erd Hase	Ratte Büffel **Tiger Hase** Drache Schlange Pferd **Ziege** Affe Hahn Hund **Schwein** **Günstig:** Kleidung schneiden, Handel, Buchhaltung, Ausflüge, neue Dinge beginnen. **Ungünstig:** Geschäfte eröffnen, Kraftanstrengungen, Reisen, Ersparnisse ausgeben.
2. Metall Drache	**Ratte** Büffel Tiger Hase **Drache Schlange** Pferd Ziege **Affe** Hahn Hund Schwein **Günstig:** Putzen, waschen, fasten, seelische und körperliche Pflege, Arztbesuche. **Ungünstig:** Ausdauersport, Reisen, Hochzeit.
3. Metall Schlange	Ratte **Büffel** Tiger Hase **Drache Schlange** Pferd Ziege Affe **Hahn** Hund Schwein **Günstig:** Umziehen, Reisen, Hochzeiten, Empfänge, wichtige Konferenzen. **Ungünstig:** geistige Arbeiten, Gartenarbeit, häusliche Tätigkeiten.
4. Wasser Pferd	Ratte Büffel **Tiger** Hase Drache Schlange **Pferd Ziege** Affe Hahn **Hund** Schwein **Günstig:** Versammlungen, gerechte Verteilungen, Hochzeit, Konferenzen, Umzug. **Ungünstig:** Gartenarbeit, Dinge zum Abschluss bringen.
5. Wasser Ziege	Ratte Büffel Tiger **Hase** Drache Schlange **Pferd Ziege** Affe Hahn Hund **Schwein** **Günstig:** Versammlungen, gerechte Verteilungen, Hochzeit, Konferenzen, Umzug. **Ungünstig:** Gartenarbeit, Dinge zum Abschluss bringen.
6. Holz Affe	**Ratte** Büffel Tiger Hase **Drache** Schlange Pferd Ziege **Affe Hahn** Hund Schwein **Günstig:** Gartenarbeit, Feiern, Hochzeit, Dinge zum Abschluss bringen. **Ungünstig:** keine Anschuldigungen gegen Dritte erheben.
7. Holz Hahn	Ratte **Büffel** Tiger Hase Drache **Schlange** Pferd Ziege **Affe Hahn** Hund Schwein **Günstig:** Gartenarbeit, Hochzeit, Dinge zum Abschluss bringen. **Ungünstig:** Umzug, Reisen, Geschäftseröffnung.
8. Feuer Hund	Ratte Büffel **Tiger** Hase Drache Schlange **Pferd** Ziege Affe Hahn **Hund Schwein** **Günstig:** Ausruhen, Meditation, seinen Hobbys nachgehen. **Ungünstig:** wichtige Unternehmungen.
9. Feuer Schwein	Ratte Büffel Tiger **Hase** Drache Schlange Pferd **Ziege** Affe Hahn **Hund Schwein** **Günstig:** Amüsieren, mit Freunden ausgehen, Freizeitaktivitäten. **Ungünstig:** geschäftliche Aktivitäten, neue Dinge anfangen.
10. Erd Ratte	**Ratte Büffel** Tiger Hase **Drache** Schlange Pferd Ziege **Affe** Hahn Hund Schwein **Günstig:** für die meisten Aktivitäten, Geschäftsabschlüsse, Partnerschaft. **Ungünstig:** negative Bemerkungen über andere Menschen.
11. Erd Büffel	**Ratte Büffel** Tiger Hase Drache **Schlange** Pferd Ziege Affe **Hahn** Hund Schwein **Günstig:** Handel, Geschäftseröffnungen, Hochzeiten und andere Feste planen. **Ungünstig:** Beerdigungen, Reisen, Arztbesuche.
12. Metall Tiger	Ratte Büffel **Tiger Hase** Drache Schlange **Pferd** Ziege Affe Hahn **Hund** Schwein **Günstig:** Handwerkliche Aktivitäten, Handel, Hochzeiten, Reisen. **Ungünstig:** Trauerfeiern und Beerdigungen, schwere körperliche Arbeit.
13. Metall Hase	Ratte Büffel **Tiger Hase** Drache Schlange Pferd **Ziege** Affe Hahn Hund **Schwein** **Günstig:** Ankündigungen machen, Beerdigungen, Trauerfeiern. **Ungünstig:** Handel, Vergnügungen, Freizeitaktivitäten.
14. Wasser Drache	**Ratte** Büffel Tiger Hase **Drache Schlange** Pferd Ziege **Affe** Hahn Hund Schwein **Günstig:** Kleidung schneidern, Handel, Buchhaltung, Ausflüge, neue Dinge beginnen. **Ungünstig:** Geschäfte eröffnen, Kraftanstrengungen, Reisen, Ersparnisse ausgeben.
15. Wasser Schlange	Ratte **Büffel** Tiger Hase **Drache Schlange** Pferd Ziege Affe **Hahn** Hund Schwein **Günstig:** Putzen, waschen, fasten, seelische und körperliche Pflege, Arztbesuche. **Ungünstig:** Ausdauersport, Reisen, Hochzeit.

Ob ein Tag besonders günstig für Ihr Tierzeichen ist, sehen Sie an folgenden Farben:
Rot = sehr günstig, Grau = günstig, Schwarz = nicht günstig

Jahreskonstellation – Metall Büffel
Monatskonstellation – Wasser Drache

April 2021

16. Holz Pferd	Ratte Büffel **Tiger** Hase Drache Schlange **Pferd Ziege** Affe Hahn **Hund** Schwein **Günstig:** Umziehen, Reisen, Hochzeiten, Empfänge, wichtige Konferenzen. **Ungünstig:** geistige Arbeiten, Gartenarbeit, häusliche Tätigkeiten.
17. Holz Ziege	Ratte Büffel Tiger **Hase** Drache Schlange **Pferd Ziege** Affe Hahn Hund **Schwein** **Günstig:** Versammlungen, gerechte Verteilungen, Hochzeit, Konferenzen, Umzug. **Ungünstig:** Gartenarbeit, Dinge zum Abschluss bringen.
18. Feuer Affe	**Ratte** Büffel Tiger Hase **Drache** Schlange Pferd Ziege **Affe Hahn** Hund Schwein **Günstig:** Gartenarbeit, Feiern, Hochzeit, Dinge zum Abschluss bringen. **Ungünstig:** keine Anschuldigungen gegen Dritte erheben.
19. Feuer Hahn	Ratte **Büffel** Tiger Hase Drache **Schlange** Pferd Ziege **Affe Hahn** Hund Schwein **Günstig:** Gartenarbeit, Hochzeit, Dinge zum Abschluss bringen. **Ungünstig:** Umzug, Reisen, Geschäftseröffnung.
20. Erd Hund	Ratte Büffel **Tiger** Hase Drache Schlange **Pferd** Ziege Affe Hahn **Hund Schwein** **Günstig:** Ausruhen, Meditation, seinen Hobbys nachgehen. **Ungünstig:** wichtige Unternehmungen.
21. Erd Schwein	Ratte Büffel Tiger **Hase** Drache Schlange Pferd **Ziege** Affe Hahn **Hund Schwein** **Günstig:** Amüsieren, mit Freunden ausgehen, Freizeitaktivitäten. **Ungünstig:** geschäftliche Aktivitäten, neue Dinge anfangen.
22. Metall Ratte	**Ratte Büffel** Tiger Hase **Drache** Schlange Pferd Ziege **Affe** Hahn Hund Schwein **Günstig:** für die meisten Aktivitäten, Geschäftsabschlüsse, Partnerschaft. **Ungünstig:** negative Bemerkungen über andere Menschen.
23. Metall Büffel	**Ratte Büffel** Tiger Hase Drache **Schlange** Pferd Ziege Affe **Hahn** Hund Schwein **Günstig:** Handel, Geschäftseröffnungen, Hochzeiten und andere Feste planen. **Ungünstig:** Beerdigungen, Reisen, Arztbesuche.
24. Wasser Tiger	Ratte Büffel **Tiger Hase** Drache Schlange **Pferd** Ziege Affe Hahn **Hund** Schwein **Günstig:** Handwerkliche Aktivitäten, Handel, Hochzeiten, Reisen. **Ungünstig:** Trauerfeiern und Beerdigungen, schwere körperliche Arbeit.
25. Wasser Hase	Ratte Büffel **Tiger Hase** Drache Schlange Pferd **Ziege** Affe Hahn Hund **Schwein** **Günstig:** Ankündigungen machen, Beerdigungen, Trauerfeiern. **Ungünstig:** Handel, Vergnügungen, Freizeitaktivitäten.
26. Holz Drache	**Ratte** Büffel Tiger Hase **Drache Schlange** Pferd Ziege **Affe** Hahn Hund Schwein **Günstig:** Kleidung schneidern, Handel, Buchhaltung, Ausflüge, neue Dinge beginnen. **Ungünstig:** Geschäfte eröffnen, Kraftanstrengungen, Reisen, Ersparnisse ausgeben.
27. Holz Schlange	Ratte **Büffel** Tiger Hase **Drache Schlange** Pferd Ziege Affe **Hahn** Hund Schwein **Günstig:** Putzen, waschen, fasten, seelische und körperliche Pflege, Arztbesuche. **Ungünstig:** Ausdauersport, Reisen, Hochzeit.
28. Feuer Pferd	Ratte Büffel **Tiger** Hase Drache Schlange **Pferd Ziege** Affe Hahn **Hund** Schwein **Günstig:** Umziehen, Reisen, Hochzeiten, Empfänge, wichtige Konferenzen. **Ungünstig:** geistige Arbeiten, Gartenarbeit, häusliche Tätigkeiten.
29. Feuer Ziege	Ratte Büffel Tiger **Hase** Drache Schlange **Pferd Ziege** Affe Hahn Hund **Schwein** **Günstig:** Versammlungen, gerechte Verteilungen, Hochzeit, Konferenzen, Umzug. **Ungünstig:** Gartenarbeit, Dinge zum Abschluss bringen.
30. Erd Affe	**Ratte** Büffel Tiger Hase **Drache** Schlange Pferd Ziege **Affe Hahn** Hund Schwein **Günstig:** Gartenarbeit, Feiern, Hochzeit, Dinge zum Abschluss bringen. **Ungünstig:** keine Anschuldigungen gegen Dritte erheben.

TZE Ratte

Grundtendenz des Monats: Je mehr sich die Ratte nun selbst zu erkennen gibt, desto mehr Zuspruch wird sie erfahren. Das wirkt sich im Mai besonders auf alle persönlichen Beziehungen aus, die mit Ehrlichkeit auf ein stabiles Fundament gestellte werden können und Ihnen so viele Jahre erhalten bleiben können.

Vielleicht sind Sie sich aber gar nicht so sicher, wer Sie wirklich sein wollen? Dann ist es nun an der Zeit, sich zurückzuziehen und intensiv nach innen zu schauen. Mit Hilfe des starken Yin Wassers kann Ihnen in diesem Monat so manche Erkenntnis kommen, denn nun ist das Abtauchen in die eigene Welt deutlich leichter als noch im Monat zuvor.

Liebe, Familie, Freundschaft: So manche Ratte weiß in diesen Wochen vielleicht nicht so recht, woran sie bei ihrem Partner ist. Mit mysteriösen Andeutungen und vagen Anspielungen haben Sie noch nie viel anfangen können. Anstatt falsche Interpretationen in Ihrem Kopf hin und her zu schieben, wählen Sie jetzt besser den direkten Weg und fragen ganz konkret nach.

Die Wasser-Schlange lädt im Mai dazu ein, sich langfristig auf andere Menschen einzulassen. Das sind beste Voraussetzungen für alle Ratten, die noch immer auf der Suche nach der Liebe ihres Lebens sind.

Beruf, Finanzen: Schlange und Büffel sind eine prima Kombination, wenn es um die Finanzen geht. Das können sich findige Ratten nun zunutze machen und zum Beispiel über clevere Geldanlagen oder konservative Investitionen nachdenken. Spannen Sie den Bogen aber bitte nicht zu weit und geben Sie kein Geld aus, was Sie nicht haben.

Man wird in diesem Monat wahrscheinlich mehr Genauigkeit von Ihnen verlangen. Das bedeutet, dass Sie mit ungefähren Angaben nicht weiterkommen, sondern wirklich konkretes Zahlenwerk beibringen müssen.

Tipp des Monats: Wenn Sie Vertrauen gewinnen wollen, müssen Sie sich mehr in die Karten schauen lassen.

KIU Büffel

Grundtendenz des Monats: Mit der Wasser-Schlange tritt nun ein Tierzeichen auf den Plan, dass den Büffel in vielen Bereichen seines Lebens ergänzen kann. Ihr Auftauchen kann auf der einen Seite mehr Stabilität bedeuten. Auf der anderen Seite schärft dieses Tierzeichen beim Büffel aber auch den Blick für das Wesentliche. So lassen sich nun Hintergründe erkennen, die Ihnen in den vergangenen Wochen vielleicht noch einige Kopfschmerzen bereitet haben.

Wer sich nun ein wenig mehr zurückziehen möchte, kann den Mai für eine gründliche Innenschau nutzen und frische Energie tanken. So gewonnene Einsichten können sich für den Rest des Jahres als nützlich erweisen.

Liebe, Familie, Freundschaft: Die Wasser-Schlange steht für stabile und langfristige Beziehungen, die im harmonischen Fluss bleiben. Für bestehende Partnerschaften brechen gute Zeiten an, in den die persönliche Zuwendung nicht zu kurz kommen dürfte.

Wer auf der Suche nach einer neuen Beziehung ist, wird dagegen unter Umständen einige Schwierigkeiten haben, das Innere seines Gegenübers zu erkennen. Da der Büffel sich nicht unbedingt auf etwas Mysteriöses und Geheimnisvolles einlassen mag, muss die Liebe vielleicht doch noch ein bisschen länger warten.

Beruf, Finanzen: Im Mai darf der Büffel auf der beruflichen Ebene mehr Stabilität erwarten. Dauerhafte Geschäftsbeziehungen können geknüpft werden. Achten Sie bei Vertragsabschlüssen auf die Details, damit sich hinterher niemand benachteiligt fühlt.

Wer nun zu tief in die Materie eintaucht, darf sich nicht wundern, wenn er dadurch kaum dazu kommt, das eigentliche Tagewerk zu verrichten. Sicher ist es gut sich schlau zu machen. Trotzdem sollten Sie dafür nicht mehr Zeit aufwenden, als Sie es sich leisten können. Vielleicht lassen sich einige Recherche-Aufgaben delegieren?

Tipp des Monats: Sie können nun einiges tun, um Ihre bestehende Position zu sichern und die eigenen Ressourcen zu stärken.

YING Tiger

Grundtendenz des Monats: Die geheimnisvolle Schlange, die im Mai an der Seite des Tigers steht, möchte möglichst wenig von sich preisgeben. Es dürfte den meisten Tigern nun durchaus entgegen kommen, das nicht gleich alle Karten auf den Tisch gelegt werden müssen. Denn so können Sie viel besser strategisch planen und der Überraschungsmoment bleibt auf Ihrer Seite. Sie behalten die Kontrolle und können entscheiden, wann Sie mit welcher Information nach außen treten wollen.

Der Mai ist außerdem ein guter Monat für eine Auszeit. Das zusätzliche Yin-Wasser kann Ihnen nun helfen, neue Kräfte zu sammeln.

Liebe, Familie, Freundschaft: Es ist keine Lösung, wenn Sie versuchen, Ihren Lieben Ihren Willen aufzuzwingen, lieber Tiger. Viel besser wäre es, wenn Sie anstatt dessen versuchen, mit guten Argumenten zu überzeugen. Gerade im Monat der Schlange wird sich Ihre Umgebung kaum mit oberflächlichen Erklärungen zufrieden geben.

Lange bestehende Beziehungen stehen in diesem Monat unter einem besonders guten Stern. Pflegen Sie deshalb jetzt Ihre Freundschaften und suchen Sie die Nähe zu den Menschen, die Sie schon lange durchs Leben begleiten. Das gilt auch für langjährige Partnerschaften, die nun besonders gegenseitige Wertschätzung erfahren dürfen.

Beruf, Finanzen: Büffel und Schlange sind auf der geschäftlichen Ebene ein wunderbares Team. Das kann so manchem Tiger in diesen Wochen die Arbeit enorm erleichtern und dazu führen, dass es einen guten Schritt in die richtige Richtung vorangeht. Damit der Fortschritt von Dauer sein kann, sollten Sie es auf keinen Fall an Genauigkeit mangeln lassen.

Dinge, die sich in den vergangenen Wochen perfekt angefühlt haben, erscheinen nun unter Umständen in einem etwas anderen Licht. Es ist gut, wenn Sie immer beide Seite eine Münze betrachten.

Tipp des Monats: Loyalität und Beständigkeit zahlen sich nun besonders aus. Stehen Sie zu Ihren getroffenen Entscheidungen!

MAO Hase

Grundtendenz des Monats: Manchmal braucht es schon enorm viel Menschenkenntnis, um gewisse Mitmenschen zu durchschauen. Tritt im Mai die geheimnisvolle Schlange auf den Plan, dürfte es selbst dem Hasen zuweilen schwer fallen, seinem Gegenüber direkt in die Karten schauen zu können. Da braucht es sicher einiges an Geduld und diplomatischem Geschick - beides Fähigkeiten, die Ihnen im Jahr des Büffels sicher mit auf den Weg gegeben wurden.

Ein zusätzlicher Anteil an Yin-Wasser sorgt dafür, dass in manchen Hasen vielleicht das Bedürfnis nach Rückzug entsteht.

Liebe, Familie, Freundschaft: Die Wasser-Schlange, die den Mai begleitet, steht besonders für langfristige Beziehungen und Harmonie in der Liebe. Das kommt nicht nur einsamen Hasen zugute, die jetzt den Grundstein zu einer längeren Partnerschaft legen können. Auch in bestehenden Beziehungen können sich nun die Werte zeigen, die dafür sorgen, dass Sie lange und glücklich zusammen leben können.

Schlange und Hase sind ohnehin eine unschlagbar gute Kombination, wenn es um die persönlichen Beziehungen geht. Gepaart mit dem zuverlässigen Büffel dürfte dem Hasen nun wirklich eine gute Zeit beschert werden.

Beruf, Finanzen: Schlange und Büffel sind ein hervorragendes Paar in geschäftlichen Angelegenheiten. Vor allem, wenn es um das liebe Geld geht, können Sie sich auf das Urteil dieser beiden verlassen. Vielleicht beschert Ihnen die herrschende Konstellation nun sogar ein zusätzliches Einkommen…

Die Vorsicht der Schlange gepaart mit der Konstanz des Büffels kann den Hasen auf den richtigen Weg bringen. Wer also schon länger über einen Richtungswechsel nachdenkt, kann sich nun vielleicht endlich in Bewegung setzen. Das Tempo wird dabei sicher nicht rasant sein, aber der Fortschritt ist klar zu erkennen.

Tipp des Monats: Alle fünf Elemente vereinen sich im Mai zu einem harmonischen Ganzen. Genießen Sie lieber Ihr Leben.

SHENG Drache

Grundtendenz des Monats: Mit der Schlange tritt nun das Tierzeichen auf den Plan, dass zusammen mit dem Drachen das Haus der Spiritualität bildet. Das bedeutet für Sie, dass Ihr Draht nach oben besonders gut ausgebildet sein könnte. Vielleicht bekommen Sie im Mai endlich Antworten auf wichtige persönliche Fragen, wenn Sie sich einer höheren Fügung anvertrauen?

Die starke Yin-Wasser Qualität fordert zu mehr Zurückhaltung und Innenschau auf. Auch wenn das dem extrovertierten Drachen nicht gerade leicht fällt, sollte er sich nun trotzdem Zeit für den Rückzug nehmen. So lässt sich der innere Frieden vertiefen und die Batterien werden ebenfalls gut aufgeladen.

Liebe, Familie, Freundschaft: Langfristige Beziehungen stehen in diesem Monat unter einem besonders guten Stern. Schließlich steht die Wasser-Schlange für Beständigkeit und dauerhafte Verbindungen - vor allem in der Liebe. Das sind nun beste Voraussetzungen, um die Bande zu Ihrer besseren Hälfte noch mehr zu festigen.

Das Geheimnisvolle mag den Drachen zwar reizen, auf Dauer ist es ihm aber sicher zu anstrengend, permanent im Dunklen zu tappen. Das sollten Sie bedenken, wenn sich eine neue Verbindung anbahnt, die kaum etwas von sich selbst preisgibt. Es kommt darauf an, wie viel Zeit Sie zu investieren bereit sind.

Beruf, Finanzen: Mit der Kombination aus Schlange und Büffel lassen sich geschäftliche Angelegenheiten nun ganz besonders gut erledigen. Die beiden Tierzeichen sind nämlich ein wunderbares Team, wenn es um Handel oder Kommerz oder finanzielle Dinge geht.

Je länger eine Geschäftsbeziehung nun schon besteht, desto sicherer dürfen Sie sich fühlen. Sorgen Sie dafür, dass das gegenseitige Vertrauen auf keinen Fall abhanden kommt, dann haben Sie wirklich noch lange etwas voneinander.

Tipp des Monats: Achten Sie darauf, Ihre eigenen Ressourcen nun nicht zu verschleudern. Ihre Kräfte werden später sicher noch gebraucht.

SZE Schlange

Grundtendenz des Monats: Noch im April wurde die Schlange vom extrovertierten Drachen dazu angeregt, sich mutiger zu zeigen. Damit dürfte nun im Mai aber wieder Schluss sein, denn der Monat wartet mit einer zweiten Schlange auf und die ist deutlich vorsichtiger. Das kann nun dazu führen, dass Sie sich lieber wieder mehrfach absichern, bevor Sie aktiv werden. Dadurch können Fehlentscheidungen vermieden werden. Gleichzeitig kann das aber auch bedeuten, dass Sie länger auf der Stelle treten.

Das Yin-Wasser wird jetzt besonders gut unterstützt. Schauen Sie also ruhig noch einmal genau in Ihr Inneres und versuchen Sie so, den eigenen Weg noch besser zu erkennen.

Liebe, Familie, Freundschaft: Schon der Jahresregent wünscht sich für seine Untertanen, dass persönliche Beziehungen möglichst von Dauer sein sollten. Im Mai wird dieses Bedürfnis noch stärker ausgeprägt sein, denn die aktuellen Konstellation begünstigt dauerhafte Verbindungen. Das gilt übrigens nicht nur für den Herzenspartner, sondern auch für Freundschaften.

In bestehenden Beziehungen sollten Sie sich nun davor hüten, zu besitzergreifend oder eifersüchtig zu agieren. Wenn Sie Angst um die Stärke Ihrer Bindung haben, sollten Sie das lieber direkt zur Sprache bringen.

Beruf, Finanzen: Büffel und Schlange sind ohnehin über das gesamte Jahr ein gutes Team. Mit der zusätzlichen Schlange werden nun Investitionen in Ihre Karriere noch einmal besonders begünstigt. Schauen Sie genau hin, was man Ihnen anbietet und treffen Sie Ihre Entscheidungen mit Bedacht.

Im Jahr des Büffels macht es generell Sinn, sich aus- oder fortzubilden. Vor allem, wenn Sie keine großen Neuheiten zu erwarten haben, können Sie die Zeit wirklich dazu nutzen, sich noch besser aufzustellen. Die weitere Schlange hilft jetzt dabei, wirklich tief in die neue Materie einzutauchen.

Tipp des Monats: Trauen Sie sich, Ihre wahre Natur zu zeigen! Sie haben nichts zu verbergen.

WU
Pferd

Grundtendenz des Monats: Der Monat Mai begünstigt vor allem langfristige Unternehmungen. Nicht nur der Metall-Büffel sondern auch die Wasser-Schlange wünschen sich Beständigkeit und mehr Zugeständnisse vom Pferd. Wenn Ihnen das schwer fällt, müssen Sie sich eben aus der Sache herausnehmen. Wer jetzt ja sagt, geht eine Verpflichtung ein, die sich in den nächsten Monaten nicht so gut auflösen lässt.

Das Feuer-Element wird jetzt zusätzlich unterstützt. Das bedeutet, dass Sie mehr auf Ihr emotionales Korsett achten müssen, damit Sie auch in schwierigen Situationen die Fassung bewahren können.

Liebe, Familie, Freundschaft: Mit der geheimnisvollen Schlange an seiner Seite kann das Pferd in der Liebe jetzt im Mai sicher einiges erleben. Erhalten Sie sich ruhig den Reiz des Unbekannten und überraschen Sie Ihren Partner mit Aktionen, die man so nicht von Ihnen erwarten würde. Auf der anderen Seite sollten auch Sie selbst offen dafür sein, Wege einzuschlagen, die Sie so noch nicht betreten haben.

Vielleicht möchte das Pferd in diesem Monat gar nicht so sehr am familiären Leben teilnehmen, sondern würde sich am liebsten einfach nur zurückziehen. In diesen Fall können Sie die sanfte Yin-Wasser Energie nutzen und in Ihr ganz persönliches Retreat abtauchen.

Beruf, Finanzen: Büffel und Schlange sind eine wunderbare Kombination, wenn es um berufliche Belange geht. Das dürfte das Pferd jetzt sicher immer dann zu spüren bekommen, wenn geschäftliche Entscheidungen anstehen und ihm dafür kompetente Hilfe angeboten wird. Achten Sie darauf, dass es sich dabei auch wirklich um Fachleute handelt, die ihr Handwerk verstehen.

Verschwenden Sie Ihre Kraft in diesem Monat nicht für Aktionen, die viel Staub aufwirbeln, aber kein Ergebnis bringen. Das ist pure Zeitverschwendung! Ihre Ressourcen werden an anderer Stelle sicher mehr gebraucht.

Tipp des Monats: Wenn sich Ihr Gegenüber nur schwer zu erkennen gibt, lohnt es sich, in aus der Reserve zu locken.

WEI
Ziege

Grundtendenz des Monats: So richtig mag die kreative Ader der Ziege noch nicht in Fahrt kommen - dazu fehlt im Augenblick das Holz-Element, dass Sie erst wieder ab dem nächsten Monat mit frischen Ideen versorgen dürfte. Da müssen diverse Verschönerungs- und Verbesserungsaktionen leider noch ein bisschen warten. Ab nächsten Monat fällt Ihnen dazu deutlich mehr ein.

Wenn Sie nun am liebsten in der Menge abtauchen und erst einmal nicht so viel von sich preis geben wollen, ist das sicher in Ordnung. Sie müssen sich aber darüber im Klaren sein, dass Sie so weder neue Kontakte knüpfen noch erwarten können, dass sich viel tut in Ihrem Umfeld.

Liebe, Familie, Freundschaft: Geheimniskrämerei kommt beim Partner jetzt überhaupt nicht gut an. Auch wenn Sie glauben, dass Ihre Angelegenheiten nicht interessant genug sind, ist das kein Grund, sie vor Ihrer besseren Hälfte zu verbergen.

Mit der Wasser-Schlange begleitet Sie nun ein Tierzeichen, welches vor allem langfristige Bindungen begünstigt. Wer also schon lange in einer Beziehung lebt, darf sich auf besonders harmonische Zeiten freuen. Aber auch für frisch verliebte Ziegen stehen die Zeichen nicht schlecht dafür, dass mit der Zeit daraus etwas Ernsthaftes entstehen könnte.

Beruf, Finanzen: Schlange und Büffel vereinen sich im Mai und könnten dafür sorgen, dass die Ziege sich deutlich mehr um berufliche Belange kümmern darf. Wer also schon länger andere Pläne für die eigene Karriere hat, kann nun aktiv werden. Mit dem beständigen Büffel ist zwar jetzt nicht unbedingt ein Jobwechsel angesagt, aber dafür gibt es vielleicht die Gelegenheit, im bestehenden Rahmen etwas zu verändern.

Wenn Sie nicht über Ihre Projekte sprechen wollen, kann auf Dauer leider nichts daraus werden. Trauen Sie sich jetzt ruhig und lassen Sie Kollegen und Chefs an Ihren Ideen teilhaben.

Tipp des Monats: Zeigen Sie der Welt, wie Sie wirklich sind – kompetent und liebenswert!

SUNG
Affe

Grundtendenz des Monats: Mit Schlange und Büffel kann der Affe in den nächsten Wochen nur auf den ersten Blick wenig anfangen. Bei genauerer Betrachtung können die beiden aber durchaus wertvolle Helfer sein, wenn es jetzt darum geht, die Projekte des Affen auf ein stabiles Fundament zu stellen. Schließlich schaut die Schlange immer ganz genau hin, bevor Sie sich auf etwas Neues einlässt. Und auch der Büffel prüft sich lieber zweimal, eher er losmarschiert. Da darf sich der Affe nun ruhig auf das Urteil der beiden verlassen, auch wenn er darauf ein wenig warten muss.

Um sich die Wartezeit zu verkürzen, könnte es sicher nicht schaden, wenn Sie sich einfach ein bisschen zurückziehen und nach innen schauen.

Liebe, Familie, Freundschaft: Lange, harmonische Beziehungen wünscht sich der Jahresherrscher. Das hört sich für den Affen jetzt vielleicht nicht gerade aufregend an. Im Grunde seines Herzens wünscht aber auch er sich stabile Verhältnisse und keine unangenehmen Überraschungen.

Die Liebe findet sich manchmal wirklich an ungewöhnlichen Plätzen! Das gilt auch im Jahr des Büffels, wo sie in der Regel nicht besonders spektakulär daher kommt. Jetzt im Mai mag es mit der geheimnisvollen Schlange manchmal nicht ganz einfach sein, sie zu erkennen.

Beruf, Finanzen: Braucht der Affe finanzielle Beratung ist er bei Büffel und Schlange im Mai gut aufgehoben. Einmal mehr zahlt es sich aus, wenn man erst einmal genau hinschaut und sich dann mit dem Handeln Zeit lässt. Die langfristig lohnenden Projekte lassen sich nicht zwischen Tür und Angel abschließen.

Sie haben so viele gute Ideen und einfach nicht genug Zeit, sie alle umzusetzen. Da hilft es nun auch nicht, dass Sie bei laufenden Aktionen noch genauer hinschauen müssen, um ein gutes Ergebnis zu erreichen.

Tipp des Monats: Es schadet Ihnen überhaupt nicht, wenn Sie mehr Zeit in Ihre Projekte investieren. Sie können ohnehin nicht alles auf einmal machen!

YU
Hahn

Grundtendenz des Monats: Die aktuelle Tierkombination im Mai könnte kaum günstiger für den Hahn sein. Neben dem zuverlässigen Jahresregenten begleitet ihn nun auch noch eine clevere Schlange. Gemeinsam mit dem Hahn bilden sie das so genannte Westdreieck, was sich unter anderem positiv auf Ihre beruflichen Ambitionen auswirken und Ihnen im Privatleben jetzt besonders schöne Stunden bescheren kann.

Dadurch wird nun außerdem auch das Metall-Element verstärkt und es kommt mehr Struktur und Ordnung in alle Bereiche Ihres Lebens. Achten Sie jetzt darauf, dass Sie sich nicht „überorganisieren" und dadurch unnötig stressen.

Liebe, Familie, Freundschaft: Mit der geheimnisvollen Schlange an seiner Seite umgibt den Hahn eine mysteriöse Aura, die ihn gleich noch interessanter macht. Sie sollten sich aber darüber im Klaren sein, dass Sie über kurz oder lang den Schleier lüften müssen, um Ihr wahres Selbst zu enthüllen.

Wer schon lange mit seinem Partner zusammen ist, wird in diesen Wochen besonders begünstigt. Freuen Sie sich auf Tage voller Harmonie, gemeinsamen Aktivitäten und gegenseitigem Verständnis. Es wäre schön, wenn Sie jetzt auch andere an Ihrem Glück teilhaben lassen.

Beruf, Finanzen: Auf der beruflichen Ebene begünstigt die aktuelle Tierkonstellation vor allem alle Tätigkeiten, die mit Handel zu tun haben. Der Hahn kann nun aber auch in allen anderen Bereichen glänzen und seine Projekte auf den Weg bringen. Die Schlange schaut dabei gerne ganz genau über das Zahlenwerk, während der Büffel sich darum kümmert, dass auch lästige Aufgaben erledigt werden.

So manche gute Gelegenheit gibt sich nicht von alleine zu erkennen. Da müssen Sie schon ganz genau hinschauen, um den richtigen Moment nicht zu verpassen. Die Schlange kann Ihnen dabei helfen, das wirkliche Potential zu erkennen.

Tipp des Monats: Jetzt ist es an der Zeit zu handeln! Besser werden die Vorzeichen kaum werden.

SHIH Hund

Grundtendenz des Monats: Manchmal hat es einfach keinen Zweck, auf seiner Meinung zu bestehen. Von einem sturen Jahresherrscher wie dem Büffel kann man einfach nicht erwarten, dass er auf einen Kurs einschwenkt, den er nicht will. Anstatt also immer weiter in die gleiche Kerbe zu schlagen, wäre es nun wirklich besser, Ihre weiteren Optionen zu prüfen.

Damit Sie jetzt ganz genau hinschauen können, wird Ihnen im Mai die Schlange zur Seite gestellt. Mit ihrer Hilfe können Sie in die Tiefe gehen und dabei sicher so einige wertvolle Informationen ans Licht befördern. Diese werden vielleicht nicht alle Ihrer Sache dienen, aber sicher ist etwas Nützliches für Ihre Zwecke dabei.

Liebe, Familie, Freundschaft: Nicht nur der Metall-Büffel sondern auch die Wasser-Schlange, die den Monat begleitet, setzen sich für langfristige harmonische Beziehungen ein. Das dürfte den meisten Hunden nur recht sein. Schließlich stehen Tugenden wie Treue und Loyalität ja auch bei Ihnen ganz oben auf der Werteskala.

Ein eher geheimnisvolles Gebaren stößt bei den meisten Hunden erst einmal auf Misstrauen. Schließlich fragt man sich dabei, was die andere Seite verbergen will. Vielleicht liegt es in diesen Wochen aber auch an der verführerischen Schlange, die dafür sorgt, dass man sich für Sie einfach möglichst interessant machen will.

Beruf, Finanzen: Schlange und Büffel sind vor allem in finanziellen Angelegenheiten ein gutes Team. Sie können das im Mai nutzen, und Ihr Erspartes sicher langfristig anlegen. Das bringt zwar nicht das schnelle Geld, dafür ist aber auch das Risiko entsprechend gering.

Manchmal ist es besser, sich auf den Beobachtungsposten zurück zu ziehen. So gewinnen Sie in diesem Monat vielleicht die eine oder andere Erkenntnis, die Sie später zu Ihrem Vorteil einsetzen können. Lassen Sie sich ruhig Zeit, die neuen Erkenntnisse zu bewerten.

Tipp des Monats: Halten Sie die Dinge im Fluss, dann müssen Sie sich lange nicht so anstrengen.

HAN Schwein

Grundtendenz des Monats: Im Mai tritt die Wasser-Schlange an Ihre Seite. Das mag auf den ersten Blick Unbehagen beim Schwein auslösen, weil dieses Tierzeichen in direkter Opposition zu ihm steht. Aber in diesem Jahr sind die Sorgen weitgehend unbegründet, denn Schlange und Büffel bilden ein so gutes Team, dass auch das Schwein davon nur profitieren kann.

Mit Hilfe des guten Yin-Wasser Anteils können Sie sich nun eine Auszeit gönnen, ohne dass dies von allen Seiten misstrauisch beäugt wird. Ziehen Sie sich also ruhig zurück und schauen Sie mehr nach Innen. So können Ihnen nun vielleicht einige Dinge klarer werden.

Liebe, Familie, Freundschaft: Es mag sein, dass gewisse Handlungen von Freunden, Familie und Partner Sie zunächst einmal irritieren. Wenn Sie nicht nachvollziehen können, was dort gerade abläuft, sollten Sie sich nicht zurückziehen, sondern lieber nachhaken. Sicher gibt es eine vollkommen harmlose Erklärung.

Wer schon lange mit seinem Partner zusammen ist und sich immer noch sehr zugetan ist, wird nun vom Jahresherrscher mit Extrazeit zu Zweit belohnt. Nutzen Sie die gemeinsamen Stunden aber bitte nicht, um alltägliche Dinge zu besprechen oder anderer Leute Schicksale, sondern kümmern Sie sich wirklich um Ihre Liebe.

Beruf, Finanzen: Zusammen mit dem Büffel kann die Schlange Sie vor allem in geschäftlichen Belangen unterstützen und Ihnen die Augen öffnen für wichtige Details, die Ihnen ansonsten vielleicht entgangen wären. So kann sie das Schwein davor bewahren, unvorbereitet in Diskussionen zu landen, bei denen es um wichtige Dinge für seine berufliche Zukunft geht.

Für spontane Aktionen sind weder Büffel noch Schlange im Mai zu haben. Am besten halten Sie sich an den allgemeinen Plan und erledigen erst einmal die Aufgaben, die schon länger auf der Agenda stehen.

Tipp des Monats: Eine gewisse Ernsthaftigkeit kommt jetzt gut an – trotzdem sollte das Lachen nicht zu kurz kommen.

Mai 2021

Jahreskonstellation – Metall Büffel
Monatskonstellation – Wasser Schlange

1. Erd Hahn	Ratte Büffel Tiger Hase Drache Schlange Pferd Ziege Affe Hahn Hund Schwein **Günstig:** Gartenarbeit, Hochzeit, Dinge zum Abschluss bringen. **Ungünstig:** Umzug, Reisen, Geschäftseröffnung.
2. Metall Hund	Ratte Büffel Tiger Hase Drache Schlange Pferd Ziege Affe Hahn Hund Schwein **Günstig:** Ausruhen, Meditation, seinen Hobbys nachgehen. **Ungünstig:** wichtige Unternehmungen.
3. Metall Schwein	Ratte Büffel Tiger Hase Drache Schlange Pferd Ziege Affe Hahn Hund Schwein **Günstig:** Amüsieren, mit Freunden ausgehen, Freizeitaktivitäten. **Ungünstig:** geschäftliche Aktivitäten, neue Dinge anfangen.
4. Wasser Ratte	Ratte Büffel Tiger Hase Drache Schlange Pferd Ziege Affe Hahn Hund Schwein **Günstig:** für die meisten Aktivitäten, Geschäftsabschlüsse, Partnerschaft. **Ungünstig:** negative Bemerkungen über andere Menschen.
5. Wasser Büffel	Ratte Büffel Tiger Hase Drache Schlange Pferd Ziege Affe Hahn Hund Schwein **Günstig:** für die meisten Aktivitäten, Geschäftsabschlüsse, Partnerschaft. **Ungünstig:** negative Bemerkungen über andere Menschen.
6. Holz Tiger	Ratte Büffel Tiger Hase Drache Schlange Pferd Ziege Affe Hahn Hund Schwein **Günstig:** Handel, Geschäftseröffnungen, Hochzeiten und andere Feste planen. **Ungünstig:** Beerdigungen, Reisen, Arztbesuche.
7. Holz Hase	Ratte Büffel Tiger Hase Drache Schlange Pferd Ziege Affe Hahn Hund Schwein **Günstig:** Handwerkliche Aktivitäten, Handel, Hochzeiten, Reisen. **Ungünstig:** Trauerfeiern und Beerdigungen, schwere körperliche Arbeit.
8. Feuer Drache	Ratte Büffel Tiger Hase Drache Schlange Pferd Ziege Affe Hahn Hund Schwein **Günstig:** Ankündigungen machen, Beerdigungen, Trauerfeiern. **Ungünstig:** Handel, Vergnügungen, Freizeitaktivitäten.
9. Feuer Schlange	Ratte Büffel Tiger Hase Drache Schlange Pferd Ziege Affe Hahn Hund Schwein **Günstig:** Kleidung schneidern, Handel, Buchhaltung, Ausflüge, neue Dinge beginnen. **Ungünstig:** Geschäfte eröffnen, Kraftanstrengungen, Reisen, Ersparnisse ausgeben.
10. Erd Pferd	Ratte Büffel Tiger Hase Drache Schlange Pferd Ziege Affe Hahn Hund Schwein **Günstig:** Putzen, waschen, fasten, seelische und körperliche Pflege, Arztbesuche. **Ungünstig:** Ausdauersport, Reisen, Hochzeit.
11. Erd Ziege	Ratte Büffel Tiger Hase Drache Schlange Pferd Ziege Affe Hahn Hund Schwein **Günstig:** Umziehen, Reisen, Hochzeiten, Empfänge, wichtige Konferenzen. **Ungünstig:** geistige Arbeiten, Gartenarbeit, häusliche Tätigkeiten.
12. Metall Affe	Ratte Büffel Tiger Hase Drache Schlange Pferd Ziege Affe Hahn Hund Schwein **Günstig:** Versammlungen, gerechte Verteilungen, Hochzeit, Konferenzen, Umzug. **Ungünstig:** Gartenarbeit, Dinge zum Abschluss bringen.
13. Metall Hahn	Ratte Büffel Tiger Hase Drache Schlange Pferd Ziege Affe Hahn Hund Schwein **Günstig:** Gartenarbeit, Feiern, Hochzeit, Dinge zum Abschluss bringen. **Ungünstig:** keine Anschuldigungen gegen Dritte erheben.
14. Wasser Hund	Ratte Büffel Tiger Hase Drache Schlange Pferd Ziege Affe Hahn Hund Schwein **Günstig:** Gartenarbeit, Hochzeit, Dinge zum Abschluss bringen. **Ungünstig:** Umzug, Reisen, Geschäftseröffnung.
15. Wasser Schwein	Ratte Büffel Tiger Hase Drache Schlange Pferd Ziege Affe Hahn Hund Schwein **Günstig:** Ausruhen, Meditation, seinen Hobbys nachgehen. **Ungünstig:** wichtige Unternehmungen.

Ob ein Tag besonders günstig für Ihr Tierzeichen ist, sehen Sie an folgenden Farben:
Rot = sehr günstig, Grau = günstig, Schwarz = nicht günstig

Jahreskonstellation – Metall Büffel
Monatskonstellation – Wasser Schlange

Mai 2021

16. Holz Ratte	**Ratte Büffel** Tiger Hase **Drache** Schlange Pferd Ziege **Affe** Hahn Hund Schwein **Günstig:** Amüsieren, mit Freunden ausgehen, Freizeitaktivitäten. **Ungünstig:** geschäftliche Aktivitäten, neue Dinge anfangen.
17. Holz Büffel	**Ratte Büffel** Tiger Hase Drache **Schlange** Pferd Ziege Affe **Hahn** Hund Schwein **Günstig:** für die meisten Aktivitäten, Geschäftsabschlüsse, Partnerschaft. **Ungünstig:** negative Bemerkungen über andere Menschen.
18. Feuer Tiger	Ratte Büffel **Tiger Hase** Drache Schlange **Pferd** Ziege Affe Hahn **Hund** Schwein **Günstig:** Handel, Geschäftseröffnungen, Hochzeiten und andere Feste planen. **Ungünstig:** Beerdigungen, Reisen, Arztbesuche.
19. Feuer Hase	Ratte Büffel **Tiger Hase** Drache Schlange Pferd **Ziege** Affe Hahn Hund **Schwein** **Günstig:** Handwerkliche Aktivitäten, Handel, Hochzeiten, Reisen. **Ungünstig:** Trauerfeiern und Beerdigungen, schwere körperliche Arbeit.
20. Erd Drache	**Ratte** Büffel Tiger Hase **Drache Schlange** Pferd Ziege **Affe** Hahn Hund Schwein **Günstig:** Ankündigungen machen, Beerdigungen, Trauerfeiern. **Ungünstig:** Handel, Vergnügungen, Freizeitaktivitäten.
21. Erd Schlange	Ratte **Büffel** Tiger Hase **Drache Schlange** Pferd Ziege Affe **Hahn** Hund Schwein **Günstig:** Kleidung schneidern, Handel, Buchhaltung, Ausflüge, neue Dinge beginnen. **Ungünstig:** Geschäfte eröffnen, Kraftanstrengungen, Reisen, Ersparnisse ausgeben.
22. Metall Pferd	Ratte Büffel **Tiger** Hase Drache Schlange **Pferd Ziege** Affe Hahn **Hund** Schwein **Günstig:** Putzen, waschen, fasten, seelische und körperliche Pflege, Arztbesuche. **Ungünstig:** Ausdauersport, Reisen, Hochzeit.
23. Metall Ziege	Ratte Büffel Tiger **Hase** Drache Schlange **Pferd Ziege** Affe Hahn Hund **Schwein** **Günstig:** Umziehen, Reisen, Hochzeiten, Empfänge, wichtige Konferenzen. **Ungünstig:** geistige Arbeiten, Gartenarbeit, häusliche Tätigkeiten.
24. Wasser Affe	**Ratte** Büffel Tiger Hase **Drache** Schlange Pferd Ziege **Affe Hahn** Hund Schwein **Günstig:** Versammlungen, gerechte Verteilungen, Hochzeit, Konferenzen, Umzug. **Ungünstig:** Gartenarbeit, Dinge zum Abschluss bringen.
25. Wasser Hahn	Ratte **Büffel** Tiger Hase Drache **Schlange** Pferd Ziege **Affe Hahn** Hund Schwein **Günstig:** Gartenarbeit, Feiern, Hochzeit, Dinge zum Abschluss bringen. **Ungünstig:** keine Anschuldigungen gegen Dritte erheben.
26. Holz Hund	Ratte Büffel **Tiger** Hase Drache Schlange **Pferd** Ziege Affe Hahn **Hund Schwein** **Günstig:** Gartenarbeit, Hochzeit, Dinge zum Abschluss bringen. **Ungünstig:** Umzug, Reisen, Geschäftseröffnung.
27. Holz Schwein	Ratte Büffel Tiger **Hase** Drache Schlange Pferd **Ziege** Affe Hahn **Hund Schwein** **Günstig:** Ausruhen, Meditation, seinen Hobbys nachgehen. **Ungünstig:** wichtige Unternehmungen.
28. Feuer Ratte	**Ratte Büffel** Tiger Hase **Drache** Schlange Pferd Ziege **Affe** Hahn Hund Schwein **Günstig:** Amüsieren, mit Freunden ausgehen, Freizeitaktivitäten. **Ungünstig:** geschäftliche Aktivitäten, neue Dinge anfangen.
29. Feuer Büffel	**Ratte Büffel** Tiger Hase Drache **Schlange** Pferd Ziege Affe **Hahn** Hund Schwein **Günstig:** für die meisten Aktivitäten, Geschäftsabschlüsse, Partnerschaft. **Ungünstig:** negative Bemerkungen über andere Menschen.
30. Erd Tiger	Ratte Büffel **Tiger Hase** Drache Schlange **Pferd** Ziege Affe Hahn **Hund** Schwein **Günstig:** Handel, Geschäftseröffnungen, Hochzeiten und andere Feste planen. **Ungünstig:** Beerdigungen, Reisen, Arztbesuche.
31. Erd Hase	Ratte Büffel **Tiger Hase** Drache Schlange Pferd **Ziege** Affe Hahn Hund **Schwein** **Günstig:** Handwerkliche Aktivitäten, Handel, Hochzeiten, Reisen. **Ungünstig:** Trauerfeiern und Beerdigungen, schwere körperliche Arbeit.

TZE
Ratte

Grundtendenz des Monats: Mit dem Pferd bekommt die Ratte im Juni ein bisschen mehr Gegenwind. Schließlich stehen sich nun die Prinzipien von Feuer und Wasser gegenüber. Das bedeutet unter anderem, dass es mehr darum geht, etwas zu tun und weniger darum, gedankliche Konstrukte zu entwickeln. Wenn Sie sich nicht zum Macher berufen fühlen, sollten Sie aus der vorderen Reihe zurücktreten und anderen das Feld überlassen.

Der Fantasie können jetzt durchaus Flügel wachsen, denn das Pferd hat einen starken Anteil an Holz im Gepäck. Das mag die Ratte dazu animieren, kreative Konstrukte im Geiste zu formen. Ob diese im Jahr des Büffels umgesetzt werden können, ist allerdings fraglich.

Liebe, Familie, Freundschaft: Auf der zwischenmenschlichen Ebene kann das zusätzliche Feuer in diesem Monat für Überraschungen sorgen - sowohl im positiven als auch im negativen Sinne. Schlafende Leidenschaften können angefacht werden, aber auch unnötige Streitereien aufkommen. Bereiten Sie sich am besten mental auf die zusätzliche Feuer-Energie vor. Dann können Sie wahlweise einen kühlen Kopf bewahren oder sich ins Abenteuer stürzen.

Die Familie freut sich nun übrigens besonders über gemeinsame Aktivitäten - vor allem wenn es um Bewegung und Sport geht.

Beruf, Finanzen: Voller Einsatz wird am Ende immer belohnt. Das gilt umso mehr im Jahr des Metall-Büffels, der selbst auch nicht davor zurückschreckt, die Ärmel hochzukrempeln. Da auch das Pferd zu den ehrlichen Arbeitern im Chinesischen Horoskop gehört, kann es nicht schaden, wenn Sie sich auf Ihre Pflichten konzentrieren.

Beweisen Sie allen, dass Sie durchaus einen langen Atem haben können, wenn Sie von einer Sache überzeugt sind. Mit Hilfe des Büffels ist es in diesem Jahr deutlich einfacher auch dann am Ball zu bleiben, wenn nicht alles wie am Schnürchen läuft.

Tipp des Monats: Zeigen Sie, dass Sie sich durchaus durchsetzen können, wenn Ihnen eine Sache wichtig ist.

KIU
Büffel

Grundtendenz des Monats: Ein Holz-Pferd gesellt sich im Juni zum Büffel und sorgt dafür, dass er weiter auf der richtigen Spur bleibt. Die beiden haben durchaus ähnliche Ziele - auch wenn sie sich nicht immer darüber einig sind, wie diese am besten zu erreichen sind. Während der Büffel stoisch den beschlossenen Weg geht und dabei oft kaum nach links oder rechts schaut, setzt das Pferd mehr auf flexible Methoden, um voran zu kommen.

Nun darf der Büffel seine Sturheit vergessen und sich von gut vorgetragenen Argumenten überzeugen lassen. Manchmal ist eine leichte Richtungskorrektur durchaus sinnvoll und ein fairer Kompromiss nützt allen Beteiligten.

Liebe, Familie, Freundschaft: Im Stall wohnen Pferd und Büffel meist friedlich unter einem Dach. Damit auch bei Ihnen in diesen Wochen kein unnötiger Streit ausbricht, ist es gut, bestimmte Regeln aufzustellen. Gleichzeitig sollten Sie auch darauf achten, dass jedes Familienmitglied genug individuelle Freiheiten hat und gewisse Entscheidungen alleine treffen darf.

Auch eine eher pragmatische Persönlichkeit wie der Büffel darf zuweilen ins Träumen kommen - vor allem, wenn es um Herzensangelegenheiten geht! In Ihrem eigenen Jahr dürfen Sie in der Liebe ruhig beherzt nach den Sternen greifen. Mit der richtigen Einstellung ist fast alles möglich.

Beruf, Finanzen: Einsame Entscheidungen und eine autoritäre Führung sind mit dem Pferd im Juni kaum durchzusetzen. Setzen Sie lieber auf Ihre Teamfähigkeiten und holen Sie Kollegen und Mitarbeiter rechtzeitig mit ins Boot. Dabei ist es wichtig, die geplanten Aktionen klar zu kommunizieren, damit alle an einem Strang ziehen.

Harte Arbeit und unermüdlicher Einsatz werden in diesem und im nächsten Monat besonders belohnt. Damit man allerdings auch sehen kann, wer die treibende Kraft ist, müssen Sie den Mund aufmachen.

Tipp des Monats: Denken Sie ruhig in etwas größeren Dimensionen. Mit ihrem starken Willen lassen sich Ihre Träume jetzt umsetzen.

> Getreide reift / Sommersonnenwende < Juni

YING
Tiger

Grundtendenz des Monats: Im Juni dürfte bei so manchem Tiger der persönliche Ehrgeiz durchkommen. Das liegt sicher auch an dem Holz-Pferd, dass den Tiger jetzt aufs Beste unterstützt. Investieren Sie mehr in die eigenen Projekte und folgen Sie Ihren eigenen Ambitionen. Solange Sie dabei kein zu großes Risiko eingehen, wird es den Jahresregenten kaum stören, wenn Sie mehr für sich selbst tun.

Das Yang-Holz wird in diesen Wochen besonders gut unterstützt. Es ist also durchaus legitim, nun über eine Erweiterung des eigenen Horizonts nachzudenken. Vor allem kreative Unternehmungen stehen dabei unter einem besonders guten Stern.

Liebe, Familie, Freundschaft: Die eigene Unabhängigkeit dürfte dem Tiger jetzt besonders wichtig sein. Das bedeutet aber nicht automatisch, dass das Partner und Familie das genauso sehen! Vor allem, wenn der Tiger fest in ein familiäres Gefüge eingespannt ist, kann er nun nicht einfach sein eigenes Ding machen. Sicher haben Ihre Lieben Verständnis für Ihre Bedürfnisse, wenn Sie diese beizeiten anmelden und darüber nicht die alltäglichen Pflichten vergessen.

In der Partnerschaft darf das Thema Gleichberechtigung ruhig mehr diskutiert werden. Gestehen Sie Ihrer besseren Hälfte die gleichen Rechte zu, die Sie sich selbst herausnehmen möchten.

Beruf, Finanzen: Zu kopflastig sollten Sie nun wirklich nicht an die Lösung Ihrer Probleme herangehen. Die tollsten Visionen und Pläne nützen Ihnen gar nichts, wenn sich nicht jemand findet, der bereit ist, das Ganze auch umzusetzen. Da muss der Tiger nun vielleicht noch ein wenig mehr Überzeugungsarbeit in seinem Team leisten.

Schnell lassen sich die meisten Dinge im Jahr des Metall-Büffels leider kaum erledigen - dafür umso gewissenhafter. Das sollte der Tiger mittlerweile erkannt haben und seine Ungeduld ein bisschen besser im Zaum halten können.

Tipp des Monats: Ein gesunder Ehrgeiz hat noch nie geschadet – allerdings sollten Sie sich nun davor hüten, zu viel von Ihrer Umgebung zu verlangen.

MAO
Hase

Grundtendenz des Monats: Im Juni wird nicht nur das kreative Holz-Element, sondern auch das Feuer durch ein dynamisches Pferd gut unterstützt. Das bedeutet für den Hasen, dass er jetzt nicht nur viele gute Ideen entwickeln kann, sondern auch besser in der Lage sein dürfte, diese umzusetzen. Da springt ihm sicher auch der Jahresherrscher hilfreich zur Seite- schließlich ist der bekannt dafür, die Dinge zuverlässig zum Abschluss zu bringen. Für so manchen Hasen ist es nun an der Zeit, sich besser durchzusetzen. Vor allem, wenn Sie im Grunde wissen, was Sie wollen, gibt es keinen Grund, dass nun nicht auch laut und deutlich zum Ausdruck zu bringen.

Liebe, Familie, Freundschaft: Der Büffel mag ein eher traditionelles Rollenverständnis haben. Das sollte Sie aber in diesen Wochen nicht davon abhalten, aus bestehenden Mustern auszubrechen und in der Beziehung die Aspekte auszuleben, die Ihnen wichtig sind. Vergessen Sie dabei aber bitte nicht, mit Partner und Familie offen zu sprechen - mit Überraschungen lässt sich im aktuellen Jahr auf der privaten Ebene nicht so gut umgehen.

Wann immer möglich ist, sollte sich der Hase nun mit Familien und Freunden draußen treffen. Gemeinsame Aktivitäten sind nach der Krise im vergangenen Jahr nun besonders wertvoll und schaffen eine tiefe Bindung zueinander.

Beruf, Finanzen: Im Team lassen sich nun tolle Dinge erreichen. Damit aber auch wirklich klar ist, dass ein gemeinschaftlicher Einsatz zum Erfolg geführt hat, sollte der Hase seinen Anteil nicht im Verborgenen leisten. Mischen Sie ruhig an vorderer Front mit, sonst kann Ihre Leistung kaum gewürdigt werden.

Harte Arbeit wird im Juni nicht nur vom durchsetzungsstarken Jahresherrscher belohnt, sondern auch allgemein in Ihrer Umgebung wahrgenommen.

Tipp des Monats: Mit dem nötigen Fleiß und einer gesunden Portion Selbstbewusstsein lassen sich nun auch ungewöhnliche Visionen umsetzen.

SHENG
Drache

Grundtendenz des Monats: Ein paar Visionen müssen dem Drachen auch im Jahr des traditionsbewussten Büffels erlaubt sein. Wenn man ihm das Träumen nicht gestattet, schlägt ihm das gerade in diesen Wochen gehörig auf die Laune. Mit dem Holz-Pferd bekommt er nun einen fantasievollen Begleiter zur Seite gestellt, der sich wie er selbst möglichst frei entwickeln möchte. Einschränkungen bei der eigenen Individualität kommen da überhaupt nicht gut an.

Soziale Kontakte sind jetzt wichtig, damit sie Ihre guten Pläne einem möglichst breiten Publikum vorstellen können. Nutzen Sie den Juni verstärkt dazu, Ihren Wirkungskreis auszuweiten.

Liebe, Familie, Freundschaft: Auch wenn der Büffel sich im Stall am wohlsten fühlt, ist der Juni kein Monat für Stubenhocker! Gehen Sie mit Ihren Lieben raus und genießen Sie den Sommer! Mit dem sportlichen Pferd lassen sich nun zahlreiche tolle Aktivitäten planen und umsetzen. So wird es Ihnen nicht langweilig und Nachwuchs und Partner haben auch Spaß.

Schätzen Sie Ihre Chancen bitte realistisch ein, lieber Drache. Wer sich selbst überschätzt, kommt beim Objekt seiner Begierde sicher nicht gut an. Selbstbewusstes Auftreten gepaart mit der gebührenden Bescheidenheit lässt Sie vor einem potentiellen Partner in einem deutlich günstigeren Licht erscheinen.

Beruf, Finanzen: Netzwerken hat noch niemanden geschadet, lieber Drache! Knüpfen Sie jetzt im Juni Kontakte, auf das Sie in den kommenden Monaten nicht immer alles alleine bewältigen müssen. Außerdem können Sie so sicher so manchen guten neuen Impuls bekommen. Es ist zwar nicht gesagt, dass Sie diesen gleich 2021 umsetzen können. Aber spätestens im Jahr drauf ist wieder mehr Raum für Abenteuer.

Harte Arbeit wird vom Büffel unmittelbar belohnt. Das merken nun all die Drachen, die sich nicht zu schade waren, selbst mit anzupacken.

Tipp des Monats: Träumen ist erlaubt, so lange Sie Ihre Erwartungen nicht zu hoch schrauben.

SZE
Schlange

Grundtendenz des Monats: Ein bisschen mehr visionäre Kraft würde der Schlange zuweilen sicher nicht schaden. Zusammen mit ihrer Fähigkeit, auch den kompliziertesten Sachverhalten auf den Grund zu gehen, könnten wirklich großartige Projekte entstehen. Mit dem Holz-Pferd wird jetzt im Juni die Fantasie angeregt. Es ist erlaubt zu träumen und sich Dinge vorzustellen, die realistisch gesehen kaum Wirklichkeit werden können. Wer weiß, was Sie mit Ihrer Vorstellungskraft alles bewegen können.

Achten Sie in diesem Monat verstärkt darauf, wie Sie sich ausdrücken. Mit einer achtsamen Kommunikation können nun Missverständnisse vermieden werden.

Liebe, Familie, Freundschaft: Das ist definitiv kein guter Monat für Stubenhocker! Das aktive Pferd wird nun schon dafür sorgen, dass die Schlange sich nicht hinter Büchern oder dem Bildschirm vergräbt. Partner und Nachwuchs freuen sich, wenn sie nun mehr mit ihnen unternehmen. Dabei dürfen Sie ruhig kreativ werden und außergewöhnlichere Aktionen planen.

Das männliche Prinzip wird in diesen Wochen besonders hervorgehoben. Gerade in der Partnerschaft kann das bedeuten, dass nun mehr von Ihnen erwartet wird, dass Sie die Initiative ergreifen. Auch bei frischen Bekanntschaften dürfen Sie ruhig ein bisschen forscher auftreten.

Beruf, Finanzen: Voller Einsatz wird jetzt auf jeden Fall belohnt. Das gilt auch für Projekte, die auf Ihren eigenen Mist gewachsen sind. Machen Sie sich also ruhig mehr Gedanken darüber, wie Sie Ihre Ideen im Beruf einbringen können. Eine gute Strategie kann dabei helfen, auch eher konservative Chefs und Mitstreiter zu überzeugen.

Die recht starke Feuer-Energie hilft nicht nur Ihnen selbst, sich nun für Ihre Aufgaben zu motivieren. Wenn Sie ein bisschen aus sich herausgehen, lassen sich nun auch Außenstehende dafür begeistern.

Tipp des Monats: Für die Erfüllung Ihrer Träume müssen Sie schon arbeiten. Mit der richtigen Motivation wird die Belohnung nicht lange auf sich warten lassen.

WU
Pferd

Grundtendenz des Monats: Mit allzu fantasievollen Einfällen lässt sich im Jahr des konservativen Metall-Büffels kaum ein Blumentopf gewinnen. Anstatt im Juni vor eine Wand zu laufen, wäre es sicher vernünftiger, Ihre Pläne entsprechend anzupassen. Vielleicht kann man das Ganze ja auf eine traditionellere Basis stellen?

Auch wenn es Ihnen nicht gefällt, müssen Sie sich nun auch um scheinbar triviale Angelegenheiten kümmern. Je schneller Sie das erledigen, desto eher können Sie sich den Dingen widmen, die Ihnen mehr Freude bereiten. Unterstützung können Sie dabei von denen erhoffen, die Ihnen auch in der Vergangenheit zur Seite gestanden haben, ohne dafür eine Gegenleistung zu verlangen.

Liebe, Familie, Freundschaft: Wer dauerhaft eine harmonische Beziehung führen will, muss permanent daran arbeiten. Das mag Ihnen im Juni gleich mehrfach bewusst werden, wenn es nicht einfach automatisch gut läuft. Wer sich innerlich gesegnet fühlen möchte in der Liebe, darf seinen Partner und dessen Zuneigung nicht als selbstverständlich voraussetzen.

Damit sich Ihre Lieben jetzt wirklich sicher und geborgen fühlen können, sollte das Pferd sich darum kümmern, dass im Haus und auch drum herum alles seine Ordnung hat.

Beruf, Finanzen: Persönliche Ambitionen müssen Sie in diesen Wochen unter Umständen ein wenig zur Seite schieben und sich anstatt dessen dem gemeinsamen Ziel unterordnen. Das mag dem Pferd nicht immer ganz leicht fallen, vor allem, wenn es das Gefühl hat, dafür in seinen Rechten beschnitten zu werden. Protestieren dürfte aber jetzt nicht viel nützen und Energie verbrauchen, die Sie anderweitig besser nutzen können.

Ihre Bereitschaft, immer auch selbst mit anzupacken, wird von Kollegen und Vorgesetzten gleichermaßen geschätzt. Wenn Sie jetzt als Vorbild voran gehen, können Sie auch den Rest der Truppe motivieren.

Tipp des Monats: Ihr Einsatz wird belohnt! Damit Sie das nun aber auch spüren bekommen, ist es erst einmal wichtig, in Vorleistung zu gehen.

WEI
Ziege

Grundtendenz des Monats: Das Gute kommt im Jahr des Büffels sicher nicht automatisch zur Ziege. Aber auch wenn diese beiden Tierzeichen sehr unterschiedlich sind, muss das nicht bedeuten, dass man nicht einen gemeinsamen Konsens findet. Der aktuelle Jahresherrscher weiß den unermüdlichen Einsatz der Ziege sehr wohl zu schätzen und wird ihn sicher auch belohnen - auch wenn das nun unter Umständen etwas länger dauert, als Sie das gewohnt sind.

Träumen ist im Juni durchaus erlaubt, liebe Ziege! Dafür sorgt das „Pferd in den Wolken", was Sie mit seiner Fantasie ganz schön beflügeln kann. Über die Umsetzung können Sie auch später noch nachdenken.

Liebe, Familie, Freundschaft: Gemeinsam mit dem aktiven Pferd bildet die Ziege das Haus der Geschlechter und das steht unter anderem für gleichberechtigte Partnerschaften. Achten Sie deshalb jetzt ganz besonders darauf, sich in allen Bereichen abzustimmen und Ihre männlichen und weiblichen Anteile gleichermaßen auszuleben. Das bringt im Jahr des Büffels auf Dauer mehr Stabilität und mehr Zufriedenheit.

Nun dürfte erst einmal Schluss sein mit dem Rückzug in eine ruhige Ecke für die Ziege. Mit dem Pferd im Monat stehen ganz klar Aktivitäten mit Familie und Freunden im Vordergrund.

Beruf, Finanzen: Einen starken Willen kann die Ziege nun auf beruflicher Ebene gut gebrauchen. Wenn es Ihnen nämlich nicht gelingt, die eigenen Interessen besser zu vertreten, laufen Sie Gefahr, ganz schön ausgenutzt zu werden. Schließlich weiß man wie zuverlässig und fleißig Sie in der Regel Ihre Arbeit verrichten - selbst dann, wenn Ihnen das nicht den allergrößten Spaß macht.

In diesem und im nächsten Monat können Sie durchaus Ihren Wohlstand mehren. Das geschieht aber wohl kaum automatisch, sondern bedeutet eine Menge Arbeit für Sie.

Tipp des Monats: Jetzt geht es darum, die Balance zu halten! Viele Dinge müssen angegangen werden, andere sollten besser noch liegen bleiben.

> Getreide reift / Sommersonnenwende < Juni

SUNG
Affe

Grundtendenz des Monats: Normalerweise ist das Pferd nicht unbedingt eine kreative Stütze für den Affen. Bringt es aber wie in diesem Monat einen guten Anteil an Holz mit, dann sind der Fantasie kaum Grenzen gesetzt. So kann der Affe einige der Pläne weiterentwickeln, die die Außenwelt bislang als verrückt oder vollkommen unrealistisch abgetan hat. Im Jahr des vernünftigen Büffels lassen sie sich vielleicht nicht umsetzen - aber wer weiß, was danach kommt…

Mit dem zusätzlichen Holz und Feueranteil ist es nun auch besser möglich, Dinge anzustoßen und dafür die nötigen Mitstreiter zu finden.

Liebe, Familie, Freundschaft: Im Juni wird der Affe auf der privaten Ebene vielleicht zuweilen daran erinnert, dass persönliche Freiräume enorm wichtig sind. Suchen Sie sich jetzt Ihr persönliches Ventil, mit dem Sie Ihre Individualität auch im Familienverbund beibehalten können.

Eine Beziehung kann wirklich harte Arbeit bedeuten - vor allem, wenn Sie sicher gehen wollen, dass das Ganze lange hält. Der Büffel erinnert den Affen vielleicht nun noch einmal daran, dass er sich mehr anstrengen muss, wenn er seine Liebe lebendig halten will. Ein guter Anfang wäre sicher, sich verlässlicher zu zeigen und nichts zu versprechen, was er nicht halten kann.

Beruf, Finanzen: Im Team lässt sich nun der beste Erfolg erzielen. Mit dem zusätzlichen Feuer des Pferdes sollte es jetzt nicht an Motivation und Einsatzbereitschaft mangeln. Wenn alle an einem Strang ziehen, kommt das Ziel schneller in Reichweite, als Sie sich das vielleicht vorgestellt haben.

Natürlich wäre es am besten, wenn Sie sich nun wirklich voll und ganz auf ein zielgerichtetes Handeln konzentrieren könnten. Wenn Ihre Gedanken jedoch immer wieder Sprünge machen, ist es am besten, nichts zu erzwingen, sondern lieber eine Pause einzulegen.

Tipp des Monats: Fleiß und Willenskraft sind in diesem Monat die Schlüssel zum Erfolg. Haben Sie das Ziel klar vor Augen?

YU
Hahn

Grundtendenz des Monats: Gestärkt durch einen zusätzlichen Holz- und Feueranteil sollte die Motivation des Hahns in diesen Wochen wirklich hoch sein. Das können Sie nicht nur nutzen, um sich selbst mehr anzuspornen, sondern auch dazu, begeisterte Mitstreiter für Ihre Sache zu finden.

Das Pferd, das den Juni begleitet, wünscht sich ein starkes Team mit gleichgesinnten Partnern, die gemeinsam über wichtige Angelegenheiten entscheiden. So mancher Hahn muss dafür vielleicht ein wenig von seinem Führungsanspruch abrücken und sich demokratischer geben - das gilt für die eigenen vier Wände und die Familie genauso wie auf der beruflichen Ebene.

Liebe, Familie, Freundschaft: Taucht das Pferd in der Konstellation auf, sind immer mehr Aktivitäten angesagt. Das bedeutet für den Hahn, dass er seine Lieben mehr beschäftigen sollte. Anstatt zu Hause vor dem Bildschirm zu sitzen, können Sie gemeinsame Ausflüge planen, wenn es das Wetter zulässt. Stecken Sie mit Ihrem Elan auch den letzten Stubenhocker an!

Vielleicht braucht Ihre bessere Hälfte nun mehr Unterstützung, um sich weiter entwickeln zu können. Bedenken Sie bitte, dass es nicht für jeden gleich einfach ist, sich selbst zu verwirklichen.

Beruf, Finanzen: Ein gewisses Maß an Fantasie ist auch im Jahr des eher konservativen Büffels sehr hilfreich. Vor allem kreative Lösungsansätze für bereits bestehende Probleme werden nun von allen Seiten geschätzt. Der Hahn mit seinem Gespür für Trends kann sicher Wegbereiter für neue Verfahren sein oder den richtigen Impuls geben, damit bestehende Hindernisse überwunden werden können.

Mit dem Pferd wird im Juni auch die Willenskraft gestärkt. Vielleicht bekommen Sie so eine gute Gelegenheit, um ein für Sie wichtiges Thema endlich durchzusetzen? Achten Sie darauf, niemandem auf die Füße zu treten.

Tipp des Monats: Es reicht jetzt nicht, einen Plan zu haben. Sie müssen ihn auch gut präsentieren können.

SHIH
Hund

Grundtendenz des Monats: Mit dem dynamischen Pferd begleitet Sie im Juni ein Tierzeichen, mit dem Sie sich in der Regel hervorragend verstehen. Das dürfte Ihrer Motivation jetzt einen deutlichen Schub geben und dazu führen, dass Sie in diesen Wochen einiges mehr geschafft bekommen als noch in den Monaten zuvor. Vielleicht kann Sie das ja auch dazu bringen, nun doch mehr nach Alternativen zu Ihrer bisherigen Vorgehensweise Ausschau zu halten. Manchmal haben schon winzige Korrekturen eine nachhaltige Wirkung.
Müssen Sie vielleicht noch mal über Ihre Zielsetzung nachdenken, lieber Hund? Erst wenn Sie wissen, wohin die Reise gehen soll, kann Sie der Büffel auf Ihrem Weg unterstützen.

Liebe, Familie, Freundschaft: Ihr Partner wünscht sich, dass Sie sich mehr von Ihrer starken Seite zeigen. Das liegt sicher auch daran, dass das Pferd in diesem Monat das männliche Prinzip betont. Sie müssen sich auf keinen Fall entgegen Ihrem Naturell verhalten. Aber vielleicht möchten Sie mehr aktiven Einfluss nehmen?
Mit ein bisschen mehr Fantasie lässt sich der Alltag für alle Familienmitglieder nun deutlich interessanter gestalten. Gerade den Nachwuchs kann man sicher besser animieren mitzumachen, wenn zum Beispiel aus lästigeren Pflichten ein originelles Spiel wird.

Beruf, Finanzen: Wenn Sie mit Ihrer aktuellen Arbeit zufrieden sind und nicht unbedingt in der oberen Liga mitspielen müssen, können Sie sich 2021 einfach auf Ihre Beständigkeit und Loyalität verlassen. Diese Eigenschaften allein bringen Sie vielleicht nicht bis ganz an die Spitze, reichen aber in der Regel aus, um sich unentbehrlich zu machen. Wer weiter oben mitmischen möchte, muss jetzt mehr Biss zeigen.
Ihr Wohlstand lässt sich in diesen Wochen vor allem dann mehren, wenn Sie die Arme hochkrempeln. Fleiß wird vom Büffel immer belohnt.

Tipp des Monats: Mit einem starken Willen können Sie Ihre Träume nun umsetzen. Lassen Sie sich das nicht von den Zweiflern in Ihrer Umgebung ausreden!

HAN
Schwein

Grundtendenz des Monats: An Ideen dürfte es dem Schwein im Juni sicher nicht mangeln. Das kreative Holz-Element wird nämlich jetzt zusätzlich betont. Hinzu kommt, dass mit dem Pferd, das den Monat begleitet, auch das Feuer gut unterstützt wird. Das kann dem Schwein helfen, sich schneller an die Umsetzung der neuen Eingebungen zu machen.
Es dürfte sich nun allerdings zuweilen die Frage stellen, wie Sie mit den neuen Möglichkeiten umgehen sollen. Schließlich ist der aktuelle Jahresregent für Schnellschüsse kaum zu begeistern. Entwickeln Sie also besser eine gute Strategie, wenn Sie das Ganze unmittelbar durchziehen wollen.

Liebe, Familie, Freundschaft: Manchmal brauchen ganz triviale Dinge im Alltag einfach unglaublich viel Zeit. Das kann nun vor allem dann lästig werden für das Schwein, wenn es seine Zeit eigentlich schon anders verplant hatte. Vielleicht können Sie Ihre Lieben ja um Unterstützung bitten? Dann kommen alle schneller zu den Dingen, die mehr Spaß machen.
Wenn es dem eigenen Nachwuchs an Konzentration mangelt, ist das kaum verwunderlich. Wer will sich schon mit Pflichten herumplagen, wenn man draußen sein könnte? Auch wenn es schwer fällt, sollten Sie darauf pochen, dass zuerst die wichtigen Dinge erledigt werden.

Beruf, Finanzen: In Ihrem beruflichen Umfeld sollte jeder wissen, dass Sie wirklich hart arbeiten können und immer bereit sind, Ihr Bestes zu geben. Damit das jedoch nicht mit schöner Regelmäßigkeit ausgenutzt wird, sollten Sie jetzt auch einmal nein sagen. Vor allem bei Projekten, die mit Ihrer Arbeit im Grunde nichts zu tun haben, müssen Sie wirklich nicht für andere die Kohlen aus dem Feuer holen.
Mit Pferd und Büffel an Ihrer Seite sollte es kein Problem sein, sich die nötigen Freiräume zu schaffen, die Sie brauchen, um Ihren Job wirklich gut machen zu können.

Tipp des Monats: Persönliche Ambitionen dürfen nun ruhig ausgelebt werden. Nehmen Sie sich jetzt die dazu nötigen Freiheiten heraus.

Juni 2021	Jahreskonstellation – Metall Büffel Monatskonstellation – Holz Pferd

1. Metall Drache	Ratte Büffel Tiger Hase Drache Schlange Pferd Ziege Affe Hahn Hund Schwein **Günstig:** Ankündigungen machen, Beerdigungen, Trauerfeiern. **Ungünstig:** Handel, Vergnügungen, Freizeitaktivitäten.
2. Metall Schlange	Ratte Büffel Tiger Hase Drache Schlange Pferd Ziege Affe Hahn Hund Schwein **Günstig:** Kleidung schneiden, Handel, Buchhaltung, Ausflüge, neue Dinge beginnen. **Ungünstig:** Geschäfte eröffnen, Kraftanstrengungen, Reisen, Ersparnisse ausgeben.
3. Wasser Pferd	Ratte Büffel Tiger Hase Drache Schlange Pferd Ziege Affe Hahn Hund Schwein **Günstig:** Putzen, waschen, fasten, seelische und körperliche Pflege, Arztbesuche. **Ungünstig:** Ausdauersport, Reisen, Hochzeit.
4. Wasser Ziege	Ratte Büffel Tiger Hase Drache Schlange Pferd Ziege Affe Hahn Hund Schwein **Günstig:** Umziehen, Reisen, Hochzeiten, Empfänge, wichtige Konferenzen. **Ungünstig:** geistige Arbeiten, Gartenarbeit, häusliche Tätigkeiten.
5. Holz Affe	Ratte Büffel Tiger Hase Drache Schlange Pferd Ziege Affe Hahn Hund Schwein **Günstig:** Umziehen, Reisen, Hochzeiten, Empfänge, wichtige Konferenzen. **Ungünstig:** geistige Arbeiten, Gartenarbeit, häusliche Tätigkeiten.
6. Holz Hahn	Ratte Büffel Tiger Hase Drache Schlange Pferd Ziege Affe Hahn Hund Schwein **Günstig:** Versammlungen, gerechte Verteilungen, Hochzeit, Konferenzen, Umzug. **Ungünstig:** Gartenarbeit, Dinge zum Abschluss bringen.
7. Feuer Hund	Ratte Büffel Tiger Hase Drache Schlange Pferd Ziege Affe Hahn Hund Schwein **Günstig:** Gartenarbeit, Feiern, Hochzeit, Dinge zum Abschluss bringen. **Ungünstig:** keine Anschuldigungen gegen Dritte erheben.
8. Feuer Schwein	Ratte Büffel Tiger Hase Drache Schlange Pferd Ziege Affe Hahn Hund Schwein **Günstig:** Gartenarbeit, Hochzeit, Dinge zum Abschluss bringen. **Ungünstig:** Umzug, Reisen, Geschäftseröffnung.
9. Erd Ratte	Ratte Büffel Tiger Hase Drache Schlange Pferd Ziege Affe Hahn Hund Schwein **Günstig:** Ausruhen, Meditation, seinen Hobbys nachgehen. **Ungünstig:** wichtige Unternehmungen.
10. Erd Büffel	Ratte Büffel Tiger Hase Drache Schlange Pferd Ziege Affe Hahn Hund Schwein **Günstig:** Amüsieren, mit Freunden ausgehen, Freizeitaktivitäten. **Ungünstig:** geschäftliche Aktivitäten, neue Dinge anfangen.
11. Metall Tiger	Ratte Büffel Tiger Hase Drache Schlange Pferd Ziege Affe Hahn Hund Schwein **Günstig:** für die meisten Aktivitäten, Geschäftsabschlüsse, Partnerschaft. **Ungünstig:** negative Bemerkungen über andere Menschen.
12. Metall Hase	Ratte Büffel Tiger Hase Drache Schlange Pferd Ziege Affe Hahn Hund Schwein **Günstig:** Handel, Geschäftseröffnungen, Hochzeiten und andere Feste planen. **Ungünstig:** Beerdigungen, Reisen, Arztbesuche.
13. Wasser Drache	Ratte Büffel Tiger Hase Drache Schlange Pferd Ziege Affe Hahn Hund Schwein **Günstig:** Handwerkliche Aktivitäten, Handel, Hochzeiten, Reisen. **Ungünstig:** Trauerfeiern und Beerdigungen, schwere körperliche Arbeit.
14. Wasser Schlange	Ratte Büffel Tiger Hase Drache Schlange Pferd Ziege Affe Hahn Hund Schwein **Günstig:** Ankündigungen machen, Beerdigungen, Trauerfeiern. **Ungünstig:** Handel, Vergnügungen, Freizeitaktivitäten.
15. Holz Pferd	Ratte Büffel Tiger Hase Drache Schlange Pferd Ziege Affe Hahn Hund Schwein **Günstig:** Kleidung schneidern, Handel, Buchhaltung, Ausflüge, neue Dinge beginnen. **Ungünstig:** Geschäfte eröffnen, Kraftanstrengungen, Reisen, Ersparnisse ausgeben.

Ob ein Tag besonders günstig für Ihr Tierzeichen ist, sehen Sie an folgenden Farben:
Rot = sehr günstig, Grau = günstig, Schwarz = nicht günstig

Jahreskonstellation – Metall Büffel Monatskonstellation – Holz Pferd	Juni 2021

16. Holz Ziege	Ratte Büffel Tiger **Hase** Drache Schlange **Pferd Ziege** Affe Hahn Hund **Schwein** **Günstig:** Putzen, waschen, fasten, seelische und körperliche Pflege, Arztbesuche. **Ungünstig:** Ausdauersport, Reisen, Hochzeit.
17. Feuer Affe	**Ratte** Büffel Tiger Hase **Drache** Schlange Pferd Ziege **Affe Hahn** Hund Schwein **Günstig:** Umziehen, Reisen, Hochzeiten, Empfänge, wichtige Konferenzen. **Ungünstig:** geistige Arbeiten, Gartenarbeit, häusliche Tätigkeiten.
18. Feuer Hahn	Ratte **Büffel** Tiger Hase Drache **Schlange** Pferd Ziege **Affe Hahn** Hund Schwein **Günstig:** Versammlungen, gerechte Verteilungen, Hochzeit, Konferenzen, Umzug. **Ungünstig:** Gartenarbeit, Dinge zum Abschluss bringen.
19. Erd Hund	Ratte Büffel **Tiger** Hase Drache Schlange **Pferd** Ziege Affe Hahn **Hund Schwein** **Günstig:** Gartenarbeit, Feiern, Hochzeit, Dinge zum Abschluss bringen. **Ungünstig:** keine Anschuldigungen gegen Dritte erheben.
20. Erd Schwein	Ratte Büffel Tiger **Hase** Drache Schlange Pferd **Ziege** Affe Hahn **Hund Schwein** **Günstig:** Gartenarbeit, Hochzeit, Dinge zum Abschluss bringen. **Ungünstig:** Umzug, Reisen, Geschäftseröffnung.
21. Metall Ratte	**Ratte Büffel** Tiger Hase **Drache** Schlange Pferd Ziege **Affe** Hahn Hund Schwein **Günstig:** Ausruhen, Meditation, seinen Hobbys nachgehen. **Ungünstig:** wichtige Unternehmungen.
22. Metall Büffel	**Ratte Büffel** Tiger Hase Drache **Schlange** Pferd Ziege Affe **Hahn** Hund Schwein **Günstig:** Amüsieren, mit Freunden ausgehen, Freizeitaktivitäten. **Ungünstig:** geschäftliche Aktivitäten, neue Dinge anfangen.
23. Wasser Tiger	Ratte Büffel **Tiger Hase** Drache Schlange **Pferd** Ziege Affe Hahn **Hund** Schwein **Günstig:** für die meisten Aktivitäten, Geschäftsabschlüsse, Partnerschaft. **Ungünstig:** negative Bemerkungen über andere Menschen.
24. Wasser Hase	Ratte Büffel **Tiger Hase** Drache Schlange Pferd **Ziege** Affe Hahn Hund **Schwein** **Günstig:** Handel, Geschäftseröffnungen, Hochzeiten und andere Feste planen. **Ungünstig:** Beerdigungen, Reisen, Arztbesuche.
25. Holz Drache	**Ratte** Büffel Tiger Hase **Drache Schlange** Pferd Ziege **Affe** Hahn Hund Schwein **Günstig:** Handwerkliche Aktivitäten, Handel, Hochzeiten, Reisen. **Ungünstig:** Trauerfeiern und Beerdigungen, schwere körperliche Arbeit.
26. Holz Schlange	Ratte **Büffel** Tiger Hase **Drache Schlange** Pferd Ziege Affe **Hahn** Hund Schwein **Günstig:** Ankündigungen machen, Beerdigungen, Trauerfeiern. **Ungünstig:** Handel, Vergnügungen, Freizeitaktivitäten.
27. Feuer Pferd	Ratte Büffel **Tiger** Hase Drache Schlange **Pferd Ziege** Affe Hahn **Hund** Schwein **Günstig:** Kleidung schneidern, Handel, Buchhaltung, Ausflüge, neue Dinge beginnen. **Ungünstig:** Geschäfte eröffnen, Kraftanstrengungen, Reisen, Ersparnisse ausgeben.
28. Feuer Ziege	Ratte Büffel Tiger **Hase** Drache Schlange **Pferd Ziege** Affe Hahn Hund **Schwein** **Günstig:** Putzen, waschen, fasten, seelische und körperliche Pflege, Arztbesuche. **Ungünstig:** Ausdauersport, Reisen, Hochzeit.
29. Erd Affe	**Ratte** Büffel Tiger Hase **Drache** Schlange Pferd Ziege **Affe Hahn** Hund Schwein **Günstig:** Umziehen, Reisen, Hochzeiten, Empfänge, wichtige Konferenzen. **Ungünstig:** geistige Arbeiten, Gartenarbeit, häusliche Tätigkeiten.
30. Erd Hahn	Ratte **Büffel** Tiger Hase Drache **Schlange** Pferd Ziege **Affe Hahn** Hund Schwein **Günstig:** Versammlungen, gerechte Verteilungen, Hochzeit, Konferenzen, Umzug **Ungünstig:** Gartenarbeit, Dinge zum Abschluss bringen.

Grundtendenz des Monats: Mit einer umsorgenden Holz-Ziege kann der Juli für die Ratte harmonisch beginnen. Schließlich ist die Ziege dafür bekannt, sich vor allem für die Belange anderer Menschen einzusetzen. Das kann jetzt aber auch bedeuten, dass man von Ihnen erwartet, dass Sie der Gemeinschaft mehr zurückgeben. Soziales Engagement wird deshalb in diesen Wochen besonders wohlwollend wahrgenommen.
Einmal mehr wird im Juli das Yin-Holz und damit die Intuition unterstützt. Auch wenn der stoische Jahresherrscher pragmatische Handlungen von seinen Untertanen einfordert, sollten Sie Ihr Bauchgefühl auf keinen Fall außer Acht lassen.

Liebe, Familie, Freundschaft: Waren die letzten Wochen auf der privaten Ebene ein bisschen turbulenter, kehrt mit dem Erscheinen der Ziege mehr Ruhe ein. Es geht nun mehr darum, dass sich alle Familienmitglieder in Ihrem Umfeld wohl fühlen. Die Ratte kann einen nicht unwesentlichen Beitrag zur allgemeinen Zufriedenheit leisten.
Auch in der Liebe geht es nun mehr um das gegenseitige Geben anstatt ums Nehmen. Tun Sie Ihrem Partner gut - und zwar ganz ohne Erwartung einer Gegenleistung. So nehmen Sie sich selbst und auch Ihrer besseren Hälfte den Druck von den Schultern.

Beruf, Finanzen: Der Ziege wird eine bestimmte Methodik nachgesagt und auch dem Metall-Büffel gefällt es, wenn alle Dinge ihre Ordnung haben. Das kann Ihnen nun helfen, Ihren Arbeitsplatz und damit auch die zu erledigenden Aufgaben deutlich besser zu strukturieren. So lassen sich die aktuellen Anforderungen effektiver erledigen und es bleibt mehr Zeit für kreative Versuche. Solange die Pflicht erfüllt ist, muss die Kür nicht unbedingt von Erfolg gekrönt werden, sondern darf auch einfach nur Spaß machen.
Auf der finanziellen Ebene zeigt sich im Jahr des Büffels einmal mehr, dass harte Arbeit und beständiges Dranbleiben belohnt wird.

Tipp des Monats: Manche Dinge mögen sich langweilig anfühlen, müssen aber trotzdem gewissenhaft erledigt werden.

Grundtendenz des Monats: So mancher Büffel mag sich im Juli zuweilen ein bisschen ausgebremst fühlen. Das liegt vielleicht daran, dass mit der Ziege nun das Tierzeichen auf den Plan tritt, das im Tierkreis in direkter Opposition zum Büffel steht. Beide teilen das Erd-Element, könnten aber ansonsten kaum unterschiedlicher in ihren Methoden sein. Wo der Büffel stark und unnachgiebig auf Kurs bleibt, geht die Ziege so manchen Umweg, weil sie niemanden auf die Füße treten möchte.
Die Ziege hat diesmal allerdings auch das Holz-Element im Gepäck, was für so manchen frischen und kreativen Impuls sorgen kann.

Liebe, Familie, Freundschaft: Wünschen Sie sich mehr Verständnis von Partner und Familie, wäre nun ein guter Zeitpunkt, das anzusprechen. Schließlich lassen sich mit Unterstützung der Ziege Themen wie gegenseitige Rücksichtnahme und eine gerechtere Aufgabenverteilung besser zur Sprache bringen. Unter Umständen sind Ihren Lieben Ihre persönlichen Bedürfnisse gar nicht so recht bewusst.
In der Liebe werden sicher nun ruhigere Gewässer angesteuert. Es geht nun mehr darum, einfach füreinander da zu sein. Das bringt mehr Stabilität und Beständigkeit.

Beruf, Finanzen: Wie schon im vergangenen Monat wird vom Büffel der volle Einsatz gewünscht. Je mehr Sie sich nun anstrengen, desto mehr kann man auf Sie aufmerksam werden und Ihre Arbeit schätzen lernen. Einmal mehr macht es Sinn, im Team aktiv zu werden und die Lasten gleichmäßig zu verteilen.
Wer nicht das Bedürfnis nach mehr Anerkennung und/oder mehr Arbeit hat, darf sich durchaus ein bisschen mehr zurückziehen. Sie sollten allerdings nicht erwarten, dass man Sie automatisch aus der selbstgewählten Isolation zurückholt, sondern müssen selbst den richtigen Zeitpunkt für den Wiedereinstieg wählen.

Tipp des Monats: Manchmal kann ein Umweg nützlich sein. Verschließen Sie sich nun bitte nicht neuen Möglichkeiten, auch wenn diese eine Verzögerung bedeuten könnten.

YING
Tiger

Grundtendenz des Monats: Vielleicht ist es nun an der Zeit, sich ein wenig aus dem aktiven Geschehen zurückzuziehen. Manchmal kann es ja auch ganz schön sein, Zeit mit sich selbst zu verbringen und all die Dinge zu tun, für die im normalen Alltag keine Zeit ist. Dabei dürfen Sie ruhig ein bisschen mehr auf Ihre Intuition horchen, lieber Tiger. So finden Sie sicher etwas, was Sie nicht nur beschäftigt, sondern Ihnen auch wirklich Freude bereitet.

Mit der methodischen Holz-Ziege an Ihrer Seite lässt es sich im Juli ganz wunderbar aufräumen und viel besser Ordnung schaffen.

Liebe, Familie, Freundschaft: Es mag nicht immer ganz einfach sein für den Tiger, seine Aufmerksamkeit gleichmäßig auf alle Familienmitglieder zu verteilen. Da ist schon ein gutes Zeitmanagement erforderlich, damit Partner, Nachwuchs und der Rest der Familie zu ihrem Recht kommen. Mit Hilfe der fürsorglichen Ziege sollte es jetzt aber durchaus möglich sein, alle Ihre Lieben unter einen Hut zu bekommen.

Manchmal muss man gar nicht um jeden Preis aus der Masse herausstechen, um ein Herz zu gewinnen. Weder Büffel noch Ziege drängen sich gerne ins Rampenlicht. Da darf sich der Tiger nun ruhig ein wenig zurückhaltender zeigen und auch einmal die andere Seite auf sich zukommen lassen.

Beruf, Finanzen: Im Jahr des Metall-Büffels bekommt der Tiger nicht viel geschenkt, sondern muss sich seinen Erfolg selbst erarbeiten. Das mag auf den ersten Blick anstrengender sein, bringt aber am Ende deutlich mehr Zufriedenheit. Wer fleißig an seiner Karriere arbeitet, darf umso stolzer über jeden Schritt sein, den er auf der Leiter nach oben macht.

Ziege und Büffel stehen im Tierkreis in direkter Opposition zueinander. Das bedeutet für den Tiger, dass er in diesen Wochen Konflikten besser aus dem Weg geht und sich lieber nicht unnötig einmischt.

Tipp des Monats: Gehen Sie gezielt und methodisch vor, dann finden Sie auch später alles wieder!

MAO
Hase

Grundtendenz des Monats: Mit dem Büffel und dem Schaf an seiner Seite darf sich der Hase in diesen Wochen sehr sicher fühlen. Das kann aber gleichzeitig nun auch bedeuten, dass die Verhältnisse so stabil sind, dass es Ihnen nicht vergönnt ist, jetzt im Juli viel zu bewegen. Wer das beizeiten erkennt, kann sich viel Aufwand sparen und anstatt dessen lieber den Sommer genießen.

Das Yin-Holz wird jetzt noch einmal deutlich verstärkt und damit auch Ihre innere Stimme, auf die Sie nun wirklich hören sollten. Das gilt sowohl in Bezug auf andere Menschen als auch für die Möglichkeiten, die sich in Ihnen bieten.

Liebe, Familie, Freundschaft: Familiäre Angelegenheiten brauchen nun wahrscheinlich mehr Aufmerksamkeit. Dabei erwartet man unter Umständen von Ihnen, dass Sie die eigenen Bedürfnisse hintenan stellen und sich erst einmal um Ihre Lieben kümmern. Auch wenn Sie prinzipiell dazu bereit sind, heißt das nicht, dass Sie sofort alles stehen und liegen lassen müssen, lieber Hase. Nehmen Sie sich ruhig Zeit, um sich über Ihre wirklichen Prioritäten klar zu werden.

Mit der Ziege an seiner Seite kann der Hase in seiner Partnerschaft noch mehr Harmonie erreichen. Das könnte aber auch bedeuten, dass er mehr nachgeben muss, als es ihm lieb ist.

Beruf, Finanzen: Auch wenn Sie lieber für Ihren eigenen Erfolg arbeiten würden, kann es Ihnen nun passieren, dass sich noch mehr für andere einsetzen müssen. Der Ziege liegt wie Ihnen das Wohl der Mitmenschen sehr am Herzen. Achten Sie deshalb jetzt darauf, dass Sie sich gerade auf der beruflichen Ebene nicht ausnutzen lassen. Wer aus Mitleid die Aufgaben anderer mit übernimmt, wird sie vielleicht so schnell nicht wieder los.

Viel Aufregung dürfte es auf beruflicher Ebene im Juli nicht für den Hasen geben. Sicher ist es Ihnen nicht ganz unrecht, nun eine ruhigere Kugel zu schieben.

Tipp des Monats: Sie dürfen sich schon kümmern, aber bitte denken Sie auch ein wenig an sich selbst.

> Kleine Hitze / Große Hitze < Juli

SHENG
Drache

Grundtendenz des Monats: Manchmal ist es auch für den Drachen ganz gut, wenn er sich einmal für eine gewisse Zeit aus der ersten Reihe zurückziehen darf. So kann er jetzt im Juni in Ruhe seine Batterien auffüllen und Kräfte sammeln für die nächsten Monate. Mit der unauffälligen Holz-Ziege an seiner Seite lässt es sich wirklich gut in der Menge untertauchen.

Das zusätzliche Yin-Holz kann Sie in diesem Monat lehren, mehr auf Ihre innere Stimme zu hören. Was diese Ihnen zuflüstert, mag vielleicht nicht immer das sein, was Sie hören wollen. Dafür ist es aber garantiert etwas, was am Ende des Tages nur gut für Sie sein kann.

Liebe, Familie, Freundschaft: Mit der Ziege im Monat wird vom Drachen sicher mehr Einsatz im familiären Bereich gefordert. Sich einfach aus dem Staub zu machen, wenn die lästigen Aufgaben verteilt werden, wird deshalb jetzt wohl kaum funktionieren. Stellen Sie sich der Verantwortung und übernehmen Sie einen angemessenen Anteil der gemeinsamen Aufgaben.

Auch Ihr Partner freut sich nun ganz besonders, wenn Sie sich mehr kümmern und Liebe und Zuneigung nicht für zu selbstverständlich hinnehmen. Jeder braucht zuweilen eine Schulter zum Anlehnen.

Beruf, Finanzen: Ist der Drache erst einmal überzeugt von einer Sache, dann ist er kaum zu bremsen. Dummerweise agiert der Büffel sehr pragmatisch und lässt sich nicht so leicht von der Begeisterung anstecken. Da braucht es dann zuweilen langwierige Genehmigungsverfahren, zahlreiche Sitzungen oder Machbarkeitsstudien, bevor sich etwas bewegen kann.

Im Grunde sollte der Drache jetzt dafür dankbar sein, dass seine Einfälle so unter die Lupe genommen werden. Wer will schon seine Energie an Projekte verschwenden, die am Ende gar nicht realisierbar sind.

Tipp des Monats: Mitgefühl und Einsatz am Nächsten werden nun von Ihnen gefordert. Nehmen Sie sich der Aufgabe mit Ernsthaftigkeit an.

SZE
Schlange

Grundtendenz des Monats: Wer in den letzten Wochen richtig Gas gegeben hat, braucht nun vielleicht eine kurze Verschnaufpause. Die bekommen Sie nun mit der sanften Holz-Ziege, die im Juli gemeinsam mit dem Jahresregenten dafür sorgt, dass Ihr Sozialleben nicht zu anstrengend wird. Die Betonung liegt bis zum nächsten Monat auf jeden Fall mehr darauf, wie Sie Ihre Batterien aufladen und sich innerlich auf die vor Ihnen liegenden Aufgaben vorbereiten.

Die Ziege ist im Gegensatz zur Schlange ein Herdentier und fühlt sich in der Menge sicher aufgehoben. Wenn das für Sie nun zu viel Kontakt bedeutet, ist es aber auch erlaubt, sich alleine zurückzuziehen.

Liebe, Familie, Freundschaft: Die Familie braucht jetzt unter Umständen mehr Aufmerksamkeit als es Ihnen auf den ersten Blick lieb ist. Um Ihre Verpflichtungen kommen Sie im Juli auf keinen Fall herum - dafür wird der Metall-Büffel schon sorgen. Auch die Ziege fordert Ihre Zuwendung für Partner, Nachwuchs und andere Familienmitglieder ein. Um so wichtiger, dass Sie beizeiten dafür sorgen, dass Sie selbst dabei nicht zu kurz kommen.

Machen Sie es sich nun nicht zu schwer, wenn Sie einen neuen Partner suchen. Je mitfühlender Sie sich zeigen, desto attraktiver mögen Sie zwar erscheinen. Auf der anderen Seite begünstigen Sie so aber auch zukünftige Abhängigkeiten.

Beruf, Finanzen: Auch wenn Sie am liebsten alleine arbeiten, sollten Sie sich bewusst machen, dass Sie unter Leute müssen, wenn Sie Ihren Wirkungskreis erweitern wollen. Außerdem gibt es einfach viele Dinge, die man besser im Team erledigen kann. Das macht den Erfolg im Jahr des Büffels zwar nicht unbedingt schneller, aber der Weg dorthin wird definitiv leichter.

Wenn gewisse Dinge Ihre volle Konzentration erfordern, sollten Sie sich nicht noch zusätzliche Arbeit aufdrücken lassen.

Tipp des Monats: Erledigen Sie ein Ding nach dem anderen und scheuen Sie sich nicht, Ihre Umgebung mit einzubeziehen!

> Kleine Hitze / Große Hitze < Juli

WU
Pferd

Grundtendenz des Monats: Mit der Ziege gesellt sich im Juli ein Tierzeichen zum Jahresregenten, das vor allem das Wohl seiner Mitmenschen im Kopf hat. Das bedeutet für das Pferd, dass es seinen Fokus mehr auf andere als auf sich selbst lenken sollte. Damit Sie sich dabei nicht verausgaben oder die Begeisterung verlieren, ist es wichtig, die eigenen Bedürfnisse nicht aus dem Auge zu verlieren. Hören Sie auf Ihr Inneres und nehmen Sie sich entsprechende Auszeiten, wenn Sie Gefahr laufen, die eigenen Reserven aufzubrauchen.
Von einem starken Yin-Holz begleitet kann sich das Pferd nun auch wieder besser in das eigene Wohlbefinden einfühlen. Hören Sie auf Ihren inneren Heiler!

Liebe, Familie, Freundschaft: Pferd und Ziege bilden zusammen das Haus der Geschlechter in der Chinesischen Astrologie. Damit rückt das Thema Partnerschaft im Juli sicher wieder mehr in den Vordergrund. Achten Sie darauf, dass beide Seiten die Facetten ihrer Persönlichkeit gemeinsam ausleben dürfen. Schließlich sollte es doch nicht nötig sein, sich das, was fehlt, an einer anderen Stelle zu holen, oder?
Schutzbefohlene wie Kinder oder ältere Menschen brauchen einen sicheren Hafen und Stabilität. Mit Büffel und Ziege können Sie diesen Wunsch jetzt sicher gut erfüllen.

Beruf, Finanzen: Ohne Fleiß kein Preis, verehrtes Pferd! Sie werden sicher schon gemerkt haben, dass der Büffel seine Untertanen ordentlich ans Arbeiten bringt. Das sollte Ihnen im Grunde nichts ausmachen, wenn Sie das tun, was Ihnen ohnehin am Herzen liegt. Wer jedoch schon seit längerem nicht gerade glücklich in seinem Job ist, mag sich jetzt ganz besonders wünschen, dass sich die Situation ändern lässt. Es ist allerdings wirklich nicht einfach für das Pferd, 2021 eine neue Richtung einzuschlagen, ohne dabei Einbußen hinzunehmen. Wer kann, sollte deshalb lieber bis zum nächsten Jahr warten.

Tipp des Monats: Auch das aktive Pferd darf sich durchaus einmal zurückziehen. Nehmen Sie sich ruhig eine Auszeit!

WEI
Ziege

Grundtendenz des Monats: Immer wieder in Ihrem Leben gibt es Phasen, in denen Sie sich am liebsten in der Menge verstecken und allein sein möchten. Mit einer weiteren Ziege im Monat kann sich dieser Wunsch noch einmal verstärken. Wenn Sie es nun vorziehen, sich mit sich selbst und generell ruhigeren Dingen zu beschäftigen, ist es enorm wichtig, dass Sie sich vernünftig abmelden. Schließlich möchten Sie doch sicher nicht, dass man Ihnen wegen Ihrer Auszeit böse ist, oder?
Sollte es im Augenblick ein wenig an der Motivation mangeln, ist es vielleicht an der Zeit, das Feuer-Element mehr zu unterstützen. Damit kehrt dann bestimmt auch Ihre Begeisterungsfähigkeit zurück.

Liebe, Familie, Freundschaft: Die ohnehin schon recht präsente Yin-Erde wird in diesem Monat durch eine weitere Ziege im Monat noch verstärkt. Das kann bedeuten, dass Sie sich verstärkt um das Wohl Ihrer Lieben kümmern müssen. Wenn Partner und Nachwuchs die Ziege brauchen, steht sie immer ohne Wenn und Aber parat. Im Jahr des Büffels lassen sich dadurch die gemeinsamen Bande dauerhaft festigen.
Trotzdem sollten Sie nur geben, was Ihnen wirklich aus dem Herzen kommt, denn das können Sie ohne große Anstrengung teilen.

Beruf, Finanzen: Es mag nicht so recht voran gehen für die Ziege in diesen Wochen. Vielleicht ist es Ihnen ja ein Trost, dass es den anderen Tierzeichen jetzt nicht viel anders ergeht... Der Büffel hat die Tendenz, vor allem die Ziege zuweilen zu prüfen, indem er ihr Hindernisse in den Weg legt. Diese sind aber in der Regel recht einfach zu überwinden. Und etwas dabei lernen können Sie auch...
Im Team lassen sich jetzt noch die meisten Dinge auf den Weg bringen. Dabei dürfen Sie ruhig Ihren Anteil im stillen Kämmerlein erledigen, wenn sich das jetzt besser anfühlt.

Tipp des Monats: Der Gegenwind macht Sie nur noch stärker, liebe Ziege. Zeigen Sie Entschlossenheit.

> Kleine Hitze / Große Hitze < Juli

SUNG
Affe

Grundtendenz des Monats: Es dürfte so manchem Affen gar nicht passen, dass mit dem Erscheinen der sanften Ziege im Juli noch mehr Ruhe einkehrt. Schließlich kommt er 2021 mit dem steten Büffel ohnehin nicht so in Fahrt, wie er sich das manchmal wünschen würde. Aber vielleicht ist es jetzt gar nicht so schlecht, einmal komplett innezuhalten und tief durchzuatmen. So sammeln Sie Ihre Kräfte und tun etwas für Ihr persönliches Wohlbefinden.

Ziege und Büffel stehen sich im Tierkreis genau gegenüber. Diese Opposition kann sich nun auch für den Affen bemerkbar machen, der unter Umständen mit mehr Hindernissen rechnen muss.

Liebe, Familie, Freundschaft: Familiäre Angelegenheiten dulden nun wahrscheinlich keinen Aufschub mehr. Das bedeutet für so manchen Affen, dass die eigenen Interessen zum Wohl von Familie und Partner erst einmal in den Hintergrund treten müssen. Je schneller Sie eine Klärung herbeiführen können, desto eher können Sie sich auch wieder Ihren eigenen Interessen widmen.

In der Liebe dürfen Sie einmal mehr auf Herz und Bauch hören, lieber Affe! Mit dem Verstand lassen sich Gefühle ohnehin nicht erklären. Das gilt übrigens sowohl für bestehende Beziehungen als auch für eine neue Eroberung.

Beruf, Finanzen: Sie selbst mögen genau wissen, wie Sie Ihre Arbeit zu erledigen haben. Das hilft aber denjenigen nicht weiter, die jetzt gemeinsam mit Ihnen an der Umsetzung arbeiten. Damit alle auf dem gleichen Level sein können, muss der Affe seine Gedanken ordnen und mit den anderen teilen. So funktioniert dann auch die Arbeitsteilung gleich viel besser und er muss nicht alles alleine machen.

Allzu viel Ablenkung sollten Sie im Juli nicht erwarten. Das ist auch ganz gut so, denn so können Sie sich deutlich besser auf Ihre Arbeit konzentrieren.

Tipp des Monats: In der Ruhe liegt die Kraft. Versuchen Sie, auch innerlich das Tempo ein wenig herauszunehmen.

YU
Hahn

Grundtendenz des Monats: Im Juli darf der Hahn seine Aktivitäten ruhig ein wenig zurückfahren. Mit einer eher ruhigen Holz-Ziege an seiner Seite geht es jetzt mehr darum, sich mit ruhigeren Dingen zu beschäftigen und nach innen zu schauen. Das zusätzliche Yin-Holz, welches die Ziege mitbringt, kann dem Hahn sicher dabei helfen, nicht nur auf die äußeren Signale zu achten, sondern auch auf seine innere Stimme zu hören.

Wo der Büffel sich wünschen würde, dass Sie sich einfach durchsetzen, fordert Sie die Ziege dazu auf, mehr Mitgefühl zu zeigen. Da dürfte nun Ihre Kompromissfähigkeit gefragt sein, um beiden Seiten gerecht zu werden.

Liebe, Familie, Freundschaft: Ihre Lieben freuen sich wirklich sehr, wenn Sie sich um sie kümmern und sich für ihre Gedanken und Gefühle interessieren. Natürlich ist es erst einmal wichtig, dass für essentielle Dinge wie gutes Essen, finanzielle Sicherheit oder ein Dach über dem Kopf gesorgt ist. Die emotionale Zuwendung ist allerdings mindestens genauso wichtig.

Es steht Ihnen so gut, wenn Sie Ihre sanfte Seite zeigen, lieber Hahn. Wenn Sie einen Partner haben, dem Sie vertrauen, können Sie nun mit der Ziege an der Seite ganz ohne Scheu Ihre Gefühle zeigen und zu Ihrer Verletzlichkeit stehen.

Beruf, Finanzen: Manchmal ist es ganz gut, wenn man nicht in der ersten Reihe steht. Zum einen haben Sie so mehr Raum und Ruhe, um relativ unbeobachtet an Ihren Ideen zu feilen. Zum anderen bekommen Sie den möglichen Gegenwind nicht als erstes zu spüren und müssen dafür dann auch nicht die Verantwortung übernehmen.

Das soll nicht heißen, dass Sie Ihren Führungsanspruch generell abgeben sollen. Aber manchmal kann es lehrreich sein, die Position zu wechseln und die Dinge aus einem anderen Winkel heraus zu betrachten.

Tipp des Monats: Nehmen Sie sich mehr Zeit! So können Sie nun vielleicht die Lösung finden, die auf den ersten Blick nicht offensichtlich war.

> Kleine Hitze / Große Hitze < Juli

SHIH
Hund

Grundtendenz des Monats: Manchmal muss man sich einfach Zeit nehmen, um die eigenen Gedanken zu ordnen. Wer dabei jetzt im Juli keine Ablenkung gebrauchen kann, sollte sich zurückziehen. Erforschen Sie Ihr Inneres und lassen Sie sich nicht von anderen Meinungen beeinflussen.

Mit der sanften Ziege begleitet Sie nun ein Tierzeichen, das vor allem das Wohl der Anderen im Sinn hat. Vielleicht möchten Sie sich nun mehr ehrenamtlich engagieren, wenn es Ihre Zeit zulässt? Oder für eine gute Sache spenden, die Sie schon länger mitverfolgen? Derartige freundliche Gesten werden nun mit besonderer Aufmerksamkeit wahrgenommen.

Liebe, Familie, Freundschaft: Machen Sie sich jetzt bitte nicht zu viele Sorgen um das Wohl Ihrer Lieben. In der Regel können diese ganz prima für sich selbst sorgen und fühlen sich eher bedrängt, wenn Sie permanent nachfragen. Gerade die Kinder, die bereits aus dem Haus sind oder langsam flügge werden, brauchen ihre Freiräume und müssen Ihre eigenen Erfahrungen machen.

Wer immer noch auf der Suche nach einem Partner ist, könnte sich nun einmal dort umschauen, wo allgemein viel Gutes getan wird. Geteiltes Engagement und gemeinsame Interessen bilden eine gute Basis für jede Beziehung.

Beruf, Finanzen: Seien Sie doch nicht so ängstlich, wenn eine Veränderung ansteht! Es zwingt Sie niemand, jetzt mehr zu riskieren. Da auch der besonnene Büffel Sie nicht über Gebühren herausfordern wird, können Sie ruhig ein bisschen gelassener reagieren. Lassen Sie das Ganze einfach auf sich zukommen. Eine Entscheidung können Sie sicher auch noch etwas vertagen und sich das Ganze in Ruhe überlegen.

Sollten sich am Arbeitsplatz Berge von Papier angesammelt haben oder sich die unerledigten Vorgänge stapeln, wird es höchste Zeit, mal wieder aufzuräumen.

Tipp des Monats: Gewisse Veränderungen bringt jedes Leben nun einmal mit sich. Seien Sie also nicht allzu skeptisch und zögerlich.

HAN
Schwein

Grundtendenz des Monats: Mit der sanften Ziege, die den Juli begleitet, versteht sich das Schwein ausgesprochen gut. Das liegt sicher auch daran, dass diese Beiden in ihrem Wirken immer zuerst das Wohl der Menschen im Sinn haben, die Ihnen nahe stehen. Aber auch all diejenigen, die in unserer von Geld geprägten Welt keine Lobby haben, dürfen nun auf Ihre Unterstützung hoffen. Schließlich möchte das Schwein so viele Menschen wie möglich an seinem persönlichen Glück teilhaben lassen.

Auf sich allein gestellt, mag das Schwein sicher nicht so gerne aktiv werden. Bekommt es jedoch ausreichend Unterstützung, kann es viele Dinge erfolgreich anstoßen.

Liebe, Familie, Freundschaft: Im Kreise von Familie und Freunden lassen sich nun all die emotionalen Defizite aufarbeiten, unter denen Sie im vergangenen Jahr gelitten haben. Unter dem Einfluss von Büffel und Ziege darf sich nun ein Gefühl von Wärme und Glück ausbreiten.

Wer sich im Augenblick ein wenig einsamer fühlt, sollte wirklich dringend nach draußen gehen und sich nach neuen Freundschaften oder auch einem Partner umsehen. Wählen Sie dazu am besten Veranstaltungen aus, wo Sie Gleichgesinnte treffen können. So haben Sie gleich von Anfang an einen guten Anknüpfungspunkt.

Beruf, Finanzen: Ordnung ist das halbe Leben! Sie können sich wirklich viel Arbeit sparen, wenn Sie sich das nun beherzigen und mehr System in Ihr Tun bringen. Das ist übrigens auch dann erforderlich, wenn Sie Teile Ihrer Arbeit über kurz oder lang delegieren wollen. Mit Hilfe der methodischen Ziege gelingt es nun sicher recht gut, sich in einer ruhigeren Minute besser zu strukturieren.

Wenn Sie Ihre finanzielle Situation verbessern wollen, ist dafür jetzt ziemlich viel Einsatz erforderlich. Der Aufwand wird sich aber mittelfristig sicher lohnen.

Tipp des Monats: Gewisse Dinge brauchen einfach permanente Aufmerksamkeit. Leisten Sie sich jetzt bitte keinen Lapsus!

Juli 2021	Jahreskonstellation – Metall Büffel Monatskonstellation – Holz Ziege

1. Metall Hund	Ratte Büffel **Tiger** Hase Drache Schlange **Pferd** Ziege Affe Hahn **Hund Schwein** **Günstig:** Gartenarbeit, Feiern, Hochzeit, Dinge zum Abschluss bringen. **Ungünstig:** keine Anschuldigungen gegen Dritte erheben.
2. Metall Schwein	Ratte Büffel Tiger **Hase** Drache Schlange Pferd **Ziege** Affe Hahn **Hund Schwein** **Günstig:** Gartenarbeit, Hochzeit, Dinge zum Abschluss bringen. **Ungünstig:** Umzug, Reisen, Geschäftseröffnung.
3. Wasser Ratte	**Ratte Büffel** Tiger Hase **Drache** Schlange Pferd Ziege **Affe** Hahn Hund Schwein **Günstig:** Ausruhen, Meditation, seinen Hobbys nachgehen. **Ungünstig:** wichtige Unternehmungen.
4. Wasser Büffel	**Ratte Büffel** Tiger Hase Drache **Schlange** Pferd Ziege Affe **Hahn** Hund Schwein **Günstig:** Amüsieren, mit Freunden ausgehen, Freizeitaktivitäten. **Ungünstig:** geschäftliche Aktivitäten, neue Dinge anfangen.
5. Holz Tiger	Ratte Büffel **Tiger Hase** Drache Schlange **Pferd** Ziege Affe Hahn **Hund** Schwein **Günstig:** für die meisten Aktivitäten, Geschäftsabschlüsse, Partnerschaft. **Ungünstig:** negative Bemerkungen über andere Menschen.
6. Holz Hase	Ratte Büffel **Tiger Hase** Drache Schlange Pferd **Ziege** Affe Hahn Hund **Schwein** **Günstig:** Handel, Geschäftseröffnungen, Hochzeiten und andere Feste planen. **Ungünstig:** Beerdigungen, Reisen, Arztbesuche.
7. Feuer Drache	**Ratte** Büffel Tiger Hase **Drache Schlange** Pferd Ziege **Affe** Hahn Hund Schwein **Günstig:** Handel, Geschäftseröffnungen, Hochzeiten und andere Feste planen. **Ungünstig:** Beerdigungen, Reisen, Arztbesuche.
8. Feuer Schlange	Ratte **Büffel** Tiger Hase **Drache Schlange** Pferd Ziege Affe **Hahn** Hund Schwein **Günstig:** Handwerkliche Aktivitäten, Handel, Hochzeiten, Reisen. **Ungünstig:** Trauerfeiern und Beerdigungen, schwere körperliche Arbeit.
9. Erd Pferd	Ratte Büffel **Tiger** Hase Drache Schlange **Pferd Ziege** Affe Hahn **Hund** Schwein **Günstig:** Ankündigungen machen, Beerdigungen, Trauerfeiern. **Ungünstig:** Handel, Vergnügungen, Freizeitaktivitäten.
10. Erd Ziege	Ratte Büffel Tiger **Hase** Drache Schlange **Pferd Ziege** Affe Hahn Hund **Schwein** **Günstig:** Kleidung schneidern, Handel, Buchhaltung, Ausflüge, neue Dinge beginnen. **Ungünstig:** Geschäfte eröffnen, Kraftanstrengungen, Reisen, Ersparnisse ausgeben.
11. Metall Affe	**Ratte** Büffel Tiger Hase **Drache** Schlange Pferd Ziege **Affe Hahn** Hund Schwein **Günstig:** Putzen, waschen, fasten, seelische und körperliche Pflege, Arztbesuche. **Ungünstig:** Ausdauersport, Reisen, Hochzeit.
12. Metall Hahn	Ratte **Büffel** Tiger Hase Drache **Schlange** Pferd Ziege **Affe Hahn** Hund Schwein **Günstig:** Umziehen, Reisen, Hochzeiten, Empfänge, wichtige Konferenzen. **Ungünstig:** geistige Arbeiten, Gartenarbeit, häusliche Tätigkeiten.
13. Wasser Hund	Ratte Büffel **Tiger** Hase Drache Schlange **Pferd** Ziege Affe Hahn **Hund Schwein** **Günstig:** Versammlungen, gerechte Verteilungen, Hochzeit, Konferenzen, Umzug. **Ungünstig:** Gartenarbeit, Dinge zum Abschluss bringen.
14. Wasser Schwein	Ratte Büffel Tiger **Hase** Drache Schlange Pferd **Ziege** Affe Hahn **Hund Schwein** **Günstig:** Gartenarbeit, Feiern, Hochzeit, Dinge zum Abschluss bringen. **Ungünstig:** keine Anschuldigungen gegen Dritte erheben.
15. Holz Ratte	**Ratte Büffel** Tiger Hase **Drache** Schlange Pferd Ziege **Affe** Hahn Hund Schwein **Günstig:** Gartenarbeit, Hochzeit, Dinge zum Abschluss bringen. **Ungünstig:** Umzug, Reisen, Geschäftseröffnung.

Ob ein Tag besonders günstig für Ihr Tierzeichen ist, sehen Sie an folgenden Farben:
Rot = sehr günstig, Grau = günstig, Schwarz = nicht günstig

Jahreskonstellation – Metall Büffel Monatskonstellation – Holz Ziege	Juli 2021

16. Holz Büffel	Ratte Büffel Tiger Hase Drache Schlange Pferd Ziege Affe Hahn Hund Schwein **Günstig:** Ausruhen, Meditation, seinen Hobbys nachgehen. **Ungünstig:** wichtige Unternehmungen.
17. Feuer Tiger	Ratte Büffel Tiger Hase Drache Schlange Pferd Ziege Affe Hahn Hund Schwein **Günstig:** Amüsieren, mit Freunden ausgehen, Freizeitaktivitäten. **Ungünstig:** geschäftliche Aktivitäten, neue Dinge anfangen.
18. Feuer Hase	Ratte Büffel Tiger Hase Drache Schlange Pferd Ziege Affe Hahn Hund Schwein **Günstig:** für die meisten Aktivitäten, Geschäftsabschlüsse, Partnerschaft. **Ungünstig:** negative Bemerkungen über andere Menschen.
19. Erd Drache	Ratte Büffel Tiger Hase Drache Schlange Pferd Ziege Affe Hahn Hund Schwein **Günstig:** Handel, Geschäftseröffnungen, Hochzeiten und andere Feste planen. **Ungünstig:** Beerdigungen, Reisen, Arztbesuche.
20. Erd Schlange	Ratte Büffel Tiger Hase Drache Schlange Pferd Ziege Affe Hahn Hund Schwein **Günstig:** Handwerkliche Aktivitäten, Handel, Hochzeiten, Reisen. **Ungünstig:** Trauerfeiern und Beerdigungen, schwere körperliche Arbeit.
21. Metall Pferd	Ratte Büffel Tiger Hase Drache Schlange Pferd Ziege Affe Hahn Hund Schwein **Günstig:** Ankündigungen machen, Beerdigungen, Trauerfeiern. **Ungünstig:** Handel, Vergnügungen, Freizeitaktivitäten.
22. Metall Ziege	Ratte Büffel Tiger Hase Drache Schlange Pferd Ziege Affe Hahn Hund Schwein **Günstig:** Kleidung schneidern, Handel, Buchhaltung, Ausflüge, neue Dinge beginnen. **Ungünstig:** Geschäfte eröffnen, Kraftanstrengungen, Reisen, Ersparnisse ausgeben.
23. Wasser Affe	Ratte Büffel Tiger Hase Drache Schlange Pferd Ziege Affe Hahn Hund Schwein **Günstig:** Putzen, waschen, fasten, seelische und körperliche Pflege, Arztbesuche. **Ungünstig:** Ausdauersport, Reisen, Hochzeit.
24. Wasser Hahn	Ratte Büffel Tiger Hase Drache Schlange Pferd Ziege Affe Hahn Hund Schwein **Günstig:** Umziehen, Reisen, Hochzeiten, Empfänge, wichtige Konferenzen. **Ungünstig:** geistige Arbeiten, Gartenarbeit, häusliche Tätigkeiten.
25. Holz Hund	Ratte Büffel Tiger Hase Drache Schlange Pferd Ziege Affe Hahn Hund Schwein **Günstig:** Versammlungen, gerechte Verteilungen, Hochzeit, Konferenzen, Umzug. **Ungünstig:** Gartenarbeit, Dinge zum Abschluss bringen.
26. Holz Schwein	Ratte Büffel Tiger Hase Drache Schlange Pferd Ziege Affe Hahn Hund Schwein **Günstig:** Gartenarbeit, Feiern, Hochzeit, Dinge zum Abschluss bringen. **Ungünstig:** keine Anschuldigungen gegen Dritte erheben.
27. Feuer Ratte	Ratte Büffel Tiger Hase Drache Schlange Pferd Ziege Affe Hahn Hund Schwein **Günstig:** Gartenarbeit, Hochzeit, Dinge zum Abschluss bringen. **Ungünstig:** Umzug, Reisen, Geschäftseröffnung.
28. Feuer Büffel	Ratte Büffel Tiger Hase Drache Schlange Pferd Ziege Affe Hahn Hund Schwein **Günstig:** Ausruhen, Meditation, seinen Hobbys nachgehen. **Ungünstig:** wichtige Unternehmungen.
29. Erd Tiger	Ratte Büffel Tiger Hase Drache Schlange Pferd Ziege Affe Hahn Hund Schwein **Günstig:** Amüsieren, mit Freunden ausgehen, Freizeitaktivitäten. **Ungünstig:** geschäftliche Aktivitäten, neue Dinge anfangen.
30. Erd Hase	Ratte Büffel Tiger Hase Drache Schlange Pferd Ziege Affe Hahn Hund Schwein **Günstig:** für die meisten Aktivitäten, Geschäftsabschlüsse, Partnerschaft. **Ungünstig:** negative Bemerkungen über andere Menschen.
31. Metall Drache	Ratte Büffel Tiger Hase Drache Schlange Pferd Ziege Affe Hahn Hund Schwein **Günstig:** Handel, Geschäftseröffnungen, Hochzeiten und andere Feste planen. **Ungünstig:** Beerdigungen, Reisen, Arztbesuche.

> Herbstbeginn / Ende der Hitze < August

TZE
Ratte

Grundtendenz des Monats: Mit einem aktiven Affen geht es im August vor allem darum, das Hier und Jetzt zu genießen. Dabei hilft es jetzt ungemein, wenn Sie das Leben nicht allzu ernst nehmen, und mit Freude jeden Augenblick so nehmen, wie er kommt. Selbst im Jahr des bedächtigen Metall-Büffels lässt sich nicht immer alles im Voraus planen!

Wenn Sie nun das Gefühl haben, dass Sie mehr Platz zum Ausbreiten brauchen, sollten Sie sich diesen möglichst zügig schaffen - und zwar sowohl auf räumlicher als auch auf der emotionalen Ebene. Das bedeutet aber nicht, dass dadurch auch das innere und äußere Chaos zunehmen sollte…

Liebe, Familie, Freundschaft: Man wird Sie in diesen Wochen vielleicht etwas mehr um Hilfe bitten, als Sie das gewohnt sind. Gerade wenn es um Familienmitglieder oder enge Freunde geht, sollten Sie ohne zu zögern die Hand ausstrecken und verlässlich zur Seite stehen.

In der Liebe darf es durchaus etwas kreativer zugehen… Zeigen Sie Ihrer besseren Hälfte, dass Sie sich etwas einfallen lassen, wenn es darum geht, Ihre Zuneigung zu zeigen. So ausgedrückte Wertschätzung kommt gut an.

Einsame Ratten können von der Direktheit des Affen im August profitieren. Trauen Sie sich jetzt ruhig, den ersten Schritt zu machen.

Beruf, Finanzen: Mit Hilfe des umtriebigen Affen und des besonnenen Büffels dürfte der Ratte die Arbeit jetzt wirklich leicht von der Hand gehen. Das bedeutet allerdings nicht, dass Sie lästige Aufgaben nun einfach delegieren können. Wer den nötigen Einsatz zeigt, bekommt in diesen Wochen sicher die Anerkennung, die er verdient. Alle anderen müssen zusehen, wie an anderer Stelle die Lorbeeren eingeheimst werden.

Ratte und Affe sind besonders bei kreativen Aufgaben ein echtes Traumteam. Vielleicht können Sie ja erreichen, dass man Ihnen nun die entsprechenden Projekte auf den Schreibtisch legt?

Tipp des Monats: So vielfältig die Möglichkeiten auch sein mögen – vergessen Sie jetzt auf keinen Fall, die Machbarkeit zu überprüfen.

KIU
Büffel

Grundtendenz des Monats: Im August ist es vielleicht nicht ganz so einfach für den Büffel, das angestrebte Ziel im Auge zu behalten. Das liegt nicht nur an den sommerlichen Temperaturen, sondern auch am quirligen Feuer-Affen, der den Monat begleitet. So wird der Büffel nun aufgefordert, mehr links und rechts seines Weges zu schauen. Das kann zwar auf den ersten Blick von den eigentlichen Aufgaben ablenken, kann aber auch frische Inspiration bringen.

Das zusätzliche Feuer kann der Büffel gut gebrauchen, um mehr in Bewegung zu kommen. Außerdem werden damit die persönlichen Ambitionen geschürt und es fällt Ihnen leichter, andere Menschen für die Sache zu begeistern.

Liebe, Familie, Freundschaft: Sie dürfen sich ruhig in diesen Wochen ein wenig mehr gönnen, lieber Büffel. Treffen Sie sich mit Ihren Freunden oder verabreden Sie sich zu Tätigkeiten, die Ihnen wirklich Freude machen. Familie und Partner haben dafür volles Verständnis und geben Ihnen gerne frei - vor allem, wenn Sie offen über Ihre Bedürfnisse sprechen.

Sollte in den eigenen vier Wänden nun das Chaos zunehmen, wäre es an der Zeit ein Machtwort zu sprechen. Vor allem der eigene Nachwuchs darf ruhig mehr in die Pflicht genommen werden.

Beruf, Finanzen: Wenn es Ihnen gelingt, über das scheinbare Chaos hinweg zu schauen, werden Sie schnell den Kern der Sache erkennen. Mit Hilfe des Affen lassen sich nun kreativere Lösungsansätze erarbeiten, die Sie deutlich schneller voranbringen können. Voraussetzung dafür ist, dass Sie bereit sind, ein paar Dinge neu zu überdenken.

Sicher findet sich nun bereitwillige Unterstützung für Ihre Projekte. Die Frage ist nur, ob Sie sich auch auf die gemachten Zusagen verlassen können. Da hilft es nun, besser mehrfach nachzuhaken.

Tipp des Monats: Wenn es etwas ungeordneter zugeht, liegt in der Ruhe die Kraft. Je mehr Zuverlässigkeit Sie ausstrahlen, desto besser.

YING Tiger

Grundtendenz des Monats: Mit dem Feuer-Affen kehrt im August bei so manchem Tiger ein kreatives Chaos ein. Je eher Sie sich eingestehen, dass Sie das Ganze kaum kontrollieren können, desto besser kommen Sie mit der Situation klar. Aus einer scheinbaren Unordnung kann am Ende etwas Wunderbares entstehen, wenn Sie das zulassen. Legen Sie sich also eine entspannte Haltung zu und lassen Sie die Dinge auf sich zukommen.

In diesem und im nächsten Monat wird das Metall-Element gut unterstützt, so dass sich der Tiger leichter von Dingen trennen kann, die er nicht mehr braucht.

Liebe, Familie, Freundschaft: Suchen Sie sofort das Gespräch, wenn Sie sich nun mit Ihrem Partner nicht hundertprozentig wohl fühlen. Durch das Fehlen des Wasser-Elementes läuft die Kommunikation im August vielleicht nicht immer optimal. Da ist es umso wichtiger, dass Sie sich in dem Bereich mehr Mühe geben.

Ein bisschen mehr Leichtigkeit steht dem Tiger gut zu Gesicht und macht ihn gleich noch attraktiver. So fliegen einsamen Tiger nun spielerisch die Herzen zu. Auch wenn der Büffel sich eher langfristige Bindungen wünscht, kann es in diesen Wochen passieren, dass sich erst einmal nur ein Strohfeuer entwickelt.

Beruf, Finanzen: Der quirlige Affe bringt gerne viele neue Möglichkeiten ins Spiel. Dabei schert er sich reichlich wenig darum, ob der Tiger überhaupt die nötige Zeit für seine Einfälle aufbringen kann… Lassen sich nun bitte nicht von Ihren bestehenden Aufgaben ablenken! Auch wenn es noch so spannend erscheint, gibt es am Ende nur Ärger, wenn Sie sich nicht auf das Wesentliche konzentrieren.

Zuverlässige Unterstützung wartet nun auf all diejenigen, die aktiv darum bitten. Da sollte sich der Tiger wirklich nicht zu schade sein, den Mund aufzumachen, wenn er Engpässe erkennt.

Tipp des Monats: Schaffen Sie Ihren Ideen Raum! Im Jahr des bedächtigen Büffels lassen sich gut durchdachte Projekte wunderbar umsetzen.

MAO Hase

Grundtendenz des Monats: Wer im August seine Pläne durchsetzen möchte, muss den Mund aufmachen. Wie soll Ihre Umgebung wissen, was Sie sich vorstellen, wenn Sie nicht darüber reden? Der Affe versteht sich im August darauf, in der passenden Situation die richtigen Worte zu finden.

Der Büffel ist am liebsten auf eingelaufenen Pfaden unterwegs. Das könnte dem Hasen in diesem Monat aber durchaus ein bisschen langweilig werden. Wenn Sie sich mehr Abwechslung wünschen, müssen Sie sich darum selbst kümmern. Vom konservativen Jahresherrscher ist in dieser Hinsicht nicht viel zu erwarten.

Liebe, Familie, Freundschaft: Setzen Sie bitte nicht voraus, dass Ihr Partner Ihnen schon von alleine anmerkt, wenn Sie nicht zufrieden sind. Was hinter Ihrer Stirn vorgeht, wissen nur Sie allein! Es bringt gar nichts, nach außen Harmonie auszustrahlen, wenn Sie diese im Inneren nicht verspüren. Sprechen Sie wunde Punkte in Ihrer Beziehung diplomatisch an - dann findet sich auch eine für beide Seiten tragbare Lösung. Mit dem Affen an Ihrer Seite können Sie sicher ein bisschen mehr Schwung in Ihr Liebesleben bringen. Das gilt übrigens sowohl für schon länger bestehende Beziehungen als auch für eine noch recht frische Liebe.

Beruf, Finanzen: Nun lassen Sie sich deutlich einfacher für Aufgaben motivieren, die eigentlich nicht ganz so Ihr Fall sind. Packen Sie beherzt an, dann hat sich das Ganze auch recht schnell erledigt - zumal der Jahresregent Ihnen jetzt sicher auch gut unter die Arme greifen kann. Besteht nun die Möglichkeit, vor dem Herbst noch gewisse Dinge abzuschließen, sollten Sie Ihre Energie ruhig darauf verwenden.

Wenn am Arbeitsplatz kreatives Chaos herrscht, so muss das nicht unbedingt schlecht sein. Schließlich kann so oft etwas Neues entstehen. Wichtig ist einfach, jetzt nicht den Überblick zu verlieren.

Tipp des Monats: Zeigen Sie Bereitschaft, anderen unter die Arme zu greifen, wenn das erforderlich ist.

SHENG
Drache

Grundtendenz des Monats: Mit einem guten Yang-Feuer Anteil kehrt im August die Motivation zurück. Endlich dürfen Sie sich wieder aus vollem Herzen für eine Sache einsetzen! Damit Ihr Enthusiasmus nicht ins Leere läuft, ist es nun wichtig, dem Ganzen eine gute Struktur zu geben. Suchen Sie sich beizeiten Mitstreiter, die ebenso für Ihre Idee brennen wie Sie selbst. Auf die können Sie sich dann auch in schwierigeren Situation verlassen.

In diesem Monat begleitet ein Affe den Drachen. Diese beiden zeichnen sich nicht unbedingt durch ihre Geduld aus, was jetzt dazu führen kann, dass sich immer dann etwas Unmut breit macht, wenn sich Dinge verzögern und der Drache nicht so recht vom Platz kommt

Liebe, Familie, Freundschaft: Es mag in diesen Wochen bei Ihnen zu Hause noch ein bisschen chaotischer zugehen als sonst. Sie selbst wird das vielleicht gar nicht so sehr stören, aber Sie sollten schon auch schauen, wie der Rest der Familie reagiert. Nicht jeder kann damit so entspannt umgehen wie Sie, lieber Drache.

Auf der einen Seite wünschen Sie sich eine stabile Beziehung, auf der anderen Seite soll es aber Bitteschön auch spannend bleiben… damit sich das erreichen lässt, braucht es einen Partner, der sich mit Freude auf Ihre extrovertierten Ideen einlässt. Jetzt im August lassen sich gleichgesinnte Seelen sicher besser erkennen als noch in den Monaten zuvor.

Beruf, Finanzen: Mit dem quirligen Feuer-Affen wird im August die Trägheit der letzten Monate weggefegt. Affe und Drache sind nämlich vor allem in kreativen Belangen ein wirklich gutes Team. So hilft Ihnen der Affe nun, Ihre Projekte wirklich auf den Weg zu bringen und Sie können sich auf Präsentation und Vermarktung konzentrieren.

Wer jetzt seine Aktivitäten ausweiten möchte, ist sicher gut beraten, diese Schritte mit allen Beteiligten gründlich zu besprechen.

Tipp des Monats: Zeigen Sie sich hilfsbereit und verlässlich. Dabei muss der Spaß keineswegs zu kurz kommen.

SZE
Schlange

Grundtendenz des Monats: Mit dem agilen Affen dürfte es im August deutlich lebhafter zugehen. Schließlich ist dieses Tierzeichen dafür bekannt, ständig aktiv zu sein. Da kann auch die Schlange nun nicht einfach die Hände in den Schoß legen. Nutzen Sie die Energie in den nächsten Wochen dafür, sich mehr auszubreiten und neues Terrain für sich zu entdecken. Wichtig ist, dass Ihnen Spaß macht, was Sie tun. Fangen Sie also nichts an, was Sie nicht auch länger mit Freude tun möchten. Sie sollten inzwischen gemerkt haben, dass der Büffel kein Freund von kurzfristigen Aktivitäten ist.

Das Feuer-Element der Schlange wird in den nächsten beiden Monaten unterstützt und damit sicher auch ihre Motivation im Allgemeinen.

Liebe, Familie, Freundschaft: Oft sind es die kleinen alltäglichen Dinge im Kreise Ihrer Lieben, die Ihnen nun besonders Freude bereiten. Eine Spielstunde mit den Kindern, ein gutes Gespräch mit den Eltern, ein gemütliches Essen mit dem Partner… wichtig ist, dass Sie diese Momente erkennen und schätzen lernen.

Zeigen Sie vor allem Ihren Freunden nun, dass man sich auf Sie verlassen kann. Es mag ein bisschen dauern, bis die Schlange sich vertrauensvoll öffnet, aber dann ist sie bereit, sich für die Menschen in ihrem inneren Zirkel einzusetzen.

Beruf, Finanzen: Sollte es am Arbeitsplatz nun eher ungeordnet zugehen, ist das bestimmt dem quirligen Affen zuzuschreiben. Das mag der Schlange auf den ersten Blick nicht sehr behagen. Bei genauerer Betrachtung merken Sie aber schnell, dass so frische Impulse entstehen können. Vielleicht lässt sich ja nun dadurch ein Problem neu angehen, dass Sie schon seit längerem beschäftigt?

Gibt es etwas, was Sie schon länger von Ihrem Schreibtisch verbannen wollen? Dann sollten Sie das vor der Sommerpause noch abschließen und die Sache endlich loslassen

Tipp des Monats: Nur beobachten reicht in diesen Wochen nicht aus, liebe Schlange. Jetzt müssen Sie schon aktiver werden!

> Herbstbeginn / Ende der Hitze < August

WU
Pferd

Grundtendenz des Monats: Mit einem sehr lebendigen Affen an der Seite darf sich das Pferd im August wieder deutlich mehr ausbreiten. Dabei muss es jetzt nicht unbedingt immer geordnet zugehen. Zu groß dürfte bei einigen die Freude sein, endlich wieder loszulegen, als dass man sich groß um die Regeln schert.

Der Affe bringt nun ein recht starkes Yang-Feuer mit, was sich günstig auf die Motivation und den persönlichen Ehrgeiz auswirken kann. So lange Sie Ihre Energie in eine nützliche Richtung lenken, können alle wunderbar davon profitieren. Wenn Sie nicht so recht wissen, wohin mit Ihrer Kraft, ist dagegen jetzt eher Vorsicht angesagt.

Liebe, Familie, Freundschaft: Ihre Hilfsbereitschaft wird nun manchmal als zu selbstverständlich hingenommen. Wenn das dazu führt, dass die ganze Arbeit an Ihnen hängen bleibt, sollten Sie das nicht klaglos hinnehmen. Schließlich haben Sie durchaus auch einen Anspruch darauf, Spaß zu haben! Sorgen Sie deshalb jetzt für eine gerechte Arbeitsteilung.

Wer auf der Suche nach einer neuen Liebe ist, darf nun durchaus etwas lockerer an die Sache herangehen. Je entspannter Sie sich geben, desto attraktiver werden Sie für die andere Seite.

Beruf, Finanzen: Unter den strengen Augen des Büffels fühlt sich so manches Pferd nun vielleicht mehr beobachtet - vor allem, wenn es sich jetzt nicht so verhält, wie allgemein erwartet. Wenn Sie einen klaren Plan haben mit einem realistisch gesetzten Ziel sollten Sie sich davon aber nicht aus der Ruhe bringen lassen. Manchmal muss man eben ungewöhnliche Wege gehen, um zu einem guten Ergebnis zu kommen.

Arbeiten im Team müssen nicht immer durchorganisiert sein. Solange am Ende alle Fäden zusammenkommen, hat der Büffel nichts gegen innovative Lösungsansätze.

Tipp des Monats: Sorgen Sie dafür, das der Spaß weder für Sie noch Ihre Umgebung zu kurz kommt!

WEI
Ziege

Grundtendenz des Monats: Mit der Zurückhaltung sollte es auch für die sanfte Ziege nun erst einmal vorbei sein. Dafür dürfte der Feuer-Affe sorgen, der jetzt im August der Ziege zur Seite steht. Ihm geht es in erster Linie darum, dass es nicht zu langweilig wird. So dürfte der Büffel in diesen Wochen mit seiner konservativen Grundhaltung zuweilen kaum durchkommen. Die Ziege sollte das freuen - kann sie so doch entspannt durchatmen und muss sich nicht so sehr um alles kümmern wie noch im Monat zuvor.

Mit dem Feuer-Element bringt der Affe auch den Elan zurück, der so mancher Ziege in den letzten Monaten vielleicht ein bisschen abhandengekommen ist.

Liebe, Familie, Freundschaft: Haben Sie eigentlich Ihren ganz eigenen Platz bei sich zu Hause? Einen Bereich, in den Sie sich zurückziehen können und der nur Ihnen gehört? Falls Sie diese Frage mit nein beantworten müssen, ist es nun an der Zeit, sich so ein kleines Refugium einzurichten! Schließlich tut es Ihnen gut, wenn Sie sich in einem sicheren Rahmen ausbreiten können und ganz Sie selbst sein dürfen.

Unordnung mögen die meisten Ziegen überhaupt nicht! Das bekommen Partner und Familie jetzt sicher gut zu spüren, wenn sie mit Ihrer zu laxen Haltung dafür sorgen, dass das Chaos überhand nimmt.

Beruf, Finanzen: Methodische Planung liegt den meisten Ziegen und das macht sie zu wertvollen Arbeitskräften, wenn es hoch hergeht. Auch der Affe hat durchaus ein System in seiner Ordnung, dass aber meistens nur er selbst kennt. Für die Ziege ist es deshalb nun recht schwierig, Struktur und Ordnung in die Arbeitsabläufe zu bringen.

Man kann sich in diesen Wochen ganz besonders auf Sie verlassen, liebe Ziege. Dafür sollten Sie jetzt wirklich auch die verdiente Anerkennung bekommen.

Tipp des Monats: Ein gewisses Maß an Ordnung muss sicher sein - Sie sollten jetzt aber nicht zu streng sein.

SUNG
Affe

Grundtendenz des Monats: Der Affe hat zuweilen die Tendenz, einfach zu viel auf einmal erledigen zu wollen. Das macht sich oft gerade im August bemerkbar, denn jetzt bekommt er Gesellschaft von einem Artgenossen. Die beiden können zusammen so manchen ambitionierten Plan aushecken. Dabei wird aber dann häufig nicht durchdacht, wie das Ganze umgesetzt werden könnte und der Arbeitsaufwand schnell unterschätzt.

Damit sich der Affe in diesen Wochen nicht zu sehr stresst, ist es wichtig, erst einmal gut zu planen, bevor er gleich begeistert loslegt. Der Büffel wird ihm dann sicher helfen, ein solides Fundament zu schaffen, auf dem sich Stück für Stück aufbauen lässt.

Liebe, Familie, Freundschaft: Sie brauchen mehr Platz, um sich auszubreiten? Dann müssen Sie das auch laut und deutlich sagen. Ansonsten geht man in der Familie davon aus, dass Sie zufrieden sind und kommt gar nicht auf die Idee, Ihnen mehr Freiraum zu ermöglichen.

Ihre Hilfsbereitschaft wird in diesem Monat unter Umständen mehr als einmal auf die Probe gestellt. Sicher ist es richtig, Partner, Familienangehörigen und engen Freunden unter die Arme zu greifen. Trotzdem sollte man sich nicht zu selbstverständlich darauf verlassen, dass es der Affe schon richten wird. Im Zweifelsfall dürfen Sie ruhig auch mal nein sagen.

Beruf, Finanzen: Neue Ideen können in diesem Monat durchaus vorgestellt werden - aber nur, wenn sie wirklich gut vorbereitet werden. Der Jahresregent tut sich ohnehin zuweilen ein bisschen schwer mit Innovationen und wird einer Veränderung nur zustimmen, wenn sie wirklich bis ins letzte Detail durchdacht ist.

Wenn Sie nun einmal wieder nicht wissen, wo Sie am besten anfangen mit der Arbeit, ist das ein sicheres Zeichen dafür, dass Ihr Pensum einfach zu groß ist. Da hilft nur loslassen oder delegieren.

Tipp des Monats: Wenn Sie verreisen wollen, sollten Sie ein festes Budget einplanen und sich hundertprozentig daran halten.

YU
Hahn

Grundtendenz des Monats: Ein bisschen mehr Abwechslung und Schwung würde dem Hahn sicher gut gefallen. Wie gut, das nun der Affe auf die Bühne tritt! Er ist genau das Tierzeichen im Chinesischen Horoskop, mit dem der Hahn spontan am meisten Spaß haben kann. Die beiden ergänzen sich aber auch dann ganz gut, wenn es um ernstere Angelegenheiten geht, denn der Affe bringt oft die Fingerfertigkeit und Wortgewandtheit mit, die dem Hahn zuweilen fehlt.

Wer also nun seine Fühler in neue Richtungen ausstrecken möchte, bekommt dazu einen Partner an die Seite, der zwar zuweilen etwas chaotisch wirkt, auf den am Ende aber immer Verlass ist.

Liebe, Familie, Freundschaft: Der August ist sicher ein guter Monat für den Hahn, um sich wieder einmal mit seinen Freunden zu treffen und gemeinsam etwas zu unternehmen. Lassen Sie sich dabei ruhig voneinander inspirieren und folgen Sie spontanen Eingebungen. Man muss nicht immer alles im Voraus planen!

In der Liebe darf der Alltag ruhig einmal an Seite geschoben werden. Wer seine Beziehung frisch erhalten möchte, darf sich nicht zu sehr der täglichen Routine ausliefern. Zeigen Sie Ihrem Partner, dass Ihnen auch einmal etwas Außergewöhnliches einfällt, anstatt sich immer nur auf die praktischen Dinge zu beschränken.

Beruf, Finanzen: Mit dem Affen an seiner Seite kann der Hahn besonders auf der beruflichen Ebene seine Fähigkeiten noch besser einbringen und sich nach allen Seiten ausbreiten. Lassen Sie sich ruhig vom Affen inspirieren und picken Sie sich dann die Dinge heraus, die für Sie am besten umzusetzen sind. Wer nun gekonnt Innovation und Tradition mischt, wird garantiert Erfolg haben.

Auch wenn es darum, geht nun das Team zu motivieren, haben Sie in diesen Wochen gute Karten.

Tipp des Monats: Mit Begeisterung lassen sich nun mehr Herzen gewinnen also mit trockenen Argumenten.

> Herbstbeginn / Ende der Hitze <

August

SHIH
Hund

Grundtendenz des Monats: Wer bei seiner Innenschau im letzten Monat zu einem Ergebnis gekommen ist, möchte das jetzt der Welt präsentieren. Den dazu nötigen Elan liefert Ihnen im August der Affe. Mit ihm an der Seite sollten Sie nicht nur motiviert sein, sondern sich auch trauen, einen Schritt in eine unbekannte Richtung zu tun.

Es mag in diesen Wochen vielleicht zuweilen schon mal drunter und drüber gehen. Trotzdem möchte sich Ihr Umfeld auf Sie verlassen können und sich an Ihnen orientieren. Auf der einen Seite sollten Sie sich der damit verbundenen Verantwortung bewusst sein. Auf der anderen Seite sollten Sie sich selbst nun bitte nicht zu ernst nehmen

Liebe, Familie, Freundschaft: Es braucht manchmal gar nicht so viel, damit der Hund sein Leben genießen kann. Freuen Sie sich nun mit Ihren Lieben auf einen schönen Sommer und lassen Sie sich ruhig öfter von der allgemeinen guten Laune anstecken. Vor allem Dinge, die Sie nun ohnehin nicht ändern können, sollten Sie nicht in Ihr Privatleben mitnehmen. Sie belasten nur die Atmosphäre und verderben Ihnen die Laune.

Auch in der Liebe darf alles in diesen Wochen leicht gehen. Anstatt immer nur auf die Stimmen in Ihrem Kopf zu lauschen, sollten Sie jetzt einfach auf Ihr Herz hören.

Beruf, Finanzen: Wer immer noch nicht groß weitergekommen ist, sollte sich jetzt vielleicht ein wenig von der Sturheit des Büffels aneignen. Der setzt sich letztendlich immer durch und bekommt, was er will – weil er eben nie aufgibt. Vielleicht können Sie mit Hilfe des Affen nun noch einmal Ihre Strategie überarbeiten und an die endgültigen Anforderungen anpassen.

Der Feuer-Affe braucht reichlich Platz, um sich auszubreiten. Wenn Sie nicht noch mehr Arbeit wollen, müssen Sie sich wehren. Ansonsten können Sie sich nun vielleicht über neue Aufgaben freuen.

Tipp des Monats: Versuchen Sie, immer positiv zu bleiben. Niemand will Ihnen etwas wegnehmen!

HAN
Schwein

Grundtendenz des Monats: Ein agiler Affe taucht im August auf und teilt mit dem Schwein Optimismus und Lebenslust. Das sind beste Voraussetzungen dafür, nun vor allem in Ihrer freien Zeit ausschließlich die Dinge zu tun, die Ihnen so richtig Freude machen. Sicher finden sich in diesen Wochen begeisterte Mitstreiter für Ihre Pläne.

Bei aller Ausgelassenheit sollten Sie aber trotzdem wachsam bleiben, sonst übersehen Sie unter Umständen noch mögliche Gefahrenquellen oder schätzen gewisse Situationen falsch ein. Es wäre doch schade, wenn Sie für den Rest des Jahres einen Gang zurückschalten müssten, bloß weil Sie einmal über das Ziel hinausgeschossen sind.

Liebe, Familie, Freundschaft: Wenn es gerade zu Hause drunter und drüber geht, liegt das vielleicht auch daran, dass Sie einfach zu nachsichtig sind. Im Familienverbund hat jeder seine Aufgaben zu erledigen und gerade im Jahr des strengen Büffels sollten da möglichst keine Ausnahmen gemacht werden. Sorgen Sie also dafür, dass wirklich alle mit anpacken.

Auf Ihren Partner dürfte in diesem Monat Verlass sein, auch wenn das manchmal nicht den Anschein hat. Wenn es darauf ankommt und Sie darum bitten, sollte Ihre bessere Hälfte auch im größten Chaos zur Stelle sein.

Beruf, Finanzen: Wenn Sie sich 2021 bislang noch nicht mit dem Thema Karriere beschäftigt haben, wird es nun wirklich Zeit. Schließlich unterstützt der Büffel Ihre persönlichen Ambitionen, so dass es nun deutlich einfacher ist als zuvor, die eigene Position zu verbessern. Wenn Sie clever agieren, können Sie viel erreichen.

Aber vielleicht sind Sie ja auch vollkommen zufrieden, dort wo Sie gerade sind und möchten sich nicht verändern? Auch dafür hat der Büffel vollstes Verständnis, denn am Ende des Tages ist es ihm wichtig, dass Sie glücklich sind.

Tipp des Monats: Es hat noch nie geschadet, freundlich zu sein! Vor allem wenn Sie ein bestimmtes Ziel im Auge haben, dürfen Sie ruhig Ihren Charme spielen lassen.

August 2021	Jahreskonstellation – Metall Büffel Monatskonstellation – Feuer Affe

1. Metall Schlange	Ratte **Büffel** Tiger Hase **Drache Schlange** Pferd Ziege Affe **Hahn** Hund Schwein **Günstig:** Handwerkliche Aktivitäten, Handel, Hochzeiten, Reisen. **Ungünstig:** Trauerfeiern und Beerdigungen, schwere körperliche Arbeit.
2. Wasser Pferd	Ratte Büffel **Tiger** Hase Drache Schlange **Pferd Ziege** Affe Hahn **Hund** Schwein **Günstig:** Ankündigungen machen, Beerdigungen, Trauerfeiern. **Ungünstig:** Handel, Vergnügungen, Freizeitaktivitäten.
3. Wasser Ziege	Ratte Büffel Tiger **Hase** Drache Schlange **Pferd Ziege** Affe Hahn Hund **Schwein** **Günstig:** Kleidung schneiden, Handel, Buchhaltung, Ausflüge, neue Dinge beginnen. **Ungünstig:** Geschäfte eröffnen, Kraftanstrengungen, Reisen, Ersparnisse ausgeben.
4. Holz Affe	**Ratte** Büffel Tiger Hase **Drache** Schlange Pferd Ziege **Affe Hahn** Hund Schwein **Günstig:** Putzen, waschen, fasten, seelische und körperliche Pflege, Arztbesuche. **Ungünstig:** Ausdauersport, Reisen, Hochzeit.
5. Holz Hahn	Ratte **Büffel** Tiger Hase Drache **Schlange** Pferd Ziege **Affe Hahn** Hund Schwein **Günstig:** Umziehen, Reisen, Hochzeiten, Empfänge, wichtige Konferenzen. **Ungünstig:** geistige Arbeiten, Gartenarbeit, häusliche Tätigkeiten.
6. Feuer Hund	Ratte Büffel **Tiger** Hase Drache Schlange **Pferd** Ziege Affe Hahn **Hund Schwein** **Günstig:** Versammlungen, gerechte Verteilungen, Hochzeit, Konferenzen, Umzug. **Ungünstig:** Gartenarbeit, Dinge zum Abschluss bringen.
7. Feuer Schwein	Ratte Büffel Tiger **Hase** Drache Schlange Pferd **Ziege** Affe Hahn **Hund Schwein** **Günstig:** Versammlungen, gerechte Verteilungen, Hochzeit, Konferenzen, Umzug. **Ungünstig:** Gartenarbeit, Dinge zum Abschluss bringen.
8. Erd Ratte	**Ratte Büffel** Tiger Hase **Drache** Schlange Pferd Ziege **Affe** Hahn Hund Schwein **Günstig:** Gartenarbeit, Feiern, Hochzeit, Dinge zum Abschluss bringen. **Ungünstig:** keine Anschuldigungen gegen Dritte erheben.
9. Erd Büffel	**Ratte Büffel** Tiger Hase Drache **Schlange** Pferd Ziege Affe **Hahn** Hund Schwein **Günstig:** Gartenarbeit, Hochzeit, Dinge zum Abschluss bringen. **Ungünstig:** Umzug, Reisen, Geschäftseröffnung.
10. Metall Tiger	Ratte Büffel **Tiger Hase** Drache Schlange **Pferd** Ziege Affe Hahn **Hund** Schwein **Günstig:** Handwerkliche Aktivitäten, Handel, Hochzeiten, Reisen. **Ungünstig:** Trauerfeiern und Beerdigungen, schwere körperliche Arbeit.
11. Metall Hase	Ratte Büffel **Tiger Hase** Drache Schlange Pferd **Ziege** Affe Hahn Hund **Schwein** **Günstig:** Amüsieren, mit Freunden ausgehen, Freizeitaktivitäten. **Ungünstig:**geschäftliche Aktivitäten, neue Dinge anfangen.
12. Wasser Drache	**Ratte** Büffel Tiger Hase **Drache Schlange** Pferd Ziege **Affe** Hahn Hund Schwein **Günstig:** für die meisten Aktivitäten, Geschäftsabschlüsse, Partnerschaft. **Ungünstig:** negative Bemerkungen über andere Menschen.
13. Wasser Schlange	Ratte **Büffel** Tiger Hase **Drache Schlange** Pferd Ziege Affe **Hahn** Hund Schwein **Günstig:** Handel, Geschäftseröffnungen, Hochzeiten und andere Feste planen. **Ungünstig:** Beerdigungen, Reisen, Arztbesuche.
14. Holz Pferd	Ratte Büffel **Tiger** Hase Drache Schlange **Pferd Ziege** Affe Hahn **Hund** Schwein **Günstig:** Handwerkliche Aktivitäten, Handel, Hochzeiten, Reisen. **Ungünstig:** Trauerfeiern und Beerdigungen, schwere körperliche Arbeit.
15. Holz Ziege	Ratte Büffel Tiger **Hase** Drache Schlange **Pferd Ziege** Affe Hahn Hund **Schwein** **Günstig:** Ankündigungen machen, Beerdigungen, Trauerfeiern. **Ungünstig:** Handel, Vergnügungen, Freizeitaktivitäten.

Ob ein Tag besonders günstig für Ihr Tierzeichen ist, sehen Sie an folgenden Farben:
Rot = sehr günstig, Grau = günstig, Schwarz = nicht günstig

Jahreskonstellation – Metall Büffel
Monatskonstellation – Feuer Affe

August 2021

16. Feuer Affe	**Ratte** Büffel Tiger Hase **Drache** Schlange Pferd Ziege **Affe Hahn** Hund Schwein **Günstig:** Kleidung schneidern, Handel, Buchhaltung, Ausflüge, neue Dinge beginnen. **Ungünstig:** Geschäfte eröffnen, Kraftanstrengungen, Reisen, Ersparnisse ausgeben.
17. Feuer Hahn	Ratte **Büffel** Tiger Hase Drache **Schlange** Pferd Ziege **Affe Hahn** Hund Schwein **Günstig:** Putzen, waschen, fasten, seelische und körperliche Pflege, Arztbesuche. **Ungünstig:** Ausdauersport, Reisen, Hochzeit.
18. Erd Hund	Ratte Büffel **Tiger** Hase Drache Schlange **Pferd** Ziege Affe Hahn **Hund Schwein** **Günstig:** Umziehen, Reisen, Hochzeiten, Empfänge, wichtige Konferenzen. **Ungünstig:** geistige Arbeiten, Gartenarbeit, häusliche Tätigkeiten.
19. Erd Schwein	Ratte Büffel Tiger **Hase** Drache Schlange Pferd **Ziege** Affe Hahn **Hund Schwein** **Günstig:** Versammlungen, gerechte Verteilungen, Hochzeit, Konferenzen, Umzug. **Ungünstig:** Gartenarbeit, Dinge zum Abschluss bringen.
20. Metall Ratte	**Ratte Büffel** Tiger Hase **Drache** Schlange Pferd Ziege **Affe** Hahn Hund Schwein **Günstig:** Gartenarbeit, Feiern, Hochzeit, Dinge zum Abschluss bringen. **Ungünstig:** keine Anschuldigungen gegen Dritte erheben.
21. Metall Büffel	**Ratte Büffel** Tiger Hase Drache **Schlange** Pferd Ziege Affe **Hahn** Hund Schwein **Günstig:** Gartenarbeit, Hochzeit, Dinge zum Abschluss bringen. **Ungünstig:** Umzug, Reisen, Geschäftseröffnung.
22. Wasser Tiger	Ratte Büffel **Tiger Hase** Drache Schlange **Pferd** Ziege Affe Hahn **Hund** Schwein **Günstig:** Ausruhen, Meditation, seinen Hobbys nachgehen. **Ungünstig:** wichtige Unternehmungen.
23. Wasser Hase	Ratte Büffel **Tiger Hase** Drache Schlange Pferd **Ziege** Affe Hahn Hund **Schwein** **Günstig:** Amüsieren, mit Freunden ausgehen, Freizeitaktivitäten. **Ungünstig:** geschäftliche Aktivitäten, neue Dinge anfangen.
24. Holz Drache	**Ratte** Büffel Tiger Hase **Drache Schlange** Pferd Ziege **Affe** Hahn Hund Schwein **Günstig:** für die meisten Aktivitäten, Geschäftsabschlüsse, Partnerschaft. **Ungünstig:** negative Bemerkungen über andere Menschen.
25. Holz Schlange	Ratte **Büffel** Tiger Hase **Drache Schlange** Pferd Ziege Affe **Hahn** Hund Schwein **Günstig:** Handel, Geschäftseröffnungen, Hochzeiten und andere Feste planen. **Ungünstig:** Beerdigungen, Reisen, Arztbesuche.
26. Feuer Pferd	Ratte Büffel **Tiger** Hase Drache Schlange **Pferd Ziege** Affe Hahn **Hund** Schwein **Günstig:** Handwerkliche Aktivitäten, Handel, Hochzeiten, Reisen. **Ungünstig:** Trauerfeiern und Beerdigungen, schwere körperliche Arbeit.
27. Feuer Ziege	Ratte Büffel Tiger **Hase** Drache Schlange **Pferd Ziege** Affe Hahn Hund **Schwein** **Günstig:** Ankündigungen machen, Beerdigungen, Trauerfeiern. **Ungünstig:** Handel, Vergnügungen, Freizeitaktivitäten.
28. Erd Affe	**Ratte** Büffel Tiger Hase **Drache** Schlange Pferd Ziege **Affe Hahn** Hund Schwein **Günstig:** Kleidung schneidern, Handel, Buchhaltung, Ausflüge, neue Dinge beginnen. **Ungünstig:** Geschäfte eröffnen, Kraftanstrengungen, Reisen, Ersparnisse ausgeben.
29. Erd Hahn	Ratte **Büffel** Tiger Hase Drache **Schlange** Pferd Ziege **Affe Hahn** Hund Schwein **Günstig:** Putzen, waschen, fasten, seelische und körperliche Pflege, Arztbesuche. **Ungünstig:** Ausdauersport, Reisen, Hochzeit.
30. Metall Hund	Ratte Büffel **Tiger** Hase Drache Schlange **Pferd** Ziege Affe Hahn **Hund Schwein** **Günstig:** Umziehen, Reisen, Hochzeiten, Empfänge, wichtige Konferenzen. **Ungünstig:** geistige Arbeiten, Gartenarbeit, häusliche Tätigkeiten.
31. Metall Schwein	Ratte Büffel Tiger **Hase** Drache Schlange Pferd **Ziege** Affe Hahn **Hund Schwein** **Günstig:** Versammlungen, gerechte Verteilungen, Hochzeit, Konferenzen, Umzug. **Ungünstig:** Gartenarbeit, Dinge zum Abschluss bringen.

> Weißer Tau / Herbst-Tagnachtgleiche < September

TZE
Ratte

Grundtendenz des Monats: Die Ratte muss jetzt schon etwas genauer hinschauen, wenn sie die wahren Absichten der Menschen in ihrem Umfeld erkennen will. Mit oberflächlichem Geplänkel ist das kaum zu erreichen! Da müssen Sie sich im September schon tiefer auf Ihr Gegenüber einlassen.

Der Hahn, der den Monat begleitet, hat die Tendenz, nach außen ein strahlendes Bild abzugeben. Ob das von Innen dann genauso positiv aussieht, steht auf einem anderen Blatt.

Das zusätzliche Yin-Metall kann jetzt dafür sorgen, dass es der Ratte leichter fällt, auch lästige Aufgaben zu erledigen. Je schneller Sie die Sache hinter sich bringen, desto eher können Sie sich wieder den schöneren Dingen widmen.

Liebe, Familie, Freundschaft: Beständigkeit ist der Schlüssel zu einer harmonischen Beziehung im Jahr des Metall-Büffels. Wenn Sie sich dazu nicht in der Lage sehen, liebe Ratte, kann es gerade in diesen Wochen schon mal zu Reibereien kommen. Unterschiedliche Erwartungshaltungen sind auf Dauer keine gute Basis für das partnerschaftliche Glück. Da wäre es vielleicht an der Zeit, sich gemeinsam hinzusetzen und die heiklen Themen offen zu besprechen.

Der September ist kein allzu guter Monat für die Partnersuche, weil das Bedürfnis nach Nähe nun in vielen Fällen einfach nicht so hoch ist.

Beruf, Finanzen: Beruflich braucht sich die Ratte im September keine großen Sorgen zu machen. Hahn und Büffel sind nämlich ein hervorragendes Gespann, wenn es um geschäftliche Angelegenheiten geht. Sie bekommen deshalb nun nicht nur Ihre Angelegenheiten geregelt, sondern können das nach außen auch richtig gut darstellen.

Damit sich das Ganze auch in barer Münze auszahlen kann, wäre es wichtig, die Nachhaltigkeit Ihrer Aktionen gut belegen zu können.

Tipp des Monats: Wer schon länger mit einer Entscheidung hadert, sollte diese nun treffen und die Sache nicht noch weiter auf die lange Bank schieben.

KIU
Büffel

Grundtendenz des Monats: Der September steht dem Büffel einen stolzen Hahn zur Seite. Diese beiden verstehen sich in der Regel ganz hervorragend - auch wenn sie auf den ersten Blick unterschiedlicher kaum sein könnten. Wo der Büffel mit schierer Kraft und Willensstärke Hindernisse aus dem Weg räumt, ist der Hahn eher subtiler unterwegs und kümmert sich mehr um die Feinheiten. Das sollte in diesem Monat immer dann eine willkommene Ergänzung für Sie sein, wenn mehr Fingerspitzengefühl erforderlich ist.

Trotzdem aller Finesse des Hahns geht es im Jahr des Erd-Büffels nicht darum, wer die trendigsten Konzepte vorstellt, sondern wer am Ende in der Lage ist, Nägel mit Köpfen zu machen.

Liebe, Familie, Freundschaft: Lassen Sie sich nun auf keinen Fall aus der Fassung bringen, wenn Sie innerhalb Ihrer Familie oder Ihres Freundeskreis etwas härter angegangen werden. Wahrscheinlich möchte man Sie einfach dazu motivieren, Ihren Blickwinkel zu ändern. Zeigen Sie mehr Bereitschaft, zuzuhören! Auch wenn das Gesagte Ihnen nicht zusagt, haben Ihre Lieben ein Recht darauf, ihre Meinung zu äußern! Und wer weiß, vielleicht steckt ja ein Körnchen Wahrheit darin…

Einsame Büffel-Herzen sollten sich jetzt ruhig ein bisschen mehr aus der Deckung wagen. Schließlich ist der Hahn bestens in der Lage, andere Menschen mit Eloquenz und seiner äußeren Erscheinung zu beeindrucken.

Beruf, Finanzen: Mit dem Hahn im Monat dürfte in so manchem Büffel der Wunsch erwachen, mehr die Führung zu übernehmen. Dafür ist es allerdings nötig, die eigenen Fähigkeiten deutlicher herauszustellen. Wenn Sie es also leid sind, für andere die Kohlen aus dem Feuer zu holen, müssen Sie das deutlich zum Ausdruck bringen. Neben der reinen Willensbekundung ist es mindestens genauso wichtig, dazu auch schlagkräftige Argumente zu liefern.

Tipp des Monats: Wer am lautesten schreit, muss nicht unbedingt recht haben. Bleiben Sie gelassen in Ihrer Argumentation.

YING
Tiger

Grundtendenz des Monats: Der durchsetzungsstarke Jahresregent bekommt in diesem Monat Unterstützung von einem disziplinierten Hahn. Da wird es so mancher Tiger nicht leicht haben, gegen den Strom zu schwimmen. Bestehen Sie lieber nicht darauf, Ihren Freiheitsdrang auszuleben, sondern passen Sie sich den vorgegebenen Parametern an. Das erspart Ihnen Stress und ist am Ende gar nicht so schlimm, wie es erscheinen mag.
Der Hahn hat eine gute Portion Yin-Feuer im Gepäck, was es dem Tiger erleichtern kann, sich emotional in allen Bereichen seines Lebens mehr zu öffnen.

Liebe, Familie, Freundschaft: Ein autoritärer Führungsstil kommt beim eigenen Nachwuchs nicht besonders gut an. Wie wäre es nun anstatt dessen mit einem konstruktiven Gespräch. Sicher wird man Ihrer Meinung folgen, wenn Sie sich die Zeit nehmen, sie gut zu erklären.
Das äußere Erscheinungsbild mag für einen guten ersten Eindruck nicht unwichtig sein. Trotzdem sollte sich der Tiger davor hüten, ein Bild von sich zeigen, was er auf Dauer nicht aufrechterhalten kann. Im Jahr des Büffels sind längerfristige Beziehungen deutlich wahrscheinlicher als kurze Abenteuer. Da ist es einfach besser, wenn Sie gleich von Anfang an ehrlich miteinander sind.

Beruf, Finanzen: Kompetenzgerangel sollten Sie im September möglichst aus dem Weg gehen und sich wirklich nur dann einmischen, wenn Sie ansonsten den Erfolg Ihres Projektes gefährdet sehen. In allen anderen Fällen heißt es nun stillhalten und die Ruhe bewahren.
Wer sich in einer Führungsposition befindet, muss nun unter Umständen einige Entscheidungen treffen. Es spricht dabei nichts dagegen, sich eine zweite Meinung einzuholen. Vor allem, wenn es darum geht, das Ergebnis taktvoll zu verkünden, kann der manchmal etwas impulsive Tiger sicher einen guten Rat gebrauchen.

Tipp des Monats: Lassen Sie anderen Menschen ruhig auch mal ihre Meinung! Man kann nicht immer alle überzeugen.

MAO
Hase

Grundtendenz des Monats: Büffel und Hahn begleiten den Hasen im September und bieten ihm einige Möglichkeiten, seine eigenen Pläne erfolgreicher umzusetzen. So lässt sich nicht nur sein Ansehen steigern, sondern auch die gesellschaftliche Stellung verbessern. Auf unnötigen Streit sollten Sie sich jetzt lieber nicht einlassen. Auch wenn Sie denken, dass Sie die Situation mit diplomatischem Geschick schon entschärfen können, braucht das Ganze doch wahrscheinlich viel Energie, die Sie sicher besser an anderer Stelle einsetzen können. Bieten Sie sich nicht als Schlichter an, wenn es nicht wirklich unbedingt erforderlich ist.

Liebe, Familie, Freundschaft: Vielleicht möchten Ihre Lieben nun nicht so viel Zeit mit Ihnen verbringen wie sonst. Anstatt das ständig zu hinterfragen, tun Sie gut daran, Partner und Nachwuchs auf Wunsch die nötigen Freiräume einzuräumen. Manchmal möchte man einfach auch mal allein sein…
Der stolze Hahn bringt im September die nötige Disziplin mit, so dass es nun sicher einfacher ist, in den eigenen vier Wänden für Ordnung zu sorgen. Und mit dem Duchhaltevermögen des aktuellen Herrschers wird es sicher auch gelingen, bis in den letzten Winkel vorzudringen.

Beruf, Finanzen: Wer seine Karriere mehr voran bringen will, darf durchaus auch über einen Ortswechsel nachdenken. Ob sich das mit Ihren privaten Verpflichtungen vereinbaren lässt, ist dabei nicht so klar. Da müssen Sie nun wohl eine Entscheidung treffen, lieber Hase.
Die Bereiche Handel und Kommerz stehen mit der Kombination aus Büffel und Hahn generell unter einem guten Stern. Das können clevere Hasen sicher zu ihrem Vorteil nutzen und jetzt einige lohnende Geschäfte machen. Springen Sie aber bitte nicht auf jeden Zug auf, der an Ihnen vorbei fährt, sondern wählen Sie umsichtig aus, in welchen Bereichen Sie sich engagieren wollen.

Tipp des Monats: Machen Sie sich nützlich, so dass man nur schwer auf Sie verzichten kann.

SHENG Drache

Grundtendenz des Monats: Mit dem Hahn betritt im September ein Tierzeichen die Bühne, das sich hervorragend mit dem aktuellen Jahresregenten ergänzt. Büffel und Hahn verstehen sich in fast allen Bereichen des Lebens ganz hervorragend. Sie sind sich allerdings nicht immer ganz einig mit dem Drachen. Das kann jetzt dazu führen, dass man Ihren verwegenen Visionen nicht so viel Beachtung schenkt, wie sie es verdient hätten. Da hilft kein ausschmücken, sondern nur die Präsentation von harten Fakten.
Wann haben Sie das letzte Mal für Ordnung gesorgt? Mit Hilfe des Yin-Metalls, was der Hahn nun im Gepäck hat, dürfte es Ihnen deutlich leichter fallen, die Spreu vom Weizen zu trennen.

Liebe, Familie, Freundschaft: Wem in diesem Monat nicht so sehr nach Gesellschaft ist, der sollte das gleich offen zugeben. Partner und Familie haben sicher kein Problem damit, auf Sie zu verzichten, wenn Sie wissen, warum Sie sich zurückziehen. Unangekündigte Alleingänge kommen gerade jetzt nicht gut an.
Wer auf der Suche nach einer neuen Liebe ist, darf sich nun ruhig ein bisschen mehr Mühe geben. Der Hahn ist bekannt für sein elegantes Auftreten - daran kann sich der Drache doch wunderbar orientieren und gerne mehr nach außen glänzen.

Beruf, Finanzen: Gerade wenn es um die Finanzen geht, kann sich Ihre Situation nun unter dem Einfluss von Büffel und Hahn entscheidend verbessern. Die beiden bringen die nötige Weitsicht sowie ein Gespür für Trends mit und verfügen über die nötige Standfestigkeit und Beharrlichkeit. Lassen Sie sich also ruhig führen.
Sollten nun Entscheidungen zu treffen sein, bleibt das wahrscheinlich an Ihnen hängen. Scheuen Sie sich nicht davor, die Richtung einzuschlagen, die sich für Sie am besten anfühlt. Kurskorrekturen kann man zur Not immer noch durchführen.

Tipp des Monats: Sie dürfen nun zeigen, dass Sie durchaus bereit sind, in der ersten Reihe zu stehen und Verantwortung zu übernehmen.

SZE Schlange

Grundtendenz des Monats: Im September verbinden sich Büffel und Schlange mit einem stolzen Feuer-Hahn. Diese Kombination stärkt unter anderem das Metall-Element und damit auch die Fähigkeit, die Dinge zu ordnen und sich von all dem zu trennen, was Sie in Ihrem Leben nicht mehr brauchen. Es wird also Zeit für ein inneres und äußeres Reinemachen. Dabei geht es sicher auch darum, nun ganz besonders genau hinzuschauen und nichts zu beschönigen.
Allerdings besteht auch die Gefahr, dass Sie sich zu sehr in eine Sache verbeißen. Denken Sie immer daran, dass am Ende das Ergebnis wichtig ist und nicht, wie Sie dort hingekommen sind.

Liebe, Familie, Freundschaft: Wer auf der Suche nach einem neuen Partner ist, kann sich beim Hahn sicher Rat holen, wenn es um die äußere Erscheinung geht. Kaum ein anderes Tierzeichen ist so für seine scheinbar mühelose Eleganz bekannt. Verlassen Sie sich aber bitte nicht ausschließlich auf Ihr Äußeres! Wenn Sie langfristig ein Herz an sich binden wollen, zählen die inneren Werte deutlich mehr.
Manchmal braucht die Schlange einfach mehr Zeit für sich alleine. Wenn Sie jetzt das Bedürfnis danach haben, haben Partner und Familie sicher Verständnis für einen zeitweisen Rückzug.

Beruf, Finanzen: Für Beruf und Karriere stehen die Zeichen im September ganz besonders gut. Nun kann es endlich gelingen, Ihre Leistungen einem breiteren Publikum zu präsentieren und die verdiente Anerkennung dafür zu bekommen. Lassen Sie sich also im September nicht davon abhalten, in eigener Sache Werbung zu machen.
Gewisse Entscheidungen lassen sich nun unter Umständen nicht länger hinausschieben und wollen wirklich von Ihnen alleine getroffen werden. Je länger Sie damit warten, desto unangenehmer kann die Sache werden.

Tipp des Monats: Auch wenn Sie nun aus der Komfortzone gelockt werden, sollten Sie auf jeden Fall entspannt bleiben und an Ihre Fähigkeiten glauben.

WU
Pferd

Grundtendenz des Monats: Wer sich bislang eher schwer damit getan hat, für die eigene Sache zu werben kann sich nun am Feuer-Hahn ein Beispiel nehmen. Er begleitet den Monat und versteht es ganz hervorragend, die Öffentlichkeit auf ihm wichtige Themen aufmerksam zu machen. Vielleicht haben Sie auch etwas, was Sie schon länger mit anderen Menschen teilen wollten? Dann wäre nun eine gute Gelegenheit, mit der Information nach außen zu gehen.
Ein guter Anteil an Yin-Feuer begleitet den Hahn im September, was es noch leichter für das Pferd macht, auf zwischenmenschlicher Ebene ehrliche Kontakte zu knüpfen.

Liebe, Familie, Freundschaft: Das der äußere Schein oft trügt, haben Sie in Ihrem Leben sicher schon mehrfach erfahren müssen. Gerade bei der Partnersuche ersparen Sie sich einiges, wenn es Ihnen gelingt, schneller hinter die Maske zu schauen. Schließlich geht es im Jahr des beständigen Büffel nicht um ein kurzes Strohfeuer, sondern um eine längerfristige Bindung.
Auch auf der familiären Ebene darf es mehr darum gehen, das wahre Ich zu zeigen. Wenn Sie immer so tun, als wäre alles in Ordnung, wird sich nichts zu Ihren Gunsten ändern können. Eine gesunde Portion Egoismus ist im September durchaus erlaubt.

Beruf, Finanzen: Hahn und Büffel sind ein hervorragendes Team, wenn es darum geht, Tatsachen zu schaffen. Mit der Durchsetzungskraft des Jahresregenten und dem Gespür für gute Geschäfte des Hahns ausgestattet, dürfen Sie sich nun ruhig ein bisschen mehr aus dem Fenster lehnen. Dabei sollten Sie nicht vergessen, den Ihnen zustehenden Anteil einzufordern.
Wer schon länger mehr die Führung übernehmen möchte, kann seinen Anspruch nun besser einfordern. Seien Sie sich aber auch bewusst, dass das deutlich mehr Verantwortung bedeutet.

Tipp des Monats: Bleiben Sie gelassen, auch wenn man versucht, Sie aus der Reserve zu locken. Mit Aggressivität kommen Sie nicht weiter.

WEI
Ziege

Grundtendenz des Monats: Ein Hahn ergänzt im September den Jahresregenten und sorgt dafür, dass lange geplante Aktionen ans Licht der Öffentlichkeit gelangen können. Bei manchen Dingen mag die Ziege etwas überrascht sein, aber im Grunde haben Sie schon gespürt, was kommen wird.
Mit dem zusätzlichen Yin-Metall fällt es nun sicher leichter, auch in den Bereichen eine gute Leistung zu bringen, die Ihnen im Grunde nicht so sehr liegen. Da darf sich ruhig ein bisschen mehr Zufriedenheit bei Ihnen einstellen! Sie bekommen viel geschafft und lernen noch etwas Neues dazu!

Liebe, Familie, Freundschaft: Manchmal ist es nicht einfach, im Familienkreis die wahren Absichten zu erkennen. Vor allem, wenn es sich nicht im die engste Verwandtschaft handelt, bleiben die Motive für die plötzliche Zuwendung vielleicht etwas vage. So lange Sie nicht in Vorleistung gehen müssen, können Sie das Ganze relativ gelassen sehen.
Wenn Sie sich Ihrer Gefühle nicht ganz sicher sind, würde es helfen, sich noch besser kennenzulernen. Achten Sie darauf, dabei nicht zu viel zu erwarten. Sie setzen damit die andere Seite nur unnötig unter Druck. Mal ganz abgesehen davon, dass Sie selbst so auch leichter enttäuscht werden können.

Beruf, Finanzen: Mit Hilfe des selbstbewussten Hahnes können Sie nun vor allem auf der beruflichen Ebene viel besser auf sich aufmerksam machen. Lassen Sie sich also auf keinen Fall mit Kleinigkeiten abspeisen, wenn es jetzt darum geht, interessante Aufgaben zu verteilen oder Belohnungen zu verteilen. Je selbstbewusster Sie auftreten, desto besser kommen Sie zu Ihrem Recht.
Wer schon länger mit seiner Situation nicht zufrieden ist, muss nun unter Umständen eine Entscheidung treffen. Dabei kann Ihnen leider niemand helfen.

Tipp des Monats: Machen Sie sich nützlich und stellen Sie sicher, dass sie dafür auch die entsprechende Anerkennung bekommen.

SUNG
Affe

Grundtendenz des Monats: Was Ihnen in den letzten Monaten vielleicht ein wenig an Durchsetzungskraft gefehlt hat, wird vom Hahn im September gleich doppelt wettgemacht. So sollte es dem Affen jetzt nicht schwer fallen, vieles von den Dingen endlich auf den Weg zu bringen, die schon länger in einer Warteschlaufe hängen. Dabei müssen Sie sich allerdings darüber im Klaren sein, dass Sie mit Ihren Aktionen wahrscheinlich nicht überall auf Begeisterung stoßen.

Auch wenn der Affe kein Freund von Perfektionismus ist, darf er in diesem Monat genauer sein - vor allem, wenn es um Aufgaben geht, die er für Andere erledigen soll und wo er einen guten Eindruck hinterlassen will.

Liebe, Familie, Freundschaft: Nicht jeder Mensch kann so gesellig sein wie der Affe. Wenn also Ihr Partner sich jetzt lieber ein wenig mehr zurückziehen will, anstatt mit Ihnen auszugehen, sollten Sie das akzeptieren. Sie können den gemeinsamen Ausflug kaum genießen, wenn sich Ihre Begleitung dabei nicht wohl fühlt.

Einsame Herzen wünschen sich jetzt besonders sehnsüchtig Gesellschaft. Trotzdem sollten Sie wählerisch bleiben, wenn Sie sich einen neuen Partner suchen. Im Jahr des beständigen Büffels soll eine neue Verbindung ja schließlich Bestand haben! Nehmen Sie sich Zeit, um hinter die Fassade zu schauen und machen Sie den nächsten Schritt erst, wenn Ihnen gefällt, was Sie sehen.

Beruf, Finanzen: Dem Affen mangelt es nur auf den ersten Blick an Führungsqualitäten. Im Grunde weiß er ganz genau, wie er ein Team so lenken kann, dass es erfolgreich ist und dabei der Spaß nicht zu kurz kommt. Vielleicht sollten Sie jetzt einfach etwas autoritärer auftreten und klarere Ansagen machen. Dann können Sie sicher so manchen Zweifler überzeugen.

Dass der Affe seine Aufgaben scheinbar immer mit Leichtigkeit erledigt, trägt nicht unbedingt dazu bei, dass man Ihnen jetzt den nötigen Respekt entgegen bringt.

Tipp des Monats: Setzen Sie Ihre Talente nun vor allem für Ihre beruflichen Pläne ein.

YU
Hahn

Grundtendenz des Monats: Das Büffel-Jahr dürfte sich für die meisten Hähne bis jetzt gut entwickelt haben. Wer bisher die positive Energie noch nicht so richtig spüren konnte, war vielleicht ein bisschen zu kritisch unterwegs. Irgendein Haar in der Suppe lässt sich immer finden. Die Frage ist nur, wie sehr Sie sich daran stören.

Im September wird der innere Kritiker durch einen weiteren Hahn vielleicht noch mehr angestachelt. Damit Ihnen das nicht die Laune verdirbt, sollten Sie lieber auf die positiven Aspekte in Ihrem Leben fokussieren. Um die Dinge, die nicht ganz so gut laufen, können Sie sich auch noch später kümmern.

Liebe, Familie, Freundschaft: Nach außen erscheinen die meisten Hähne immer fast makellos. Wie es allerdings wirklich in Ihrem Inneren aussieht, bekommen die wenigsten Menschen zu sehen. Es mag Ihnen deshalb nicht leicht fallen, Ihr wahres Ich zu offenbaren. Wenn Sie sich aber langfristig eine gute Beziehung wünschen, haben Sie keine andere Wahl.

Im Alltag ist jetzt besonders großes Organisationstalent gefragt. Damit zu Hause alles reibungslos läuft, ist nicht nur Ihre volle Aufmerksamkeit erforderlich, sondern auch die Unterstützung vom Rest der Familie. Wenn es dort mit dem Pflichtbewusstsein hapert, ist eine klare Ansage fällig.

Beruf, Finanzen: Der Büffel legt seinen Erfolg immer langfristig an und ist deshalb meistens auch kein Freund von schnellen Lösungen. Das hat der Hahn in den vergangenen Wochen sicher schon so manches Mal gemerkt und sein Tempo entsprechend drosseln müssen. Von der geschäftlichen Seite sollten Sie die Sache einfach so sehen: Je länger etwas gut funktioniert, desto attraktiver wird es für alle Beteiligten.

Manche Dinge können Sie einfach am besten alleine regeln. Bitten Sie deshalb jetzt um den nötigen Freiraum und die Zeit, damit Sie sich der Angelegenheit detailliert widmen können.

Tipp des Monats: Reparieren Sie nichts, was nicht wirklich kaputt ist!

SHIH
Hund

Grundtendenz des Monats: Hahn und Büffel ergänzen sich im September immer dann besonders gut, wenn es darum geht, etwas geschafft zu bekommen. Das dürfte nun auch den Hund freuen. Kommt er doch mit einer so guten Unterstützung nun ebenfalls deutlich besser von der Stelle. Damit er aber auch wirklich von der Energie des Monats profitieren kann, darf er die Methoden jetzt nicht zu sehr in Fragen stellen.

Manchmal mag es scheinbar nötig sein, die Ellenbogen einzusetzen, wenn man etwas erreichen will. Fragen Sie sich bitte, ob Sie sich wirklich so verhalten wollen oder ob Sie unter diesen Umständen lieber dankend verzichten.

Liebe, Familie, Freundschaft: Auch im Jahr des Büffels spielt die äußere Erscheinung durchaus eine Rolle. Da dürfen Sie sich jetzt ruhig ein bisschen mehr Mühe geben, wenn Sie ein Herz erobern wollen. Der erste Eindruck ist nun mal enorm wichtig. Wenn Sie erst einmal Kontakt gemacht haben, können Sie immer noch Ihre inneren Werte unter Beweis stellen.

Es gibt einfach Dinge, die kann Ihnen niemand abnehmen. So gerne Partner, Familie und Freunde Sie auch unterstützen, ab einem gewissen Punkt sind ihnen einfach die Hände gebunden. Am besten Sie nehmen nun Ihren Mut zusammen und stellen sich der Situation.

Beruf, Finanzen: So manchem Hund fehlt vielleicht wirklich nur der Glaube daran, dass sich alles zu seinen Gunsten entwickeln kann. Da braucht es dann zuweilen ordentlich Zuspruch von außen, den Hahn und Büffel ihm nun sicher gerne gewähren. Mit dem nötigen Selbstbewusstsein ausgestattet können Sie dann auch unbequeme Entscheidungen durchsetzen.

Wenn Sie glauben zu wissen, wie man es besser machen könnte, sollten Sie mit Ihrer Meinung nun nicht hinter dem Berg halten. Machen Sie sich allerdings auf Gegenwind gefasst – niemand lässt sich gerne sagen, dass er falsch liegt.

Tipp des Monats: Lassen Sie sich nicht provozieren, sondern bringen Sie Ihre Argumente sachlich vor.

HAN
Schwein

Grundtendenz des Monats: Mit dem Feuer-Hahn, der den September begleitet, gesellt sich nun ein Tierzeichen zum Büffel, das wie der Jahresregent selbst, von der eigenen Meinung in der Regel sehr überzeugt ist. Deshalb ist es nun wirklich besser, wenn Sie sich aus Streitigkeiten komplett heraushalten. Wenn zwei extreme Ansichten aufeinander prallen, sind Vermittlungsversuche ohnehin zwecklos. Wer will sich da schon freiwillig in die Schusslinie begeben?

Es gibt einfach Menschen, die keinen engen Kontakt wünschen. Das sollten Sie akzeptieren und sie einfach in Ruhe lassen. Es gibt genug andere, die Ihre Gesellschaft zu schätzen wissen.

Liebe, Familie, Freundschaft: In der Liebe ist es nun gar nicht so einfach, die wahren Gefühle zu erkennen. Gerade in frischen Verbindungen neigt man oft dazu, ein sehr schmeichelndes Bild zu kreieren, das nur teilweise der Wahrheit entspricht. Vielleicht mögen Sie nun den ersten Schritt wagen und schonungslos offen sein? Sicher traut sich die andere Seite dann auch viel eher, das echte Gesicht zu zeigen.

Ein sehr starkes Yin-Metall unterstützt das Schwein nun immer dann, wenn es um das Durchhalten geht. Ohne Disziplin lässt sich ein Haushalt nur schwer führen. Am besten, sie erledigen die unangenehmsten Aufgaben zuerst.

Beruf, Finanzen: Der Hahn hat ein sehr gutes Gespür dafür, wo er erfolgreich investieren kann. Sie dürfen jetzt im September also ruhig erst mal Rat beim Experten einholen, bevor Sie Zeit und Geld in eine Sache stecken, von der Sie vielleicht nicht genug verstehen.

Geschäftliche Transaktionen lassen sich mit Büffel und Hahn an der Seite erfolgreich über die Bühne bringen. Geben Sie bitte nicht auf, wenn sich zunächst Verzögerungen ergeben. Mit dem Jahresregenten sollten Sie genug Standfestigkeit haben, um durchzuhalten, auch wenn es noch mal etwas schwieriger wird.

Tipp des Monats: Wenn Sie wirklich mehr den Ton angeben wollen, müssen Sie auch unbequeme Entscheidungen fällen.

September 2021	Jahreskonstellation – Metall Büffel Monatskonstellation – Feuer Hahn

1. Wasser Ratte	Ratte Büffel Tiger Hase Drache Schlange Pferd Ziege Affe Hahn Hund Schwein **Günstig:** Gartenarbeit, Feiern, Hochzeit, Dinge zum Abschluss bringen. **Ungünstig:** keine Anschuldigungen gegen Dritte erheben.
2. Wasser Büffel	Ratte Büffel Tiger Hase Drache Schlange Pferd Ziege Affe Hahn Hund Schwein **Günstig:** Gartenarbeit, Hochzeit, Dinge zum Abschluss bringen. **Ungünstig:** Umzug, Reisen, Geschäftseröffnung.
3. Holz Tiger	Ratte Büffel Tiger Hase Drache Schlange Pferd Ziege Affe Hahn Hund Schwein **Günstig:** Ausruhen, Meditation, seinen Hobbys nachgehen. **Ungünstig:** wichtige Unternehmungen.
4. Holz Hase	Ratte Büffel Tiger Hase Drache Schlange Pferd Ziege Affe Hahn Hund Schwein **Günstig:** Amüsieren, mit Freunden ausgehen, Freizeitaktivitäten. **Ungünstig:** geschäftliche Aktivitäten, neue Dinge anfangen.
5. Feuer Drache	Ratte Büffel Tiger Hase Drache Schlange Pferd Ziege Affe Hahn Hund Schwein **Günstig:** für die meisten Aktivitäten, Geschäftsabschlüsse, Partnerschaft. **Ungünstig:** negative Bemerkungen über andere Menschen.
6. Feuer Schlange	Ratte Büffel Tiger Hase Drache Schlange Pferd Ziege Affe Hahn Hund Schwein **Günstig:** Handel, Geschäftseröffnungen, Hochzeiten und andere Feste planen. **Ungünstig:** Beerdigungen, Reisen, Arztbesuche.
7. Erd Pferd	Ratte Büffel Tiger Hase Drache Schlange Pferd Ziege Affe Hahn Hund Schwein **Günstig:** Handel, Geschäftseröffnungen, Hochzeiten und andere Feste planen. **Ungünstig:** Beerdigungen, Reisen, Arztbesuche.
8. Erd Ziege	Ratte Büffel Tiger Hase Drache Schlange Pferd Ziege Affe Hahn Hund Schwein **Günstig:** Handwerkliche Aktivitäten, Handel, Hochzeiten, Reisen. **Ungünstig:** Trauerfeiern und Beerdigungen, schwere körperliche Arbeit.
9. Metall Affe	Ratte Büffel Tiger Hase Drache Schlange Pferd Ziege Affe Hahn Hund Schwein **Günstig:** Ankündigungen machen, Beerdigungen, Trauerfeiern. **Ungünstig:** Handel, Vergnügungen, Freizeitaktivitäten.
10. Metall Hahn	Ratte Büffel Tiger Hase Drache Schlange Pferd Ziege Affe Hahn Hund Schwein **Günstig:** Kleidung schneidern, Handel, Buchhaltung, Ausflüge, neue Dinge beginnen. **Ungünstig:** Geschäfte eröffnen, Kraftanstrengungen, Reisen, Ersparnisse ausgeben.
11. Wasser Hund	Ratte Büffel Tiger Hase Drache Schlange Pferd Ziege Affe Hahn Hund Schwein **Günstig:** Putzen, waschen, fasten, seelische und körperliche Pflege, Arztbesuche. **Ungünstig:** Ausdauersport, Reisen, Hochzeit.
12. Wasser Schwein	Ratte Büffel Tiger Hase Drache Schlange Pferd Ziege Affe Hahn Hund Schwein **Günstig:** Umziehen, Reisen, Hochzeiten, Empfänge, wichtige Konferenzen. **Ungünstig:** geistige Arbeiten, Gartenarbeit, häusliche Tätigkeiten.
13. Holz Ratte	Ratte Büffel Tiger Hase Drache Schlange Pferd Ziege Affe Hahn Hund Schwein **Günstig:** Versammlungen, gerechte Verteilungen, Hochzeit, Konferenzen, Umzug. **Ungünstig:** Gartenarbeit, Dinge zum Abschluss bringen.
14. Holz Büffel	Ratte Büffel Tiger Hase Drache Schlange Pferd Ziege Affe Hahn Hund Schwein **Günstig:** Gartenarbeit, Feiern, Hochzeit, Dinge zum Abschluss bringen. **Ungünstig:** keine Anschuldigungen gegen Dritte erheben.
15. Feuer Tiger	Ratte Büffel Tiger Hase Drache Schlange Pferd Ziege Affe Hahn Hund Schwein **Günstig:** Gartenarbeit, Hochzeit, Dinge zum Abschluss bringen. **Ungünstig:** Umzug, Reisen, Geschäftseröffnung.

Ob ein Tag besonders günstig für Ihr Tierzeichen ist, sehen Sie an folgenden Farben:
Rot = sehr günstig, Grau = günstig, Schwarz = nicht günstig

Jahreskonstellation – Metall Büffel
Monatskonstellation – Feuer Hahn

September 2021

16. Feuer Hase	Ratte Büffel **Tiger Hase** Drache Schlange Pferd **Ziege** Affe Hahn Hund **Schwein** **Günstig:** Ausruhen, Meditation, seinen Hobbys nachgehen. **Ungünstig:** wichtige Unternehmungen.
17. Erd Drache	**Ratte** Büffel Tiger Hase **Drache Schlange** Pferd Ziege **Affe** Hahn Hund Schwein **Günstig:** Amüsieren, mit Freunden ausgehen, Freizeitaktivitäten. **Ungünstig:** geschäftliche Aktivitäten, neue Dinge anfangen.
18. Erd Schlange	Ratte **Büffel** Tiger Hase **Drache Schlange** Pferd Ziege Affe **Hahn** Hund Schwein **Günstig:** für die meisten Aktivitäten, Geschäftsabschlüsse, Partnerschaft. **Ungünstig:** negative Bemerkungen über andere Menschen.
19. Metall Pferd	Ratte Büffel **Tiger** Hase Drache Schlange **Pferd Ziege** Affe Hahn **Hund** Schwein **Günstig:** Handel, Geschäftseröffnungen, Hochzeiten und andere Feste planen. **Ungünstig:** Beerdigungen, Reisen, Arztbesuche.
20. Metall Ziege	Ratte Büffel Tiger **Hase** Drache Schlange **Pferd Ziege** Affe Hahn Hund **Schwein** **Günstig:** Handwerkliche Aktivitäten, Handel, Hochzeiten, Reisen. **Ungünstig:** Trauerfeiern und Beerdigungen, schwere körperliche Arbeit.
21. Wasser Affe	**Ratte** Büffel Tiger Hase **Drache** Schlange Pferd Ziege **Affe Hahn** Hund Schwein **Günstig:** Ankündigungen machen, Beerdigungen, Trauerfeiern. **Ungünstig:** Handel, Vergnügungen, Freizeitaktivitäten.
22. Wasser Hahn	Ratte **Büffel** Tiger Hase Drache **Schlange** Pferd Ziege **Affe Hahn** Hund Schwein **Günstig:** Kleidung schneidern, Handel, Buchhaltung, Ausflüge, neue Dinge beginnen. **Ungünstig:** Geschäfte eröffnen, Kraftanstrengungen, Reisen, Ersparnisse ausgeben.
23. Holz Hund	Ratte Büffel **Tiger** Hase Drache Schlange **Pferd** Ziege Affe Hahn **Hund Schwein** **Günstig:** Putzen, waschen, fasten, seelische und körperliche Pflege, Arztbesuche. **Ungünstig:** Ausdauersport, Reisen, Hochzeit.
24. Holz Schwein	Ratte Büffel Tiger **Hase** Drache Schlange Pferd **Ziege** Affe Hahn **Hund Schwein** **Günstig:** Umziehen, Reisen, Hochzeiten, Empfänge, wichtige Konferenzen. **Ungünstig:** geistige Arbeiten, Gartenarbeit, häusliche Tätigkeiten.
25. Feuer Ratte	**Ratte Büffel** Tiger Hase **Drache** Schlange Pferd Ziege **Affe** Hahn Hund Schwein **Günstig:** Versammlungen, gerechte Verteilungen, Hochzeit, Konferenzen, Umzug. **Ungünstig:** Gartenarbeit, Dinge zum Abschluss bringen.
26. Feuer Büffel	**Ratte Büffel** Tiger Hase Drache **Schlange** Pferd Ziege Affe **Hahn** Hund Schwein **Günstig:** Gartenarbeit, Feiern, Hochzeit, Dinge zum Abschluss bringen. **Ungünstig:** keine Anschuldigungen gegen Dritte erheben.
27. Erd Tiger	Ratte Büffel **Tiger Hase** Drache Schlange **Pferd** Ziege Affe Hahn **Hund** Schwein **Günstig:** Gartenarbeit, Hochzeit, Dinge zum Abschluss bringen. **Ungünstig:** Umzug, Reisen, Geschäftseröffnung.
28. Erd Hase	Ratte Büffel **Tiger Hase** Drache Schlange Pferd **Ziege** Affe Hahn Hund **Schwein** **Günstig:** Ausruhen, Meditation, seinen Hobbys nachgehen. **Ungünstig:** wichtige Unternehmungen.
29. Metall Drache	**Ratte** Büffel Tiger Hase **Drache Schlange** Pferd Ziege **Affe** Hahn Hund Schwein **Günstig:** Amüsieren, mit Freunden ausgehen, Freizeitaktivitäten. **Ungünstig:** geschäftliche Aktivitäten, neue Dinge anfangen.
30. Metall Schlange	Ratte **Büffel** Tiger Hase **Drache Schlange** Pferd Ziege Affe **Hahn** Hund Schwein **Günstig:** für die meisten Aktivitäten, Geschäftsabschlüsse, Partnerschaft. **Ungünstig:** negative Bemerkungen über andere Menschen.

> Kalter Tau / Frost kommt herab < **Oktober**

TZE
Ratte

Grundtendenz des Monats: Das Erd-Element ist in diesen Wochen besonders stark vertreten durch den Erd-Hund, der den Monat begleitet. Das mag so manche Ratte ein wenig lähmen - hat doch auch der Büffel einen nicht unerheblichen Anteil an Erde im Gepäck. Das kann jetzt dazu führen, dass sich gewisse Dinge verzögern und nicht so schnell entwickeln, wie die Ratte es sich wünschen würde. Da ist nun einfach ein bisschen mehr Geduld erforderlich, liebe Ratte!
Weder Hund noch Büffel sind Freunde von schnellen Entscheidungen und würden sich von der Ratte gerade jetzt ein bisschen mehr Besonnenheit wünschen.
Liebe, Familie, Freundschaft: Kommunizieren Sie klar, wenn Sie eine Auszeit brauchen! Familie und Partner haben einen Recht zu erfahren, wie Sie sich fühlen und was nun wichtig für Sie ist.
Treue und Loyalität sind die Werte, für die der Jahresregent vehement einsteht. Der Hund unterstützt ihn in diesen Wochen in diesem Ansinnen. Das bedeutet für die Ratte, dass sie nun tiefe Verbindungen knüpfen kann, die lange Bestand haben können. 2021 ist wirklich kein Jahr für kurze Strohfeuer, sondern vielmehr für tiefe und stabile Beziehungen.
Beruf, Finanzen: Auch auf der beruflichen Ebene entwickeln sich die Dinge im Oktober wahrscheinlich eher schleppend. Vielleicht können Sie die Wartezeit ja nutzen und einen genaueren Blick auf Ihren Fortschritt werfen. Mit Hilfe der starken Yang-Erde lassen sich die eigenen Möglichkeiten viel besser realistisch einschätzen und pragmatisch die nötigen Veränderungen vornehmen. Mit ein paar gezielten Korrekturen können Sie sicher ein gutes Stück vorankommen.
Wenn es Ihnen nun gelingt, bei Vorgesetzten und Kollegen Vertrauen aufzubauen, dürfte es in den kommenden Monaten deutlich leichter sein, die eigenen Ideen durchzusetzen.
Tipp des Monats: Bleiben Sie entspannt, auch wenn Sie nun länger auf das warten müssen, was Ihnen wichtig ist.

KIU
Büffel

Grundtendenz des Monats: Das Erd-Element ist in diesen Wochen besonders vertreten durch den Erd-Hund, der den Oktober begleitet. Vielleicht kommt es dem Büffel nicht ganz ungelegen, wenn sich jetzt erst einmal nicht viel an seiner aktuellen Situation ändert. Immerhin gibt ihm das die Gelegenheit, genauer zu analysieren, ob die getanen Schritte auch die richtigen waren.
Sollte er feststellen, dass dem nicht so ist, ist mittelfristig ein pragmatischer Richtungswechsel angesagt. Wenn Sie sich den Fehler eingestehen können, dürfen sie sich mit der Korrektur noch bis Ende des Kalenderjahres Zeit lassen.
Liebe, Familie, Freundschaft: Am wohlsten fühlt sich der Büffel im Kreise der Menschen, die ihn lange kennen und wohl gesonnen sind. Da geht es dem Hund, der Sie nun begleitet ganz genauso! Es ist also nicht verwunderlich, wenn Sie Ihre Zeit jetzt vorzugsweise mit engen Freunden und der Familie verbringen möchten.
Wem selbst in diesem geschützten Umfeld im Augenblick zu viel los ist, der darf sich nun auch ruhig einmal komplett zurückziehen.
Der Hund ist das loyalste Tierzeichen im Chinesischen Horoskop und seine treue Haltung wirkt sich nun sicher auch auf den Bereich der Partnerschaft aus.
Beruf, Finanzen: Kontinuität ist nun auch am Arbeitsplatz wieder mehr gefragt als in den letzten beiden Monaten. Schließlich geht es dem Jahresregenten weniger um hochkomplexe Visionen als darum, die Dinge am Laufen zu halten. Mit der starken Erde kann nun ein Fundament geschaffen werden, auf das sich langfristig aufbauen lässt. Da ist es gar nicht nötig, das Rad neu zu erfinden.
Wer sich nun neuen Kollegen oder Mitarbeitern gegenüber eher misstrauisch verhält, macht es der anderen Seite unnötig schwer. Man muss sich ja nicht gleich verbrüdern, aber eine faire Offenheit wäre schon angebracht.
Tipp des Monats: Da Sie kein Freund von schnellen Entscheidungen sind, wäre es gut, jetzt schon mal mit der nötigen Analyse zu beginnen.

> Kalter Tau / Frost kommt herab < Oktober

YING
Tiger

Grundtendenz des Monats: Das Erd-Element ist in diesem Monat besonders stark. Dadurch kann bei so manchem Tiger der Eindruck von Stillstand entstehen. Das muss aber gar nicht schlecht sein, denn durch das Innehalten lassen sich bestehende Bindungen festigen und ein gutes Fundament für kommende Aktivitäten schaffen.

Genau das dürfte der loyale Hund im Sinn haben, der Sie nun im Oktober begleitet. Er steht dem Tiger in allen Lebenslagen treu zur Seite und sorgt außerdem dafür, dass sich noch mehr Vertrauen in die eigenen Fähigkeiten entwickeln kann. Dafür können Sie ruhig in Kauf nehmen, dass sich in diesen Wochen nicht ganz so viel bewegt.

Liebe, Familie, Freundschaft: Wann haben Sie zum letzten Mal mit Ihren engen Freunden gesprochen? Stabile Beziehungen sind dem aktuellen Jahresherrscher sehr wichtig und er unterstützt gemeinsam mit dem Hund, wenn Sie nun vor allem langjährige Kontakte reaktivieren.

Wer nun in seiner Beziehung an einen Punkt kommt, an dem eine Entscheidung ansteht, wird durch die aktuelle Konstellation darin bestärkt, sich dauerhaft zu binden. Dafür wird es jedoch nötig sein, sich noch mehr auf seinen Partner einzulassen. Ist Ihnen dieser Schritt zu groß, sollten Sie sich fragen, ob Sie wirklich den richtigen Menschen für sich gefunden haben.

Beruf, Finanzen: Hat der Büffel erst einmal eine Entscheidung getroffen, ist es enorm schwer, ihn davon abzubringen. Das kann der Tiger nun immer dann erfahren, wenn er versucht, eingefahrene Wege zu verlassen. In diesem Fall wird auch der sonst so treu ergebene Hund nicht helfen können, denn auch dieser ist in der Regel kein Freund von schnellen Entscheidungen. Da hilft jetzt nur abwarten.

Wer das Vertrauen seines Teams genießt, kann jetzt voll und ganz auf die Unterstützung zählen. Je klarer Ihre Vorgaben sind, desto emsiger werden Sie umgesetzt.

Tipp des Monats: Ein solider Erfolg kann sich einstellen, wenn Sie jetzt nicht ungeduldig werden.

MAO
Hase

Grundtendenz des Monats: Das Erd-Element ist nun stark vertreten. Das mag den kreativen Fluss des Hasen zuweilen etwas einschränken. Vor allem, wenn es um neue Ideen geht, kommt er im Oktober wahrscheinlich nur sehr zäh voran. Zum Büffel gesellt sich ein sehr erdiger Hund, der es jetzt überhaupt nicht eilig hat. Wenn Sie diese bremsende Energie spüren, ist es besser, nicht dagegen zu arbeiten. Schon ab dem nächsten Monat wird es leichter werden.

Wer sich nun mit einem recht konservativen Weltbild konfrontiert sieht, mag es in gewissen Bereichen als recht angenehm empfinden, dass er sich nicht ständig selbst neu erfinden muss.

Liebe, Familie, Freundschaft: Gerade im Freundeskreis geht es nun verstärkt darum, Vertrauen aufzubauen. Wer in der Vergangenheit enttäuscht wurde, tut sich jetzt vielleicht eher schwer damit, sich wieder auf die andere Seite einzulassen. Lassen Sie es langsam angehen. Niemand kann Sie dazu zwingen, einen Menschen zu mögen.

Tiefe Gefühle brauchen einfach Zeit, um sich entwickeln zu können. Die sollten Sie sich in der Partnerschaft schon nehmen und auch hier nichts überstürzen. Weder Hund noch Büffel sind Freunde schneller Entscheidungen. Hat man ihr Herz aber erst einmal gewonnen, kann man sich voll und ganz fallen lassen.

Beruf, Finanzen: Glauben Sie bitte nicht alles, was man Ihnen nun erzählt. Ein gesundes Misstrauen hat noch niemandem geschadet. Prüfen Sie besonders sorgfältig Ihre Quellen. Schließlich wollen Sie doch nicht, dass sich Falschinformationen verbreiten, bloß weil Sie es an Genauigkeit haben mangeln lassen.

Solide Investitionen kann der Hase nun ohne zu zögern tätigen und so langfristig sein Einkommen sichern. Wer nicht über die nötigen Mittel verfügt, sollte sich aber auch dann zurückhalten, wenn das Angebot enorm verlockend ist.

Tipp des Monats: Loyales Verhalten wird im Oktober belohnt! Überlegen Sie sich deshalb genau, wo Ihre Präferenzen liegen.

Grundtendenz des Monats: Ein vorsichtiger Hund begleitet den Drachen im Oktober. Zusammen mit dem Büffel versucht er sicher so manches Mal, ihn von seinen spontanen Entschlüssen abzuhalten. Das mag Ihnen zunächst gar nicht gefallen. Mit ein bisschen Abstand werden Sie aber feststellen, dass Sie so vor so manchem Reinfall bewahrt wurden. Der Hund steht im Chinesischen Tierkreis in direkter Opposition zum Drachen. Das kann nun zu Konfliktpotential führen oder auch dazu, dass der Drache sich ausgebremst fühlt. Im Grunde kann es Ihnen sicher nichts schaden, einen Gang zurückzuschalten. Regen Sie sich also bitte nicht auf, sondern lehnen Sie sich entspannt zurück und genießen Sie die freie Zeit.

Liebe, Familie, Freundschaft: Hund und Büffel werden beide für ihre Loyalität geschätzt. Vor allem, wenn es um Familie oder Freunde geht, ist auf diese beiden immer Verlass. Das darf der zuweilen etwas flatterhafte Drache im Oktober erfahren, wenn er Unterstützung von seinen Lieben auch dann bekommt, wenn er es gar nicht erwartet hätte.

Im Jahr des Büffels waren die Gelegenheiten für Liebeleien für den Drachen bislang wahrscheinlich rar gesät. Das ändert sich auch in diesen Wochen nicht, denn auch der Hund wünscht sich Beständigkeit und Treue und steht für kurze Abenteuer nicht zur Verfügung.

Beruf, Finanzen: Wenn der Drache in den vergangenen Monaten bewiesen hat, dass man sich auf ihn verlassen kann, bekommt er nun alle Unterstützung die er braucht. Auch in den oberen Etagen wird man in diesem Fall anerkennen, was Sie geleistet haben.

Neue Vorschläge fallen nun kaum auf fruchtbaren Boden. Sollte Ihnen die Sache wirklich am Herzen liegen, warten Sie mit der Präsentation besser bis zum Ende des Jahres. Dann ist die Wahrscheinlichkeit deutlich geringer, dass man Ihnen eine Absage erteilt.

Tipp des Monats: Geduld kann in diesem Monat helfen! Ärgern Sie sich nicht über Dinge, die Sie nicht ändern können.

Grundtendenz des Monats: Die Kraft des Erd-Elementes macht sich im Oktober breit. Da kann es nun wieder etwas schwerer für die Schlange werden, Ihre Projekte nach vorne zu bringen. Vielleicht würde es nun helfen, eine pragmatische Bestandsaufnahme zu machen? Schließlich wollen Sie Ihre Energie ja nicht auf Dinge verwenden, die Ihnen am Ende des Tages weder Spaß machen, noch einen wirklichen Nutzen für Sie haben.

Mit dem Erd-Hund an der Seite kann es im Oktober so manche Schlange passieren, dass sie misstrauischer auf Fremdes reagiert als das im Grunde nötig wäre. Da hilft nur ganz genaues Hinschauen. Fällen Sie kein Urteil, bevor Sie nicht wirklich alle Fakten geklärt haben.

Liebe, Familie, Freundschaft: Familie und Freunde verdienen nun wieder mehr Aufmerksamkeit. Gerade in den letzten beiden Monaten dürfte das Privatleben bei vielen Schlangen ein bisschen in den Hintergrund gerückt sein. Belohnen Sie die Geduld Ihrer Vertrauten mit ernst gemeinten Zeichen von Loyalität. Dafür sind gar keine großen Gesten nötig.

In der Liebe geht es im Jahr des Büffels deutlich mehr um Beständigkeit als darum, spannende Abenteuer miteinander zu erleben. Das sollten sich vor allem die Schlangen vor Augen führen, die den Alltag mit dem Partner nun als nicht aufregend genug empfinden.

Beruf, Finanzen: Kontinuität ist auch am Arbeitsplatz gefragt. Für schnelle Veränderungen sind weder der Büffel noch der Hund zu haben… und wenn die Schlange ehrlich ist, ist es ihr so auch lieber. Schließlich bekommen Sie nun mehr Zeit, sich tiefer in Ihre Themen einzuarbeiten und werden weniger unter Druck gesetzt.

Auf der finanziellen Ebene sollte die Schlange konservativ entscheiden und sich auf bewährte Wege verlassen. Für übertriebene Ausgaben ist nun wirklich nicht der richtige Zeitpunkt.

Tipp des Monats: Wer in den letzten Monaten keine Entscheidung getroffen hat, sollte auch jetzt nichts überstürzen. Informieren Sie sich gründlich!

WU Pferd

Grundtendenz des Monats: Im Oktober dürfte sich bei so manchem Pferd eine leicht erdige Schwere breit machen. Schließlich tritt nun mit dem Erd-Hund ein Tierzeichen auf den Plan, dem es am liebsten ist, wenn einfach alles so bleibt, wie es ist. Da ist man sich jetzt auch mit dem Jahresregenten einig, dem es ja 2021 auch nicht in erster Linie um Veränderung geht.

Wenn sich für das Pferd trotzdem in den nächsten Wochen etwas bewegen soll, dann muss es selbst aktiv werden. Das sollte Ihnen aber in der Regel nicht schwer fallen. Schließlich fühlen Sie sich dann am wohlsten, wenn Sie etwas Sinnvolles schaffen können. Da gelingt es Ihnen jetzt bestimmt auch, die Zweifler und Zögerlichen zu überzeugen.

Liebe, Familie, Freundschaft: Wann haben Sie sich das letzte Mal mit Ihren Freunden getroffen, liebes Pferd? Im Oktober fällt es besonders leicht, auch alte scheinbare eingeschlafene Kontakte wieder zu beleben. Am besten, Sie greifen gleich zum Telefon oder melden sich auf anderem Wege.

Treue und Loyalität sollten in der Partnerschaft ein extrem hohes Gut sein. Das findet nicht nur der Büffel, sondern auch der Hund, der wie ein Fels in der Brandung zu den Menschen steht, die ihm wichtig sind. Haben Sie das Gefühl, dass Sie das nicht leisten können oder wollen, sollten Sie sich vielleicht einmal Gedanken machen, wie es in Ihrer Beziehung weiter gehen soll.

Beruf, Finanzen: Wem es für den eigenen Geschmack nun einfach zu ruhig geworden ist, der darf ruhig schon einmal vorsichtig nach neuen Projekten Ausschau halten. Wahrscheinlich wird es vor 2022 nicht richtig losgehen können, aber man kann sich ja schon mal vorbereiten…

Wenn es sich nicht richtig anfühlt, dürfen Sie die Entscheidung vertagen. Eine frische Meinung zum Thema holen Sie besser erst im nächsten oder übernächsten Monat ein.

Tipp des Monats: Lassen Sie sich nun nicht vom Misstrauen anderer Menschen anstecken!

WEI Ziege

Grundtendenz des Monats: Das Erd-Element wird jetzt vor allem in seiner Yang-Ausprägung unterstützt. Das bedeutet für die Ziege, dass es unter anderem an der Zeit ist, die eigene Situation realistisch einzuschätzen. Sind Sie zufrieden, mit dem was Sie haben? Sehen Sie eine gute Perspektive für sich selbst und Ihre Lieben?

Viele Ziegengeborene neigen dazu, sich eher abwartend zu verhalten, anstatt selbst die Initiative zu ergreifen. Mit dem sicherheitsliebenden Hund an der Seite wird dieser Aspekt jetzt im Oktober eher noch verstärkt. Das kann dazu führen, dass wichtige Entscheidungen weiterhin aufgeschoben werden.

Liebe, Familie, Freundschaft: Heim und Hof sind Hund und Büffel genauso wichtig wie der Ziege. So ist es nun nicht verwunderlich, dass häusliche Aspekte in diesen Wochen mögliche andere Aktionen in den Hintergrund stellen. Konzentrieren Sie sich ruhig auf Familie und Freunde! Niemand verlangt von Ihnen, dass Sie neue Kontakte suchen.

Wer auf der Suche nach der Liebe ist, mag nun vielleicht lieber in ihm bereits bekannten Bereichen danach Ausschau halten. Manchmal liegt das Gute näher, als wir denken! In bestehenden Beziehungen geht es verstärkt darum, einfach füreinander da zu sein.

Beruf, Finanzen: Der Büffel mag nicht der Schnellste auf seinem Weg sein, aber er kommt am Ende immer an sein Ziel. Aber auch seine Entschlossenheit kann in diesen Wochen kaum verhindern, dass sich die Ziege auf der beruflichen Ebene eher zögerlich verhält. Es macht im Grunde nichts, wenn Sie sich einfach noch mehr Zeit nehmen wollen, liebe Ziege. Aber bitte beschweren Sie sich dann auch nicht, wenn sich nichts verändert.

Es ist wichtig, dass Sie Vertrauen schaffen, für das, was Sie tun! Nur dann können Kunden und Kollegen voll und ganz hinter Ihnen stehen.

Tipp des Monats: Es ist gut, wachsam zu sein. Zu große Vorsicht kann Ihre Entwicklung aber jetzt auch hemmen.

> Kalter Tau / Frost kommt herab < Oktober

SUNG
Affe

Grundtendenz des Monats: Im Oktober bekommt der Affe Begleitung von einem loyalen Erd-Hund. Das sollte die letzten Unsicherheiten beseitigen, so dass sich nun innerlich ein Gefühl von Stabilität breit machen kann. Gerade wer im Augenblick viele persönliche Baustellen gleichzeitig zu bearbeiten hat, wird dankbar für die zusätzliche Unterstützung sein. Wer jedoch ohnehin schon mit der erdigen Schwere des Jahresregenten hadert, wird im Oktober noch weniger auf seine Kosten kommen.

Das starke Erd-Element bedeutet aber keineswegs automatisch Stillstand, sondern kann zum Beispiel auch dafür genutzt werden, eine pragmatische Bestandsaufnahme zu machen.

Liebe, Familie, Freundschaft: Der Affe ist nicht besonders gut darin, Kontakt zu seinen Freunden zu halten, wenn er sie nicht regelmäßig sieht. Das liegt nicht daran, dass er diese Menschen nicht ausreichend wertschätzt - vielmehr hat er so viel um die Ohren, dass er es zuweilen einfach vergisst... Mit Unterstützung von Büffel und Hund können Sie jetzt alte Freundschaften auffrischen.

Aus so mancher Freundschaft kann nun sogar mehr werden, wenn Amor seine Pfeile abschießt. Wenn eine neu entdeckte Liebe auf Vertrautheit basiert, kann das nur von Vorteil sein.

Beruf, Finanzen: Sie haben in den letzten Wochen sicher einiges an Überzeugungsarbeit geleistet. Das kann sich nun endlich auszahlen! Ist das Vertrauen in die Sache erst einmal gewonnen, dürften Sie gemeinsam kaum noch zu stoppen sein. Es mag allerdings noch etwas dauern, bis die Marschrichtung endgültig festgelegt ist und man endlich starten kann.

Ein gesundes Misstrauen kann bei Investitionen sicher nicht schaden. Schließlich haben Sie nichts zu verschenken! Wer nun versucht, Ihnen eine schnelle Entscheidung abzuringen, sollte damit bei Ihnen besser kein Glück haben.

Tipp des Monats: Sie konzentrieren sich jetzt auf die Dinge, die machbar sind. Alles andere dürfte eher Zeitverschwendung sein.

YU
Hahn

Grundtendenz des Monats: Das erhaltende Erd-Element ist im Oktober durch den Erd-Hund besonders präsent. Da kann sich nun auch beim Hahn eine leichte Schwere bemerkbar machen. Warum lassen Sie sich nicht einfach auf dieses Gefühl ein und nutzen die Zeit, um einfach wieder einmal mehr zu entspannen? Wann haben Sie das letzte Mal eine Auszeit genommen? So ganz ohne Verpflichtungen?

Pragmatisches Denken ist dem Hahn sicher nicht fremd. In diesem Monat kann er mit Hilfe des Hundes seine Situation nicht nur realistisch einschätzen, sondern auch analysieren, was man noch besser machen könnte.

Liebe, Familie, Freundschaft: Konservative Werte und Traditionen werden jetzt besonders groß geschrieben. Im Grunde gefällt es den meisten Hähnen, wenn die Dinge im Familienkreis so gehandhabt werden, wie es immer schon war. Trotzdem würden Sie sich vielleicht doch ein bisschen mehr Flexibilität wünschen - vor allem, wenn es um Ihre eigenen Freiheiten geht.

Wer sich im Jahr des Büffels bindet, hat sicher etwas Langfristiges im Sinn. Da kann es nun durchaus Sinn machen, das zarte erste Band mit ernst gemeinten Zugeständnissen weiter zu festigen.

Beruf, Finanzen: Dies ist nun wirklich kein guter Augenblick für Entscheidungen! Sie werden sicher in den vergangenen Monaten schon gemerkt haben, dass sich der aktuelle Herrscher oft sehr viel Zeit damit lässt. Der Erd-Hund ist in diesem Bereich aber noch zögerlicher als der Büffel. Vertagen Sie das Ganze also lieber auf den nächsten oder übernächsten Monat und ersparen Sie sich sinnloses Warten.

Ein gesundes Misstrauen ist vor allem dann angebracht, wenn das Ihnen angetragene Angebot einfach zu gut ist, um wahr zu sein. Da ist noch einmal eine gründliche Prüfung angesagt, bevor Sie eine Zusage machen können.

Tipp des Monats: Nur wenn Sie das Vertrauen anderer gewinnen, werden diese zu Ihnen stehen.

SHIH
Hund

Grundtendenz des Monats: Natürlich wäre es Ihnen am liebsten, wenn Sie relativ wenig ändern müssten und trotzdem ans Ziel kommen. Sie dürfen aber nicht erwarten, das sich das Ergebnis ändert, wenn Sie immer wieder das Gleiche tun… Der Büffel hat relativ wenig Verständnis dafür, wenn Sie sich beschweren, aber nicht bereit sind, auf seinen vorgeschlagenen Weg einzuschwenken. Hat der Jahresregent sich einmal festgelegt, ist es ohnehin müßig, dagegen anzugehen. Das sollten Sie in den vergangenen Monaten schon mehr als einmal bemerkt haben.
Das Erscheinen eines zweiten Hundes kann im Oktober dazu führen, dass sich nun eine erdige Schwere bemerkbar macht. Lassen Sie nicht zu, dass Ihnen diese aufs Gemüt schlägt.

Liebe, Familie, Freundschaft: Einen besseren Freund als den Hund kann man sich wohl kaum wünschen. Leider wird Ihre Loyalität zuweilen ausgenutzt. Wenn Sie es also leid sind, immer nur den treuen und aufmerksamen Zuhörer zu spielen, sollten Sie das einfach mal laut aussprechen. Wahrscheinlich ist man sich gar nicht bewusst, dass Sie viel lieber in einer anderen Position wären.
Seinen alltäglichen Pflichten kommt der Hund automatisch nach. Wie wäre es, wenn Sie Ihre Lieben jetzt motivieren, es Ihnen gleich zu tun?

Beruf, Finanzen: Suchen Sie sich jetzt einen pragmatischen Ansatz ohne Schnickschnack. Damit lassen sich die meisten kleineren Hindernisse ohne großen Aufwand beseitigen. Mit diesen praktischen Methoden werden Sie zwar wahrscheinlich keinen Preis für Originalität gewinnen, aber dafür sind sie effektiv.
Machen Sie sich immer wieder bewusst, dass Sie über eine Menge Talente verfügen. Damit haben Sie unzählige Optionen, wenn Sie so nicht weitermachen möchten. Spätestens 2022 bekommen clevere Hunde die Gelegenheit, mehr aus Ihrer Karriere zu machen.

Tipp des Monats: Nun lässt sich wirklich nichts erzwingen. Im Zweifelsfall legen Sie lieber eine Pause ein.

HAN
Schwein

Grundtendenz des Monats: Manchmal braucht auch das geselligste Schwein eine Auszeit. Wenn Ihnen jetzt der Sinn weniger nach sozialen Kontakten steht, dürfen Sie Ihre zahlreichen Verpflichtungen ruhig reduzieren. Sie müssen wirklich nicht auf jeder Hochzeit tanzen. Das ist auch für das fitteste Schwein zuweilen einfach zu viel.
Der Hund, der den Monat begleitet, bringt eine ausgeprägte Erd-Energie mit sich. Das verstärkt auf der einen Seite das Gefühl von Stabilität, kann auf der anderen Seite aber zuweilen auch ein wenig lähmend wirken. Da ist es nun wahrscheinlich besser, wichtige Entscheidungen noch mindestens einen Monat zu vertagen.

Liebe, Familie, Freundschaft: Heim und Familie werden durch die Kombination mit dem Hund mehr in den Vordergrund gerückt. Es ist eine gute Zeit, um sich gemeinsam hinzusetzen und das Miteinander zu genießen. Bei der Gelegenheit dürfen durchaus ernstere Themen zur Sprache kommen und geklärt werden. Achten Sie darauf, dass alle Beteiligten höflich bleiben.
In der Liebe geht es nun vor allem um Zuverlässigkeit. Das fängt bei kleinen Dingen wie dem Einhalten von Verabredungen an oder dem in Schutz nehmen des Partners in einer Unterhaltung. Zeigen Sie, dass auf das Schwein in diesem Bereich Verlass ist.

Beruf, Finanzen: Der Innovationsgeist der letzten beiden Monate dürfte mit dem Erscheinen des Hundes im Monat weitestgehend verpufft sein. Dieses Tierzeichen tut sich nämlich oft schwer damit, Veränderungen einzuleiten und reagiert eher misstrauisch auf die Dinge, die ihm nicht vertraut sind. Da auch der Büffel nicht unbedingt ein Freund von schnellen Entscheidungen ist, können Sie die Dinge jetzt nur zäh entwickeln.
Ist die Richtung einmal festgelegt, lässt sich daran nur schwer rütteln. Da hätten Sie wahrscheinlich schon früher beginnen müssen, Ihre Alternativen einzubringen.

Tipp des Monats: Zeigen Sie sich geduldig! Im Jahr des Büffels kann man ohnehin nichts erzwingen.

Oktober 2021

Jahreskonstellation – Metall Büffel
Monatskonstellation – Erd Hund

1. Wasser Pferd	Ratte Büffel **Tiger** Hase Drache Schlange **Pferd Ziege** Affe Hahn **Hund** Schwein **Günstig:** Handel, Geschäftseröffnungen, Hochzeiten und andere Feste planen. **Ungünstig:** Beerdigungen, Reisen, Arztbesuche.
2. Wasser Ziege	Ratte Büffel Tiger **Hase** Drache Schlange **Pferd Ziege** Affe Hahn Hund **Schwein** **Günstig:** Handwerkliche Aktivitäten, Handel, Hochzeiten, Reisen. **Ungünstig:** Trauerfeiern und Beerdigungen, schwere körperliche Arbeit.
3. Holz Affe	**Ratte** Büffel Tiger Hase **Drache** Schlange Pferd Ziege **Affe Hahn** Hund Schwein **Günstig:** Ankündigungen machen, Beerdigungen, Trauerfeiern. **Ungünstig:** Handel, Vergnügungen, Freizeitaktivitäten.
4. Holz Hahn	Ratte **Büffel** Tiger Hase Drache **Schlange** Pferd Ziege **Affe Hahn** Hund Schwein **Günstig:** Kleidung schneiden, Handel, Buchhaltung, Ausflüge, neue Dinge beginnen. **Ungünstig:** Geschäfte eröffnen, Kraftanstrengungen, Reisen, Ersparnisse ausgeben.
5. Feuer Hund	Ratte Büffel **Tiger** Hase Drache Schlange **Pferd** Ziege Affe Hahn **Hund Schwein** **Günstig:** Putzen, waschen, fasten, seelische und körperliche Pflege, Arztbesuche. **Ungünstig:** Ausdauersport, Reisen, Hochzeit.
6. Feuer Schwein	Ratte Büffel Tiger **Hase** Drache Schlange Pferd **Ziege** Affe Hahn **Hund Schwein** **Günstig:** Umziehen, Reisen, Hochzeiten, Empfänge, wichtige Konferenzen. **Ungünstig:** geistige Arbeiten, Gartenarbeit, häusliche Tätigkeiten.
7. Erd Ratte	**Ratte Büffel** Tiger Hase **Drache** Schlange Pferd Ziege **Affe** Hahn Hund Schwein **Günstig:** Versammlungen, gerechte Verteilungen, Hochzeit, Konferenzen, Umzug. **Ungünstig:** Gartenarbeit, Dinge zum Abschluss bringen.
8. Erd Büffel	**Ratte Büffel** Tiger Hase Drache **Schlange** Pferd Ziege Affe **Hahn** Hund Schwein **Günstig:** Versammlungen, gerechte Verteilungen, Hochzeit, Konferenzen, Umzug. **Ungünstig:** Gartenarbeit, Dinge zum Abschluss bringen.
9. Metall Tiger	Ratte Büffel **Tiger Hase** Drache Schlange **Pferd** Ziege Affe Hahn **Hund** Schwein **Günstig:** Gartenarbeit, Feiern, Hochzeit, Dinge zum Abschluss bringen. **Ungünstig:** keine Anschuldigungen gegen Dritte erheben.
10. Metall Hase	Ratte Büffel **Tiger Hase** Drache Schlange Pferd **Ziege** Affe Hahn Hund **Schwein** **Günstig:** Gartenarbeit, Hochzeit, Dinge zum Abschluss bringen. **Ungünstig:** Umzug, Reisen, Geschäftseröffnung.
11. Wasser Drache	**Ratte** Büffel Tiger Hase **Drache Schlange** Pferd Ziege **Affe** Hahn Hund Schwein **Günstig:** Ausruhen, Meditation, seinen Hobbys nachgehen. **Ungünstig:** wichtige Unternehmungen.
12. Wasser Schlange	Ratte **Büffel** Tiger Hase **Drache Schlange** Pferd Ziege Affe **Hahn** Hund Schwein **Günstig:** Amüsieren, mit Freunden ausgehen, Freizeitaktivitäten. **Ungünstig:** geschäftliche Aktivitäten, neue Dinge anfangen.
13. Holz Pferd	Ratte Büffel **Tiger** Hase Drache Schlange **Pferd Ziege** Affe Hahn **Hund** Schwein **Günstig:** für die meisten Aktivitäten, Geschäftsabschlüsse, Partnerschaft. **Ungünstig:** negative Bemerkungen über andere Menschen.
14. Holz Ziege	Ratte Büffel Tiger **Hase** Drache Schlange **Pferd Ziege** Affe Hahn Hund **Schwein** **Günstig:** Handel, Geschäftseröffnungen, Hochzeiten und andere Feste planen. **Ungünstig:** Beerdigungen, Reisen, Arztbesuche.
15. Feuer Affe	**Ratte** Büffel Tiger Hase **Drache** Schlange Pferd Ziege **Affe Hahn** Hund Schwein **Günstig:** Handwerkliche Aktivitäten, Handel, Hochzeiten, Reisen. **Ungünstig:** Trauerfeiern und Beerdigungen, schwere körperliche Arbeit.

Ob ein Tag besonders günstig für Ihr Tierzeichen ist, sehen Sie an folgenden Farben:
Rot = sehr günstig, Grau = günstig, Schwarz = nicht günstig

Jahreskonstellation – Metall Büffel Monatskonstellation – Erd Hund	Oktober 2021

16. Feuer Hahn	Ratte **Büffel** Tiger Hase Drache **Schlange** Pferd Ziege **Affe Hahn** Hund Schwein **Günstig:** Ankündigungen machen, Beerdigungen, Trauerfeiern. **Ungünstig:** Handel, Vergnügungen, Freizeitaktivitäten.
17. Erd Hund	Ratte Büffel **Tiger** Hase Drache Schlange **Pferd** Ziege Affe Hahn **Hund Schwein** **Günstig:** Kleidung schneidern, Handel, Buchhaltung, Ausflüge, neue Dinge beginnen. **Ungünstig:** Geschäfte eröffnen, Kraftanstrengungen, Reisen, Ersparnisse ausgeben.
18. Erd Schwein	Ratte Büffel Tiger **Hase** Drache Schlange Pferd **Ziege** Affe Hahn **Hund Schwein** **Günstig:** Putzen, waschen, fasten, seelische und körperliche Pflege, Arztbesuche. **Ungünstig:** Ausdauersport, Reisen, Hochzeit.
19. Metall Ratte	**Ratte Büffel** Tiger Hase **Drache** Schlange Pferd Ziege **Affe** Hahn Hund Schwein **Günstig:** Umziehen, Reisen, Hochzeiten, Empfänge, wichtige Konferenzen. **Ungünstig:** geistige Arbeiten, Gartenarbeit, häusliche Tätigkeiten.
20. Metall Büffel	**Ratte Büffel** Tiger Hase Drache **Schlange** Pferd Ziege Affe **Hahn** Hund Schwein **Günstig:** Versammlungen, gerechte Verteilungen, Hochzeit, Konferenzen, Umzug. **Ungünstig:** Gartenarbeit, Dinge zum Abschluss bringen.
21. Wasser Tiger	Ratte Büffel **Tiger Hase** Drache Schlange **Pferd** Ziege Affe Hahn **Hund** Schwein **Günstig:** Gartenarbeit, Feiern, Hochzeit, Dinge zum Abschluss bringen. **Ungünstig:** keine Anschuldigungen gegen Dritte erheben.
22. Wasser Hase	Ratte Büffel **Tiger Hase** Drache Schlange Pferd **Ziege** Affe Hahn Hund **Schwein** **Günstig:** Gartenarbeit, Feiern, Hochzeit, Dinge zum Abschluss bringen. **Ungünstig:** keine Anschuldigungen gegen Dritte erheben.
23. Holz Drache	**Ratte** Büffel Tiger Hase **Drache Schlange** Pferd Ziege **Affe** Hahn Hund Schwein **Günstig:** Ausruhen, Meditation, seinen Hobbys nachgehen. **Ungünstig:** wichtige Unternehmungen.
24. Holz Schlange	Ratte **Büffel** Tiger Hase **Drache Schlange** Pferd Ziege Affe **Hahn** Hund Schwein **Günstig:** Amüsieren, mit Freunden ausgehen, Freizeitaktivitäten. **Ungünstig:** geschäftliche Aktivitäten, neue Dinge anfangen.
25. Feuer Pferd	Ratte Büffel **Tiger** Hase Drache Schlange **Pferd Ziege** Affe Hahn **Hund** Schwein **Günstig:** für die meisten Aktivitäten, Geschäftsabschlüsse, Partnerschaft. **Ungünstig:** negative Bemerkungen über andere Menschen.
26. Feuer Ziege	Ratte Büffel Tiger **Hase** Drache Schlange **Pferd Ziege** Affe Hahn Hund **Schwein** **Günstig:** Handel, Geschäftseröffnungen, Hochzeiten und andere Feste planen. **Ungünstig:** Beerdigungen, Reisen, Arztbesuche.
27. Erd Affe	**Ratte** Büffel Tiger Hase **Drache** Schlange Pferd Ziege **Affe Hahn** Hund Schwein **Günstig:** Handwerkliche Aktivitäten, Handel, Hochzeiten, Reisen. **Ungünstig:** Trauerfeiern und Beerdigungen, schwere körperliche Arbeit.
28. Erd Hahn	Ratte **Büffel** Tiger Hase Drache **Schlange** Pferd Ziege **Affe Hahn** Hund Schwein **Günstig:** Ankündigungen machen, Beerdigungen, Trauerfeiern. **Ungünstig:** Handel, Vergnügungen, Freizeitaktivitäten.
29. Metall Hund	Ratte Büffel **Tiger** Hase Drache Schlange **Pferd** Ziege Affe Hahn **Hund Schwein** **Günstig:** Kleidung schneidern, Handel, Buchhaltung, Ausflüge, neue Dinge beginnen. **Ungünstig:** Geschäfte eröffnen, Kraftanstrengungen, Reisen, Ersparnisse ausgeben.
30. Metall Schwein	Ratte Büffel Tiger **Hase** Drache Schlange Pferd **Ziege** Affe Hahn **Hund Schwein** **Günstig:** Putzen, waschen, fasten, seelische und körperliche Pflege, Arztbesuche. **Ungünstig:** Ausdauersport, Reisen, Hochzeit.
31. Wasser Ratte	**Ratte Büffel** Tiger Hase **Drache** Schlange Pferd Ziege **Affe** Hahn Hund Schwein **Günstig:** Umziehen, Reisen, Hochzeiten, Empfänge, wichtige Konferenzen. **Ungünstig:** geistige Arbeiten, Gartenarbeit, häusliche Tätigkeiten.

TZE
Ratte

Grundtendenz des Monats: Eine gewisse Ordnung ist schon nötig, damit das Leben in geregelten Bahnen laufen kann. Mit einem Jahresregenten wie dem gradlinigen Metall-Büffel lassen sich eher chaotische Pläne überhaupt nicht umsetzen. Je besser Sie also eine Sache strukturieren, desto einfacher lassen sich die Menschen in Ihrem Umfeld begeistern. Schließlich wollen Sie doch am Ende des Tages begeisterte Mitstreiter für Ihre Sache gewinnen, oder?

Mit dem Erd-Schwein gesellt sich im November ein Tierzeichen zum Büffel, dass sich für die Belange seiner Mitmenschen stark macht. Mitgefühl und die Sorge für die Bedürfnisse anderer rücken jetzt in den Vordergrund.

Liebe, Familie, Freundschaft: In den eigenen vier Wänden geht es ebenfalls darum, sich gegenseitig zu unterstützen und füreinander zu sorgen. Damit Sie erkennen können, was Ihre Lieben brauchen, ist es erst einmal wichtig, einfach nur zuzuhören. Das ist allemal besser, als sich ständig darüber Gedanken zu machen, was Partner und Nachwuchs bewegt, ohne konkret nachzufragen.

Eine offene Kommunikation ist nun auch der Schlüssel zum Herzen bei der Suche nach einem neuen Partner. So können Sie sich von Anfang an auf Augenhöhe begegnen.

Beruf, Finanzen: Das Schwein ist für seinen Fleiß bekannt und scheut in der Regel nicht davor zurück, auch unangenehme Aufgaben zu erledigen, wenn das erforderlich ist. Daran darf sich die Ratte ruhig ein Beispiel nehmen und sollte auch dann nicht in ihrem Einsatz nachlassen, wenn die Aufgabe mal nicht so interessant erscheint.

Das Wasser-Element wird im November durch die Kombination aus Schwein, Ratte und Büffel besonders gestärkt. Das könnte auch bedeuten, dass eine geschäftliche Reise ansteht oder der Standort gewechselt werden muss - sei es vorübergehend oder auch permanent.

Tipp des Monats: Zeigen Sie Ihr Mitgefühl und greifen Sie aktiv denjenigen unter die Arme, die das jetzt bitter nötig haben.

KIU
Büffel

Grundtendenz des Monats: Ein freundliches Schwein kreuzt im November die Wege des Büffels und bringt seine praktischen Seiten zum Vorschein. Es zeigt Ihnen nun, dass man auch mit einer gewissen Leichtigkeit durchaus voran kommen kann. Machen Sie sich das Leben nun nicht unnötig schwer, sondern versuchen Sie, ein bisschen mehr zu genießen.

Wer sich in den vergangenen Monaten eher wenig um die eigene Gesundheit gekümmert hat, sollte nun lieber noch einmal einen Check-up machen. Sicher gibt es eine Lücke in Ihrem Terminkalender, damit Sie sich jetzt die nötige Zeit zum Durchatmen nehmen.

Liebe, Familie, Freundschaft: Vielleicht gibt es nun den einen oder anderen Grund zu feiern, lieber Büffel? Im Kreise Ihrer Lieben dürfen Sie alle Gaben nun ohne Vorbehalte annehmen. Sie können sicher sein, dass in diesen Wochen niemand eine Gegenleistung dafür erwartet. Nur glückliche Gesichter wünscht sich das Schwein für Sie in den eigenen vier Wänden. Es gibt also keinen Grund, weiter missmutig nach einem Haar in der Suppe Ausschau zu halten.

In der Liebe stehen Ihnen vor allem in langjährigen Partnerschaften von Zärtlichkeit und Zuwendung geprägte Zeiten bevor. Wer frisch vergeben ist, muss sich noch ein wenig mehr öffnen, damit tiefere Gefühle wachsen können.

Beruf, Finanzen: Manche Projekte kommen einfach am besten vom Platz, wenn sich der Büffel alleine darum kümmert. Das können Sie jetzt im November wieder feststellen und sich wünschen, dass man Sie einfach mal machen lässt. Anstatt innerlich zu schimpfen, wäre es besser, wenn Sie aktiv versuchen, die Situation für sich selbst zu verbessern. Wie wäre es mit einem klärenden Gespräch mit Vorgesetzten oder Mitstreitern?

Ordnung ist das halbe Leben und gerade dann unverzichtbar, wenn viele Dinge auf einmal zu bewältigen sind. Mit Hilfe des peniblen Erd-Schweins lässt sich jetzt ganz prima aufräumen.

Tipp des Monats: Wenn Sie schon länger das Gefühl haben, an einen bestimmten Platz zu gehören, sollten Sie sich jetzt dort niederlassen.

YING
Tiger

Grundtendenz des Monats: Man wünscht sich nun vielleicht vom Tiger, dass er sich mehr mit den alltäglichen Aufgaben befasst, anstatt sich in Themen zu verbeißen, die mit seiner reellen Lage nicht viel zu tun haben. Ein freundliches Erd-Schwein erinnert Sie daran, dass es vor allem darum geht, im hier und jetzt zu bleiben und sich den kleinen und größeren Sorgen derjenigen zu widmen, für die man Verantwortung übernommen hat.

Wer seinen Pflichten in den vergangenen Monaten gut nachgekommen ist, der hat sich nun sicher eine Auszeit verdient. Tun Sie sich also mal wieder etwas Gutes, lieber Tiger!

Liebe, Familie, Freundschaft: Das Schwein gehört zu den familienfreundlichen Tierzeichen und widmet seine Aufmerksamkeit gerne dem Wohlergehen von Familie und Partner. Das muss allerdings nicht unbedingt bedeuten, dass der Tiger jetzt genauso empfindet. Wenn Ihnen das alles nun eher lästig erscheint, sollten Sie vielleicht Ihre aktuelle Situation hinterfragen.

Treue und Verständnis spielen in der Partnerschaft weiter eine wichtige Rolle. Auch wenn die Freiräume für den einzelnen in diesem Jahr sicher knapper ausfallen als im letzten Jahr, ist das kein Grund zu hadern. Schon im nächsten Jahr brechen wieder ganz andere Zeiten an.

Beruf, Finanzen: Wer nun gewissenhaft seine Aufgaben erledigt, kann dafür nicht nur die verdiente Anerkennung erfahren, sondern schafft außerdem Raum für weitere Projekte. Im Jahr des Büffels hat der Tiger einiges an Fleißarbeit zu leisten. Das mag nicht immer Spaß machen - je schneller Sie das Ganze jedoch erledigt haben, desto eher können Sie sich anderen Dingen widmen.

Mit dem vertrauensseligen Schwein als Begleiter ist von finanziellen Schnellschüssen nun lieber abzuraten. Warten Sie mit Investitionen lieber bis im nächsten Jahr.

Tipp des Monats: Viele Dinge kann man nur alleine erledigen. Ziehen Sie sich zurück, wenn wichtige Entscheidungen anstehen.

MAO
Hase

Grundtendenz des Monats: Mit dem Erd-Schwein kommt im November ein Tierzeichen ins Spiel, das dem Hasen gleich doppelt gut tun kann. Zum einen gehört es wie er selbst zu den Tierzeichen, die das Wohl der Allgemeinheit immer im Auge behalten und sich gerne und oft um ihre Mitmenschen kümmern.

Zum anderen schätzt es dieses Schwein, manchmal alleine zu sein, was Ihnen jetzt eine lange gewünschte Auszeit ohne schlechtes Gewissen bescheren kann. So eignet sich der November ganz hervorragend für einen Rückzug auf Zeit wie zum Beispiel ein Retreat.

Liebe, Familie, Freundschaft: Gemütliche Zeiten in den eigenen vier Wänden lassen sich mit dem Schwein im Monat noch viel besser genießen als sonst. Schließlich geht es darum, dass Sie sich wohlfühlen. Gestalten Sie Ihre Umgebung also ruhig nach Ihrem eigenen Geschmack. Ihre Lieben dürfen sich dabei gerne einbringen, wenn sie dann auch aktiv mit anpacken.

Harmonie in den eigenen vier Wänden kann es nur dann geben, wenn alle gemeinsam an einem Strang ziehen. Lassen Sie nicht zu, dass Sie sich um alles kümmern müssen, sondern verteilen Sie die Aufgaben gerecht auf Partner, Kinder und andere Mitbewohner.

Beruf, Finanzen: Organisatorische Fähigkeiten stehen an Ihrem Arbeitsplatz in diesem Monat hoch im Kurs. Wenn es dem Hasen gelingt, nicht abzuschweifen, kann er nun mit Hilfe des Schweins penibel und genau seine Aufgaben erledigen. Das freut auch den Büffel, der mit so manchen Projekten langsam aber sicher zum Ende kommen möchte.

In finanziellen Angelegenheiten sollten Sie nun auf keinen Fall blind vertrauen - schon gar nicht, wenn Sie die Quelle nicht kennen. Holen Sie lieber noch eine weitere Meinung ein, bevor Sie eine Entscheidung treffen, die sie eventuell bereuen könnten.

Tipp des Monats: In der Ruhe liegt die Kraft! Ziehen Sie sich zurück, wenn es möglich ist und halten Sie Innenschau.

> Winterbeginn / Kleiner Schnee < November

SHENG Drache

Grundtendenz des Monats: Mit dem freundlichen Erd-Schwein kann sich im November die Situation für den Drachen wieder deutlich entspannen. Schließlich ist das Schwein bekannt dafür, aus jeder Situation das Beste machen zu können und gilt wie der Drache auch bei den Chinesen als Glückstier. Das sollte Sie jetzt auf jeden Fall positiv stimmen und Ihnen für den Rest des Jahres wieder mehr Schwung geben.

Den können Sie jetzt am besten dafür nutzen, sich selbst etwas Gutes zu tun. Vielleicht möchten Sie sich endlich mal wieder so richtig verwöhnen lassen. Sie entscheiden, was jetzt für Sie richtig und gut ist.

Liebe, Familie, Freundschaft: Im Kreise der Familie lässt es sich vielleicht nicht ganz so gut entspannen - dafür ist aber immer was los, so dass kaum Langeweile aufkommen kann. Mit Auftauchen des Schweins wird der Schwerpunkt immer auch auf den häuslichen Aspekt gelenkt. Hier geht es jetzt vor allem darum, es allen gemütlich und behaglich zu machen.

In der Liebe gibt es endlich wieder ein bisschen mehr Zeit für Zweisamkeit - dabei hängt es aber stark davon ab, wie der Drache seine Prioritäten setzt. Sprechen Sie mit Ihrem Partner und schaffen Sie sich nun kleine Oasen, die nur für Sie beide bestimmt sind.

Beruf, Finanzen: Gute Organisation ist am Arbeitsplatz gefragt. Schließlich will der Drache nicht alles doppelt und dreifach machen müssen! Wenn es Ihnen schwer fällt, selbst für die nötige Struktur zu sorgen, dürfen Sie diese Aufgabe auch an jemand anderen übertragen. Dann wäre es allerdings auch angebracht, dass Sie sich an dessen Vorgaben halten…

Die Effizienz des Jahresregenten ist sicher etwas, was dem Drachen gut bekommt. So können Sie sich all die Aktionen von vorne herein sparen, die zwar viel Arbeit machen, wo aber am Ende wenig bei herauskommt.

Tipp des Monats: Mit vagen Zusagen erreichen Sie gar nichts. Setzen Sie sich voll und ganz für eine Sache ein!

SZE Schlange

Grundtendenz des Monats: Der kreative Funke mag in diesen Wochen weiter fehlen - aber es dürfte nun auch gar nicht darum gehen, wie die Schlange festgefahrene Projekte voranbringen kann. Vielmehr treten mit dem freundlichen Schwein nun alltäglichere Dinge in den Vordergrund. Wer im Kleinen gut zu organisieren weiß, kann sich ab nächsten Monat auch wieder den größeren Zusammenhängen widmen.

Versuchen Sie nun vor allem, sich nicht zu viele Sorgen zu machen. Vom ständigen hin und her schieben in Gedanken löst sich das Problem nicht in Luft auf. Vielleicht möchten Sie sich jemandem anvertrauen?

Liebe, Familie, Freundschaft: Mehr Vertrauen und Hingabe würde sich so mancher Partner von der Schlange wünschen. Wäre es wirklich so schwer, wenn Sie jetzt weniger hinterfragen und mehr genießen würden? Mit der Stabilität des Büffels im Rücken sollte es 2021 im Grunde einfacher sein, die persönlichen Zweifel in der Liebe zu überwinden.

Ordnung in den eigenen vier Wänden zu halten ist manchmal gar nicht so einfach - vor allem, wenn Sie nicht alleine leben! Anstatt sich über das Chaos der restlichen Mitbewohner aufzuregen, wäre es sicher sinnvoller, mit gutem Beispiel voran zu gehen.

Beruf, Finanzen: Wer nun Schwierigkeiten hat, sich auf die eigenen Aufgaben zu konzentrieren, muss sich vielleicht einfach nur ein wenig zurückziehen. Suchen Sie sich einen Platz, an dem Sie weniger abgelenkt werden. Damit die Kollegen sich deshalb nicht verletzt fühlen, weisen Sie einfach darauf hin, dass Sie jetzt etwas mehr Zeit für sich brauchen, um sich voll und ganz dem Projekt zu widmen. Schließlich wollen ja alle zu einem guten Ergebnis kommen.

Mit Fleiß allein lassen sich gewisse Probleme nicht lösen. Manchmal braucht es dazu einen Impuls von außen.

Tipp des Monats: Wer die Ruhe braucht, sollte Sie sich nun wirklich auch gönnen. So können Sie Ihre Batterien aufladen.

> Winterbeginn / Kleiner Schnee < November

WU
Pferd

Grundtendenz des Monats: Diesmal wird im November die Yin-Erde betont und es geht wieder mehr darum, sich um andere zu kümmern. Zusammen mit dem fürsorglichen Schwein kann das Pferd sicher an einigen Stellen wichtige Hilfe leisten. Warten Sie nicht ab, bis Sie gefragt werden, sondern zeigen Sie Eigeninitiative! Dann können Sie sich Sie sich die Projekte aussuchen, die Ihnen am besten liegen.

Wann haben Sie sich das letzte Mal zurückgezogen und sich der inneren geistigen Entwicklung gewidmet? In den Zeiten von Online-Kursen lässt sich das übrigens ganz prima von zu Hause aus organisieren.

Liebe, Familie, Freundschaft: Alltägliche Aufgaben mögen nicht immer nach dem Geschmack des Pferdes sein… gemacht werden müssen Sie trotzdem! Damit nicht alles an einer Person hängen bleibt, ist es nun besonders wichtig, alle Familienmitglieder daran zu erinnern, wer für was zuständig ist.

Wenn Ihnen gerade nicht der Sinn nach viel Gesellschaft steht, spricht nichts dagegen, wenn Sie sich zeitweise mehr zurückziehen. Ihr Partner sollte allerdings nicht das Gefühl bekommen, dass er Ihre selbstgewählte Isolation verschuldet hat. Reden Sie miteinander und schaffen Sie Klarheit über Ihre Motive.

Beruf, Finanzen: Ab und an muss einfach mal aufgeräumt werden, liebes Pferd. Mit Hilfe des peniblen Schweins fällt das jetzt sicher leichter. Schieben Sie das Ganze bitte nicht länger auf, sondern machen Sie sich gleich ans Werk.

Wer Ihnen zu Investitionen rät, hat nicht automatisch nur Ihren Vorteil dabei im Sinn, sondern wird auch immer schauen, was für ihn selbst dabei drin ist. Deshalb sollten Sie nun bitte keine impulsiven Entscheidungen treffen, sondern das Ganze erst einmal sacken lassen. Ein schneller Erfolg ist mit dem Büffel als Herrscher nicht ganz so wahrscheinlich.

Tipp des Monats: Halten Sie sich selbst nun mehr zu Ordnung an! Das erspart Ihnen später viel lästiges Suchen.

WEI
Ziege

Grundtendenz des Monats: Auch im November zieht der Büffel das Tempo nicht unbedingt an. Das liegt auch den dem Erd-Schwein, welches den Monat begleitet und dem es wichtig ist, dass sich niemand übernimmt. Das Schwein setzt sich dafür ein, dass auch bei der Ziege der Genuss in diesen Wochen nicht zu kurz kommt. Sollten Sie das Gefühl haben, dass das an Ihrem jetzigen Standort nicht möglich ist, können Sie vielleicht eine kleine Reise planen.

Wem es in der letzten Zeit ein wenig an Elan gemangelt hat, der wird nun aufgefordert, sein Feuer-Element mehr zu unterstützen. Suchen Sie sich etwas, was Sie wirklich begeistert!

Liebe, Familie, Freundschaft: Schwein und Ziege haben beide allgemein das Wohl der Anderen im Sinn. Kümmern Sie sich nun ganz besonders um die Menschen in Ihrem Umfeld, die Unterstützung brauchen. Darüber sollten Sie aber nicht diejenigen vergessen, die sich in Ihrem inneren Zirkel befinden - Partner, Nachwuchs und enge Freunde haben ebenfalls Ihre Aufmerksamkeit verdient.

Harmonie in der Beziehung ist der Ziege enorm wichtig. Um diese zu gewährleisten, vergisst sie zuweilen, ihre eigenen Bedürfnisse auszuleben. Damit das jetzt nicht passieren kann, sollten Sie sich mehr Zeit für sich selbst nehmen.

Beruf, Finanzen: Je präziser die Anweisungen, desto genauer wird die Ausführung! Das hat gar nichts damit zu tun, dass die Ziege besonders penibel ist, sondern liegt einfach in der Natur der Sache. Sollte man Ihnen also nun also vorwerfen, dass Sie zu viel nachfragen, muss Sie das nicht abschrecken. Schließlich haben Sie den Anspruch, Ihre Arbeit so gut wie möglich zu erledigen.

Ihr Organisationstalent dürfte im November sehr gefragt sein. Auch wenn es Ihnen schmeichelt, sollten Sie trotzdem nicht den anderen zu viel Arbeit abnehmen.

Tipp des Monats: Sie entscheiden, wie schnell Sie was erreichen. Lassen Sie sich nicht verunsichern!

> Winterbeginn / Kleiner Schnee < November

SUNG
Affe

Grundtendenz des Monats: Wer eine positive Grundeinstellung zu allen Dingen des Lebens hat, ist klar im Vorteil. So kann der Affe ganz gut wegstecken, wenn es wieder einmal überhaupt nicht voran geht oder ihm ordentlich Gegenwind ins Gesicht bläst. Mit dem freundlichen Schwein wird Ihr Optimismus im November noch einmal verstärkt. Was macht es da schon, wenn Sie jetzt ein bisschen länger warten müssen? Schließlich sind Sie überzeugt, dass am Ende alles zu Ihrem Vorteil sein wird.

Es gefällt niemandem, wenn er ignoriert wird! Da ist der Affe keine Ausnahme. Wenn für Ihre wunderbaren Ideen kein Platz ist, suchen Sie sich eben ein anderes Fleckchen.

Liebe, Familie, Freundschaft: Das Schwein zählt klar zu den familienfreundlichsten Tierzeichen im Chinesischen Horoskop. Damit sich in seiner Gegenwart alle gut fühlen, ist ihm kein Aufwand zu groß. Da darf sich der Affe nun ruhig auch ein bisschen großzügiger zeigen, wenn es um das Wohl seiner Lieben geht.

Organisatorische Probleme sollten Sie nun besser sofort anpacken. Wer die Dinge liegen lässt, verpasst vielleicht eine wichtige Deadline oder verliert das eigentliche Ziel aus den Augen. Meistens geht es auch deutlich schneller, wenn man sofort die nötigen Maßnahmen einleitet.

Beruf, Finanzen: Der Affe mag es überhaupt nicht, wenn er zu Untätigkeit verdammt wird. Wenn Ihnen die Ideen ausgehen, wie Sie die Wartezeit überbrücken könnten, wäre es vielleicht eine gute Idee, jetzt einfach ein paar Tage frei zu nehmen und sich mit vollkommen anderen Dingen zu beschäftigen.

Es ist für Sie sicher nicht einfach, sich an das herrschende System des Büffels anzupassen. Vor allem, wenn es darum geht, den Dingen seinen richtigen Platz zu geben, gehen die Meinungen zwischen Ihnen und dem Jahresregenten oft weit auseinander.

Tipp des Monats: Bleiben Sie sie selbst – auch wenn das nicht immer bei allen gleich gut ankommt.

YU
Hahn

Grundtendenz des Monats: Manchmal ist es wirklich anstrengend, immer alles so perfekt wie möglich zu machen. Wenn Sie das in diesen Wochen erschöpft erkennen, ist es höchste Zeit, Ihre Ansprüche ein wenig herunter zu schrauben. Das gilt übrigens auch anderen Menschen gegenüber!

Das freundliche Schwein, das den November begleitet, kann durchaus penibel auftreten, würde aber seine freie Zeit kaum opfern, nur um das letzte Quäntchen aus der Sache herauszuholen. Es geht also nun vor allem darum, ein gutes Gleichgewicht zu finden zwischen Ihrem Einsatz und einem Ergebnis, mit dem Sie zufrieden sein können.

Liebe, Familie, Freundschaft: Wenn die Tage kürzer werden und es draußen grau und nass ist, igelt man sich gerne zu Hause mit seinen Lieben ein. Zügeln Sie dabei Ihren Drang, immer irgendetwas aufräumen oder organisieren zu müssen!

Das Schwein ist eines der Tierzeichen mit dem größten Vertrauen in seine Mitmenschen. In diesem Bereich kann der Hahn sicher von ihm lernen und sich in seinen persönlichen Beziehungen mehr öffnen. Mit dem aktuellen Herrscher sollte es in den vergangenen Monaten möglich gewesen sein, eine sichere Basis für mehr Offenheit zu schaffen.

Beruf, Finanzen: An Ideen mag es zurzeit ein wenig mangeln, aber deshalb wird ja die Arbeit nicht weniger. Beschränken Sie sich einfach darauf, laufenden Projekten den letzten Schliff zu geben. Sie tun damit nicht nur sich selbst sondern auch allen anderen einen Gefallen.

Manchmal darf man nicht allzu wählerisch sein, wenn man Unterstützung braucht - vor allem, wenn es sich um ein sehr arbeitsintensives Unterfangen handelt. Nehmen Sie das Angebot also lieber an, sonst müssen Sie das Ganze am Ende noch alleine schaffen.

Tipp des Monats: Ziehen Sie sich ruhig zurück, wenn Sie mehr Alleinzeit brauchen und füllen Sie Ihre Batterien für den Endspurt im Büffel-Jahr auf!

SHIH
Hund

Grundtendenz des Monats: Mit dem Schwein wird dem Hund im November sicher einiges von der Schwere der letzten Wochen genommen. Schließlich gehört es zu den Optimisten im Chinesischen Tierkreis und lässt sich fast nie aus der Fassung bringen. Da darf sich auch der Hund ein bisschen entspannen und sich wieder mehr auf die schönen Dinge im Leben konzentrieren.

Der Jahresregent mag in den letzten Monaten einige Dinge durchgedrückt haben, die dem Hund nicht sehr behagten. Vielleicht werden Sie nun aber feststellen, dass das im Grunde nur zu Ihrem Besten war und Sie sich einige Komplikationen erspart haben.

Liebe, Familie, Freundschaft: Die Sicherheit und Geborgenheit von Heim und Hof sind in diesem Monat für die meisten Hunde enorm wichtig. Gemeinsam mit dem Schwein kann man sich nun darum kümmern, die eigenen vier Wände an die Bedürfnisse seiner Bewohner noch besser anzupassen. Geben Sie dabei dem Rest der Familie aber bitte ein Mitspracherecht. Schließlich wollen sich alle gleich wohl fühlen.

Es mag ein bisschen dauern, bis der Hund sein Herz verschenkt, aber dann steht er in der Regel voll und ganz zu seiner Entscheidung. Vertrauen Sie auf Ihr Gefühl und lassen Sie sich fallen.

Beruf, Finanzen: Ihr Einfluss kann nun steigen, wenn Sie sich die Mühe machen, Ihre eigene realistische Einschätzung zu entwickeln und mit Argumenten zu untermauern. Wenn man sieht, dass Sie gut recherchiert haben, wird man Sie dabei viel eher ernst nehmen, als wenn Sie sich nur auf die Erkenntnisse anderer stützen.

Sicher gibt es noch so manche Fleißarbeiten zu erledigen, die man nun besonders gerne an den Hund delegiert. Wenn es für Sie kein großer Aufwand ist, bringen Sie es einfach schnell und effektiv hinter sich - das kann auf der anderen Seite Eindruck schinden.

Tipp des Monats: Natürlich besteht immer die Möglichkeit, dass Sie verletzt werden, aber wer sich nicht aus der Deckung wagt, wird nie etwas erreichen.

HAN
Schwein

Grundtendenz des Monats: Mit einem weiteren Schwein als Begleitung werden Sie im November gesegnet. Das dürfte die positive Grundstimmung in diesem Jahr noch weiter verstärken und dafür sorgen, dass es nun einiges für Sie zu genießen gibt. Noch einmal präsentiert Ihnen der Jahresherrscher einige gute Gelegenheiten, die Sie nun wirklich nur beim Schopfe zu greifen brauchen. Wenn Sie bislang eher gezögert haben, bekommen Sie nun also noch einmal eine weitere Chance.

Wer sich immer noch nicht so recht traut, darf sich nicht wundern, wenn es nicht so läuft. Ein bisschen Mut ist schon erforderlich, wenn das Schwein sein Schicksal aktiv gestalten will.

Liebe, Familie, Freundschaft: Sie können wirklich eine wertvolle Stütze für Freunde und Familie sein, wenn es darum geht, die alltäglichen Aufgaben zu organisieren. In der Regel macht es Ihnen ja auch Spaß, helfend einzugreifen, oder? Sollte das jetzt nicht der Fall sein, wäre es vielleicht an der Zeit, die Verantwortung an Ihre Lieben zurückzugeben.

Wer immer noch auf der Suche nach einem Partner ist, sollte sich vielleicht erst einmal in Ruhe hinsetzen und überlegen, was er sich eigentlich wünscht. Es ist schwer, seinen Herzensmenschen zu finden, wenn man gar nicht so recht weiß, wie er sein soll…

Beruf, Finanzen: Sollten Sie nun die Zeit dazu finden, überdenken Sie ruhig einmal Ihre momentane Lage. Was können Sie tun, um Ihre Ziele langfristig zu erreichen? Wie weit sind Sie noch davon entfernt? Bekommen Sie genug Unterstützung auf Ihrem Weg? Gerade weil der Büffel dem Schwein so wohl gesonnen ist, wäre es nun geradezu sträflich, wenn Sie nicht noch einmal alles unternehmen, damit Sie Ihr angestrebte Ziel erreichen können.

Wer nicht genug Vertrauen in seine eigenen Fähigkeiten beim Umgang mit seinem Ersparten hat, sollte das jetzt lieber in andere Hände geben.

Tipp des Monats: Je exakter Sie nun planen, desto besser wird das Ergebnis.

November 2021	Jahreskonstellation – Metall Büffel Monatskonstellation – Erd Schwein

1. Wasser Büffel	**Ratte Büffel** Tiger Hase Drache **Schlange** Pferd Ziege Affe **Hahn** Hund Schwein **Günstig:** Versammlungen, gerechte Verteilungen, Hochzeit, Konferenzen, Umzug. **Ungünstig:** Gartenarbeit, Dinge zum Abschluss bringen.
2. Holz Tiger	Ratte Büffel **Tiger Hase** Drache Schlange **Pferd** Ziege Affe Hahn **Hund** Schwein **Günstig:** Gartenarbeit, Feiern, Hochzeit, Dinge zum Abschluss bringen. **Ungünstig:** keine Anschuldigungen gegen Dritte erheben.
3. Holz Hase	Ratte Büffel **Tiger Hase** Drache Schlange Pferd **Ziege** Affe Hahn Hund **Schwein** **Günstig:** Gartenarbeit, Hochzeit, Dinge zum Abschluss bringen. **Ungünstig:** Umzug, Reisen, Geschäftseröffnung.
4. Feuer Drache	**Ratte** Büffel Tiger Hase **Drache Schlange** Pferd Ziege **Affe** Hahn Hund Schwein **Günstig:** Ausruhen, Meditation, seinen Hobbys nachgehen. **Ungünstig:** wichtige Unternehmungen.
5. Feuer Schlange	Ratte **Büffel** Tiger Hase **Drache Schlange** Pferd Ziege Affe **Hahn** Hund Schwein **Günstig:** Amüsieren, mit Freunden ausgehen, Freizeitaktivitäten. **Ungünstig:** geschäftliche Aktivitäten, neue Dinge anfangen.
6. Erd Pferd	Ratte Büffel **Tiger** Hase Drache Schlange **Pferd Ziege** Affe Hahn **Hund** Schwein **Günstig:** für die meisten Aktivitäten, Geschäftsabschlüsse, Partnerschaft. **Ungünstig:** negative Bemerkungen über andere Menschen.
7. Erd Ziege	Ratte Büffel Tiger **Hase** Drache Schlange **Pferd Ziege** Affe Hahn Hund **Schwein** **Günstig:** für die meisten Aktivitäten, Geschäftsabschlüsse, Partnerschaft. **Ungünstig:** negative Bemerkungen über andere Menschen.
8. Metall Affe	**Ratte** Büffel Tiger Hase **Drache** Schlange Pferd Ziege **Affe Hahn** Hund Schwein **Günstig:** Handel, Geschäftseröffnungen, Hochzeiten und andere Feste planen. **Ungünstig:** Beerdigungen, Reisen, Arztbesuche.
9. Metall Hahn	Ratte **Büffel** Tiger Hase Drache **Schlange** Pferd Ziege **Affe Hahn** Hund Schwein **Günstig:** Handwerkliche Aktivitäten, Handel, Hochzeiten, Reisen. **Ungünstig:** Trauerfeiern und Beerdigungen, schwere körperliche Arbeit.
10. Wasser Hund	Ratte Büffel **Tiger** Hase Drache Schlange **Pferd** Ziege Affe Hahn **Hund Schwein** **Günstig:** Ankündigungen machen, Beerdigungen, Trauerfeiern. **Ungünstig:** Handel, Vergnügungen, Freizeitaktivitäten.
11. Wasser Schwein	Ratte Büffel Tiger **Hase** Drache Schlange Pferd **Ziege** Affe Hahn **Hund Schwein** **Günstig:** Kleidung schneidern, Handel, Buchhaltung, Ausflüge, neue Dinge beginnen. **Ungünstig:** Geschäfte eröffnen, Kraftanstrengungen, Reisen, Ersparnisse ausgeben.
12. Holz Ratte	**Ratte Büffel** Tiger Hase **Drache** Schlange Pferd Ziege **Affe** Hahn Hund Schwein **Günstig:** Putzen, waschen, fasten, seelische und körperliche Pflege, Arztbesuche. **Ungünstig:** Ausdauersport, Reisen, Hochzeit.
13. Holz Büffel	**Ratte Büffel** Tiger Hase Drache **Schlange** Pferd Ziege Affe **Hahn** Hund Schwein **Günstig:** Umziehen, Reisen, Hochzeiten, Empfänge, wichtige Konferenzen. **Ungünstig:** geistige Arbeiten, Gartenarbeit, häusliche Tätigkeiten.
14. Feuer Tiger	Ratte Büffel **Tiger Hase** Drache Schlange **Pferd** Ziege Affe Hahn **Hund** Schwein **Günstig:** Versammlungen, gerechte Verteilungen, Hochzeit, Konferenzen, Umzug. **Ungünstig:** Gartenarbeit, Dinge zum Abschluss bringen.
15. Feuer Hase	Ratte Büffel **Tiger Hase** Drache Schlange Pferd **Ziege** Affe Hahn Hund **Schwein** **Günstig:** Gartenarbeit, Feiern, Hochzeit, Dinge zum Abschluss bringen. **Ungünstig:** keine Anschuldigungen gegen Dritte erheben.

Ob ein Tag besonders günstig für Ihr Tierzeichen ist, sehen Sie an folgenden Farben:
Rot = sehr günstig, Grau = günstig, Schwarz = nicht günstig

Jahreskonstellation – Metall Büffel Monatskonstellation – Erd Schwein	November 2021

16. Erd Drache	**Ratte** Büffel Tiger Hase **Drache Schlange** Pferd Ziege **Affe** Hahn Hund Schwein **Günstig:** Gartenarbeit, Hochzeit, Dinge zum Abschluss bringen. **Ungünstig:** Umzug, Reisen, Geschäftseröffnung.
17. Erd Schlange	Ratte **Büffel** Tiger Hase **Drache Schlange** Pferd Ziege Affe **Hahn** Hund Schwein **Günstig:** Ausruhen, Meditation, seinen Hobbys nachgehen. **Ungünstig:** wichtige Unternehmungen.
18. Metall Pferd	Ratte Büffel **Tiger** Hase Drache Schlange **Pferd Ziege** Affe Hahn **Hund** Schwein **Günstig:** Amüsieren, mit Freunden ausgehen, Freizeitaktivitäten. **Ungünstig:** geschäftliche Aktivitäten, neue Dinge anfangen.
19. Metall Ziege	Ratte Büffel Tiger **Hase** Drache Schlange **Pferd Ziege** Affe Hahn Hund **Schwein** **Günstig:** für die meisten Aktivitäten, Geschäftsabschlüsse, Partnerschaft. **Ungünstig:** negative Bemerkungen über andere Menschen.
20. Wasser Affe	**Ratte** Büffel Tiger Hase **Drache** Schlange Pferd Ziege **Affe Hahn** Hund Schwein **Günstig:** Handel, Geschäftseröffnungen, Hochzeiten und andere Feste planen. **Ungünstig:** Beerdigungen, Reisen, Arztbesuche.
21. Wasser Hahn	Ratte **Büffel** Tiger Hase Drache **Schlange** Pferd Ziege **Affe Hahn** Hund Schwein **Günstig:** Handwerkliche Aktivitäten, Handel, Hochzeiten, Reisen. **Ungünstig:** Trauerfeiern und Beerdigungen, schwere körperliche Arbeit.
22. Holz Hund	Ratte Büffel **Tiger** Hase Drache Schlange **Pferd** Ziege Affe Hahn **Hund Schwein** **Günstig:** Ankündigungen machen, Beerdigungen, Trauerfeiern. **Ungünstig:** Handel, Vergnügungen, Freizeitaktivitäten.
23. Holz Schwein	Ratte Büffel Tiger **Hase** Drache Schlange Pferd **Ziege** Affe Hahn **Hund Schwein** **Günstig:** Kleidung schneidern, Handel, Buchhaltung, Ausflüge, neue Dinge beginnen. **Ungünstig:** Geschäfte eröffnen, Kraftanstrengungen, Reisen, Ersparnisse ausgeben.
24. Feuer Ratte	**Ratte Büffel** Tiger Hase **Drache** Schlange Pferd Ziege **Affe** Hahn Hund Schwein **Günstig:** Putzen, waschen, fasten, seelische und körperliche Pflege, Arztbesuche. **Ungünstig:** Ausdauersport, Reisen, Hochzeit.
25. Feuer Büffel	**Ratte Büffel** Tiger Hase Drache **Schlange** Pferd Ziege Affe **Hahn** Hund Schwein **Günstig:** Umziehen, Reisen, Hochzeiten, Empfänge, wichtige Konferenzen. **Ungünstig:** geistige Arbeiten, Gartenarbeit, häusliche Tätigkeiten.
26. Erd Tiger	Ratte Büffel **Tiger Hase** Drache Schlange **Pferd** Ziege Affe Hahn **Hund** Schwein **Günstig:** Versammlungen, gerechte Verteilungen, Hochzeit, Konferenzen, Umzug. **Ungünstig:** Gartenarbeit, Dinge zum Abschluss bringen.
27. Erd Hase	Ratte Büffel **Tiger Hase** Drache Schlange Pferd **Ziege** Affe Hahn Hund **Schwein** **Günstig:** Gartenarbeit, Feiern, Hochzeit, Dinge zum Abschluss bringen. **Ungünstig:** keine Anschuldigungen gegen Dritte erheben.
28. Metall Drache	**Ratte** Büffel Tiger Hase **Drache Schlange** Pferd Ziege **Affe** Hahn Hund Schwein **Günstig:** Gartenarbeit, Hochzeit, Dinge zum Abschluss bringen. **Ungünstig:** Umzug, Reisen, Geschäftseröffnung.
29. Metall Schlange	Ratte **Büffel** Tiger Hase **Drache Schlange** Pferd Ziege Affe **Hahn** Hund Schwein **Günstig:** Ausruhen, Meditation, seinen Hobbys nachgehen. **Ungünstig:** wichtige Unternehmungen.
30. Wasser Pferd	Ratte Büffel **Tiger** Hase Drache Schlange **Pferd Ziege** Affe Hahn **Hund** Schwein **Günstig:** Amüsieren, mit Freunden ausgehen, Freizeitaktivitäten. **Ungünstig:** geschäftliche Aktivitäten, neue Dinge anfangen.

TZE
Ratte

Grundtendenz des Monats: Mit einer weiteren Ratte aus dem Monat könnte die Ungeduld in diesen Wochen Überhand nehmen. Es ist ja gut und schön, dass der Büffel so bedächtig und vorsichtig voranschreitet - aber trotzdem könnte es für die Ratte schon ein bisschen flotter gehen… Bevor Sie anfangen, sich darüber zu ärgern, sollten Sie lieber fest daran glauben, dass der Jahresherrscher schon weiß, was er tut.
Eine starke Metall-Qualität kann zum Ende des Kalenderjahres der Ratte dabei helfen, die Spreu vom Weizen zu trennen. Dabei kann sich nun auch heraus kristallisieren, dass Sie sich von einigen durchaus lieb gewordenen Dingen trennen sollten.

Liebe, Familie, Freundschaft: Eher widersprüchliche Gefühle sind im Augenblick nicht ungewöhnlich, haben aber in der Regel weniger mit Ihrem Partner zu tun als mit Ihren eigenen inneren Zweifeln. Sprechen Sie darüber mit Ihrer besseren Hälfte und holen Sie sich die nötige Bestätigung. So können sich so einige Unsicherheiten noch vor dem Jahresende in Luft auflösen.
Der Dezember ist ein wundervoller Monat, um viel Zeit im Kreise von Familie und Freunden zu verbringen. Gerade weil das in der Vergangenheit nicht immer möglich war, sollten Sie die gemeinsame Zeit nun umso mehr schätzen.

Beruf, Finanzen: Verschaffen Sie sich nun einen guten Überblick über die internen Angelegenheiten am Arbeitsplatz. Zum Ende des Jahres wird gerne ein Resümee gezogen und man will dazu vielleicht auch Ihre Meinung hören.
Wer mit Hilfe des Büffels so einige Steine aus dem Weg geräumt hat, darf sich nun auf die entsprechende Belohnung freuen. Auch an Anerkennung sollte es nicht mangeln, wenn es der Ratte gelungen ist, für das gemeinsame Ziel über den eigenen Schatten zu springen. Mittelfristig bringt Ihnen das mehr Sicherheit und finanzielle Stabilität.

Tipp des Monats: Viele Dinge spielen sich nur in Ihrem Kopf ab. Machen Sie rechtzeitig den Realitäts-Check!

KIU
Büffel

Grundtendenz des Monats: Zum Ende des Kalenderjahres ist es noch einmal wichtig, den Überblick zu behalten. Der Büffel neigt zuweilen dazu, seinen Blick zu starr auf den Weg zu richten - da kann ihm schon mal etwas entgehen. Mit der Metall-Ratte an Ihrer Seite können Sie im Dezember nicht nur komplexe Zusammenhänge erkennen, sondern auch gleich solide Pläne für Ihre Zukunft machen. Voraussetzung dafür ist allerdings, dass Sie sich nicht zu sehr auf das versteifen, was Sie bisher für richtig gehalten haben.
Das zusätzliche Metall könnte darauf hinweisen, dass es nun noch einmal nötig ist Ballast abzuwerfen. Auch wenn es schwer fällt, ist es besser sich von gewissen Dingen jetzt zu trennen.

Liebe, Familie, Freundschaft: Am liebsten würden Sie sich in diesen Wochen einfach aus familiären Konflikten raushalten. Das wird aber wahrscheinlich nicht so einfach möglich sein. Vor allem, wenn Ihr Partner Beistand braucht, können Sie Ihre neutrale Position nur schwer beibehalten, ohne die andere Seite zu verletzen.
Für einen Neuanfang in der Liebe stehen die Zeichen nun gar nicht schlecht für den Büffel. Schließlich steht die Ratte als erstes Zeichen im Tierkreis nicht nur für einen frischen Start, sondern liefert mit ihrem kreativen Kopf auch gleich noch die passenden Strategien mit, wie Herzen zu gewinnen sind.

Beruf, Finanzen: Wer nun gut verhandelt, kann jeder Opposition spielend den Wind aus den Segeln nehmen. Damit alles nach Plan läuft ist eine akribische Vorbereitung unverzichtbar.
Neue Projekte können so kurz vor Jahresende ruhig schon mal in die Startlöcher kommen. Schließlich braucht der Büffel in der Regel einige Zeit, bevor er sich in Bewegung setzt. Wenn ab Februar der Tiger die Regentschaft übernimmt, wäre es gut, wenn es gleich losgehen könnte.

Tipp des Monats: Sie können nicht alles umsetzen, was die Ratte Ihnen eingibt. Lassen Sie sich dadurch aber nicht davon abhalten, wenigstens zu starten.

YING
Tiger

Grundtendenz des Monats: Mit der Ratte tritt zum Ende des Kalenderjahres ein Tierzeichen auf den Plan, dass sich mit dem Büffel aufs Beste ergänzt. Davon kann nun auch der Tiger profitieren, der seine Ideen deutlich besser umsetzen kann. Nun ist ein guter Zeitpunkt, sich um die Fertigstellung der Projekte zu kümmern, die bislang nur recht zäh vom Platz gekommen sind. Schließlich starten Sie im Februar in Ihr eigenen Jahr und brauchen dann alle freien Kapazitäten.

An Willenskraft mangelt es dem Tiger in der Regel nicht - das haben Sie in den vergangenen Monaten sicher immer wieder beweisen können. Stehen Sie nun zu Ihren getroffenen Entscheidungen!

Liebe, Familie, Freundschaft: Sicher haben Sie inzwischen gemerkt, dass es im Jahr des Metall-Büffels vor allem darum geht, Bestehendes auf ein solides Fundament zu stellen. Das gilt vor allem für den Bereich der persönlichen Beziehungen. Ist es Ihnen gelungen, geschlossene Bande zu festigen? Sollte sich in der Partnerschaft immer noch Unsicherheit breit machen, wäre nun sicher ein geeigneter Augenblick, das Thema zur Sprache zu bringen.

Für häusliche Tiger ist der Dezember ein guter Monat, um sich niederzulassen und ein Nest zu bauen. Geschlossene Bindungen haben nun eine gute Chance, lange zu halten.

Beruf, Finanzen: Manchmal kann es sehr wertvoll sein, einen Schritt zurückzutreten und ein laufendes Projekt neutral von außen zu betrachten. Wer jetzt gut beobachtet, kann wahrscheinlich feststellen, in welchen Bereichen nachjustiert werden darf und wo es gut genug läuft. Die Dinge kritisch zu hinterfragen trifft aber unter Umständen nicht bei allen auf Begeisterung.

Sicher ist es bequem, wenn andere die Hauptarbeit für Sie erledigen, lieber Tiger. Wenn Sie allerdings die Kontrolle behalten wollen, müssen Sie sich schon ein bisschen mehr einbringen.

Tipp des Monats: Es schadet nicht, die eigene Meinung auf den Prüfstand zu stellen und von allen Seiten zu beleuchten.

MAO
Hase

Grundtendenz des Monats: Ratte und Büffel bilden zum Ende des Kalenderjahres noch einmal eine ausgesprochen günstige Konstellation. Jetzt wäre der perfekte Zeitpunkt, den Startschuss für ein neues Projekt zu geben. Denn mit der Ratte bekommen Sie einen wunderbaren Ideengeber zur Seite gestellt. Der Jahresregent ist sicher mehr als bereit, die Einfälle der Ratte in die Tat umzusetzen und möglichst zügig abzuschließen. Wer nicht ganz so abenteuerlustig ist, darf sich gerne auch auf den Beobachterposten verziehen. Von außen betrachtet, machen viele Dinge deutlich weniger Stress.

Liebe, Familie, Freundschaft: So mancher Hase mag sich schon mehrfach in diesem Jahr gefragt haben, wo seine Prioritäten liegen… wer sich für die Familie entschieden hat, wurde vom Büffel sicher genauso gelobt, wie die Hasen, die 2021 weniger Zeit zu Hause verbracht haben. Letztendlich ist es eine sehr individuelle Entscheidung, welcher Bereich mehr Aufmerksamkeit bekommen sollte.

Wer schon länger in einer Partnerschaft lebt, möchte nun vielleicht einen Schritt weiter gehen. Die Zeichen stehen im Dezember gut, um sich gemeinsam niederzulassen.

Beruf, Finanzen: Weder Büffel noch Ratte schätzen es, wenn man sich auf Kosten anderer bereichert. Sollte Ihnen da nun etwas in Ihrem Arbeitsumfeld auffallen, müssen Sie die Beobachterrolle aufgeben, auch wenn Sie sich nicht gerne einmischen. Mit Ehrlichkeit und Mut können Sie nicht nur gewisse Dinge anprangern, sondern vielleicht auch dauerhaft ändern.

Sicher wäre es nun eine gute Idee, sich zum Abschluss des Jahres noch einmal einen guten Überblick zu verschaffen. Schließlich wollen Sie vor dem Start ins neue Jahr doch sicher wissen, wo Sie stehen - vor allem, wenn Sie sich mehr Veränderungen wünschen.

Tipp des Monats: Beenden Sie nun, was Sie angefangen haben. Dann können Sie 2022 viel mehr Ideen umsetzen als in den letzten zwölf Monaten.

SHENG
Drache

Grundtendenz des Monats: Zum Ende des Kalenderjahres darf so mancher Drache wieder deutlich kreativer werden. Dafür sorgt die Metall-Ratte, die den Dezember begleitet und die jede Menge frische Ideen ins Spiel bringt. Nehmen Sie die neue Inspiration an und machen Sie sich gleich an die Umsetzung. Schließlich ist der Büffel ein hervorragender Helfer, wenn es darum geht, Dinge gut zum Abschluss zu bringen.

Gleichzeitig wird jetzt auch das Wasser-Element gut unterstützt und damit auch Ihre kommunikativen Fähigkeiten gestärkt. Das dürfte sehr nützlich sein, wenn es nun in Verhandlungen geht und auch auf der privaten Ebene für einen besseren Dialog sorgen.

Liebe, Familie, Freundschaft: Am liebsten wäre es Ihnen wohl, wenn Freunde und Familie Auseinandersetzungen unter sich austragen und Sie nicht damit behelligen. Da Sie aber nun einmal ein fester Teil dieses sozialen Gefüges sind, gehört es eben auch dazu, in unangenehmeren Situationen Stellung zu beziehen. Winden Sie sich also bitte nicht aus Ihrer Verantwortung!

Wer in einer Beziehung lebt, die schon länger harmonisch verläuft, mag nun vielleicht über den nächsten Schritt nachdenken.

Beruf, Finanzen: Der Büffel konnte in den letzten Monaten manchmal ganz schön stur sein, wenn Sie versucht haben, ihn von Ihrer Meinung zu überzeugen. Vielleicht lag das einfach auch daran, dass Sie sich nicht perfekt vorbereitet haben? Mit überarbeiteten Argumenten sollten Sie nun ruhig noch einmal einen Anlauf wagen. Sicher kann man sich jetzt auf einen Kompromiss einigen und Ihnen doch noch genug entgegen kommen.

Finanzielle Angebote sollten Sie zum Jahreswechsel genau überprüfen und sich nicht von schönen Worten blenden lassen. Vor allem längerfristige Investitionen wollen gut durchdacht sein.

Tipp des Monats: Beobachten Sie die Situation gut, bevor Sie handeln! Jedes Detail kann später noch wichtig werden.

SZE
Schlange

Grundtendenz des Monats: Was an Impulsen in den vergangenen Wochen gefehlt hat, bekommt die Schlange nun zum Ende des Kalenderjahres noch einmal serviert. Die Ratte, die den Monat begleitet, hat sicher so einige Einfälle parat. Ob diese nach dem Geschmack der Schlange sind, steht auf einem anderen Blatt. Unter Umständen müssen Sie jetzt mehr als einmal freundlich aber verbindlich dankend ablehnen.

Ratte und Büffel sind ein sehr gutes Team, wenn es darum geht, festgefahrene Situationen aufzulösen und Angefangenes abzuschließen. Diesen Umstand kann die Schlange vielleicht nutzen und jetzt noch mal alten Ballast loswerden.

Liebe, Familie, Freundschaft: Wenn es in der Familie nun Streit gibt, sollten Sie sich gut überlegen, ob Sie sich wirklich einmischen und Partei ergreifen wollen. Nehmen Sie lieber die Beobachterrolle ein. Dann können Sie im Zweifelsfall als neutraler Schiedsrichter fungieren.

Wer in den vergangenen Monaten ein neues Glück gefunden hat, mag nun vielleicht darüber nachdenken, den nächsten Schritt zu gehen. Auch längerfristig bestehende Partnerschaften dürfen sich noch einmal weiterentwickeln. Mit dem beständigen Büffel fühlt es viel leichter an, dauerhafte Zugeständnisse zu machen.

Beruf, Finanzen: Beißen Sie sich nun nicht zu sehr an den Details fest, sondern sehen Sie lieber zu, dass Sie zum Ende kommen. Auch dem geduldigsten Metall-Büffel geht irgendwann mal die Luft aus. Gerade jetzt im Dezember muss das Ganze gar nicht so perfekt sein, sondern einfach nur die gestellten Anforderungen erfüllen.

Sicher sollten Entscheidungen im Jahr des eher konservativen Büffels besonders gut durchdacht werden. Das bedeutet aber nicht, dass Sie sich gar nicht bewegen! Von der Ratte können Sie den Impuls bekommen und den nächsten Schritt wagen.

Tipp des Monats: Zögern Sie nicht zu lange, sondern setzen Sie selbstbewusst die Weichen für Ihre Zukunft. Wer zu lange optimiert, kommt am Ende vielleicht nicht zum Zuge.

WU
Pferd

Grundtendenz des Monats: Manchmal ist es einfach besser, von außen zu beobachten, als mittendrin im Geschehen zu stecken. Zum Ende des Kalenderjahres kann es deshalb Sinn machen, sich aus gewissen Situationen einfach einmal heraus zu nehmen. Aus einem neutralen Blickwinkel betrachtet, wird die Lösung vielleicht schneller deutlich.

Mit der Ratte im Monat bekommt der Jahresregent noch einmal einen richtig guten Schub. Das kann das Pferd nutzen und den Abstand zum angestrebten Ziel sicher noch einmal gut verringern. Wichtig ist einfach, dass nach wie vor alle an einem Strang ziehen.

Liebe, Familie, Freundschaft: Herrscht in Ihrem Familienumfeld nun Streit, sollten Sie sich besser nicht einmischen. Vor allem, wenn Sie die Sache nicht persönlich betrifft, bringt es Ihnen nur Ärger, wenn Sie sich auf eine der beiden Seiten schlagen. Bleiben Sie lieber neutral!

Wer nun schon länger in einer festen Beziehung ist, mag vielleicht den nächsten Schritt einläuten. Büffel und Ratte begünstigen in diesen Wochen besonders alle Aspekte, die mit gemeinsamem Wohnen oder auch Bauen in Zusammenhang stehen.

Aber auch für frisch Verliebte hält das Ende des Büffel-Jahres positive Aspekte bereit - vor allem, wenn Sie jetzt an Ihrer gemeinsamen Kommunikation arbeiten.

Beruf, Finanzen: Auch wenn die Ratte, in direkter Opposition zu Ihrem Pferd steht, kann der letzte Monat des Kalenderjahres sehr erfolgreich für Sie werden. Das liegt an der günstigen Kombination von Ratte und Büffel, die nicht nur Ihre Kreativität stimuliert, sondern gleichzeitig auch für die Umsetzung Ihrer Ideen sorgt.

Was ist Ihnen wichtiger - Beruf oder Privatleben? Spätestens bis zum Start ins Jahr des Tigers im Februar sollten Sie sich darüber im Klaren sein, wo wirklich Ihre Prioritäten liegen. Da die Frage wahrscheinlich nicht so leicht zu beantworten ist, dürfen Sie sie sich ruhig jetzt schon stellen.

Tipp des Monats: Weniger Impulsivität und mehr gerichtetes Tun sorgen nun für den Erfolg.

WEI
Ziege

Grundtendenz des Monats: Mit der Metall-Ratte kommt zum Ende des Kalenderjahres ein Tierzeichen in Ihre Konstellation, dass Sie gerne mit frischen Ideen versorgen würde. So mancher Ziege mag das nun aber vielleicht einfach zu viel sein. Vor allem, wer sich in den letzten Monaten eher hat treiben lassen, wird nun kaum den Elan für etwas Neues aufbringen.

An Stabilität und Sicherheit sollte es der Ziege in diesem Jahr nicht gemangelt haben. Die Frage ist nur, ob ihr das auch wirklich bewusst geworden ist oder ob sie zu sehr mit anderen Dingen beschäftigt war.

Liebe, Familie, Freundschaft: Unterstützt vom Wasser-Element der Ratte lassen sich im Dezember sicher noch einmal besonders gut wichtige Dinge klären. Suchen Sie jetzt das Gespräch mit der Familie, wenn Sie sich nicht ausreichend gewürdigt fühlen oder sich wünschen würden, dass die alltäglichen Pflichten besser verteilt werden.

Auch in der Liebe geht es nun verstärkt um den Dialog. Vor allem, wenn Sie vor der Entscheidung stehen, was der nächste Schritt sein soll, ist Klarheit und Offenheit unverzichtbar. Büffel und Ratte unterstützen Sie dabei, wichtige Prozesse einzuleiten, die sich dann ab Februar umsetzen lassen.

Beruf, Finanzen: Jetzt ist der richtige Zeitpunkt für die Ziege, einige Dinge zum Abschluss zu bringen. Nutzen Sie noch einmal die Durchsetzungskraft des Büffels und setzen Sie den Schlusspunkt genau dort, wo Sie sich ihn gewünscht haben. So verschaffen Sie sich eine gute Startposition für 2022.

Wenn Sie sich bislang nicht eingemischt haben, macht es nun wenig Sinn, das noch auf den letzten Metern vor dem Ziel zu tun. Am Ergebnis lässt sich wahrscheinlich ohnehin nichts mehr ändern. Da können Sie Ihre Energie doch lieber in erfolgversprechendere Angelegenheiten stecken.

Tipp des Monats: Lassen Sie los, was Sie nicht mehr brauchen und starten Sie mit weniger Ballast in das neue Jahr.

SUNG
Affe

Grundtendenz des Monats: Zum Ende des Kalenderjahres kommt die Ratte als Monatsbegleiter zur Freude des Affen ins Spiel. Diese beiden sind und der Regel ein wirklich gutes Team, wenn es darum geht, Pläne zu schmieden und diese dann auch prompt umzusetzen. Nach der Erfahrung des letzten Jahres steht so mancher Affe dem Ideenfeuerwerk der Ratte nun aber erst einmal ein wenig zögerlicher gegenüber. Dafür sollte es aber jetzt recht wenig Grund geben. Mit dem Büffel ist in diesen Wochen nämlich noch ein weiterer Spezialist für die Umsetzung an Bord.
Sie können jetzt also ruhig aus Ihrem Ideenfundus schöpfen und gleichzeitig darauf hoffen, dass sich die Einfälle auch unmittelbar in die Tat umsetzen lassen.

Liebe, Familie, Freundschaft: Mischen Sie sich lieber nicht ungefragt ein, wenn es nun in der Familie Auseinandersetzungen gibt. Ihre Lieben können das meistens ganz prima auch alleine lösen. Falls Ihre Meinung gewünscht ist, wird man Ihnen das schon mitteilen. Bis dahin sollten Sie nur beobachten.
Einmal mehr ist das Metall-Element sehr präsent in der Konstellation. Vielleicht wollen Sie zum Ende des Jahres noch einmal so richtig ausmisten? Gemeinsam mit Partner und Nachwuchs kann das sogar richtig Spaß bringen.

Beruf, Finanzen: Es geht auf den Endspurt im Büffel-Jahr zu. Wer die Zielgerade noch nicht sehen kann, muss sich nun mit dem Gedanken anfreunden, dass es mit Abschluss des Ganzen 2021 wohl nicht klappen wird. Das sollte Sie jetzt aber nicht davon abhalten, noch einmal alles zu geben.
Ratte und Büffel sind immer dann eine gute Kombination für den Affen, wenn es darum geht, mit kreativen Ideen auch eher langweilige Routinearbeiten zu erledigen. Es kommt eben immer darauf an, mit welcher Intention man ans Werk geht.

Tipp des Monats: Sie haben das Gefühl, die Stabilität des Büffels tut Ihnen gut? Dann sollten Sie sich jetzt einen sicheren Platz suchen.

YU
Hahn

Grundtendenz des Monats: Das Jahr neigt sich dem Ende zu und bietet dem Hahn vor seinem Abschluss noch einmal ein paar gute Gelegenheiten. Mit der Ratte rückt nun ein Tierzeichen ins Bild, das für Sie wunderbar als Ideengeber fungieren kann. Mit dem Büffel im Hintergrund lassen sich so vielleicht sogar noch einige kleinere Aktionen in diesem und im nächsten Monat zum Abschluss bringen.
Auch falls Sie zeitlich keinen Mehraufwand mehr gebrauchen können, dürfen Sie sich trotzdem im Dezember von der Ratte inspirieren lassen. Im kommenden Jahr des Wasser-Tigers werden die Karten wieder neu gemischt und Sie bekommen dann vielleicht die Gelegenheit, diese Ideen noch umzusetzen.

Liebe, Familie, Freundschaft: Wenn zwei sich streiten, sollte sich der Hahn nun besser nicht einmischen. Halten Sie sich vor allem dann zurück, wenn Sie nicht in der Materie drin stecken. Sie machen sich nur unnötigen Stress, egal für welche Seite Sie die Partei ergreifen.
Gute Gelegenheiten gibt es nun sicher noch einmal für alle Hähne, die bislang noch ohne großen Erfolg auf Freiersfüßen unterwegs waren. Je mehr Zuverlässigkeit Sie nun ausstrahlen, desto besser sind die Aussichten.

Beruf, Finanzen: Zum Ende des Kalenderjahres mag so mancher Hahn sein Pensum schon mehr als erfüllt haben. Gute Planung und eine straffe Organisation zahlen sich eben aus! Wahrscheinlich macht es wenig Sinn, so kurz vor Jahresende noch etwas Neues zu beginnen. Vielleicht möchten Sie sich lieber auf den Beobachtungsposten begeben und schon einmal schauen, welche Möglichkeiten sich im nächsten Jahr bieten?
Sollten noch nicht alle Enden harmonisch zusammengelaufen sein, können Ratte und Büffel sicher unterstützend eingreifen, so dass Sie noch zu einem guten Abschluss kommen.

Tipp des Monats: Jetzt nur nicht zu sehr ins Detail gehen! Sehen Sie lieber zu, dass Sie Resultate vorweisen können.

SHIH
Hund

Grundtendenz des Monats: Mit der Ratte werden in diesem Dezember bei so manchem Hund unter Umständen Erinnerungen an 2020 wach. Damals hatte das erste Tierzeichen tiefgreifende Veränderungen für uns alle mitgebracht.
Diesmal braucht der Hund aber keine Sorgen haben, dass sich das Ganze wiederholt, denn mit dem besonnenen Büffel ist die Energie in diesen Wochen mehr auf erhalten als auf zerschlagen ausgerichtet.
Hören Sie sich die Vorschläge der kreativen Ratte also nun ruhig erst einmal an. Vielleicht macht so einiges richtig viel Sinn.

Liebe, Familie, Freundschaft: Ein bisschen frischer Wind kann ab und an in keiner Beziehung schaden. Auch wenn der Hund im Augenblick auf der privaten Ebene zufrieden scheint, kann er trotzdem versuchen, seine bessere Hälfte mal wieder zu überraschen. Weihnachten steht vor der Tür - vielleicht fällt Ihnen ja etwas ganz Besonderes ein.
Wenn Sie nicht allein ins neue Jahr starten wollen, müssen Sie unter Umständen über Ihren eigenen Schatten springen. Entscheiden Sie jetzt, ob die neu gewonnene Zweisamkeit das für Sie wert ist.

Beruf, Finanzen: Ratte und Büffel arbeiten wunderbar zusammen. Das kann nun sogar dazu führen, dass sich auf den letzten Metern noch neue Ideen entwickeln, die sich unmittelbar umsetzen lassen. Solch ein Tempo ist der Hund vom Jahresregenten allerdings nicht gewohnt, wodurch er sich nun vielleicht erst einmal ein wenig überrumpelt fühlt.
Mit Hilfe des zusätzlichen Wasser-Elementes dürfte es Ihnen nun leichter fallen, Ihre Meinung zum Ausdruck zu bringen. Sollten Sie sich in dieser Hinsicht gehemmt fühlen, braucht es in der Regel einfach eine bessere Vorbereitung. Suchen Sie sich einen Sparring Partner, mit dem Sei das Ganze vorneweg durchspielen.

Tipp des Monats: Gute Gelegenheiten wollen am Schopfe gegriffen werden. Zögern Sie jetzt nicht zu lange.

HAN
Schwein

Grundtendenz des Monats: Wer die stabilisierende Energie des Büffels genutzt hat, um sich neu aufzustellen, dürfte nun bereits die ersten Ergebnisse sehen. Aber auch Schweingeborene, die die letzten zwölf Monate erst einmal damit gerungen haben, Ihr altes Gleichgewicht wieder zu finden, sollten an einem deutlichen besseren Platz sein.
Wichtig ist nun, dass Sie Ihre nächsten Schritte aus Ihrer persönlichen Fülle heraus planen. Dabei kann Ihnen die Ratte, die den Dezember begleitet eine wertvolle Stütze und Ideengeber sein. Das Schöne dabei ist, dass Sie jetzt noch gar nicht aktiv werden müssen, sondern erst einmal Pläne schmieden dürfen.

Liebe, Familie, Freundschaft: Zum Ende des Kalenderjahres versammeln die meisten Familien Ihre Lieben um sich. Gerade im Jahr des konservativen Büffels sollten Sie nicht mit dieser Tradition brechen. In der Regel macht das Ganze auch allen Beteiligten viel Freude. Vielleicht können Sie die nötigen Vorbereitungen besser delegieren.
Sie haben das Gefühl, dass Sie bestimmte Themen bei Ihrem Partner nun lieber nicht ansprechen sollten? Dann sollten Sie Ihrer Eingebung folgen und lieber abwarten, bis der Impuls von der anderen Seite kommt.

Beruf, Finanzen: Eine gute Kommunikation ist am Arbeitsplatz das A und O. Das kann das Schwein vor allem dann feststellen, wenn wieder mal alle aneinander vorbei geredet haben und es dadurch doppelt und dreifach Arbeit hatte. Bestehen Sie jetzt auf regelmäßigem Austausch und haken Sie sofort nach, wenn etwas nicht klar ist. Das Arbeitsvolumen wird im nächsten Jahr gewiss nicht geringer. Das Wasser-Element wird jetzt durch eine spezielle Tierkombination in Ihrer Konstellation enorm gestärkt. Da ist es wichtig, dass Sie Ihre Gedanken nicht nur kreisen lassen, sondern sie auch aussprechen.

Tipp des Monats: Gute Einfälle sind dafür da, auch umgesetzt zu werden. Lassen Sie sich nicht aufhalten!

Dezember 2021	Jahreskonstellation – Metall Büffel Monatskonstellation – Metall Ratte

1. Wasser Ziege	Ratte Büffel Tiger **Hase** Drache Schlange **Pferd Ziege** Affe Hahn Hund **Schwein** **Günstig:** für die meisten Aktivitäten, Geschäftsabschlüsse, Partnerschaft. **Ungünstig:** negative Bemerkungen über andere Menschen.
2. Holz Affe	**Ratte** Büffel Tiger Hase **Drache** Schlange Pferd Ziege **Affe Hahn** Hund Schwein **Günstig:** Handel, Geschäftseröffnungen, Hochzeiten und andere Feste planen. **Ungünstig:** Beerdigungen, Reisen, Arztbesuche.
3. Holz Hahn	Ratte **Büffel** Tiger Hase Drache **Schlange** Pferd Ziege **Affe Hahn** Hund Schwein **Günstig:** Handwerkliche Aktivitäten, Handel, Hochzeiten, Reisen. **Ungünstig:** Trauerfeiern und Beerdigungen, schwere körperliche Arbeit.
4. Feuer Hund	Ratte Büffel **Tiger** Hase Drache Schlange **Pferd** Ziege Affe Hahn **Hund Schwein** **Günstig:** Ankündigungen machen, Beerdigungen, Trauerfeiern. **Ungünstig:** Handel, Vergnügungen, Freizeitaktivitäten.
5. Feuer Schwein	Ratte Büffel Tiger **Hase** Drache Schlange Pferd **Ziege** Affe Hahn **Hund Schwein** **Günstig:** Kleidung schneidern, Handel, Buchhaltung, Ausflüge, neue Dinge beginnen. **Ungünstig:** Geschäfte eröffnen, Kraftanstrengungen, Reisen, Ersparnisse ausgeben.
6. Erd Ratte	**Ratte Büffel** Tiger Hase **Drache** Schlange Pferd Ziege **Affe** Hahn Hund Schwein **Günstig:** Putzen, waschen, fasten, seelische und körperliche Pflege, Arztbesuche. **Ungünstig:** Ausdauersport, Reisen, Hochzeit.
7. Erd Büffel	**Ratte Büffel** Tiger Hase Drache **Schlange** Pferd Ziege Affe **Hahn** Hund Schwein **Günstig:** Putzen, waschen, fasten, seelische und körperliche Pflege, Arztbesuche. **Ungünstig:** Ausdauersport, Reisen, Hochzeit.
8. Metall Tiger	Ratte Büffel **Tiger Hase** Drache Schlange **Pferd** Ziege Affe Hahn **Hund** Schwein **Günstig:** Umziehen, Reisen, Hochzeiten, Empfänge, wichtige Konferenzen. **Ungünstig:** geistige Arbeiten, Gartenarbeit, häusliche Tätigkeiten.
9. Metall Hase	Ratte Büffel **Tiger Hase** Drache Schlange Pferd **Ziege** Affe Hahn Hund **Schwein** **Günstig:** Versammlungen, gerechte Verteilungen, Hochzeit, Konferenzen, Umzug. **Ungünstig:** Gartenarbeit, Dinge zum Abschluss bringen.
10. Wasser Drache	**Ratte** Büffel Tiger Hase **Drache Schlange** Pferd Ziege **Affe** Hahn Hund Schwein **Günstig:** Gartenarbeit, Feiern, Hochzeit, Dinge zum Abschluss bringen. **Ungünstig:** keine Anschuldigungen gegen Dritte erheben.
11. Wasser Schlange	Ratte **Büffel** Tiger Hase **Drache Schlange** Pferd Ziege Affe **Hahn** Hund Schwein **Günstig:** Gartenarbeit, Hochzeit, Dinge zum Abschluss bringen. **Ungünstig:** Umzug, Reisen, Geschäftseröffnung.
12. Holz Pferd	Ratte Büffel **Tiger** Hase Drache Schlange **Pferd Ziege** Affe Hahn **Hund** Schwein **Günstig:** Ausruhen, Meditation, seinen Hobbys nachgehen. **Ungünstig:** wichtige Unternehmungen.
13. Holz Ziege	Ratte Büffel Tiger **Hase** Drache Schlange **Pferd Ziege** Affe Hahn Hund **Schwein** **Günstig:** Amüsieren, mit Freunden ausgehen, Freizeitaktivitäten. **Ungünstig:** geschäftliche Aktivitäten, neue Dinge anfangen.
14. Feuer Affe	**Ratte** Büffel Tiger Hase **Drache** Schlange Pferd Ziege **Affe Hahn** Hund Schwein **Günstig:** für die meisten Aktivitäten, Geschäftsabschlüsse, Partnerschaft. **Ungünstig:** negative Bemerkungen über andere Menschen.
15. Feuer Hahn	Ratte **Büffel** Tiger Hase Drache **Schlange** Pferd Ziege **Affe Hahn** Hund Schwein **Günstig:** Handel, Geschäftseröffnungen, Hochzeiten und andere Feste planen. **Ungünstig:** Beerdigungen, Reisen, Arztbesuche.

Ob ein Tag besonders günstig für Ihr Tierzeichen ist, sehen Sie an folgenden Farben:
Rot = sehr günstig, Grau = günstig, Schwarz = nicht günstig

Jahreskonstellation – Metall Büffel Monatskonstellation – Metall Ratte	Dezember 2021

16. Erd Hund	Ratte Büffel **Tiger** Hase Drache Schlange **Pferd** Ziege Affe Hahn **Hund Schwein** **Günstig:** Handwerkliche Aktivitäten, Handel, Hochzeiten, Reisen. **Ungünstig:** Trauerfeiern und Beerdigungen, schwere körperliche Arbeit.
17. Erd Schwein	Ratte Büffel Tiger **Hase** Drache Schlange Pferd **Ziege** Affe Hahn **Hund Schwein** **Günstig:** Ankündigungen machen, Beerdigungen, Trauerfeiern. **Ungünstig:** Handel, Vergnügungen, Freizeitaktivitäten.
18. Metall Ratte	**Ratte Büffel** Tiger Hase **Drache** Schlange Pferd Ziege **Affe** Hahn Hund Schwein **Günstig:** Kleidung schneidern, Handel, Buchhaltung, Ausflüge, neue Dinge beginnen. **Ungünstig:** Geschäfte eröffnen, Kraftanstrengungen, Reisen, Ersparnisse ausgeben.
19. Metall Büffel	**Ratte Büffel** Tiger Hase Drache **Schlange** Pferd Ziege Affe **Hahn** Hund Schwein **Günstig:** Putzen, waschen, fasten, seelische und körperliche Pflege, Arztbesuche. **Ungünstig:** Ausdauersport, Reisen, Hochzeit.
20. Wasser Tiger	Ratte Büffel **Tiger Hase** Drache Schlange **Pferd** Ziege Affe Hahn **Hund** Schwein **Günstig:** Umziehen, Reisen, Hochzeiten, Empfänge, wichtige Konferenzen. **Ungünstig:** geistige Arbeiten, Gartenarbeit, häusliche Tätigkeiten.
21. Wasser Hase	Ratte Büffel **Tiger Hase** Drache Schlange Pferd **Ziege** Affe Hahn Hund **Schwein** **Günstig:** Versammlungen, gerechte Verteilungen, Hochzeit, Konferenzen, Umzug. **Ungünstig:** Gartenarbeit, Dinge zum Abschluss bringen.
22. Holz Drache	**Ratte** Büffel Tiger Hase **Drache Schlange** Pferd Ziege **Affe** Hahn Hund Schwein **Günstig:** Gartenarbeit, Feiern, Hochzeit, Dinge zum Abschluss bringen. **Ungünstig:** keine Anschuldigungen gegen Dritte erheben.
23. Holz Schlange	Ratte **Büffel** Tiger Hase **Drache Schlange** Pferd Ziege Affe **Hahn** Hund Schwein **Günstig:** Gartenarbeit, Hochzeit, Dinge zum Abschluss bringen. **Ungünstig:** Umzug, Reisen, Geschäftseröffnung.
24. Feuer Pferd	Ratte Büffel **Tiger** Hase Drache Schlange **Pferd Ziege** Affe Hahn **Hund** Schwein **Günstig:** Ausruhen, Meditation, seinen Hobbys nachgehen. **Ungünstig:** wichtige Unternehmungen.
25. Feuer Ziege	Ratte Büffel Tiger **Hase** Drache Schlange **Pferd Ziege** Affe Hahn Hund **Schwein** **Günstig:** Amüsieren, mit Freunden ausgehen, Freizeitaktivitäten. **Ungünstig:** geschäftliche Aktivitäten, neue Dinge anfangen.
26. Erd Affe	**Ratte** Büffel Tiger Hase **Drache** Schlange Pferd Ziege **Affe Hahn** Hund Schwein **Günstig:** für die meisten Aktivitäten, Geschäftsabschlüsse, Partnerschaft. **Ungünstig:** negative Bemerkungen über andere Menschen.
27. Erd Hahn	Ratte **Büffel** Tiger Hase Drache **Schlange** Pferd Ziege **Affe Hahn** Hund Schwein **Günstig:** Handel, Geschäftseröffnungen, Hochzeiten und andere Feste planen. **Ungünstig:** Beerdigungen, Reisen, Arztbesuche.
28. Metall Hund	Ratte Büffel **Tiger** Hase Drache Schlange **Pferd** Ziege Affe Hahn **Hund Schwein** **Günstig:** Handwerkliche Aktivitäten, Handel, Hochzeiten, Reisen. **Ungünstig:** Trauerfeiern und Beerdigungen, schwere körperliche Arbeit.
29. Metall Schwein	Ratte Büffel Tiger **Hase** Drache Schlange Pferd **Ziege** Affe Hahn **Hund Schwein** **Günstig:** Ankündigungen machen, Beerdigungen, Trauerfeiern. **Ungünstig:** Handel, Vergnügungen, Freizeitaktivitäten.
30. Wasser Ratte	**Ratte Büffel** Tiger Hase **Drache** Schlange Pferd Ziege **Affe** Hahn Hund Schwein **Günstig:** Kleidung schneidern, Handel, Buchhaltung, Ausflüge, neue Dinge beginnen. **Ungünstig:** Geschäfte eröffnen, Kraftanstrengungen, Reisen, Ersparnisse ausgeben.
31. Wasser Büffel	**Ratte Büffel** Tiger Hase Drache **Schlange** Pferd Ziege Affe **Hahn** Hund Schwein **Günstig:** Putzen, waschen, fasten, seelische und körperliche Pflege, Arztbesuche. **Ungünstig:** Ausdauersport, Reisen, Hochzeit.

Grundtendenz des Monats: Auch wenn Ihnen in den vergangenen Monaten nicht der ganz große Wurf gelungen ist, haben Sie mit Geduld und Ausdauer sicher einige Veränderungen in Ihrem Leben erreichen können. Wenn ab dem nächsten Monat der Wasser-Tiger das Zepter vom Büffel übernimmt, geht es sicher wieder deutlich aktiver zur Sache. Dann können Sie besser die eigene Entwicklung vorantreiben und müssen weniger Rücksicht auf Ihr Umfeld nehmen.

Bis dahin heißt es aber noch einmal tief durchatmen für die Ratte. Konzentrieren Sie sich auf die Aktionen, die jetzt noch recht einfach zum Abschluss gebracht werden können.

Liebe, Familie, Freundschaft: Nun ist ein guter Zeitpunkt, sich niederzulassen. Mit gleich zwei Büffeln an Ihrer Seite dürfte es nicht allzu schwer sein, sich endgültig für einen Platz zu entscheiden, der nicht nur Ihnen selbst, sondern auch Ihren Lieben auf Dauer gut tun wird.

Es war für einsame Ratten 2021 sicher nicht ganz so einfach, jemand Neues kennen zu lernen. Vor allem, wenn Sie erst einmal keine Verpflichtungen eingehen wollten, war der Büffel sicher nicht der richtige Ratgeber. Wer sich allerdings die Mühe gemacht hat, etwas mehr in die Tiefe zu gehen, hat vielleicht doch dauerhaft sein Herz verschenken dürfen.

Beruf, Finanzen: Blickt die Ratte nun auf ihre Erfolgsbilanz zurück, wird sie feststellen, dass das Ergebnis gar nicht mal so schlecht ist. Schließlich ist der Metall-Büffel dafür bekannt, dass er sich nur schwer von seinem Ziel abbringen ist, wenn er einmal losgelaufen ist. Da konnte die Ratte auch die Projekte zum Abschluss bringen, die sie unter anderen Umständen schon lange hingeschmissen hätte.

Wer sich auch bei seinen Finanzen eher konservativ verhalten hat, dürfte nun ebenfalls mit seinem Kontostand zufrieden sein.

Tipp des Monats: Stabilität und Beständigkeit sind die Werte, die Sie aus 2021 mitnehmen sollten. Damit kommen Sie mit deutlich weniger Stress auch durch rasantere Zeiten.

Grundtendenz des Monats: Im Januar kommt ein zweiter Metall-Büffel zum Jahresregenten dazu. Gemeinsam mit Ihrem eigenen Exemplar sorgt das für ordentlich Power, die Sie nun noch einmal wirklich gut nutzen sollten. An Standfestigkeit und Kompromisslosigkeit sollten es im Januar auf keinen Fall mangeln.

Damit man sich Ihren Ansinnen aber auch mit Freude anschließen mag, wäre es wichtig, ein gewisses Taktgefühl an den Tag zu legen. Wer mit seiner Stärke von vorne herein jede Opposition wegdrückt, darf sich nicht wundern, wenn die Unterstützung eher mau ausfällt.

Liebe, Familie, Freundschaft: Wer in den vergangenen Monaten zu sehr Karriere und Beruf im Kopf hatte, bekommt spätestens jetzt in den eigenen vier Wänden die Quittung dafür. Besserung zu geloben ist eine Sache - viel wichtiger ist es, nichts zu versprechen, was Sie nicht auch wirklich halten können.

Familie und Freunde können sich wirklich glücklich schätzen, in Ihnen eine so verlässliche Schulter zum Anlehnen gefunden zu haben. Damit das auf Dauer nicht ausgenutzt wird, sollten Sie klar sagen, dass Sie nicht ständig für alle die heißen Kartoffeln aus dem Feuer holen können.

Beruf, Finanzen: Machen Sie es sich und Ihrer Umgebung jetzt nicht zu schwer. Ihre Grundsätze und hohen Ansprüche ehren Sie, helfen aber wenig, wenn Sie dafür weder Mitstreiter finden noch wirkliche Fortschritte machen. Jetzt wäre ein guter Zeitpunkt, ein wenig von Ihrer noblen Einstellung abzurücken, damit alle Beteiligten zufrieden sind und die Sache noch zu Ende geführt wird.

Finanziell sollte die Situation des Büffels zum Ende seines Jahres recht stabil sein. Der scheidende Herrscher wird Sie wohl kaum zu unnötigen Ausgaben oder Verschwendung verführt haben.

Tipp des Monats: Mit dem Beginn des neuen Jahres im Februar wird ein frischer Wind wehen, mit dem Sie Ihre Fähigkeiten in allen Richtungen ausweiten können.

> Kleine Kälte / Große Kälte < Januar

YING Tiger

Grundtendenz des Monats: Zum Jahresherrscher gesellt sich im Januar ein weiterer Metall-Büffel. Das macht es für den Tiger nicht gerade einfach, die Geduld zu bewahren. Vor allem, wenn es darum geht, die eigene Meinung durchzusetzen, dürften Sie es in diesen Wochen besonders schwer haben. Die Krallen auszufahren bringt nun allerdings reichlich wenig - dafür beharren die beiden Büffel einfach zu sehr auf ihren Weg. Trösten Sie sich damit, dass schon ab nächsten Monat ein vollkommen anderer Wind weht.
Anstatt sich aufzuregen könnten Sie Ihre Zeit sinnvoller für Aus- und Weiterbildung einsetzen.
Liebe, Familie, Freundschaft: Mehr Konstanz hat sich der Büffel von seinen Untertanen auch im Privatleben gewünscht. Ob der Tiger diesem Wunsch nachkommen konnte, hing sicher zum großen Teil vom Grad seiner inneren Zufriedenheit ab und wieviel Partner und Familie dazu beigetragen haben.
So mancher Tiger mag nun vielleicht mehr zu schätzen wissen, was er an seinem Partner hat, auch wenn man gemeinsam 2021 nicht unbedingt die tollsten Abenteuer erleben durfte. Dafür konnten sich unter Umständen Gefühle vertiefen, Vertrauen aufbauen und eine gemeinsame Stärke entwickeln, die Ihnen so schnell niemand nehmen kann.
Beruf, Finanzen: Immer nur seinen Pflichten nachzukommen, ist für den Tiger wirklich keine Lösung. Auf der anderen Seite haben Sie aber dadurch auch eine Reihe lästiger Dinge erledigen können und müssen sich nun nicht länger damit befassen. Im neuen Jahr wird es sicher vor allem darum gehen, eine gesunde Balance zwischen Abenteuer und Routine zu finden. Das kommt dann nicht nur Ihrem Seelenheil, sondern auch der Geldbörse zugute.
Wer am Ende des Büffel-Jahres einige Reserven bilden konnte, sollte nun ruhig darüber nachdenken, einen Teil davon langfristig anzulegen.
Tipp des Monats: Behalten Sie Ihr Ziel im Auge und bereiten Sie sich in Ruhe auf den Start ins eigene Jahr vor.

MAO Hase

Grundtendenz des Monats: Vielleicht ist es Ihnen trotz aller Bemühungen nicht gelungen, all das zu schaffen, was Sie sich im Jahr des Büffels vorgenommen haben. Das sollte Sie aber nicht lange grämen, lieber Hase. Schließlich kommt mit dem Tiger ab nächsten Monat der König des Dschungels ans Ruder. Mit diesem kommen sicher auf vielen Ebenen besser voran.
Bis dahin dürfen Sie gerne noch einmal auf Nummer sicher gehen. Mit einem zweiten Büffel im Monat stehen die Zeichen nun nicht auf Abenteuer. Die erhaltende Energie des Monats verführt dazu, sich abwartend zu verhalten.
Liebe, Familie, Freundschaft: Stabilität und Sicherheit hat der Büffel gerade im privaten Bereich vermitteln wollen. Warum etwas ändern, das funktioniert? Vielleicht wird so mancher Hase in den kommenden Monaten trotzdem noch einmal darüber nachdenken, ob ihm das wirklich reicht. Wer sich mehr Aufregung wünscht, darf 2022 gerne den Sprung ins kalte Wasser wagen.
Für die aktive Partnersuche waren die vergangenen 12 Monate vielleicht nicht so gut geeignet. So manches Mal mag es einfach am nötigen Funken gemangelt haben, so dass sich spontan nur wenig entwickeln konnte. Das wird sich schon ab dem nächsten Monat sicher ändern.
Beruf, Finanzen: Ist es Ihnen gelungen, eine gute Balance zwischen privaten Verpflichtungen und beruflichem Fortkommen zu finden? Dann hat der Büffel Ihnen sicher einen guten Dienst erwiesen.
Aber auch wer sich immer noch nicht darüber im Klaren ist, wo seine Prioritäten liegen, sollten nicht allzu traurig sein. In den nächsten beiden Jahren kann es sicher so manchen Impuls geben, der den Hasen auf den richtigen Weg bringt. Stillstand ist ab Februar sicher auf der beruflichen Ebene kaum zu erwarten.
Tipp des Monats: Schwenken Sie nun bitte nicht noch auf der Zielgerade um. Wenn Sie angekommen sind, können Sie sich ja gerne gleich wieder auf einen neuen Weg aufmachen.

SHENG Drache

Grundtendenz des Monats: Im Januar verabschiedet sich der Büffel so langsam und der Drache kann schon einmal ein bisschen erahnen, was ihn mit dem Wasser-Tiger erwartet, der im nächsten Monat die Herrschaft übernimmt. Bis es soweit ist, ist noch ein letztes Mal Geduld angesagt.

Ein starkes Yin-Metall begleitet den Januar. Das eignet sich ganz prima dazu, jetzt noch einmal mit Disziplin die Baustellen anzugehen, bei denen nur noch wenig zum Abschluss fehlt. Damit das Ganze wirklich fertig wird, darf der Büffel ruhig noch einmal helfen und den Drachen wenn nötig auch ein wenig anschubsen. Das Ziel vor Augen lassen Sie sich doch sicher noch einmal motivieren, oder?

Liebe, Familie, Freundschaft: Sind Sie zufrieden, mit dem was Sie zu Hause haben? Dann dürfen Sie sich nun so richtig dankbar den Menschen gegenüber zeigen, die Ihnen das ermöglichen. Partner, Nachwuchs, Familie und Freunde freuen sich jetzt ganz besonders über ein Zeichen der Anerkennung.

Wer dagegen auf der privaten Ebene noch nicht ganz so zufrieden ist, kann sich damit trösten, dass es ab dem nächsten Jahr sicher wieder schneller möglich ist, eine Beziehung aufzubauen. Ob diese dann aber auch von Dauer sein kann, steht auf einem anderen Blatt.

Beruf, Finanzen: Langsam aber stetig dürften die meisten Drachen im Jahr des Metall-Büffels vorangekommen sein. Auch wenn es Ihnen in den letzten Monaten vielleicht nicht immer schnell genug ging, müssen Sie sich nun doch wahrscheinlich eingestehen, dass es trotzdem ein gutes Ergebnis gegeben hat. Wenn es Ihnen gelingt, auf der beruflichen Ebene weiterhin so zielgerichtet zu handeln, kann das neue Jahr erfolgreich starten.

Es mag auf der finanziellen Seite 2021 vielleicht nicht der ganz große Wurf gelungen sein. Dafür mussten Sie sich aber auch nicht ganz so sehr verausgaben.

Tipp des Monats: Es stehen aufregende Zeiten bevor, auf die Sie sich ruhig schon ein wenig vorbereiten können.

SZE Schlange

Grundtendenz des Monats: Der Metall-Büffel hat Sie in den letzten zwölf Monaten gelehrt, Ihr Ziel fest im Auge zu behalten. Dadurch ist Ihnen vielleicht nicht der ganz große Wurf gelungen, aber Sie sind beständig vorangekommen und dem gewünschten Ergebnis sicher ein gutes Stück näher gekommen. Damit Sie auch 2022 bei der Sache bleiben, braucht es vor allem ein gesundes Selbstbewusstsein.

Ab Februar gibt der Büffel sein Zepter an den Tiger weiter. Damit lassen sich wieder leichter Grenzen überschreiten und neue Dinge ausprobieren. Wer lieber will, dass alles beim Alten bleibt, darf sich jetzt schon zurückziehen und das Erreichte ohne Stress genießen.

Liebe, Familie, Freundschaft: In der Liebe gab es unter Umständen recht wenig Aufregung, dafür aber umso mehr Konstanz im vergangenen Jahr. Gerade in Zeiten, in denen es etwas stürmischer zugeht, ist es sicher gut zu wissen, dass man einen sicheren Hafen hat, in den man jederzeit einlaufen kann.

Ist es Ihnen gelungen, das in Sie gesetzte Vertrauen nicht zu enttäuschen, so haben Sie nun vielleicht einige Freunde fürs Leben gefunden. Ist es nicht schön zu wissen, dass es da draußen Menschen gibt, die sich bedingungslos für Sie einsetzen? In den letzten Wochen des Büffel-Jahres sollten Sie noch einmal alles daran setzen, dankbar zurückzugeben.

Beruf, Finanzen: Mit dem Büffel an Ihrer Seite ist es der Schlange in der Regel nicht schwer gefallen, sich durchzusetzen. Vor allem, wenn es um für Sie wichtige Belange ging, konnten Sie so einigen Projekten Ihren ganz persönlichen Stempel aufdrücken. Das hat Ihnen 2021 gezeigt, dass Ihre Meinung zählt! Lassen Sie auch im nächsten Jahr nicht nach und machen Sie den Mund auf, wenn Sie zur Optimierung beitragen können.

Wenn Sie wissen, was Sie brauchen, um einen guten Job zu machen, sollten Sie das nun auch einfordern.

Tipp des Monats: Lassen Sie sich jetzt nur nicht von Ihrer Meinung abbringen! Sie wissen genau, was gut für Sie ist!

WU
Pferd

Grundtendenz des Monats: Ab dem kommenden Monat ist Schluss mit der Langweile. Wenn im Februar der Wasser-Tiger die Regentschaft übernimmt, darf das Pferd so richtig durchstarten.

Bis dahin heißt es allerdings noch einmal Geduld aufzubringen, denn jetzt im Januar wird der scheidende Jahresregent von einem Artgenossen begleitet. Da kann bei so manchem Pferd noch einmal ordentlich Geduld erforderlich sein - vor allem, wenn es mit den aktuellen Umständen überhaupt nicht zufrieden ist.

Effizienz wurde im Jahr des Büffels groß geschrieben. Das hat sicher auch dem Pferd nicht geschadet und dafür gesorgt, dass auch der Kleinkram endlich mal erledigt wurde.

Liebe, Familie, Freundschaft: Für Sie mögen es Trivialitäten sein, mit denen Sie sich am liebsten überhaupt nicht auseinandersetzen möchten. Wenn es für Partner und Familie jedoch so wichtig erscheint, sollten Sie wirklich versuchen, die angemeldeten Wünsche zu erfüllen.

Wer 2021 die traditionelleren Werte des Büffels ein stückweit in seine Partnerschaft integrieren konnte, der braucht auch in den kommenden Monaten keine Stürme zu fürchten. Desto besser das Fundament, desto dauerhafter die Beziehung.

Beruf, Finanzen: Halten Sie sich nun bitte noch einmal an die Vorgaben, liebes Pferd. Der Büffel hat mit seinen Regeln nur das Beste für seine Untertanen im Sinn, auch wenn sich das nicht immer auf den ersten Blick erschließen mag. Anstatt auf der Ziellinie noch einen Streit vom Zaun zu brechen, halten Sie einfach noch ein paar Wochen still und erledigen Ihre Aufgaben so, wie man sich das von Ihnen wünscht.

Vielleicht kommen Ihnen jetzt nicht gerade die besten Ideen. Aber das macht im Grunde nichts, wenn es nun doch ohnehin erst einmal darum geht, mit laufenden Aktionen abzuschließen.

Tipp des Monats: Mit der entsprechenden Präzision können Sie wirklich eine punktgenaue Landung hinlegen. Lassen Sie sich nicht ablenken!

WEI
Ziege

Grundtendenz des Monats: Zum Ende der Regentschaft darf die Ziege ihr ganz persönliches Resümee ziehen. Sicher haben es vor allem ambitionierte Ziegen in den vergangenen Monaten nicht immer ganz leicht gehabt mit dem Büffel. Sollten Sie 2021 nicht so vorangekommen sein wie Sie es sich gewünscht hätten, können Sie sich vielleicht damit trösten, dass es allen anderen ähnlich ergangen sein dürfte.

Der Büffel hat seine Untertanen gelehrt, dass man sein Ziel niemals aus den Augen verlieren darf. Sollte das der Ziege im letzten Jahr vielleicht nicht immer gelungen sein, ist nun ein guter Zeitpunkt, wieder mehr darauf zu fokussieren.

Liebe, Familie, Freundschaft: Wie haben sich Ihre persönlichen Beziehungen 2021 entwickelt? Ist das gegenseitige Vertrauen gewachsen? Haben gemeinsame Aktionen Sie stärker gemacht? Der Büffel hatte vor allem im Bereich der Partnerschaft Stabilität im Sinn. Wenn Sie sich nun sicher fühlen, hat er sein Ziel erreicht.

Sie können Ihre Augen nicht immer überall haben und Sie sind auch wirklich nicht allein zuständig für das Glück der gesamten Familie. Erst wenn Sie sich diesen Schuh selbst anziehen, wird man Sie ständig in die Verantwortung nehmen. Es sollte Ihnen also keine allzu großen Magenschmerzen bereiten, wenn einmal nicht alles perfekt läuft.

Beruf, Finanzen: Ein letztes Mal kann die Ziege spüren, wie ihr der Wind kräftig ins Gesicht bläst. Wenn Sie eines gelernt haben, dann ist es, diesen Druck nicht nur auszuhalten, sondern in eigene Stärke umzuwandeln. Zeigen Sie selbstbewusst diese neue Kraft, so dass alle erkennen können, dass man mit Ihnen rechnen muss.

Mit klaren Ansagen lässt sich im Januar am meisten erreichen. Machen Sie deutlich, dass Sie kein reiner Befehlsempfänger sein wollen, sondern durchaus auch selber denken können. Schließlich haben alle Seiten etwas davon, wenn Sie Ihre Ideen einbringen und umsetzen können.

Tipp des Monats: Lassen Sie sich auch 2022 nicht von Ihrem Weg abbringen!

SUNG Affe

Grundtendenz des Monats: Sicher gab es 2021 einige Einschränkungen für den Affen und viele Dinge konnten sich nicht ganz so entwickeln, wie er es sich vorgestellt hat. Dafür hat der Büffel in den vergangenen Monaten dafür sorgen können, dass Sie sich mehr Zeit genommen haben und damit eine punktgenaue Landung hinlegen konnten.

Wenn sich der Jahresregent nun von Ihnen verabschiedet, wird er wahrscheinlich noch ein letztes Mal versuchen, Sie mit seinen Regeln auf die richtige Spur zu bringen. Das kann vielleicht ein bisschen nerven - ist aber am Ende sicher zu Ihrem Besten.

Liebe, Familie, Freundschaft: Bestehende Beziehungen konnten in den vergangenen Monaten sicher immer dann gefestigt werden, wenn der Affe bereit war, seine Ansprüche zum Wohle des Partners zurückzunehmen. Dabei konnten Sie lernen, Ihre täglichen Bedürfnisse neu zu bewerten und das zu schätzen, was Sie dauerhaft haben. Für spontane Aktionen mag unter dem Zepter des Büffels nicht viel Raum gewesen sein und es war vielleicht nicht immer ganz einfach für den Affen, sich im familiären Umfeld selbst zu verwirklichen. Wenn ab nächsten Monat der Tiger die Herrschaft übernimmt, sollte das deutlich einfacher werden.

Beruf, Finanzen: Mit einem weiteren Metall-Büffel im Monat stehen nun wirklich alle Zeichen auf Erhalt. Der Affe sollte sich deshalb im Januar keine großen Illusionen darüber machen, was er alles auf den Weg bringen könnte. Den einen Monat werden Sie sicher noch warten können, denn mit dem Tiger wird es leichter, spannende Projekte zu initiieren.

Wenn Ihre Ideen nun nicht gefragt sind, sollten Sie sie auch nicht an das uninteressierte Publikum verschwenden. Ziehen Sie sich lieber zurück und arbeiten Sie das Ganze so aus, dass Sie damit zur Not auch alleine starten können.

Tipp des Monats: Lassen Sie sich nun nicht provozieren. Wenn Sie eines vom Büffel gelernt haben, dann dass man sich am Ende immer durchsetzen kann, wenn man geduldig ist.

YU Hahn

Grundtendenz des Monats: Dem Büffel ist es in den vergangenen Monaten vor allem darum gegangen, Bestehendes zu erhalten und auszubauen. Das wird jetzt im Januar noch einmal ganz deutlich, wenn ein zweiter Büffel den Monat begleitet. Für den Hahn haben sich dadurch vielleicht keine großartigen Neuheiten ergeben. Dafür konnte er jedoch sicher so manchen großen Schritt in ihm bekannte Richtungen machen.

Auf den letzten Metern geht es nun noch einmal darum, das Ziel auch dann nicht aus den Augen zu verlieren, wenn es ab dem nächsten Monat wieder deutlich mehr Ablenkung gibt. Bleiben Sie auf jeden Fall auf Kurs!

Liebe, Familie, Freundschaft: Ein solides Fundament dürfte der Hahn in seinen persönlichen Beziehungen im letzten Jahr sicher ohne große Schwierigkeiten gelegt haben. Das gibt ihm die Sicherheit, dass man ihn auch 2022 immer dann unterstützt, wenn er es braucht und das auch laut und deutlich zu verstehen gibt.

In der Liebe hat es in den vergangenen zwölf Monaten vielleicht keine großen Feuerwerke der Leidenschaft gegeben. Dafür haben sich aber gegenseitiges Vertrauen und ein tiefes Verständnis füreinander entwickeln können. Das ist am Ende für eine harmonische Beziehung deutlich wichtiger als alles andere.

Beruf, Finanzen: Mit Hilfe des langen Atems des Metall-Büffels hat sich der Hahn sicher den einen oder anderen Vorteil verschafft. So ließen sich auch ambitionierte Projekte angehen und erfolgreich auf den Weg bringen. Auch wenn Sie noch nicht in allen Bereichen ein Ergebnis sehen können, so ist doch schon erkennbar, dass Sie ein gutes Ende erwarten können. Es ist ohnehin sinnvoller, wenn Sie Ihr berufliches Tun langfristig planen und anlegen.

Wer im Bereich seiner Finanzen ebenfalls auf Sicherheit gebaut hat, dürfte gut aufgestellt in das neue Jahr des Wasser-Tigers starten.

Tipp des Monats: Auch wenn sich mit dem Tiger ab Februar neue Möglichkeiten bieten, sollten Sie auf dem eingeschlagenen Weg bleiben!

> Kleine Kälte / Große Kälte < Januar

SHIH
Hund

Grundtendenz des Monats: Wer zum Ende des Büffel-Jahres immer noch kein lohnenswertes Ziel vor Augen hat, darf auch im neuen Jahr nicht erwarten, dass ihm das Glück einfach so vor die Füße fällt. Schließlich übernimmt mit dem Tiger im Februar ein Tierzeichen die Regentschaft, das in der Regel ganz klar vor Augen hat, was es erreichen will. Damit der Hund an der Stärke und Durchsetzungskraft des Tigers teilhaben kann, braucht er auf jeden Fall etwas, auf das er hinarbeiten kann.

Zum Abschluss seiner Regentschaft lässt der Büffel Sie im Januar noch mal spüren, dass ohne seine Zustimmung gar nichts geht. Damit Sie nicht unnötig auf Granit beißen, stellen Sie Ihre Pläne am besten einfach noch einen Monat zurück.

Liebe, Familie, Freundschaft: Eine gewisse Sturheit ist nun vielleicht auch in den eigenen vier Wänden zu spüren, wo sich der Hund jetzt nur schwer durchsetzen kann. Gerade wenn es um den eigenen Nachwuchs geht, nützen manchmal auch die besten Argumente nichts. Da hilft jetzt nur, klare Anweisungen zu geben, die keinen Widerspruch dulden - auch wenn das einige Beschwerden auslösen dürfte.

Wer in einer langfristigen Beziehung lebt, hat sicher gemerkt, dass sich das Verhältnis im vergangenen Jahr noch mehr hat festigen können. Vielleicht ist dabei die Leidenschaft ein wenig auf der Strecke geblieben, aber das kann der Hund im nächsten Jahr nachholen.

Beruf, Finanzen: Mittlerweile sollte der Hund gemerkt haben, dass sich im Jahr des Büffel festgefahrene Meinung kaum ändern lassen. Wenn nun alles argumentieren nichts nützt, müssen Sie leider nachgeben und auf die vorgegebene Linie einschwenken. Vielleicht können Sie aber Ihre Position einfach noch einen Monat länger für sich behalten und in den nächsten Monaten einen weiteren Versuch starten? Der Tiger dürfte dem Hund deutlich mehr zugewandt sein.

Tipp des Monats: Ab dem nächsten Monat gibt es deutlich mehr Unterstützung für Sie. Haben Sie noch ein letztes Mal Geduld.

HAN
Schwein

Grundtendenz des Monats: Zum Ende des Büffel-Jahres dürfte die eine oder andere Entscheidung anstehen. In welche Richtung es weiter geht, kommt sicher darauf an, wie Sie sich generell nach den Einschnitten in 2020 in diesem Jahr geschlagen haben. Mit dem scheidenden Jahresregenten können Sie nun noch einmal überprüfen, ob Sie auf dem richtigen Weg sind und im Zweifelsfall auch noch kleinere Korrekturen vornehmen. Kommt ab Februar der Tiger ans Ruder, bleibt wahrscheinlich nicht mehr ganz so viel Zeit für exakte Kurskorrekturen.

Mit dem zweiten Büffel und einem starken Metall-Anteil sollte es dem Schwein gelingen, die Spreu vom Weizen zu trennen.

Liebe, Familie, Freundschaft: Wer in den letzten Monaten dafür gesorgt hat, dass das eigene Heim noch mehr ein Ort der Freude und Sicherheit wird, hat sicher alles richtig gemacht. Das Erfolgsgeheimnis des Schweins ist letztendlich immer in seinem Privatleben und stabilen Familienverhältnissen zu finden.

Natürlich hat der beständige Büffel vor allem die persönlichen Beziehungen begünstigt, die langfristig angelegt sind. Dadurch gab es vielleicht nicht so viel zu erleben wie in anderen Jahren. Dafür konnte sich aber sicher noch mehr Vertrautheit entwickeln.

Beruf, Finanzen: Sie mögen vielleicht nicht so schnell vorangekommen sein, wie Sie es sich gewünscht hätten, aber die Hauptsache ist doch, dass Sie sich auf dem richtigen Weg befinden, oder? Da spielt die Geschwindigkeit nur eine untergeordnete Rolle.

Behalten Sie sich ein wenig von der Willensstärke des Büffels auch im nächsten Jahr. Dann sollte es gelingen, sich nicht ablenken zu lassen und das Ziel fest im Auge zu behalten. Und wer weiß – unter Umständen kann Ihnen der Tiger ab nächsten Monat helfen, Ihre Ideale weiter in die Welt zu tragen.

Tipp des Monats: Bewahren Sie sich Ihren Optimismus! Wer 2021 für stabile Verhältnisse gesorgt hat, startet ohne Sorgen ins neue Jahr.

Januar 2022	Jahreskonstellation – Metall Büffel Monatskonstellation – Metall Büffel

1. Holz Tiger	Ratte Büffel **Tiger Hase** Drache Schlange **Pferd** Ziege Affe Hahn **Hund** Schwein **Günstig:** Umziehen, Reisen, Hochzeiten, Empfänge, wichtige Konferenzen. **Ungünstig:** geistige Arbeiten, Gartenarbeit, häusliche Tätigkeiten.
2. Holz Hase	Ratte Büffel **Tiger Hase** Drache Schlange Pferd **Ziege** Affe Hahn Hund **Schwein** **Günstig:** Versammlungen, gerechte Verteilungen, Hochzeit, Konferenzen, Umzug. **Ungünstig:** Gartenarbeit, Dinge zum Abschluss bringen.
3. Feuer Drache	**Ratte** Büffel Tiger Hase **Drache Schlange** Pferd Ziege **Affe** Hahn Hund Schwein **Günstig:** Gartenarbeit, Feiern, Hochzeit, Dinge zum Abschluss bringen. **Ungünstig:** keine Anschuldigungen gegen Dritte erheben.
4. Feuer Schlange	Ratte **Büffel** Tiger Hase **Drache Schlange** Pferd Ziege Affe **Hahn** Hund Schwein **Günstig:** Gartenarbeit, Hochzeit, Dinge zum Abschluss bringen. **Ungünstig:** Umzug, Reisen, Geschäftseröffnung.
5. Erd Pferd	Ratte Büffel **Tiger** Hase Drache Schlange **Pferd Ziege** Affe Hahn **Hund** Schwein **Günstig:** Gartenarbeit, Hochzeit, Dinge zum Abschluss bringen. **Ungünstig:** Umzug, Reisen, Geschäftseröffnung.
6. Erd Ziege	Ratte Büffel Tiger **Hase** Drache Schlange **Pferd Ziege** Affe Hahn Hund **Schwein** **Günstig:** Ausruhen, Meditation, seinen Hobbys nachgehen. **Ungünstig:** wichtige Unternehmungen.
7. Metall Affe	**Ratte** Büffel Tiger Hase **Drache** Schlange Pferd Ziege **Affe Hahn** Hund Schwein **Günstig:** Amüsieren, mit Freunden ausgehen, Freizeitaktivitäten. **Ungünstig:** geschäftliche Aktivitäten, neue Dinge anfangen.
8. Metall Hahn	Ratte **Büffel** Tiger Hase Drache **Schlange** Pferd Ziege **Affe Hahn** Hund Schwein **Günstig:** für die meisten Aktivitäten, Geschäftsabschlüsse, Partnerschaft. **Ungünstig:** negative Bemerkungen über andere Menschen.
9. Wasser Hund	Ratte Büffel **Tiger** Hase Drache Schlange **Pferd** Ziege Affe Hahn **Hund Schwein** **Günstig:** Handel, Geschäftseröffnungen, Hochzeiten und andere Feste planen. **Ungünstig:** Beerdigungen, Reisen, Arztbesuche.
10. Wasser Schwein	Ratte Büffel Tiger **Hase** Drache Schlange Pferd **Ziege** Affe Hahn **Hund Schwein** **Günstig:** Handwerkliche Aktivitäten, Handel, Hochzeiten, Reisen. **Ungünstig:** Trauerfeiern und Beerdigungen, schwere körperliche Arbeit.
11. Holz Ratte	**Ratte Büffel** Tiger Hase **Drache** Schlange Pferd Ziege **Affe** Hahn Hund Schwein **Günstig:** Ankündigungen machen, Beerdigungen, Trauerfeiern. **Ungünstig:** Handel, Vergnügungen, Freizeitaktivitäten.
12. Holz Büffel	**Ratte Büffel** Tiger Hase Drache **Schlange** Pferd Ziege Affe **Hahn** Hund Schwein **Günstig:** Kleidung schneidern, Handel, Buchhaltung, Ausflüge, neue Dinge beginnen. **Ungünstig:** Geschäfte eröffnen, Kraftanstrengungen, Reisen, Ersparnisse ausgeben.
13. Feuer Tiger	Ratte Büffel **Tiger Hase** Drache Schlange **Pferd** Ziege Affe Hahn **Hund** Schwein **Günstig:** Putzen, waschen, fasten, seelische und körperliche Pflege, Arztbesuche. **Ungünstig:** Ausdauersport, Reisen, Hochzeit.
14. Feuer Hase	Ratte Büffel **Tiger Hase** Drache Schlange Pferd **Ziege** Affe Hahn Hund **Schwein** **Günstig:** Umziehen, Reisen, Hochzeiten, Empfänge, wichtige Konferenzen. **Ungünstig:** geistige Arbeiten, Gartenarbeit, häusliche Tätigkeiten.
15. Erd Drache	**Ratte** Büffel Tiger Hase **Drache Schlange** Pferd Ziege **Affe** Hahn Hund Schwein **Günstig:** Versammlungen, gerechte Verteilungen, Hochzeit, Konferenzen, Umzug. **Ungünstig:** Gartenarbeit, Dinge zum Abschluss bringen.

Ob ein Tag besonders günstig für Ihr Tierzeichen ist, sehen Sie an folgenden Farben:
Rot = sehr günstig, Grau = günstig, Schwarz = nicht günstig

Jahreskonstellation – Metall Büffel Monatskonstellation – Metall Büffel	Januar 2022

16. Erd Schlange	Ratte **Büffel** Tiger Hase **Drache Schlange** Pferd Ziege Affe **Hahn** Hund Schwein **Günstig:** Gartenarbeit, Feiern, Hochzeit, Dinge zum Abschluss bringen. **Ungünstig:** keine Anschuldigungen gegen Dritte erheben.
17. Metall Pferd	Ratte Büffel **Tiger** Hase Drache Schlange **Pferd Ziege** Affe Hahn **Hund** Schwein **Günstig:** Gartenarbeit, Hochzeit, Dinge zum Abschluss bringen. **Ungünstig:** Umzug, Reisen, Geschäftseröffnung.
18. Metall Ziege	Ratte Büffel Tiger **Hase** Drache Schlange **Pferd Ziege** Affe Hahn Hund **Schwein** **Günstig:** Ausruhen, Meditation, seinen Hobbys nachgehen. **Ungünstig:** wichtige Unternehmungen.
19. Wasser Affe	**Ratte** Büffel Tiger Hase **Drache** Schlange Pferd Ziege **Affe Hahn** Hund Schwein **Günstig:** Amüsieren, mit Freunden ausgehen, Freizeitaktivitäten. **Ungünstig:** geschäftliche Aktivitäten, neue Dinge anfangen.
20. Wasser Hahn	Ratte **Büffel** Tiger Hase Drache **Schlange** Pferd Ziege **Affe Hahn** Hund Schwein **Günstig:** für die meisten Aktivitäten, Geschäftsabschlüsse, Partnerschaft. **Ungünstig:** negative Bemerkungen über andere Menschen.
21. Holz Hund	Ratte Büffel **Tiger** Hase Drache Schlange **Pferd** Ziege Affe Hahn **Hund Schwein** **Günstig:** Handel, Geschäftseröffnungen, Hochzeiten und andere Feste planen. **Ungünstig:** Beerdigungen, Reisen, Arztbesuche.
22. Holz Schwein	Ratte Büffel Tiger **Hase** Drache Schlange Pferd **Ziege** Affe Hahn **Hund Schwein** **Günstig:** Handwerkliche Aktivitäten, Handel, Hochzeiten, Reisen. **Ungünstig:** Trauerfeiern und Beerdigungen, schwere körperliche Arbeit.
23. Feuer Ratte	**Ratte Büffel** Tiger Hase **Drache** Schlange Pferd Ziege **Affe** Hahn Hund Schwein **Günstig:** Ankündigungen machen, Beerdigungen, Trauerfeiern. **Ungünstig:** Handel, Vergnügungen, Freizeitaktivitäten.
24. Feuer Büffel	**Ratte Büffel** Tiger Hase Drache **Schlange** Pferd Ziege Affe **Hahn** Hund Schwein **Günstig:** Kleidung schneidern, Handel, Buchhaltung, Ausflüge, neue Dinge beginnen. **Ungünstig:** Geschäfte eröffnen, Kraftanstrengungen, Reisen, Ersparnisse ausgeben.
25. Erd Tiger	Ratte Büffel **Tiger Hase** Drache Schlange **Pferd** Ziege Affe Hahn **Hund** Schwein **Günstig:** Putzen, waschen, fasten, seelische und körperliche Pflege, Arztbesuche. **Ungünstig:** Ausdauersport, Reisen, Hochzeit.
26. Erd Hase	Ratte Büffel **Tiger Hase** Drache Schlange Pferd **Ziege** Affe Hahn Hund **Schwein** **Günstig:** Umziehen, Reisen, Hochzeiten, Empfänge, wichtige Konferenzen. **Ungünstig:** geistige Arbeiten, Gartenarbeit, häusliche Tätigkeiten.
27. Metall Drache	**Ratte** Büffel Tiger Hase **Drache Schlange** Pferd Ziege **Affe** Hahn Hund Schwein **Günstig:** Gartenarbeit, Feiern, Hochzeit, Dinge zum Abschluss bringen. **Ungünstig:** keine Anschuldigungen gegen Dritte erheben.
28. Metall Schlange	Ratte **Büffel** Tiger Hase **Drache Schlange** Pferd Ziege Affe **Hahn** Hund Schwein **Günstig:** Gartenarbeit, Hochzeit, Dinge zum Abschluss bringen. **Ungünstig:** Umzug, Reisen, Geschäftseröffnung.
29. Wasser Pferd	Ratte Büffel **Tiger** Hase Drache Schlange **Pferd Ziege** Affe Hahn **Hund** Schwein **Günstig:** Ausruhen, Meditation, seinen Hobbys nachgehen. **Ungünstig:** wichtige Unternehmungen.
30. Wasser Ziege	Ratte Büffel Tiger **Hase** Drache Schlange **Pferd Ziege** Affe Hahn Hund **Schwein** **Günstig:** Amüsieren, mit Freunden ausgehen, Freizeitaktivitäten. **Ungünstig:** geschäftliche Aktivitäten, neue Dinge anfangen.
31. Holz Affe	**Ratte** Büffel Tiger Hase **Drache** Schlange Pferd Ziege **Affe Hahn** Hund Schwein **Günstig:** für die meisten Aktivitäten, Geschäftsabschlüsse, Partnerschaft. **Ungünstig:** negative Bemerkungen über andere Menschen.

Das Yi Jing Orakel - mit dem Buch der Wandlungen Antworten auf alle Fragen finden

Nicht nur in China befragen die Menschen seit
mehreren Tausend Jahren
das Yi Jing, wenn sie vor einer wichtigen
Entscheidung stehen, eine Lösung
für ein Problem suchen oder die kosmischen
Zusammenhänge besser begreifen wollen.
Man muss weder besonders weise noch belesen sein,
um das Yi Jing - das Buch der Wandlungen - im
täglichen Leben zu nutzen.
Wie das funktioniert und was Sie dazu brauchen,
erklären Ihnen Daniela Herzberg und Roger Keller
auf den folgenden Seiten.

Horoskopdeutung im alten China

Trigramm			Bezeichnung richtung	Himmels-	Element	Beschreibung
Chien	6	☰	Himmel Vater	Nordwesten	Metall	Inspiration, Schöpferkraft, Entschlossenheit, Aktivität
Kun	2	☷	Erde Mutter	Südwesten	Erde	Natürliches Wachstum, Fürsorge, Heilung, das empfangende Prinzip
Chen	3	☳	Donner Ältester Sohn	Osten	Holz	Bewegung, Beginn, Wachstum, Initiative, Kinder
K'an	1	☵	Wasser Mittlerer Sohn	Norden	Wasser	Kälte, Rotation, Meditation, Verlust, Hindernis
Ken	8	☶	Berg Jüngster Sohn	Nordosten	Erde	Unbeweglichkeit, Haltbarkeit, Besinnung, Vorbereitung
Sun	4	☴	Wind Älteste Tochter	Südosten	Holz	Formveränderung, Reisen, ständiger Fortschritt, sanftes Durchdringen
Li	9	☲	Feuer Mittlere Tochter	Süden	Feuer	Veränderung der Substanz, Ruhm, Licht in eine Sache bringen, sich zusammenschließen
Tui	7	☱	See Jüngste Tochter	Westen	Metall	Lernen, Freude, Entspannung, Erfüllung und Befriedigung bei der Arbeit

Tabelle 1: Die 8 Trigramme und ihre Bedeutung

Das Buch der Wandlungen ist eine Sammlung von Strichzeichen und zugeordneten Sprüchen und ist der älteste der klassischen chinesischen Texte. Um seine Entstehung ranken sich eine Reihe von Mythen und Legenden. Die wohl bekannteste besagt, dass der legendäre erste Kaiser Fu Hsi vor etwa 5000 Jahren den Grundstein zum heutigen Yi Jing gelegt hat, in dem er die Grundsätze von Yin und Yang und die acht Trigramme festgelegt hat.

Die 64 Hexagramme des Yi Jing, wie wir sie heute kennen, stammen wohl aus dem Anfang der Zhou-Dynastie um 1150 vor Christus, die Originalkommentare schreibt man Konfuzius oder einem seiner Schüler zu.

Die Acht Trigramme

Sie bilden die Grundlage der 64 Hexagramme des Yi Jing. Jedes Trigramm besteht aus drei Linien. Eine durchbrochene Linie steht für das Yin, während eine ungebrochene Linie das Yang symbolisiert. Jedes der Trigramme repräsentiert eine der lebendigen Kräfte des Universums.

Nicht nur beim Yi Jing spielen die acht Trigramme übrigens eine entscheidende Rolle. Sie finden außerdem Anwendung im Feng Shui, Qi Gong und zahlreichen anderen taoistischen Praktiken.

Je zwei Trigramme bilden übereinander dargestellt ein Hexagramm mit sechs Linien,. Jede Linie gibt es in zwei verschiedenen Versionen: Als durchgezogene waagerechte Linie (Yang-Linie) und als in der Mitte unterbrochene waagerechte Linie (Yin-Linie).

Aus den acht Trigrammen ergeben sich 64 verschiedene Kombinationsmöglichkeiten.

Wie befrage ich das Yi Jing?

Es gibt mehrere Methoden, das Yi Jing zu befragen. Die alten Chinesen benutzten ursprünglich 50 Stäbchen aus Scharfgabe, die sie in einem langen Ritual abzählten, um so an die sechs Linien ihres Hexagramms zu kommen. Das dauert allerdings sehr lang und ist recht kompliziert. Deshalb hat sich im Laufe der Zeit das Werfen von Münzen durchgesetzt.

Sie brauchen drei gleiche Münzen, um das Yi Jing zu befragen. Das können Geldstücke sein oder andere Münzen. Falls Sie das Buch der Wandlungen öfter befragen möchten, sollten Sie sich drei Münzen besorgen, die Sie nur für diesen Zweck einsetzen.

Es ist ganz wichtig, dass Sie sich Ruhe und Zeit für das Orakel nehmen. Wählen Sie einen stillen Platz und schaffen Sie sich eine entspannte Atmosphäre, damit Sie sich auf Ihre Frage konzentrieren können.

Die Formulierung Ihrer Frage ist entscheidend für die Genauigkeit der Antwort. Fragen, die sich mit Ja oder Nein beantworten lassen, sind für das Yi Jing nicht geeignet. Formulieren Sie Ihre Frage am besten so, dass die Antwort eine Aktivität darstellen kann, zum Beispiel: Was muss ich tun, um gesund zu werden?

Die nächsten Schritte sind sehr einfach. Bleiben Sie in Gedanken während des ganzen Procedere bei Ihrer Frage und legen Sie sich etwas zu schreiben bereit.

So werfen Sie die Münzen

- Konzentrieren Sie sich so lange wie nötig auf Ihre Frage und vergegenwärtigen Sie sich Ihre aktuelle Situation.
- Nehmen Sie die drei Münzen in beide Hände und schütteln Sie sie, während Sie weiter an Ihre Frage denken.
- Lassen Sie die Münzen fallen und notieren Sie sich auf Ihrem Blatt stellvertretend für die Kopfseite der Münze eine 3 und für die Zahlseite eine 2, so dass Sie pro Wurf eine Zahlenreihe mit drei Zahlen erhalten (z.B. 2 – 3 – 3)
- Wiederholen Sie den Vorgang weitere fünfmal und notieren Sie die Zahlenreihen von unten nach oben.

Jetzt sollten Sie auf Ihrem Blatt sechs Zahlenreihen mit jeweils drei Zahlen übereinander stehen haben und es müsste wie in folgendem Beispiel aussehen:

6. Wurf / 6. Linie	2-2-3
5. Wurf / 5. Linie	3-2-2
4. Wurf / 4. Linie	3-3-3
3. Wurf / 3. Linie	2-2-3
2. Wurf / 2. Linie	3-3-2
1. Wurf / 1. Linie	2-2-2

Als nächstes addieren Sie jede einzelne Zahlenreihe:

6. Wurf / 6. Linie	2-2-3 = 7
5. Wurf / 5. Linie	3-2-2 = 7
4. Wurf / 4. Linie	3-3-3 = 9
3. Wurf / 3. Linie	2-2-3 = 7
2. Wurf / 2. Linie	3-3-2 = 8
1. Wurf / 1. Linie	2-2-2 = 6

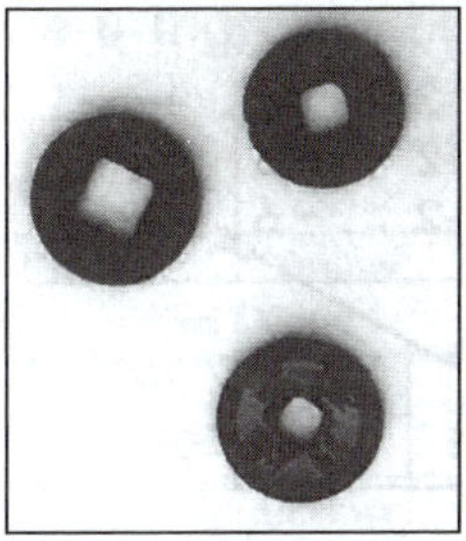

Man braucht drei Münzen, um das I Ging zu befragen. Um welche Münzen es sich dabei handelt spielt keine Rolle

Um das I Ging genau zu bestimmen zu können, sind ein Blatt Papier und ein Stift nötig

Jetzt müssen Sie nur noch den geraden Zahlen eine Yin-Linie (– –) und den ungeraden Zahlen eine Yang-Linie (—) zuordnen. In unserem Beispiel sieht das dann folgendermaßen aus:

6. Wurf / 6. Linie 2-2-3 = 7 ——— (Yang)
5. Wurf / 5. Linie 3-2-2 = 7 ——— (Yang)
4. Wurf / 4. Linie 3-3-3 = 9 ——— (Yang)
3. Wurf / 3. Linie 2-2-3 = 7 ——— (Yang)
2. Wurf / 2. Linie 3-3-2 = 8 — — (Yin)
1. Wurf / 1. Linie 2-2-2 = 6 — — (Yin)

Nun haben Sie Ihr Grundhexagramm erstellt und können den entsprechenden Text zu diesem Hexagramm nachlesen. Damit Sie die Nummer des Hexagramms leichter finden können, haben wir in folgender Tabelle jedes Hexagramm in zwei Trigramme aufgeteilt. Suchen Sie einfach den oberen (Linie 4-6) und unteren (Linie 1-3) Teil Ihres Hexagramms in der Tabelle und notieren Sie sich die entsprechende Zahl.

In unserem Beispiel erhalten wir so das Hexagramm Nummer 33 (Dun, Rückzug). Bezogen auf die Frage „Was muss ich tun, um wieder gesund zu werden?" stellt dieses Hexagramm dar, was aktuell zu tun ist: „Suchen Sie sich einen sicheren Zufluchtsort und konzentrieren Sie sich auf das Anstehende." Darüber hinaus kann uns das Yi Jing jedoch auch Aufschluss über den zu beschreitenden Weg geben. Hierzu müssen wir die Wechsellinie unseres Hexagramms bestimmen.

Sechster Wurf 2-2-3 = 7 ———
Fünfter Wurf 3-2-2 = 7 ——— oberes Trigramm
Vierter Wurf 3-3-3 = 9 ———

- -

Dritter Wurf 2-2-3 = 7 ———
Zweiter Wurf 3-3-2 = 8 — — unteres Trigramm
Erster Wurf 2-2-2 = 6 — —

UNTERES TRIGRAMM / OBERES TRIGRAMM	Chien	Kun	Chen	Kan	Ken	Sun	Li	Tui
Chien	1	11	34	5	26	9	14	43
Kun	12	2	16	8	23	20	35	45
Chen	25	24	51	3	27	42	21	17
Kan	6	7	40	29	4	59	64	47
Ken	33	15	62	39	52	53	56	31
Sun	44	46	32	48	18	57	50	28
Li	13	36	55	63	22	37	30	49
Tui	10	19	54	60	41	61	38	58

Tabelle 2: Die 64 Hexagramme

Die Wechsellinie

Zu jedem Hexagramm gibt es einen Haupttext und zusätzlich sechs Linientexte. Der Haupttext bezieht sich direkt auf Ihre Frage. Nun müssen sie noch die Wechsellinie bestimmen - das ist eine der Hexagramm-Linien, die entweder von Yin zu Yang wechselt oder umgekehrt.

So ergibt sich dann ein zweites Hexagramm, das weitere Hinweise zur gestellten Frage geben kann.

In vielen Yi Jing Ausgaben kann man lesen, dass eine Linie mit der Zahl 6 oder 9 eine Wechsellinie sei. Das Problem bei dieser Methode ist die Tatsache, dass es damit bis zu sechs Wechsellinien oder auch gar keine geben kann. In den Chinesischen Klassikern befinden sich zahllose Beispiele für Yi Jing Befragungen und in allen Schriften ist immer nur die Rede von einer Wechsellinie. An der Universität von Nanying fand man in den 1920er Jahren eine Lösung, die mit allen Berechnungen in den Klassikern funktioniert. Wir wissen zwar nicht, ob die alten Chinesen tatsächlich den folgenden Weg zur Ermittlung der Wechsellinie verwendet haben, aber die Ergebnisse mit dieser Methode entsprechen den Ergebnissen der Yi Jing Befragungen in den Klassikern. Deshalb stellen wir Sie Ihnen hier vor:

Addieren Sie die Ergebnisse aus Ihrer Zahlenreihe:

Sechster Wurf	2-2-3 = 7	———
Fünfter Wurf	3-2-2 = 7	———
Vierter Wurf	3-3-3 = 9	———
Dritter Wurf	2-2-3 = 7	———
Zweiter Wurf	3-3-2 = 8	— —
Erster Wurf	2-2-2 = 6	— —
	44 – 35 = 9	

In unserem Beispiel erhalten wir die Zahl 44. Von diesem Ergebnis subtrahieren Sie 35 und suchen die ermittelte Zahl in Tabelle 3.

In unserem Beispiel erhalten wir die Zahl 9, die sich in der Tabelle auf der 4. Linie befindet. Die vierte Linie ist also unsere Wechsellinie. Damit verändert sich das Haupthexagramm und ein weiteres, neues Hexagramm entsteht, dessen Haupttext Ihnen Hinweise für den Weg zu Ihrer Lösung gibt. In unserem Beispiel wechselt die 4. Linie von Yang nach Yin. Alle anderen Linien bleiben gleich. Wenn Sie jetzt wieder in der Tabelle das obere und das untere Trigramm aus dem neuen Hexagramm suchen, finden Sie das Hexagramm 53.

Auf unsere Frage „Was kann ich tun, um gesund zu werden" bezogen erhalten wir als Hinweis:

„Das Ziel mag noch in weiter Ferne liegen, aber Sie sollten trotzdem nicht aufgeben. Man kann schon sehen, wohin die Reise geht."

Die Bedeutung der Hexagramme

Es würde den Rahmen dieses Artikels sprengen, wenn wir jedes der 64 Hexagramme detailliert beschreiben würden. Außerdem sollen die Texte Ihnen ja noch genug Raum für Ihre Interpretation lassen. Deshalb beschränken wir uns nachfolgend auf eine kurze Zusammenfassung des Haupttextes und einige allgemeinen Anmerkungen zur Deutung der Linien.

Wie wir gesehen haben, besteht jedes Hexagramm aus zwei Trigrammen, deren Grundbedeutung uns schon einen ersten Hinweis auf die Antwort geben kann.

Das untere Trigramm (Linie 1-3) beschreibt den inneren Aspekt der Situation, während wir dem oberen Trigramm (Linie 4-6) den äußeren Aspekt entnehmen können. So stellen die drei oberen

Linie 6	6	7	18	19
Linie 5	5	8	17	
Linie 4	4	9	16	
Linie 3	3	10	15	
Linie 2	2	11	14	
Linie 1	1	12	13	

Tabelle 3: Wie finde ich die Wechsellinie?

UNTERES TRIGRAMM \ OBERES TRIGRAMM	Chien	Kun	Chen	Kan	Ken	Sun	Li	Tui
Chien	1	11	34	5	26	9	14	43
Kun	12	2	16	8	23	20	35	45
Chen	25	24	51	3	27	42	21	17
Kan	6	7	40	29	4	59	64	47
Ken	33	15	62	39	52	53	56	31
Sun	44	46	32	48	18	57	50	28
Li	13	36	55	63	22	37	30	49
Tui	10	19	54	60	41	61	38	58

			Haupthexagramm Nr. 33		Hexagramm mit Wechsellinie Nr. 53	
Sechster Wurf	2-2-3	= 7	———		———	
Fünfter Wurf	3-2-2	= 7	———		———	
Vierter Wurf	3-3-3	= 9	———	**Wechsellinie**	— —	**Die vierte Linie wechselt**
Dritter Wurf	2-2-3	= 7	———		———	
Zweiter Wurf	3-3-2	= 8	— —		———	
Erster Wurf	2-2-2	= 6	— —		— —	

Tabelle 4: Neues Hexagramm mit Wechsellinie

Linien den offensichtlichen und bewussten Teil der Lösung dar, während die drei unteren Linien den verborgenen, unbewussten, sich entwickelnden Part widerspiegeln.

Untenstehende Texte beziehen sich auf die ursprünglichen Schriftzeichen des Yi Jing. Sie beziehen sich auf die Originalaufzeichnungen des Yi Jing Experten Derek Walters.

1 Qián
Himmel, das Schöpferische, Nordwest
Die schöpferische Kraft ist allgegenwärtig. Sie befinden sich in einer Machtposition. Setzen Sie Ihre Kraft zum Nutzen aller ein.

2 Kun
Die Erde, das Empfangende, Südwest
Die Erde nimmt auf, ist großzügig und selbstlos. Lassen Sie sich mit der Strömung treiben. Geben und nehmen sollten im Gleichgewicht sein.

3. Zhun
Das Sprießende, Anfangsschwierigkeiten
Bereiten Sie sich gründlich auf den nächsten Schritt vor. Alles wird besser laufen, als Sie es zu Beginn erwarten.

4. Meng
Die Dotterpflanze, Der Unerfahrene

Der Schüler muss sich einen Lehrer suchen. Seien Sie gewillt zu lernen und stehen Sie zu Ihren Wissenslücken.

5. Xu
Warten, Innehalten
Seien Sie geduldig und warten Sie den richtigen Zeitpunkt ab. Voreilige Taten können Ihnen jetzt Schaden bringen.

6. Song
Streit, Konfrontation
Kommen Sie Ihrem Gegner entgegen. Beharren Sie nicht stur auf Ihrer Meinung, sondern zeigen Sie sich kompromissbereit.

7. Shi
Das Heer, Ehre und Loyalität
Schreiten Sie mit Disziplin voran, gleich einem mutigen Krieger. Sie brauchen nichts zu fürchten.

8. Bi
Verbindung, Zusammenhalt
Zusammen sind Sie stark, getrennt schwach. Suchen Sie sich zuverlässige Freunde oder arbeiten Sie daran, dass sich bestehende Bande vertiefen.

9. Xiao Chu
Kleiner Gutshof, Sich absichern
Hören Sie auf Ihre innere Stimme, sammeln Sie Wissen. Bevor Sie handeln, wägen Sie die möglichen Konsequenzen sorgfältig ab.

10. Lu
Kleine Schritte, Courage
Fassen Sie Mut und stellen Sie sich mit Besonnenheit der großen Aufgabe. Es steckt mehr in Ihnen, als man Sie glauben macht.

11. Tai
Das Allergrößte, Frieden
Der Himmel vereinigt sich mit der Erde. Vertrauen und Sicherheit im Tun bringen Erfolg. Lassen Sie ein Gefühl des inneren und äußeren Friedens aufkommen.

12. Pi
Hindernis
Es liegt im Augenblick nicht in Ihrer Macht, voran zu kommen. Geben Sie Ihr Schicksal vertrauensvoll in die Hände des Universums.

13. Tong Ren
Gemeinschaft, Zusammenarbeit
Suchen Sie sich gleichgesinnte Menschen, um Ihr Ziel zu erreichen. Alleine können Sie jetzt nicht vorankommen.

14. Da You
Großer Besitz, Reichtum
Teilen Sie großzügig Ihren Besitz. Er ermöglicht Ihnen große Dinge, wenn Sie ihn nicht eifersüchtig bewachen.

15. Qian
Kleines Tier, Bescheidenheit
Vermeiden Sie Stolz und Prahlerei. Tun Sie in Demut, was getan werden muss. Gute Taten sprechen für sich selbst.

16. Yu
Großes Tier, Begeisterung
Motivieren Sie sich für Ihre Aufgaben und gehen Sie sie an. Mit Ihrem Enthusiasmus können Sie auch andere für Ihre Vorhaben gewinnen.

17. Sui
Verfolgung, Ehrgeiz
Suchen Sie das, was Sie wirklich wollen. Folgen Sie Ihrer göttlichen Eingebung.

18. Gu
Das Gift, Verantwortung
Etwas in Ihrem Leben muss wieder hergestellt werden. Nehmen Sie sich die Zeit dazu und stellen sie sich der Aufgabe, so schwer sie auch sein mag.

19. Lin
Wehklagen, aktiv werden
Sie stehen am Scheideweg, die Dinge entscheiden sich. Klagen bringt Sie nicht weiter. Gehen Sie die Sache an, sonst versinken Sie noch in Selbstmitleid.

20. Guan
Die Opfergabe, Betrachtung
Halten Sie inne, bevor Sie etwas Wichtiges unternehmen. Bitten Sie die Mächte des Universums um Unterstützung. Wer fragt, wird erhört werden.

21. Shi Ke
Sich durchbeißen, Entschlossenheit
Stellen Sie sich der Situation, ohne entkommen zu wollen. Sie haben die Kraft, das durchzustehen.

22. Bì
Verzierung, Schönheit
Machen Sie das Beste aus dem, was Sie haben und rücken Sie Ihre Vorteile ins rechte Licht.

23. Bo
Häutung, Auflösung
Eine stabile Situation stürzt zusammen. Erhalten Sie sich Ihren Großmut in diesen schwierigen Zeiten. Nichts ist beständiger als der Wechsel.

24. Fu
Rückkehr, Wiedergeburt
Sie bekommen die Gelegenheit, noch einmal von vorne anzufangen. Nutzen Sie Ihre zweite Chance besser als die erste.

25. Wu Wang
Das Unerwartete
Seien Sie offen für Inspiration und unerwartetes Glück. Hilfe naht, wenn Sie am wenigsten damit rechnen.

26. Da Chu
Großer Gutshof, Zähmung
Nehmen Sie die Zügel in die Hand und kümmern Sie sich um anstehende Aufgaben. Man erwartet von Ihnen, dass Sie die Richtung vorgeben.

27. Yì
Ernährung, Verstärkung
Unterscheiden Sie sorgfältig zwischen Bedürfnis und Gier. Zu viel schadet genauso sehr wie zu wenig.

28. Da Guo
Große Kreuzung, Druck
Befreien Sie sich von allen Lasten und ziehen Sie erst dann weiter. Sie können nicht voran kommen, wenn Sie den alten Ballast weiter mit sich herum schleppen.

29. Kan
Die Grube, Krise, Norden
Wer seinem Herzen vertraut, wird alles durchstehen. In schweren Zeiten sollten Sie vor allem auf Ihre innere Stärke bauen.

30. Li
Kleiner Vogel, Pflege, Süden
Was brauchen Sie, um stark zu sein? Horchen Sie in sich hinein und pflegen Sie Ihre Bedürfnisse.

31. Xian
Vollständigkeit
Ohne Geben kein Nehmen. Ohne Nacht kein Tag. Jeder ist empfänglich für die Bedürfnisse des anderen.

32. Heng
Ausgewogenheit, Beharrlichkeit
Behalten Sie Ihr Ziel im Kopf und weichen Sie nicht vom Kurs ab. Ihr inneres Gleichgewicht ist entscheidend für den Fortschritt.

33. Dun
Das Schwein, Rückzug
Suchen Sie sich einen sicheren Zufluchtsort und konzentrieren Sie sich auf das Anstehende.

34. Da Zhuang
Großer Schaden, Ausbruch
Sie durchbrechen Ihre Beschränkungen und rütteln Dinge auf. Der Schaden, den Sie dabei anrichten können, ist nur temporär.

35. Jin
Fortschritt, Erfolg
Sie stehen ganz oben und dürfen Ihre Position genießen. Machen Sie das Beste aus Ihren Möglichkeiten.

36. Ming Yi
Die Finsternis, Ablehnung
Bleiben Sie bei Ihrer Überzeugung, auch wenn Sie sich allein gelassen fühlen. Auf jedes Dunkel folgt der helle Tag.

37. Jia Ren
Familienbande
Leisten Sie Ihren Beitrag zum Wohle aller. Je verbundener Sie sich mit Ihrem Umfeld fühlen, desto besser.

38. Kui
Den Himmel betrachten, Entfremdung
Arbeiten Sie gegen das Gefühl an, nicht dazu zu gehören. Geben Sie sich Mühe und versuchen Sie, sich aktiv einzubringen.

39. Jian
Hemmnis, Engpass
Halten Sie an und blicken Sie nach innen, wenn Sie stolpern. Was will Ihnen dieses Hindernis sagen?

40. Xie
Befreiung
Vergeben Sie sich selbst und allen anderen und kehren Sie heim. Nur wer loslässt, kann neu anfangen.

41. Sun
Einschränkung, Einfachheit
Wachstum ist auch innerhalb der Grenzen möglich. Richten Sie Ihr Augenmerk mehr auf die inneren Dinge.

42. Yi
Ausdehnung, Wachstum
Fügen Sie hinzu, was Ihnen noch fehlt. Sie dürfen nun Ihre Pläne verwirklichen und sich frei entfalten.

43. Guai
Sprung, Durchbruch
Zeigen Sie Mut zur eigenen Überzeugung. Nur wer das Neue, Ungewöhnliche wagt, kann große Schritte tun.

44. Gou
Sich verfangen, untergraben
Ein störender Einfluss drängt sich in den Lauf der Dinge. Suchen Sie die Quelle der Störung.

45. Cui
Bündelung, Integration
Sammeln Sie Ihre verstreuten Kräfte, die Heilung naht. Gleich einem Puzzle werden sich die Teile zu einem harmonischen Ganzen zusammenfügen.

46. Sheng
Emporsteigen
Eine wie auch immer geartete Beförderung steht bevor. Bereiten Sie sich auf den nächsten Schritt Ihres Weges vor.

47. Kùn
Bedrängnis, Erschöpfung
Sie stecken in einer Sackgasse. Stellen Sie sich der Herausforderung, auch wenn es sehr anstrengend für Sie sein kann.

48. Jing
Der Brunnen, die Quelle
Teilen Sie mit der Gemeinschaft und schützen Sie die gemeinsamen Ressourcen. Bedenken Sie, dass wir alle aus der gleichen kosmischen Quelle schöpfen.

49. Ge
Das Leder, Veränderung
Eine komplette Metamorphose in Form und Substanz steht an. Auch wenn Ihrem Umfeld der Wechsel nicht gefallen wird, sollten Sie ihn vollziehen.

50. Ding
Der Tiegel, Transformation
Schaffen Sie Ordnung und erneuern Sie Ihre Lebensenergien. Es ist ratsam, Wissen und Weisheit zu sammeln

51. Zhen
Der Donner, Erregung, Osten
Die einen lieben Stürme, die anderen laufen davon. Stellen Sie sich der Macht der Gezeiten und Sie werden frische Impulse bekommen.

52. Gen
Festhalten, Stillstand, Nordost
Die Stille und die Ruhe des Berges inspirieren den meditativen Geist. Es hat auch seine Vorteile, wenn es einmal nicht voran geht. Arbeiten Sie an Ihrer inneren Verfeinerung.

53. Jiàn
Die Landung, allmählicher Fortschritt
Das Ziel mag noch in weiter Ferne liegen, aber Sie sollten trotzdem nicht aufgeben. Man kann schon sehen, wohin die Reise geht.

54. Gui Mei
Die Braut
Sie sollten nichts überstürzen. Laden Sie sich nicht zu viel auf. Neue Verbindungen wollen bedacht sein.

55. Feng

Die Fülle

Alles läuft so, wie Sie es sich nur wünschen können. Bleiben Sie in der Fülle und pflegen Sie Ihren inneren Reichtum.

56. Lù

Das Quartier, der Übergang

Machen Sie sich frei von langfristigen Verpflichtungen. Das Leben ist jetzt. Nur wenn Sie flexibel sind, können Sie alle Möglichkeiten nutzen.

57. Xun

Die Opfergabe, Biegsamkeit, Südost

Zeigen Sie sich flexibel, Erkenntnisse gewinnen Sie durch Beobachtung. Vergessen Sie nicht, wem Sie Ihre Kraft zu verdanken haben.

58. Dui

Freude, Selbstvertrauen, Westen

Äußern Sie Ihre Ideen und Gefühle offen und frei. Sie sind stark! Nur wer sich selbst liebt, kann zufrieden leben.

59. Huan

Sprudeln, Auflösung

Wenn Ihre Kräfte zerstreut werden, besinnen Sie sich auf Ihre ursprünglichen Absichten. Hüten Sie sich davor, Ihre Klarheit und Struktur zu verlieren.

60. Jie

Das Gelenk, Prinzipien

Beschränken Sie sich nicht selbst. Zu viele Schranken sind nicht hilfreich. Wer immer nur stur auf den Weg starrt, verpasst die Inspiration am Wegesrand.

61. Zhong Fu

Durchschnittliche Belohnung

Bescheidene Opfergaben werden gerne angenommen. Warten Sie nicht auf die Gegenleistung, auch wenn Sie sie eigentlich verdient hätten. Sie können trotzdem Großes erreichen.

62. Xiao Guo

Kleine Kreuzung, Schlichtheit

Zurzeit sind keine größeren Veränderungen möglich. Besinnen Sie sich auf das, was Sie haben und schielen Sie nicht auf das Glück anderer.

63. Ji Ji

Nach der Vollendung

Im Augenblick haben Sie es geschafft. Genießen Sie den Moment des Glücks. Es warten danach schon wieder neue Aufgaben auf Sie.

64. Wei Ji

Vor der Vollendung

Der Erfolg ist zwar noch nicht gesichert, aber möglich. Lassen Sie sich nicht voreilig von ihm blenden, sondern bleiben Sie konzentriert bei der Sache.

LEBENSWEISHEITEN AUS DEM FERNEN OSTEN

Sieh deine Getriebenheit mit Gelassenheit an.
Und du erkennst die Nutzlosigkeit der ganzen Rennerei.
Lass alle Sorgen in innerer Stille los.
Und du merkst, wie im Genuss dieser Stille
alles andere unwichtig wird.

Hung Ying-Ming

Wenn wir das Wunder
einer Blume klar erkennen,
dann verändert sich unser Leben.

Theragatrha

Wer ständig glücklich sein möchte,
muss sich oft verändern.

Konfuzius

Das Wasser fliegt immer weiter
und füllt alle Stellen durch die es fließt aus.
Es scheut vor keiner gefährlichen Stelle,
vor keinem Sturz zurück und verliert durch
nichts seine eigene Art. Es bleibt sich in
allen Verhältnissen selber treu.

I Ging

Achtsamkeit ist der Weg zur Unsterblichkeit,
und Gedankenlosigkeit der Pfad zum Tod.
Die Achtsamen sterben nicht,
aber die Gedankenlosen
sind schon jetzt wie der Tod.

Dhammapada

Die Fünf Klänge und ihre Beutung für das Wohlbefinden

Alle Dinge zwischen Himmel und Erde lassen sich nach den 5 Elementen einteilen - von den Jahreszeiten über unsere Nahrungsmittel, Farben, Formen oder Organe in unserem Körper.

Aber haben Sie gewusst, dass jedes Element seinen eigenen Ton hat?

Schon im von Konfuzius herausgegebenen klassischen Shujing, dem „Buch der Urkunden" finden die Fünf Klänge etwa 500 Jahre vor Christus Erwähnung und Musik wurde als einer der Schlüssel zu einem zufriedenen und glücklichen Leben angesehen.

Im alten China wurde die Musik als „Freude des Klangs" bezeichnet. Die Chinesischen Klassiker sind voll von Bemerkungen über Musik! Lange Passagen des Fiji, dem „Buch der Riten" beschäftigen sich mit der angemessenen Verwendung von Musik zu bestimmten Zeremonien. Konfuzius selbst stellte Lieder zusammen, die er als Opfergabe an den Himmel für würdig befand. Man war schon damals der Ansicht, dass die Vollkommenheit der Harmonie, die abgestimmt. Wenn also die Ereignisse auf Erden in Harmonie mit dem Willen des Himmels waren, dann entstand eine Resonanz. Wenn Handlungen sich dagegen denen des Kaisers widersetzten, dann herrschte Disharmonie. Töne in ihrer vollkommenen Abstimmung wurden damals nicht nur als Metapher für universelle Harmonie betrachtet, sondern galten als echter Beweis für ihre Existenz.

Die Chinesische Musik besteht wie die Volksmusik fast überall auf der Welt und wie der Großteil der aktuellen Popmusik lediglich aus den fünf Tönen der pentatonischen Tonleiter C, D, E, G und A. Sie sind den 5 Elementen wie folgt zugeordnet:

Element	ERDE	METALL	HOLZ	FEUER	WASSER
Ton westlich	C	D	E	G	A
Ton chinesisch	GONG	SHANG	JIAO	JI	YU

Konstruktion einer Melodie, die Schönheit des Klangs den Himmel erreichen können, weil sie jenseits irdischer Vorstellung sind.

Die Resonanz zweier Musikinstrumente wurde am Kaiserhof als Beweis für den Gleichklang zweier Ereignisse begriffen, die scheinbar nichts miteinander zu tun hatten. Legt man ein Saiteninstrument auf den Boden, so schwingt es mit, wenn man zum Beispiel mit einer Laute, einer Flöte oder Glocke Töne erzeugt - vorausgesetzt, die beiden Instrumente sind exakt aufeinander

Die Bedeutung der 5 Töne

Die 5 Töne haben eine eine sehr viel bedeutsamere Aufgabe zu erfüllen, als einfach nur die Noten eines Musikstücks zu sein.

Für die Erklärung muss man etwas weiter ausholen: Der von einem Saiteninstrument wiedergegebene Ton hängt von der Länge und Dicke der Saite und ihrer Spannung ab. Eine Temperaturveränderung, mehr Feuchtigkeit oder Trockenheit in der Umgebung beeinflusst die Spannung der Saite und damit auch den Ton,

→

den sie hervorbringt. Deshalb müssen Saiteninstrumente ständig gestimmt werden genauso übrigens wie Naturfelltrommeln.

Nur wenige chinesische Musikinstrumente waren immun gegen die Launen des Klimas wie das steinerne Glockenspiel oder Pfeifen, bei denen allein die Länge der Pfeife über die Tonhöhe entscheidet. Damit war es möglich, mit der Tonhöhe eine standardisierte Länge zu bestimmen oder das Gewicht des Steinspiels als standardisiertes Gewichtsmaß zu verwenden. Im alten China erfolgte das Messen von Gewicht und Länge mit Hilfe des Stimmens von Musikinstrumenten, was ein weiterer Hinweis auf die im Universum herrschende Harmonie war.

Die 5 Töne und Feng Shui

Die erstaunliche Fähigkeit von Stein- und Windspielen, zwei scheinbar völlig unterschiedliche Funktionen miteinander zu vereinbaren, liegt der weit verbreiteten Vorstellung im Feng Shui zugrunde, dass das Aufhängen von Windspielen und Pfeifen ein gutes Qi erzeugt. Doch hinter dem Aufhängen am Haus steckt deutlich mehr als nur der fromme Wunsch, dass der Wind aus der richtigen Richtung weht, um sie zum Klingen zu bringen. Damit ein Haus oder eine Wohnung zu seinen Bewohnern „passt", sollte das Element des Hauses auf das seines Besitzers abgestimmt werden. In dem man nun über das Windspiel bestimmte Töne einbringt, lassen sich Disharmonien ausgleichen. Das setzt allerdings voraus, dass Windspiel, Flöten oder Pfeifen auch auf den passenden Elemente-Ton gestimmt sind, um die gewünschte Wirkung zu haben.

Die 5 Töne in der Chinesischen Medizin

Ein chinesischer Arzt hat sich bei seiner Diagnose immer auf alle 5 Sinne verlassen - sehen, schmecken, fühlen, riechen und hören. Indem er zum Beispiel feststellt, ob die Atmung den richtigen Klang hat, konnte er eine Krankheit im Körper lokalisieren. Die Stimme eines Patienten ermöglicht ebenfalls Rückschlüsse auf den Gesundheitszustand - je nach Tonhöhe lässt sich das Element bestimmen, das dann wieder Aufschluss über die Befindlichkeit geben kann. Ist zum Beispiel der dominierende Ton in der Stimme des Patienten das dem Erdelement zugerechnete C (Gong), dann lässt das auf Nachdenklichkeit und auf körperlicher Ebene auf Milz- oder Verdauungsbeschwerden schließen.

Den Grundton in einer Stimme zu erkennen, setzt allerdings viel Erfahrung voraus, da sich unsere Stimme im normalen Gespräche hebt und senkt.

Die 5 Töne zur Voraussage von Ereignissen

Schon im 1. Jahrhundert vor Christus wurden im alten China die Aussichten für das kommende Jahr mit Hilfe des summenden Tonfalls der großen Menschenmenge beim Neujahrsfest vorausgesagt. Dabei gingen die Prophezeiungen mit der Symbolik der 5 Elemente einher, wie sie auch heute noch interpretiert wird.

War der vorherrschende Ton ein C (Gong, Erdelement) versprach das eine gute Ernte und generell stabile Aussichten. Kam der Ton eher einem D (Shang, Metallelement) nahe, war das nicht so günstig, denn es konnte bedeuten, dass es zu einem Krieg kommen würde. Beim E (Jiao, Holzelement) war eine eher schlechte Ernte zu befürchten, bei G (Ji, Feuerelement) musst mit Trockenheit gerechnet werden. Bei A (Yu, Wasserelement) war eher feuchtes Wetter zu erwarten.

Quellenhinweis und Lesetipp:
Derek Walters, Die Fünf Schlüssel zum Glück, Ansata Verlag, ISBN 3-77877164-7

Yin und Yang und die Fünf Elemente

Jedes Tierzeichen wird durch die Fünf Elemente sowie Yin und Yang eindeutig charakterisiert. Diese beiden Grundprinzipien der asiatischen Philosophie beschreiben außerdem auch alle anderen Bereiche unseres Lebens auf verblüffend zutreffende Art und Weise

Im alten China standen die Fünf Elemente ursprünglich für die fünf Planeten Jupiter (Holz), Mars (Feuer), Saturn (Erde), Venus (Metall) und Merkur (Wasser). Aufgrund von astronomischen und astrologischen Beobachtungen über die Jahrhunderte wurden dann nicht nur die Jahreszeiten, Formen und Farben, sondern auch jedes Tier und jede Pflanze einem Element zugeordnet. Auch der menschliche Körper als Teil der universellen Schöpfung folgt diesen Gesetzmäßigkeiten. So lassen sich auch unsere inneren Organe, die Körpergewebe, die Sinnesorgane und unsere Empfindungen den Fünf Elementen sowie Yin und Yang zuordnen.

Nach der chinesischen Philosophie stehen die Elemente in einem sogenannten Fütterungszyklus zueinander. Danach nährt das Holz das Feuer, dessen Asche gibt der Erde Kraft. Aus der Erde wird das Metall gewonnen, das wiederum mit seinen reichhaltigen Inhaltsstoffen das Wasser belebt. Und Holz braucht das Wasser zum Wachsen – so ist der Zyklus harmonisch geschlossen. Anhand nebenstehender Grafik ist es einfach nachzuvollziehen, wie sich ein Zuviel oder ein Zuwenig der einzelnen Elemente auf das gesamte System auswirkt.

Fehlt zwischen Holz und Erde das Feuer, ist die Wirkung vergleichbar mit einem Baum, der dem Boden langsam, aber sicher die Kraft entzieht. Ein schwaches Wasser-Element kann dazu führen, dass das Holz nicht genug Nahrung bekommt und vom Metall „beschnitten" wird. Wasser und Feuer prallen direkt aufeinander, wenn dazwischen das Holz fehlt.

Die Fünf Elemente und ihre Eigenschaften

Die Tabelle bei der Jahresvorschau ihres Tierzeichens ab Seite 10 zeigt Ihnen, welches Element Ihrem Geburtsjahr zugeordnet sind.

Wenn Sie die Eigenschaften der unterschiedlichen Elemente betrachten, sollten Sie jedoch bedenken, dass jeder Mensch eine Kombination aus mehreren verschiedenen Elementen bei seiner Geburt mitbekommen hat. Der persönliche Charakter und das eigene Schicksal lassen sich also nicht ausschließlich aufgrund des chinesischen Jahrestieres mit dem dazugehörigen Element ermitteln, sondern ergeben sich aus der Kombination aller im Geburtshoroskop vorhandenen Elemente.

Wie sich Yin und Yang in Balance halten

Jedes der Fünf Elemente gibt es in einer Yang- und einer Yin-Ausprägung. Die Begriffe Yin und Yang wurden ursprünglich für die Sonnen- und Schattenseite eines Berges benutzt. Heute bezeichnen sie sämtliche Polaritäten wie hell und dunkel, langsam und schnell, männlich und weiblich. Wir Menschen sind dem Einfluss beider Seiten ausgesetzt und es gilt immer, nicht nur die Fünf Elemente in Harmonie zu bringen, sondern auch Yin und Yang in Balance zu halten.

Holz

Das Element Holz steht für alles, was grünt, und verspürt ständig den Drang zu wachsen. Der Planet Jupiter ist der Holzplanet. Grün und hellblau sind die Farben, die mit Holz assoziiert werden. Auf der körperlichen Ebene steht Yang-Holz für die Galle und Yin-Holz für die Leber.

Die dem Holz entsprechende Jahreszeit ist der Frühling, das entsprechende Lebensalter des Menschen die Kindheit.

Das Element steht generell für Spielfreude, Schöpferkraft, Freiheitsdrang und Kreativität.

Menschen mit einem hohen Holzanteil lieben es, in der freien Natur zu sein und sind meistens sehr kinderlieb – wohl auch, weil sie sich selbst ihr inneres Kind bewahrt haben. Außerdem steht das Element Holz für eine gute Intuition.

Menschen mit viel Holz neigen häufig zur Egozentrik – vor allem wenn man sie einengen will. Wenn sie an ihre eigenen Grenzen stoßen, reagieren sie oft mit Zorn und Wut. Wird dieses Gefühl unterdrückt, äußert sich das häufig in einer Schwäche der entsprechenden Organe Galle und Leber.

Geduld gehört nicht unbedingt zu den Stärken des Holz-Elements. Wenn alles nicht sofort so klappt, wie sie es sich vorstellen, verlieren solche Zeitgenossen in der Regel schnell die Lust an einer Sache.

Damit man die Einfälle des Holz-Elements in die Tat umsetzen kann, braucht es das Feuer.

Feuer

Feuer bringt Bewegung und Aktivität ins Spiel. Das Holz nährt das Feuer mit seinen Ideen, die dann vom Feuer-Element in die Tat umgesetzt werden. Der Feuerplanet ist der Mars und die dazugehörige Farbe ist rot. Dünndarm (Yang) und Herz (Yin) sind diesem Element zugeordnet.

Feuer ist das Element, unter dem sich die Menschen emotional öffnen und Beziehungen eingehen. Die zum Feuer-Element gehörende Jahreszeit ist der Sommer, die Zeit, in der die Sonne am heißesten vom Himmel brennt. Zum Feuer-Element gehört der Lebensabschnitt der Teenager und jungen Erwachsenen.

Das Element Feuer steht für lebhafte und beredsame Zeitgenossen, die jedoch manchmal auch zu leicht extrovertiertem Verhalten neigen. Feuermenschen sind sehr geradeaus und tragen ihr Herz häufig auf der Zunge. Sie arbeiten gerne und viel und sind dabei meist clever und temperamentvoll.

Zeitgenossen mit viel Feuer fallen oft durch ein starkes Temperament auf. Sie gehen auch große Aufgaben mutig an und sorgen dafür, dass Worten auch entsprechende Taten folgen. Ein harmonisches Feuer-Element weiß, wann es aktiv werden muss und wann es „Fünfe gerade sein lassen kann". Ist das Feuer zu stark, kann sich das zuweilen in hektischer Aktivität äußern, während ein zu schwaches Feuer oft ein wenig antriebslos wirkt.

Wenn das Feuer zu Asche verbrannt ist, entsteht das Element Erde.

Erde

Dieses Element sorgt für die nötige Stabilität. Es bringt die Vernunft ins Spiel und achtet darauf, dass Aktivitäten nicht aus dem Ruder laufen. Der Saturn gilt als Erdplanet und die entsprechenden Farben sind alle Gelb- und Brauntöne. Aus der Erde gewinnen wir unsere Nahrung und deshalb gehören Magen (Yang), Milz und Bauchspeicheldrüse (Yin) zum Erd–Element.

Das entsprechende Lebensalter ist das mittlere Erwachsenenalter, wo der Mensch zu Familie und Beziehungen findet. Dem Erd-Element wird keine bestimmte Jahreszeit zugeordnet. Wie auch im Kreislauf der zwölf Tierzeichen wird es quasi immer als eine Art Puffer zwischen die anderen Elemente und Jahreszeiten platziert.

Erde steht für Stabilität und Sicherheit, aber auch für Familienzusammenhalt im weiteren Sinne. Menschen mit einem hohen Erdanteil im Horoskop sind sehr zuverlässige Zeitgenossen, die zu langfristigen und besonders stabilen Bindungen fähig sind.

Erd-Typen konservieren beharrlich altes Wissen und sind oft leidenschaftliche Sammler. Ein gesunder Erdanteil hilft uns, Bodenständigkeit in unser Leben zu bringen und die richtigen Entscheidungen zu treffen, damit aus unseren Ideen (Holz) und Aktivitäten (Feuer) etwas werden kann.

Zu viel Erde kann jedoch zu mangelnder Flexibilität führen. Ist die Erde dagegen schwach oder nicht vorhanden, fühlt sich der Mensch möglicherweise nirgendwo so richtig zu Hause.

Aus der Tiefe der Erde schürfen wir das Element Metall.

Metall

Metall ist ein kühles Element, das viel mit Struktur und Ordnung zu tun hat. Metall kann planen. Es weiß genau, welcher Schritt der nächste sein sollte, um ein angestrebtes Ziel zu erreichen. Die Venus ist der Metallplanet und die Elementfarben sind weiß, grau, silber und gold. Auf der körperlichen Ebene gehört das Metall-Element zu Lunge (Yin) und Dickdarm (Yang).

Der Herbst ist die Jahreszeit des Metalls. Auch beim Menschen ist der Lebensherbst diesem Element zugeordnet. Aktivität und Zielstrebigkeit sind nicht mehr die wichtigsten Ziele. Man hat in der Regel seinen Lebensrhythmus gefunden und erntet die Früchte des Erfolges.

Generell steht das Metall-Element für Tatkraft, Fortschrittlichkeit, Zähigkeit und einen ideellen Abstand zu den Dingen. Aber auch strategisches Denken und ein rationaler Umgang mit Geld zählen zu den Metallqualitäten.

Menschen mit einem gesunden Metallanteil verstehen es, ihr Leben zu organisieren. Zu viel Metall kann allerdings zu dogmatischen Strukturen führen, die wenig Spielraum für spontane Impulse von außen lassen. Ist das Metall dagegen nicht stark genug, besteht die Gefahr, dass man nicht zielstrebig genug ist und sich vom eigentlichen Weg abbringen lässt.

Um in den Fluss zu kommen braucht Metall das Wasser-Element.

Wasser

Wasser fließt (Yang-Wasser) oder steht (Yin-Wasser). Es ist von allen Elementen das flexi-

Die Fünf Elemente und ihre Entsprechungen

	HOLZ	FEUER	ERDE	METALL	WASSER
Himmels-richtung	Osten, Südosten	Süden	Südwesten, Nordosten	Westen, Nordwesten	Norden
Jahreszeit	Frühling	Sommer	Übergänge zwischen den Jahreszeiten	Herbst	Winter
Farben	grün/hellblau	rot/violett/ orange	gelb/braun/ beige	weiß/hellgrau/ gold	schwarz/ dunkelblau
Formen	langgestreckt	spitz, dreieckig	flach, rechteckig	rund	unregel-mäßig
Material	Holz Pflanzen	Feuer Kerzen, Räucherstäbchen	Erde Ton Terrakotta	Metall Schmuck Hartgeld	Wasser Brunnen Teiche
Organe Yin Yang	Leber Gallenblase	Herz Dünndarm	Milz/ Bauchspeicheldrüse Magen	Lunge Dickdarm	Nieren Blase
Sinnesorgan	Augen (sehen)	Zunge (sprechen)	Mund/Lippen (schmecken)	Nase (riechen)	Ohren (hören)
Gewebe	Finger- und Fußnägel, Sehnen	Blutgefäße	Muskeln Fett- und Bindegewebe	Haut, Körperbe-haarung	Knochen, Zähne, Kopfbe-haarung
Geschmack	sauer	bitter	süß	scharf	salzig

Hier eine kleine Auswahl mit den wichtigsten Entsprechungen der einzelnen Elemente. Will man eines der Elemente stärken, kann man dies z. B. mit den entsprechenden Farben, Formen, Materialien oder Geschmacksrichtungen tun. Schwächen in einem der Elemente äußern sich häufig körperlich über Ungleichgewichte oder Krankheiten der entsprechenden (Sinnes-)Organe.

belste. Dem Wasser steht die Welt offen. Ist ein Weg versperrt, sucht es sich eben einen anderen. Merkur ist der Wasserplanet. Die Farben schwarz und dunkelblau gehören diesem Element an und auf der körperlichen Ebene ist das Wasser unter anderem Nieren (Yin) und Blase (Yang) zugeordnet.

Im Winter, der Jahreszeit des Wasser-Elementes, kommt die Natur zur Ruhe und sammelt ihre Kräfte für den Neuanfang im Frühjahr. Entsprechend gehört auch beim Menschen das Alter zum Wasser-Element – die Kraft zieht sich jetzt allmählich zurück.

Im Wasser-Element spielen Emotionen und Begeisterung nicht mehr die größte Rolle. Wasser stellt eigentlich alles in Frage und denkt über die Grenzen des Greifbaren hinaus. Dabei schwimmen Wassermenschen durchaus auch gegen den Strom und kümmern sich wenig um die Gefühle und Meinung anderer. Sie legen Wert auf ihre Unabhängigkeit.

Ein harmonisches Wasser-Element gibt uns Gelegenheit, uns für unsere Umgebung zu öffnen, Reisen zu genießen und mit unseren Mitmenschen zu kommunizieren. Ist das Wasser-Element zu stark, kann der Druck auf den Menschen zu groß werden. Das kann dann entweder zu Rastlosigkeit (Yang) oder zu Süchten (Yin) führen. Menschen mit einem zu schwachen Wasseranteil fühlen sich dagegen oft unverstanden.

Wasser nährt das Holz – und damit schließt sich der Kreislauf der Fünf Elemente.

Jeder Augenblick ist flüchtig und vergänglich.
Der vergangene Augenblick kann nicht bewahrt
werden,
wie schön er auch gewesen sein mag.
Der gegenwärtige Augenblick kann nicht festgehalten
werden,
wie genüsslich er auch sein mag.
Der zukünftige Augenblick kann nicht eingefangen
werden,
wie erstrebenswert er auch sein mag.

Doch der Geist will dem Fluss der Zeit unbedingt
Einheit gebieten.
Gefangen in Erinnerungen an die Vergangenheit und
übervoll von Wunschvorstellungen für die Zukunft,
ist der blind für die Wahrheit des gegenwärtigen Augenblicks.

Wer den Geist befreien kann, wird das Tao zu seinen
Füßen entdecken und die Klarheit zum Greifen nah.

Hua-hu-ching
nach Laotse

Printed in Poland
by Amazon Fulfillment
Poland Sp. z o.o., Wrocław

68297901R00069

STARTE DURCH MIT LINKEDIN

ERFOLGREICHES LINKEDIN MARKETING: MIT ÜBERZEUGENDEM PROFIL UND PERSONAL BRANDING NEUE KONTAKTE, LEADS UND KUNDEN MIT LINKEDIN GEWINNEN.

ULRICH LÖSER

HALLO!

Herzlich willkommen zu deiner LinkedIn Erfolgsstory :)

In diesem Buch zeige ich dir, wie du das Meiste aus der Plattform herausholen und erfolgreiches Marketing mit LinkedIn betreiben kannst!

Auch ohne teure Werbekampagnen und mit einem kostenlosen Account, auf den wir uns in diesem Buch fokussieren. Ich freu mich auf dich im Buch, liebe Grüße!

Uli

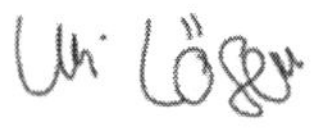

INHALT

LEGE DIE GRUNDLAGEN FÜR DEINEN ERFOLG BEI LINKEDIN

Mit den richtigen Optimierungen langfristigen Erfolg mit LinkedIn aufbauen

LinkedIn bietet dir enormes Marketing-Potential. Wenn du das richtige Fundament legst. Genau das wollen wir jetzt zusammen tun.

Und keine Angst, das ist wirklich keine Rocket-Science und kann richtig Spaß machen :)

Also, los geht!

1

DAS PROFILBILD - DER ERSTE EINDRUCK ZÄHLT

Fangen wir mit dem **Profilbild** an. Hier empfehle ich ganz generell ein Portrait, auf dem du deutlich zu sehen bist. Schließlich geht es vor allem bei einer personenbezogenen Marke immer auch um den Kopf dahinter – also um dich. Früher hab ich oft den Tipp gegeben, sich auf diesen Fotos lächelnd zu zeigen und das Ganze möglichst hell anzulegen (ja, ich war mal Fotograf ;)).

Heute sehe ich das differenzierter. Versetze dich einfach in die Lage deiner liebsten Kunden und lege das Profilfoto dann entsprechend an.

Achte bei der Auswahl deines Profilfotos immer darauf, dass es professionell angelegt – also gut ausgelichtet und scharf ist. Damit machst du den besten Eindruck und für den gibt es ja bekanntlich immer nur eine Chance…

Darauf solltest du achten:

- Wähle eine Portrait, auf dem du klar zu sehen bist.
- Lächeln kann helfen – wenn es authentisch und locker rüberkommt.

- Achte bei der Auswahl deines Profilfotos immer darauf, dass es professionell angelegt, also gut ausgelichtet und scharf ist.
- Vermeide störende Elemente im Bild, die von dir ablenken.
- Versetze dich in die Lage deiner potentiellen Kunden - welche Art von Foto könnte dort am besten ankommen?

Nutze dasselbe Foto auf allen Plattformen, Social-Media wie auch auf deinem Blog und deiner Website.

2

DAS TITELBILD OPTIMIEREN

Kommen wir zum **Titelbild**. Damit meine ich den Bereich ganz oben, der leicht vom Profilbild überlagert wird:

Auch hier gilt:

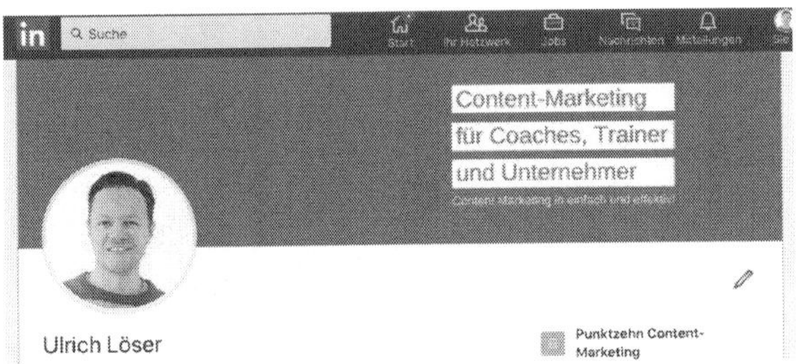

Dieses Bild muss ebenfalls auf dich, dein Business und deine Zielgruppe abgestimmt sein. Wenn du z.B. ein lokales Unternehmen wie ein Restaurant oder einen Friseursalon betreibst, dann ist hier ein toller Platz, anderen von deiner Leidenschaft für diese Bereiche zu erzählen.

Oder du coachst alleinerziehende Mütter im Umgang mit ihren Kindern und dem Partner – dann kannst du im Titelbild Szenen zeigen, die den Betrachtern eine positive und harmonische Stim-

mung vermitteln – eben genau das, was du mit deiner Arbeit möglich machst.

> “ Dein Titelbild bzw. Hintergrundfoto kannst du dir wie eine Art Werbebanner vorstellen.

Nutze diesen Bereich, um Interesse zu wecken, neugierig auf dich und dein Unternehmen zu machen, Glaubwürdigkeit und Vertrauen aufzubauen und deinen Profilbesuchern einen schnellen Vorgeschmack darauf zu geben, wer du bist und was du tust.

Darauf solltest du achten:

- Dieses Bild muss ebenfalls professionell wirken sowie auf dich, dein Business und deine Zielgruppe abgestimmt sein.
- Zeige auf deinem Titelbild Dinge, die mit deinem Beruf/deinem Thema zu tun haben (als Restaurantbetreiber deine Räumlichkeiten, als Yoga-Trainer Dinge, die mit Yoga zu tun haben…).
- Teste, ob dein Titelbild auch auf mobilen Geräten gut aussieht (und die Schrift darauf gut zu lesen ist).
- Nutze dein Titelbild, um Interesse zu wecken und Glaubwürdigkeit und Vertrauen aufzubauen.
- Dein Titelbild ist wie ein Werbebanner (platziere dort aktuelle Projekte, Produkte oder Dienstleistungen).
- Arbeite mit den Farben, die zu deinem Corporate Design passen und achte darauf, dass du die Bild-Rechte für das Foto hast.
- Mach klar, was du tust und wem du helfen kannst.

Hands on: So erstellst du ein professionelles Titelbild

Nutze für das Erstellen deines Titelbildes Tools wie **Canva**. Schreib mir gern eine Mail an info@punktzehn.de, dann sende ich dir den Link zu einem Tutorial, in dem ich dir das tolle Design-Tool Canva vorstelle.

Da ich in einem gedruckten Buch leider keine klickbaren Links unterbringen kann, werde ich diesen kurzen Hinweis an wichtigen Stellen immer wieder anbringen.

Mir geht es einfach darum, dass du möglichst viel aus diesem Taschenbuch mitnehmen kannst. Nur falls du dich wunderst, warum ich den gleichen Vermerk immer wieder nutze :)

Natürlich wirst du auch über Google schnell fündig, und findest viele Anleitungen online.

3

DER SLOGAN: SO BRINGST DU ES AUF DEN PUNKT

Der Slogan: So bringst du es auf den Punkt

Der nächste wichtige Bereich ist der sogenannte Slogan. Denn auch der wird sehr prominent dargestellt und fällt Besuchern deines Profils sofort ins Auge.

Er erscheint direkt unter deinem Namen und Profilbild in deinem LinkedIn-Profil:

. . .

Darauf solltest du achten:

- **Mein Tipp:** Bringe hier dein **Mission Statement** ein.
- Beispiel: Ich helfe WEM durch DIESE METHODE ein bestimmtes ZIEL zu erreichen.
- Bringe hier deine **Keywords** ein, denn dadurch wirst du auf der Plattform leichter gefunden.
- Füge deine Stadt hinzu, dann erhöhst du die Chance, bei regionalen Suchen gefunden zu werden deutlich.
- Beachte das Zeichen-Limit von 120 Zeichen und fasse dich so kurz und prägnant wie möglich.

4

BESCHREIBUNGSTEXT OPTIMIEREN

Beschreibungstext optimieren

Hier hast du Platz, um dich und dein Unternehmen genauer zu beschreiben und darzustellen.

Darauf solltest du achten:

- Zeige hier, was dich antreibt, was du für deine Kunden leistest und warum sie genau dich auswählen sollten.
- Liste deine professionell geschäftlichen Tätigkeiten und Schwerpunkte auf.
- Vergiss nicht, deine persönliche Note einzubringen – was treibt dich an, was sind deine Interessen, was macht dich unverwechselbar?
- So kannst du schneller eine Verbindung zu deinen Profilbesuchern und potentiellen Klienten aufbauen und sie von dir überzeugen.
- Wenn möglich (ich tue mich damit auch schwer ;)) verpackst du das Ganze geschickt in eine Geschichte, denn damit ziehst du die Leser noch schneller in den Bann und verführst sie zum Weiterlesen.

So editierst du den „Info-Bereich“

Um den „Info-Bereich“ zu bearbeiten, klicke einfach auf das kleine Bleistift-Symbol rechts oben (siehe nächster Screenshot). Im folgenden Bild siehst du auch, wie ich diesen Bereich aufgebaut habe:

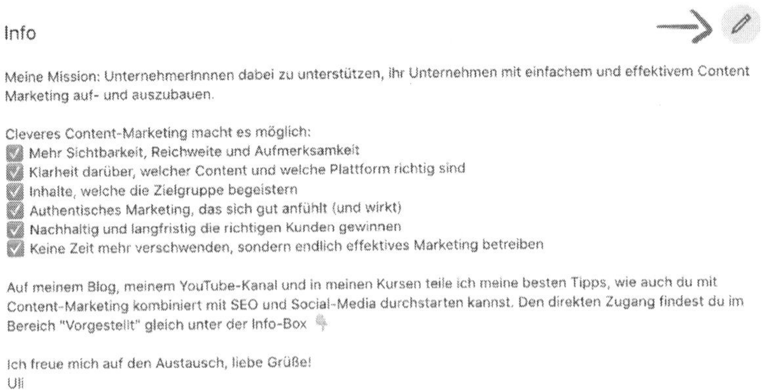

Tipp:

Damit der Text noch besser strukturiert ist und ins Auge fällt, kann du grüne Häkchen nutzen (wie du sie im Screenshot siehst), um die wichtigsten Punkte hervorzuheben. Du findest sie z.B. auf emojipedia.org (suche dort nach „check mark“ und klicke dann auf „copy“, um sie in deinen Text zu kopieren)

Bonus Tipp:

Außerdem kannst du am Ende einen sogenannten **Call to action** setzen, also eine Handlungsaufforderung an den Leser und die Leserin: Das kann beispielsweise ein “Sende mir eine Mail, wenn ich etwas für dich tun kann” oder “Ich freue mich auf den Austausch mit dir” oder “Buche jetzt dein kostenloses und unverbindliches Erstgespräch” sein. Binde dazu am besten auch immer deine Telefonnummer ein, denn dann machst du es Interessenten noch einfacher, dich zu erreichen.

. . .

Der Beschreibungstext ist außerdem der perfekte Platz, um z.B. wichtige Auszeichnungen zu erwähnen, die du gewonnen hast. Oder Publikationen, zu denen du Artikel beigetragen hast. Hier kannst du auch die Branchen auflisten, in denen du bereits Erfahrungen gesammelt hast. Gehe dann auch auf die Erfolge ein, die du im Zuge deiner Mitwirkung dort möglich gemacht hast. Beziehe auch hier deine relevanten Keywords ein, damit Leser gleich wissen, um was es geht und du intern bei LinkedIn besser gefunden wirst.

Nächster Schritt: Der „Vorgestellt"-Bereich

LinkedIn macht es dir neuerdings noch einfacher, wichtige Referenzen und Dokumente auf deinem Profil zu teilen. Diesen Bereich schauen wir uns jetzt zusammen an.

5

DER „VORGESTELLT“-BEREICH

Was ist der „Vorgestellt“-Bereich?

Mit diesem relativ neuen Feature gibt dir LinkedIn eine tolle Möglichkeit an die Hand, auf deine Expertise, Angebote und mehr hinzuweisen. Und das auf sehr prominent Art und Weise mit großen Vorschaubildern, wie du auf dem nächsten Bild sehen kannst.

Diese Formate kannst du im „Vorgestellt“-Bereich einbringen:

• • •

Beiträge und Artikel

Wenn du einen richtig guten Beitrag bzw. Post auf LinkedIn veröffentlicht hast, dann kannst du ihn über den „Vorgestellt"-Bereich noch mehr Lesern und Leserinnen präsentieren. Klicke dazu einfach auf das „+" (siehe Screenshot rechts oben) und wähle den Beitrag mit einem Klick auf „Vorstellen" aus.

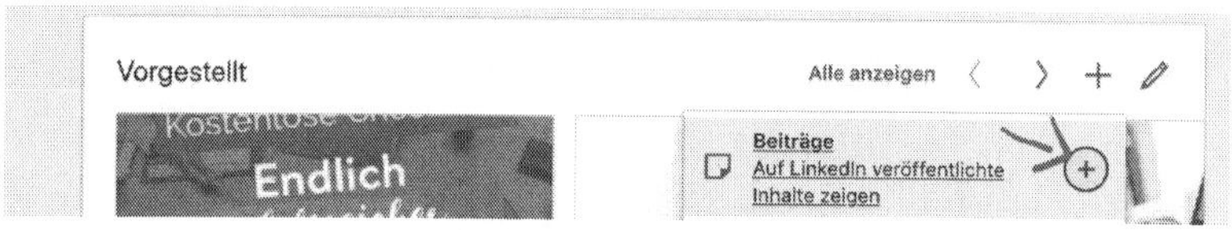

Dasselbe kannst du auch mit Artikeln machen, die du auf LinkedIn veröffentlicht hast. Hierzu klickst du einfach auf das „+" neben „Artikel" und wählst den entsprechenden aus.

Links

Wie der Name schon sagt, hier kannst du klickfähige Hyperlinks einbinden. Das kann deine Webseite, dein Blog oder eine Landingpage deines Angebotes sein. Sobald der Link eingepflegt ist, erscheint im „Vorgestellt"-Bereich ein relativ großes Vorschaubild zur ausgewählten Seite.

Dokumente und Fotos

Mit dieser Funktion kannst du verschiedene Mediendateien prominent auf deinem Profil präsentieren. Das kann z.B. ein Foto von dir während eines Workshops oder Vortrages sein oder auch ein PDF mit einer Präsentation.

Sobald du ein Dokument deiner Wahl ausgewählt hast, kannst du im nächsten Schritt einen Titel und eine aussagekräftige Beschreibung vergeben.

Folgende Formate werden unterstützt:

- PDF
- Power-Point-Präsentationen
- Word-Dokumente
- JPG, PNG und GIFS (GIFS werden nicht animiert dargestellt)

Beachte bitte vor der Auswahl der Datei, dass sie kleiner als 100MB ist und die Seitenanzahl von Dokumenten weniger als 300 Seiten beträgt. Die maximale Auflösung von Bildern beträgt 36 Megapixel.

Welche Inhalte sollte ich im „Vorgestellt"-Bereich einbinden?

Ich bin ein Freund davon, sich auf das Wichtigste zu konzentrieren. Das wirkt aufgeräumter und professioneller. Daher würde ich zunächst mal prüfen, welche Inhalte für dich am relevantesten sind. Willst du mehr Besucher auf deine Webseite locken, dann würde ich die eigene Webseite an erster Stelle verlinken.

Hast du ein neues Angebot, das du bewerben möchtest, dann setze den Link oder das Dokument dazu an erste bzw. zweite Stelle.

Ich nutze den ersten (und prominentesten Platz) für meine kostenlose Content Marketing Checkliste und die zweite Position für meinen YouTube-Kanal. Hierdurch möchte ich Besucher und Besucherinnen auf meine Inhalte aufmerksam machen und in mein „Universum" einladen.

So verschiebst du die einzelnen Bereiche

Falls du einen Beitrag bzw. Link verschieben willst, dann klicke zunächst auf das kleine Schreibstiftsymbol (rechts oben im „Vor-

gestellt"-Bereich). Auf dem sich öffnenden Popup siehst du jetzt die Beiträge/Links in der derzeitigen Reihenfolge und kannst sie mit einem Klick auf das kleine „Burgersymbol" (Mausklick halten) verschieben.

Über diesen Weg kannst du die Inhalte auch löschen oder bearbeiten.

6

VANITY URL ERSTELLEN

Vanity URL erstellen

Wenn du dich zum ersten Mal bei LinkedIn anmeldest, bekommst du automatisch eine generische URL zugewiesen. Diese besteht aus deinem Namen, Bindestrichen und vielen Zahlen. Dadurch sieht sie erst einmal recht kryptisch aus und niemand kann damit etwas anfangen, geschweige denn, sich daran erinnern. Und das möchtest du ja erreichen, dass man schon aus der URL deines LinkedIn Profiles erkennen kann, wer du bist und vielleicht sogar, was du machst.

Außerdem ist sie aus **SEO Gesichtspunkten** nicht vorteilhaft (denn dein Name bzw deine Branche ist hier kaum auslesbar). Deswegen empfehle ich dir, sie zu optimieren, in dem du deine eigene Vanity URL erstellst:

Darauf solltest du achten:

- Bringe (wenn möglich) deine Keywords und deinen Namen ein.

- Beachte dabei die Zeichenbegrenzung für deine Vanity URL: Empfohlen sind zwischen fünf und 30 Zeichen.
- Verwende hier keine Leerzeichen, Symbole oder Sonderzeichen. Es macht keinen Unterschied, ob du Groß- oder Kleinbuchstaben verwendest, die neue URL wird immer gleich aufrufbar sein.
- Sollte deine Wunsch URL nicht mehr verfügbar sein, dann überlege dir einfach eine Variante.

So passt du die Vanity URL an:

Gehe dazu einfach auf dein Profil und klicke oben rechts auf "Öff. Profil und URL bearbeiten". Auf der neuen Seite klickst du dann rechts oben auf "URL bearbeiten", wie du es im Bild siehst. Auf der nächsten Seite dann bitte einfach über **„Persönliche URL bearbeiten"** rechts oben klicken, um die URL anzupassen.

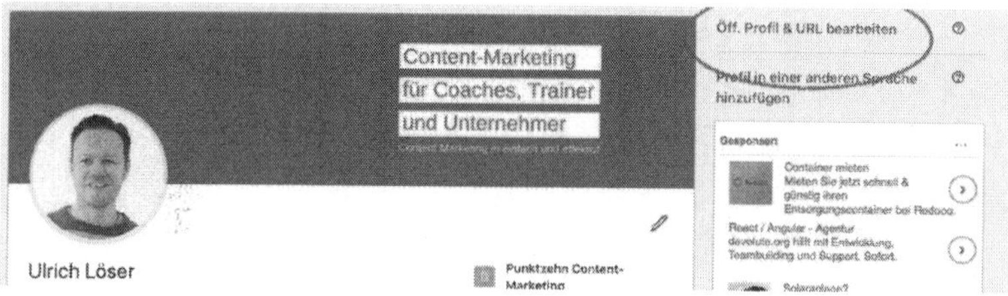

Jetzt kannst du die URL nach deinen Wünschen anpassen. Meist reicht dein (Klar-)Name oder der deines Unternehmens völlig aus.

7

BERUFLICHE STATIONEN, AUSBILDUNGEN UND KENNTNISSE EINTRAGEN

Berufliche Stationen, Ausbildungen und Kenntnisse eintragen

Jetzt kannst du damit beginnen, deine beruflichen Stationen, deinen Ausbildungsweg und Kenntnisse einzupflegen.

Gehe dazu einfach auf "Profil bearbeiten" (unterhalb deines Profil-Fotos) und trage die entsprechenden Daten ein:

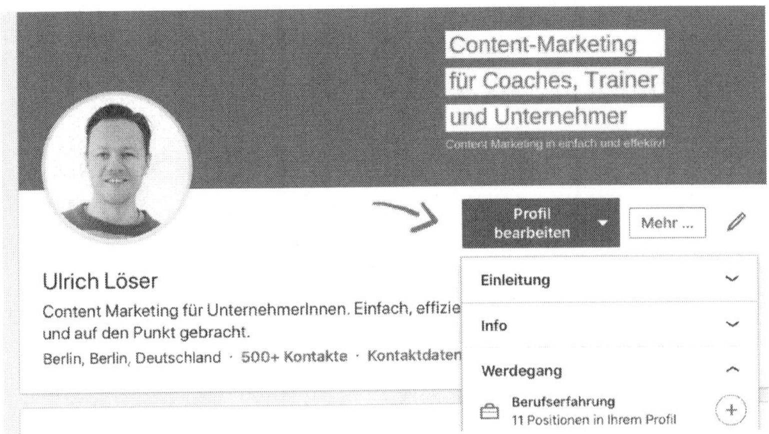

Darauf solltest du achten:

- Trage hier deine Kenntnisse ein und lade relevante Medien dazu hoch. Diese können später von deinen Kontakten bei LinkedIn "bestätigt" werden, was für weiteren **Social Proof** sorgen wird.
- Du kannst außerdem Qualifikationen und Auszeichnungen eintragen.
- Hier ist auch Platz für z.B. Medienerwähnungen deines Business oder Image-Videos, die deinen Ansatz und dein Unternehmen darstellen.
- Auch ehrenamtliche Tätigkeiten haben hier ihren Platz und sorgen für ein zusätzliches Personal Branding für dich als Person und auch als Marke.
- Die eingetragenen Fähigkeiten kannst du per Drag-and-Drop in ihrer Position verändern.

TEIL I

BAUE DEINE MARKE MIT LINKEDIN AUF

Positioniere dich als Experte!

So stärkst du deinen Expertenstatus und baust Vertrauen auf

Menschen kaufen nur dann etwas bei dir, wenn sie dir vertrauen. Wenn sie dir vertrauen, dass du ihnen auch wirklich weiterhelfen kannst. LinkedIn eignet sich glücklicherweise ideal dafür, deine Marke aufzubauen, dich als Experte zu positionieren und das nötige Vertrauen in dich und deine Angebote zu schaffen.

Um als Experte wahrgenommen zu werden, musst du andere davon überzeugen, dass du über das nötige **Know-How** verfügst. Klingt super simpel und das ist es im Grunde auch. Sobald du schon über die nötigen Referenzen und natürlich das Wissen verfügst, bieten sich verschiedene Strategien an:

Mit hervorragenden Blog-Beiträgen und Whitepapern zum Expertenstatus

Mit **Blog-Beiträgen**, in denen du dich strukturiert und tiefergehend mit einem Thema beschäftigst und deiner Zielgruppe großen Mehrwert lieferst, machst du dir einen Namen als Experte.

Diesen Content kannst du ganz einfach als Beitrag über LinkedIn teilen indem du die URL des Beitrages hier eingibst:

Mit dem **LinkedIn Publisher** kannst du sogar ganze Artikel direkt auf der Plattform veröffentlichen.

Darauf solltest du achten:

- Text kann einfach kopiert und eingefügt werden.
- Füge visuelle Inhalte (z.B. Bilder) hinzu.
- Nutze Bullet points.
- Schreibe den Titel "catchy" (Zeichenbegrenzung: 50 Zeichen).
- "How to" posts und "List posts" funktionieren meist super.
- Zeige "best practices" und schreibe so anschaulich wie möglich.

Beachte bitte immer die **Guidelines** für den Publisher: https://www.linkedin.com/help/linkedin/answer/47545/publishing-platform-guidelines?lang=en

**Auch diesen Link sende ich dir auf Anfrage via info@punktzehn.de gerne zu.*

. . .

Bonus Tipp:

Bereits erstellte Beiträge, z.B. aus deinem Blog, eignen sich auch super, um sie auf LinkedIn zu posten. Du kannst z.B. einfach eine etwas verkürzte Version bei LinkedIn hochladen, und dann auf deinen Blog verweisen. So bringst du neuen traffic auf deinen Blog und gewinnst neue Leser dazu.

1

SO SCHREIBST DU EINEN GROSSARTIGEN BLOGARTIKEL (UND WEITERE TIPPS)

Gerade haben wir uns ja mit dem Thema Blog und dem Schreiben von Artikeln auseinandergesetzt. Damit du gleich zu Beginn einen richtig guten Blog-Artikel schreiben kannst, möchte ich dir in diesem Kapitel gern meine besten Tipps kurz auf den Punkt gebracht präsentieren:

Darauf solltest du achten:

- Ein richtig guter Artikel steckt voller Mehrwert.
- Erfolgreiche Blog-Artikel lösen ein Problem.
- Storytelling und emotionale Inhalte sind Trumpf.
- Die Headline muss sitzen.

- Das Beitragsbild muss die Leser packen.
- Die Einleitung muss auf den Punkt formuliert sein und neugierig machen.
- Der Hauptteil eines Blogartikels: Hier haben die wichtigsten Punkte ihren Platz.
- Schreibe für deine Leser (nicht nur für Google).
- Das Fazit: Wichtiger als oft angenommen.
- Verlinke andere Beiträge und führe deine Leser.
- Am Ende hat der Call to action seinen großen Auftritt.

Ich lade dich herzlich dazu ein, den ausführlichen Blogartikel (mit Video) hier zu lesen: https://punktzehn.de/blog-schreiben-anleitung/

**Auch diesen Link sende ich dir auf Anfrage via info@punktzehn.de gerne zu.*

Gute Artikel sind natürlich nicht der einzige Weg, deinen Expertenstatus mit LinkedIn zu stärken. Schauen wir uns im Weiteren noch mehr effektive Wege dazu an:

Experteninterviews posten

Durch ein Interview auf einem bekannten Kanal kannst du dich optimal als Experte branden. Diese Inhalte bieten sich auch als geteilter Beitrag auf LinkedIn an. Wenn du schon Interviews abgehalten hast, dann teile diese unbedingt auch auf LinkedIn.

Wenn nicht, lanciere doch einfach mal ein Interview mit einem anderen Experten, der oder die im besten Falle nicht exakt die gleiche Zielgruppe hat sondern eine, die deiner ähnlich ist.

Am besten du holst dir jmd. ins Boot, der schon über eine größere Community und Followerzahl verfügt und bereits sehr

anerkannt ist als Experte. Dieser Status wird auch auf dich übertragen, wenn du dich mit dieser Person öffentlich zeigst.

Teile Tipps, Übungen und Insights

Eine einfache und effektive Möglichkeit, andere von deinem Expertentum zu überzeugen ist, deine besten Tipps und Experten-Insights mit deinen Followern und Lesern zu teilen. Wenn du z.B. Business-Coach bist und regelmäßig Workshops hältst, dann bietet es sich an, einige Momentaufnahmen davon mit deinen Fans zu teilen.

Du könntest z.B eine Übung daraus mit deinen Lesern teilen oder einfach Fotos deiner Workshops und Seminare zeigen.

> **Mein Tipp:** Frag die Teilnehmer direkt nach ihren Eindrücken deiner Seminare und Workshops oder was sie bei bzw. nach diesen empfunden haben und wie sie ihnen privat oder beruflich weitergeholfen haben.

Alternativ kannst du dich auch einfach vor ein Flipchart stellen und deinen Followern einen wichtigen Zusammenhang erklären, sie inspirieren oder die Lösung zu einem bestimmten Problem aufzeigen.

Den **MOZ Whiteboard Friday** finde ich ein richtig gut gelungenes Beispiel dafür.

. . .

Nutze Content Curation

Content Curation ist ein relativ einfaches und dennoch wirkungsvolles Mittel, um dir einen Expertenstatus zu „erarbeiten", einfach durch das Teilen fremder Inhalte. Achte dabei immer darauf, dass die geteilten Inhalte qualitativ hochwertig und für deine Zielgruppe relevant sind.

Mein Tipp: Mit **Feedly** wirst du zum Content-Curation Experten. Das Tool macht es dir nämlich leicht, z.B. interessante Blogs in deinen Feed aufzunehmen. So verpasst du keinen Blog-Post mehr und kannst die besten Artikel sammeln und auf LinkedIn präsentieren.

Sei "social"

Was auch immer du bei LinkedIn postest, verbinde deine Posts und Beiträge bei LinkedIn immer mit einer Portion Authentizität und persönlicher Note. Denn das macht dich auch als Person hinter deiner Marke greifbar. Dadurch wiederum baust du weiteres **Vertrauen** auf und ziehst die richtigen Menschen an.

Klar, bei LinkedIn dominiert der geschäftliche Aspekt. Dennoch ist es auch irgendwie das Facebook fürs Business. Will heißen, auch auf LinkedIn ist der persönliche Aspekt wichtig. Es geht ja in diesem Kapitel darum, deinen Expertenstatus zu untermauern, Beziehungen aufzubauen, das Vertrauen möglicher Kunden und Kooperationspartner, potentieller Leads und Geschäftspartner zu gewinnen.

. . .

Nimm deine Follower und Kontakte doch einfach mal mit, wenn du auf einer Konferenz oder auf dem Weg zu einem Treffen bist. Hier siehst du ein Beispiel, das nach einem Workshop entstanden ist. Diese Art von Inhalten erzielen auch auf LinkedIn meist die höchsten Interaktionsraten und damit eine erhöhte Reichweite:

Lass dich empfehlen

Du hast mal mit jemandem zusammengearbeitet oder Klienten, die dich weiterempfehlen können? Super, dann bitte sie um ein sogenanntes "**Endorsement**" - also eine Empfehlung über LinkedIn, die für **Social Proof** sorgt.

Auch das macht dir die Plattform extrem einfach: Klicke einfach (siehe Screenshot) auf "Profilbereich hinzufügen" und dann auf "Um eine Empfehlung bitten".

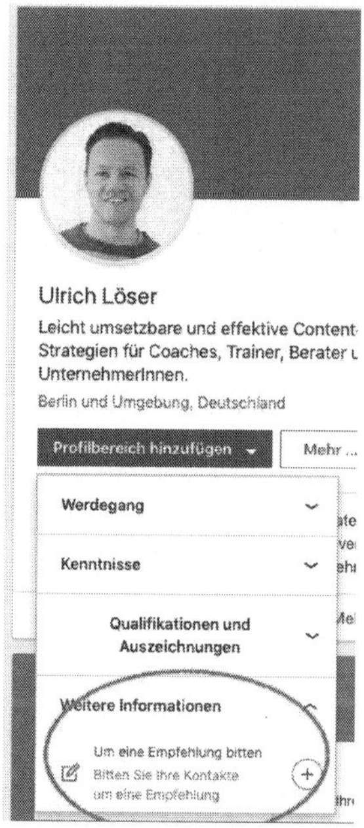

Dann kannst du dir die entsprechende Person heraussuchen und ihn oder sie um eine **Empfehlung** bitten. So sieht eine **Empfehlung** einer **Workshop-Teilnehmerin** bei mir aus:

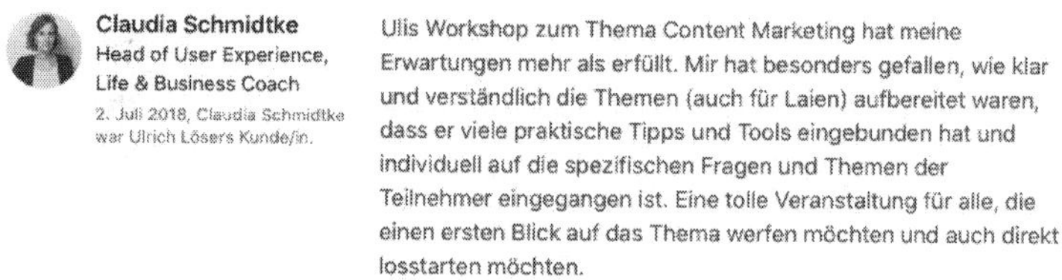

2

SICHTBARKEIT UND REICHWEITE AUFBAUEN

Jetzt geht es darum, insgesamt mehr Sichtbarkeit bei LinkedIn zu generieren. Dein Profil ist jetzt überzeugend, du kennst einige Taktiken, um dir einen Expertenstatus zu erarbeiten und Vertrauen aufzubauen.

Jetzt schrauben wir weiter an deiner Sichtbarkeit!

Starten wir mit den Einstellungen und Kontaktangaben deines Profils. Gehe dazu oben rechts auf "Öff. Profil & URL bearbeiten". Jetzt kannst du die **Sichtbarkeit** deines Profils **anpassen**. Ich empfehle, alle Regler auf öffentlich zu belassen, denn so wirst du am leichtesten gefunden.

Baue mit Verlinkungen Sichtbarkeit auf

Um für mehr Sichtbarkeit zu sorgen, kommen auch die naheliegendsten Wege in Frage, die meiner Erfahrung nach besonders gern mal vergessen werden.

Beispielsweise durch die **E-Mail-Signatur**, die ein richtig guter als Hebel für mehr Sichtbarkeit sein kann.

Denn deine E-Mail-Signatur ist der perfekte Platz, um auf dein LinkedIn-Profil hinzuweisen. Hier siehst du, wie ich das mache:

Das Ganze lässt sich ziemlich simpel mit z.B. **Wisestamp** einrichten. **Auch diesen Link sende ich dir auf Anfrage via info@punktzehn.de gerne zu.*

Nutze Videos für erhöhte Reichweite

Hier ist vor allem die Art deines Contents ausschlaggebend. Videos können dir viel **Reichweite** und **Interaktion** bescheren.

Besonders gut funktionieren sogenannte **Talking Heads**, bei denen man die Sprecherin/den Sprecher sieht, wie das Beispiel von Stephanie Bosch zeigt:

. . .

Generell eignen sich **visuelle Inhalte** sehr gut, um deine Reichweite bei LinkedIn zu erhöhen. Deswegen mein nächster Tipp:

Setze visuelle Inhalte ein

In Zeiten steigender Informationsflut und sinkender Aufmerksamkeitsspanne sind sie das ultimative Gegenmittel und binden die Aufmerksamkeit deiner Follower.

So setzt du visuelle Inhalte erfolgreich ein

- Am besten funktionieren Bilder, die **Emotionen** vermitteln. Geeignete Motive sind z.B. lachende Menschen oder Dinge, die uns zum Träumen anregen.

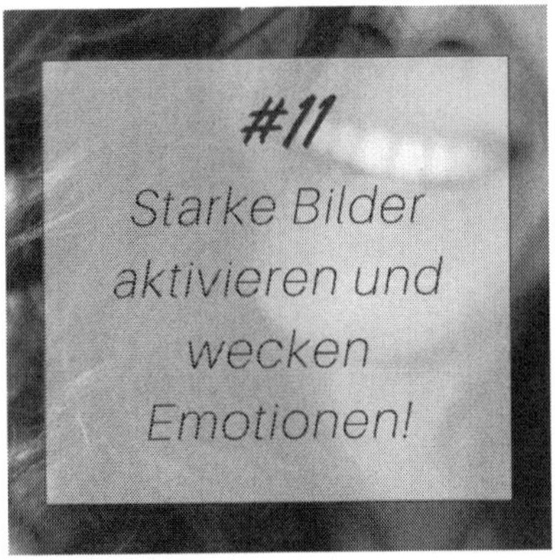

- Auch ein lustiges Video kann die Fantasie deiner Follower anregen und aktivierend wirken. In Verbindung mit einem klaren Call to action ist das eine starke Kombination!
- Achte bei der **Bildauswahl** ebenfalls darauf, dass die Motive immer zum Text und zum Kontext passen. Geht es im Text z.B. um Persönlichkeitsentwicklung, dann sollten deine Bilder das auch wiederspiegeln.

- Infografiken sind eine weitere tolle Möglichkeit, gerade die Scanner unter deinen Lesern glücklich zu machen.

Denn mit Infografiken lassen sich komplexe Inhalte schnell erfassen. Außerdem wird dieses Format gerne geteilt! Mehr über die Macht visueller Inhalte für dein Marketing findest du hier: https://punktzehn.de/visuelle-inhalte-blog/

**Auch diesen Link sende ich dir auf Anfrage via info@punktzehn.de gerne zu.*

Ein weiterer Hebel für mehr Sichtbarkeit und Reichweite ist Interaktion.

Sorge für Interaktion

Jetzt wirst du dich vielleicht fragen – was hat Interaktion mit Reichweite zu tun?

Das Ganze hängt eng mit dem Algorithmus zusammen. Wie z.B. bei Facebook sorgen Interaktionen auch bei LinkedIn für eine generell höhere Reichweite deiner Posts.

Shares, Likes und Co. sorgen dafür, dass deine Beiträge eine höhere **Relevanzeinstufung** und damit eine höhere Reichweite bekommen. Außerdem sorgen vitale und lebendige Kanäle für Vertrauen unter deinen bestehen Followern und solchen, die dich noch nicht kennen. Grund genug also, sich um die Interaktionsrate Gedanken zu machen!

Hier sind meine Tipps, mit denen du deinen Beiträgen auf LinkedIn mehr Interaktion verschaffen kannst:

. . .

Suche den Dialog

Um mehr Interaktion mit und unter deinen Followern zu erzeugen, bieten sich offene **Fragen** an, die du ans Ende z.B. eines Posts stellen kannst. Hierbei kannst du ruhig etwas provozieren und die Leser dadurch animieren, deinen Standpunkt zu kommentieren.

Bonus Tipps:

- Frage deine Follower z.B. einfach mal, wo ihre größten Herausforderungen auf dem Gebiet liegen, in dem du Experte / Expertin bist.
- Die Antworten kannst du auch super verwenden, um daraus wieder neuen Content für deinen Blog oder Social Media zu generieren...
- ...oder eben, um neue Produkte und Dienstleistungen zu entwickeln. denn dann weißt du, welche Themen deine Follower am meisten interessieren.

Reagiere auf Interaktionen

Auf Fragen, Kommentare und andere Interaktionen bei deinen Posts solltest du immer möglichst schnell reagieren. Andernfalls erregst du schnell den Eindruck, dass dir solche Interaktionen egal sind und erstickst damit neue Interaktionen bereits im Keim. Verwickle deine Follower dann am besten in ein kurzes Gespräch.

Dadurch erfährst du noch mehr interessante Details und LinkedIn stuft deinen Post als relevanter ein, denn es gibt mehr Interaktionen.

. . .

Unterhaltsamer Content ist Trumpf

Sobald deine Inhalte witzig sind und sie deine Zielgruppe zum Schmunzeln bringen, steigt die Chance, dass auch die Interaktionsrate steigt. Wenn du als Coach, Trainer oder Berater arbeitest, dann geht es natürlich vor allem um Inhalte, die deine professionelle Arbeit und Einstellung widerspiegeln und unterstreichen. Bringst du das Ganze immer wieder mal mit einem Augenzwinkern rüber, dann kann das deine Sympathiewerte enorm erhöhen.

Wobei wir wieder bei dem Punkt sind, dass Menschen bevorzugt bei denen kaufen, mit denen sie sich identifizieren können, die ihnen sympathisch sind und denen sie vertrauen...

Teste einfach ein bisschen aus, welche Inhalte und welche Art von Humor bei deiner Community ankommt. Mit der Zeit bekommst du ein immer sichereres Gefühl dafür und kannst mit unterhaltsamen Inhalten deine **Content-Strategie aufwerten**. Das können z.B. **Gifs** oder lustige **Memes** sein.

Falls du dich jetzt fragst, was Memes sind - Memes sind lustige Fotos oder Videos, die im Internet kursieren. Sie veräppeln oder imitieren bekannte Personen und Situationen, die zuvor in den Medien Aufsehen erregt haben. Besonders beliebt sind Fotos, die durch witzige Kommentare einen anderen Sinn erhalten.

Erfolgreiche Memes entwickeln sich zu „viralen" Phänomenen – das heißt, Internetnutzer teilen sie massenweise. Das Wort „Meme" stammt von „mimema", griechisch für „imitieren" und spricht sich „Miem".

Sei auch mal provokativ

Zeige dich offen und authentisch. Und gern auch mal etwas provokativ mit Kante. Beispielsweise, indem du eine Frage oder Meinung teilst, die vielleicht nicht alle anderen teilen. Dadurch stößt du schnell Diskussionen an und das wiederum wird dir helfen, die Interaktionsrate deiner Posts insgesamt zu erhöhen.

3

SETZE AUF LINKEDIN SEO

Setze auf LinkedIn SEO

LinkedIn ist mittlerweile eine mächtige Suchmaschine geworden. Die Mitglieder suchen hier aktiv nach neuen Kontakten und auch nach Menschen, die ihnen bei ihren Herausforderungen helfen können oder die geeignete Kandidaten für einen Job sind. Das kannst du für dich nutzen, indem du folgende Punkte beachtest:

LinkedIn SEO unterscheidet sich von herkömmlicher SEO. Die Schlüsselwörter, die Benutzer eingeben, um Dienstleistungen und Unternehmen auf LinkedIn zu finden, sind nicht immer die gleichen wie die, die Benutzer in Google eingeben.

Das liegt daran, dass der durchschnittliche Benutzer LinkedIn nicht als Suchmaschine betrachtet. Sie nutzen es so, wie es beabsichtigt ist – als Social Media Plattform – und verwenden daher Kurznamen, die den Jobbezeichnungen der Nutzer entsprechen. Während Benutzer Schlüsselwörter wie "Marketing für kleine Unternehmen" in Google verwenden können, verwenden sie eher Begriffe wie "Marketing" auf LinkedIn.

Wenn Benutzer jedoch Long- oder Short Tail-Keywords in Google suchen, haben LinkedIn-Profile die Möglichkeit, in den SERPs vorne mit aufzutauchen.

Kurz zur Einordnung: Long-Tail-Keywords sind Suchbegriffe, die aus mehreren Wörtern bestehen, so wie z.B. „LinkedIn Marketing für Einsteiger". Short-Tail-Keywords bestehen oft nur aus einem Wort, beispielsweise „LinkedIn".

Deshalb schlage ich vor, dein Profil sowohl mit SEO-Keywords als auch mit so genannten "LinkedIn SEO-Keywords" zu optimieren.

So findest du SEO-Keywords

Um die richtigen SEO-Keywords zu finden, empfehle ich eine Keyword-Recherche, wie wenn du Keywords für deine geschäftliche Website suchen würdest.

Stelle Dir bei der Auswahl der Keywords immer folgende Fragen:

- Wofür soll mein Profil gefunden werden?
- Erhalten diese Begriffe ein angemessenes Suchvolumen bei geringem Wettbewerb?
- Entsprechen sie der Absicht Ihrer Zielgruppe?

Das sind alles Fragen, die du dir stellen solltest. Erstelle eine Liste von Begriffen, die ein Ranking wert sind und ein angemessenes Suchvolumen haben (im Minimum würde ich ca. 200 Suchen/Monat anpeilen). Mit dieser Liste beginnst du mit deiner LinkedIn SEO Keyword-Recherche und optimierst dann dein Profil mit einer Kombination dieser Begriffe.

Tipps fürs Finden von LinkedIn SEO Schlüsselwörtern

Leider habe ich noch kein Tool gefunden, das Suchvolumen-Daten für Keywords liefert, die speziell auf LinkedIn verwendet werden. Dennoch hat sich dieser Prozess zum Finden von Keywords auf LinkedIn für mich bewährt:

1. Suche nach dem kürzesten und breitesten Begriff, der mit deinen angebotenen Diensten verbunden ist.

Verwende dazu das Suchfeld von LinkedIn, um nach dem breitesten Begriff zu suchen, der für dein Unternehmen zutrifft.

Wenn du eine SEO-Agentur hast, wäre dies "SEO" oder sogar "Marketing". Als Facebook-Anzeigenexperte wären dies "Facebook-Anzeigen" oder "Werbung", vielleicht "Social Media". LinkedIn zeigt dir dann automatisch eine Liste der besten Ergebnisse für diesen Begriff in deinem Netzwerk an.

2. Schau dir die vollständigen Ergebnisse an.

Unterhalb der Ergebnisliste siehst du jetzt eine Option zu "Alle Ergebnisse für [Keyword] anzeigen". Klicke auf diese Schaltfläche, um die vollständige Ergebnisseite anzuzeigen.

Dies führt dich zu einer Seite, die Dir alle mit diesem Schlüsselwort verbundenen Ergebnisse anzeigt, einschließlich der Anzahl der Ergebnisse. Unabhängig davon, ob es sich bei den Ergebnissen um Verbindungen, Unternehmen, Gruppen, den Standort der Ergebnisse und vieles mehr handelt.

Du wirst feststellen, dass die besten Ergebnisse wahrscheinlich Verbindungen sind, die sich bereits in deinem Netzwerk befinden – identifiziert durch den 1., 2. oder 3. Grad einer Verbindung. Das bedeutet, dass du die WAHREN Suchergeb-

nisse nicht siehst, da LinkedIn vorrangig Personen und Unternehmen anzeigt, mit denen du eine bestehende Verbindung hast. Unsere Aufgabe ist es dann, festzustellen, welche Begriffe das höchste Volumen und die besten Übereinstimmungen liefern.

3. Beachte das Suchvolumen.

Bevor du mit dem nächsten Schritt fortfährst, notiere dir, wie viele Ergebnisse die erste Suche liefert. Das kannst du tun, indem du die ursprüngliche Summe ansiehst oder sie nach Personen und Unternehmen filterst. Füge noch keine weiteren Filter hinzu. Im Grunde genommen möchtest du wissen, wie viele Ergebnisse angezeigt werden, wenn Benutzer nach diesem Begriff suchen, um Personen oder Unternehmen zu finden, die ähnliche Dienstleistungen anbieten.

4. Sieh dir erweiterte Ergebnisse für Verbindungen ersten, zweiten und dritten Grades an.

Nachdem du ein anfängliches "Grundrauschen" aufgenommen hast, kannst du die Ergebnisse filtern, indem du die Verbindungsoptionen aktivierst. Dies zeigt die Profile von Personen an, mit denen du verbunden bist, sowie von Personen, mit denen du nicht verbunden bist.

Es gibt keine gute Möglichkeit, zu sehen, was andere bei der Suche nach Ihrem Ziel-Keyword sehen, aber das bringt dich deinem Ziel schon näher. Es wird dir aufzeigen, welches Keyword-Profil innerhalb und außerhalb deines Netzwerks verwendet wird, sowie wie diese Profile in LinkedIn für diese Begriffe ranken. Diese Auswahl an Suchbegriffen ist dein Leitfaden, wenn es darum geht, welche Begriffe in deinem Profil verwendet werden sollten.

. . .

5. Analysiere die in den Ergebnissen verwendeten Keywords.

Ähnlich wie bei der Wettbewerbsanalyse von Websites in deiner Nische gilt es nun, herausfinden, welche Keywords in den Profilen des "Top-Rankings" verwendet werden. Denke daran, dass dies nicht die wahren Suchergebnisse sind, da sie je nach Grad der Verbindung verzerrt sind. Beachte außerdem, wie dein Keyword in den resultierenden Profilen verwendet wird.

TEIL II

LEADS GENERIEREN UND GEZIELT IN KUNDEN UMWANDELN

Wir haben bisher zusammen besprochen, wie du dein LinkedIn Profil optimieren, Expertenstatus und Vertrauen aufbauen und wie du Reichweite und Sichtbarkeit bei LinkedIn aufbauen kannst.

Profil optimieren | Build-Phase | Lead-Generierung

Jetzt können wir hierauf aufbauen und in die Phase der **Lead-Generierung** und des weiteren **Aufbaus deines Netzwerkes** eintreten.

4

ERWEITERE DEIN NETZWERK AUF LINKEDIN

Erweitere dein Netzwerk auf LinkedIn

Zunächst empfehle ich dir, dich mit deinen bestehenden Kontakten und Freunden auf LinkedIn zu vernetzen. LinkedIn wird dir dann ganz automatisch passende neue Kontakte vorschlagen, mit denen du dich vernetzen kannst.

So kannst du vorgehen:

- Füge Freunde und Bekannte hinzu.
- Recherchiere bestehende Kontakte.
- Mache eine Liste oder Tabelle aller bisherigen (geschäftlichen) Kontakte und schreibe die Namen aller Menschen auf, die dir in der Vergangenheit beruflich begegnet sind. (Kunden, Lieferanten, Chefs, Mitarbeiter, Fans, Geschäftspartner, studentische Mitarbeiter, Freunde aus Uni und Weiterbildungen etc.).
- Gehe dazu z.B. einfach deinen Lebenslauf in Gedanken durch und notiere dir alle Menschen, die dort relevant für dich waren und mit denen du bereits etwas zu tun gehabt hast.

- LinkedIn und vergleichbare Netzwerke bieten überdies die Import-Funktion „Kontakte hinzufügen“, mit der man aus dem vorhandenen Mail-Adressbuch die Kontakte abgleichen und – wenn es passt – bei LinkedIn ergänzen kann.

5

SUCHE ÜBER DAS LINKEDIN NETZWERK

Klicke im Menü oben auf "Ihr Netzwerk":

Hier werden dir Personen angezeigt, die du vielleicht kennst. Diesen kannst du nun eine Kontaktanfrage senden.

Ich empfehle immer, eine kurze Nachricht dazu zu schreiben. Je persönlicher, desto besser. Setze einfach dort an, wo du die Person das letzte Mal gesehen hast. Vielleicht habt ihr etwas zusammen erlebt, denselben Studiengang besucht, beim gleichen Unternehmen gearbeitet usw.

Je persönlicher die Nachricht ist, desto höher sind deine Chancen auf einen neuen Kontakt auch über dein vertrautes Netzwerk hinaus.

• • •

Die Suche im **Businessnetzwerk** bietet dir noch viel mehr Möglichkeiten, nach Leads, Personen mit gleichen Geschäftsfeldern, Interessen und Berufsstationen zu suchen. Wie das geht, schauen wir uns jetzt an.

Schau dir zum Thema auch gern mein Video-Tutorial auf meinem YouTube Kanal an (einfach bei YouTube nach Punktzehn oder „LinkedIn Netzwerk" suchen).

**Auch diesen Link sende ich dir auf Anfrage via info@punktzehn.de gerne zu.*

6

LEADS BEI LINKEDIN FINDEN LEICHT GEMACHT

Leads bei LinkedIn finden leicht gemacht

Leads auf LinkedIn zu finden ist also einfach. Und doch wieder nicht. Denn du willst ja nicht irgendwelche Menschen finden, sondern genau deine Wunschkunden!

Dazu musst du zuallererst mal genau wissen, was diese Wunschkunden ausmacht und wie du sie am besten ansprichst. Du musst wissen, wie sie ticken und vor allem, wo ihre spezifischen Problemstellungen liegen – denn genau die willst du ja mit deinen Dienstleistungen, Produkten und so weiter lösen.

Falls du dir an diesem Punkt noch nicht 100% sicher bist, dann lass uns zusammen einige Grundlagen durchgehen:

Wichtig: Gehe bitte diesen Schritt zuerst, wenn du deine Zielgruppe noch nicht zu 100% auf dem Schirm hast.

Die Merkmale deiner Zielgruppe

Um deine Zielgruppe möglichst klar vor dir zu haben, musst du dich in sie hineinversetzen. Orientiere dich dabei zunächst an **demographischen und sozioökonomischen Aspekte** wie:

- das Geschlecht
- das Alter
- der Wohnort
- der Familienstand
- Bildung und ausgeübter Beruf
- der Status und die Position (hast du es mit Akademikern oder unausgebildeten Personen zu tun?)
- das Einkommen

Bist du im **B2B-Bereich,** dann spielen noch weitere Faktoren wie Rechtsform, Branche, Liquidität und Unternehmensgröße eine wichtige Rolle.

Sobald du dir über diese Punkte im Klaren bist, bist du schon einen großen Schritt weiter!

Widme dich im nächsten Schritt den **psychografischen Merkmalen** deiner Zielgruppe. Dazu gehören:

- Interessen
- Einstellungen, Meinungen und Neigungen
- Herausforderungen und Problemstellungen
- Wünsche und Bedürfnisse
- Kaufverhalten
- Preisorientierung sowie Zahlungsbereitschaft

. . .

Stelle dir einfach folgende Fragen und beantworte sie so gut wie möglich:

> „Wo liegen die Interessen meiner Zielgruppe?“
>
> „Was benötigen sie am dringendsten?“
>
> “Wo liegen ihre dringendsten Probleme?”
>
> „Was motiviert sie?“
>
> „Welche Sprache sprechen sie und welche Begriffe nutzen sie?“
>
> “Wieviel Geld sind meine Zielkunden bereit, auszugeben?”

Versuche auch, dich in die Gefühlswelten deiner Wunschkunden hineinzuversetzen:

“Was fühlt und denkt mein Kunde, wenn er meine Produkte und Dienstleistungen kauft?”

“Was sind die vorherrschenden Emotionen dabei?”

“Was mache ich mit meinem Angebot für meine Kunden möglich?”

Die Suchfunktion strategisch nutzen

Der beste Weg, nach den passenden Leads bei LinkedIn zu suchen, führt über den Suchfilter der Plattform in Verbindung mit **Boolescher Logik**.

Boolesche Logik ist ein algebraisches System, in dem Beziehungen mithilfe von zwei Variablen dargestellt werden, die als "wahr" und "falsch" bezeichnet werden.

Mit anderen Worten, du kannst Suchbegriffe für detaillierte Suchvorgänge kombinieren oder einschränken.

Das Beste daran ist, dass du nicht auf ein Premium-LinkedIn-Konto upgraden musst, um sehr spezifische Suchergebnisse zu erhalten. LinkedIn unterstützt mehrere Boolesche Suchoperatoren, von denen jeder deine Suche auf verschiedene Arten einschränkt oder erweitert.

Schauen wir uns an einem Beispiel an, wie das funktioniert:

Starten wir mit einer Suche, bei der wir zwei Suchwörter mit "und" verbinden. Um Ergebnisse zu erhalten, die zwei oder mehr Begriffe in einer Liste enthalten, füge einfach das Wort UND (in Großbuchstaben) zwischen den einzelnen Wörtern hinzu.

Möchtest du z.B. Menschen ansprechen, die sich für Yoga und Meditation interessieren, dann tippe hier einfach Yoga UND Meditation ein.

Dann erscheinen nämlich alle Suchergebnisse, die Personen einschließen, die beide Begriffe in ihrem LinkedIn-Profil haben.

Ein weiteres Beispiel:

Suche nach "Dies oder Das"

Um Ergebnisse anzuzeigen, die einen oder mehrere Begriffe in einer Liste enthalten, trenne dafür einfach die Begriffe mit dem ODER (wiederum in Großbuchstaben).

Gebe zum Beispiel wieder wie gerade gehabt "Yoga ODER Meditation" ein, um nach Personen zu suchen, die sich für diese Bereiche interessieren oder dort arbeiten.

. . .

Um einen bestimmten Begriff auszuschließen, füge einfach NOT (nutze am besten die englische Version, also nicht "NICHT") vor dem jeweiligen Suchwort hinzu.

Wenn du z.B. nur alleinige Gründer ansprechen willst, dann gib vor dem Co für Co Founder einfach ein großes NOT ein. Dann werden dir nur die Menschen angezeigt, die alleinige Gründer eines Unternehmens sind.

Ein weiteres Beispiel für diese Art von Suchen ist: „Programmierer NOT Manager".

Mit der Suche lassen sich auch komplexere Suchvorgänge durchführen. Um solch eine komplexe Suche durchzuführen, kannst du Begriffe mithilfe von Klammern kombinieren.

Um beispielsweise Personen zu finden, die "Founder oder Gründer" in ihrem Profil haben, aber nicht deren Assistenten sind, dann gib einfach Founder oder Gründer und dann NOT Assistent ein. So findest du die tatsächlichen Entscheidungsträger und eben nicht deren Assistenten oder Sekretärinnen.

Du kannst auch nach exakten Phrasen suchen

Um nach einer genauen Wortgruppe wie bspw. ein Titel mit mehreren Wörtern zu suchen, schließe die Wortgruppe einfach durch Anführungszeichen ein.

Ein Beispiel: Wenn du nach **„Content Marketing"** suchst, dann gibst du das einfach so wie ich hier ein, also beide Worte in Anführungszeichen. Wenn du die Anführungszeichen nicht einfügst, dann werden dir - je nach Suche Personen, Jobs etc. angezeigt, die entweder eine oder beide Begriffe im Profil angegeben haben. Mit den Anführungszeichen kannst du dann eben noch gezielter nachsuchen.

. . .

Kommen wir jetzt zu Suchanfragen auf der nächsthöheren Ebene

Bisher haben wir uns Suchvorgänge in der allgemeinen Suchleiste hier oben angeschaut. Um noch spezifischere Suchen zu starten, kannst du die erweiterte Suche von LinkedIn nutzen.

Mit LinkedIn kannst du deine Suche auf einen bestimmten Bereich innerhalb eines Benutzerprofils einschränken (z. B. auf den Stellentitel oder die Firma) und den Rest des Profils ignorieren. Es gibt zwei Möglichkeiten, wie du diesen Filtertyp verwenden kannst:

Um die LinkedIn-Filter zu verwenden, klicke oben rechts auf der Suchergebnisseite auf "Alle Filter". Du siehst dann dieses PopUp sozusagen mit allen Filtern für die Personensuche.

Gebe hier nun deine Suchdetails in das entsprechende Feld ein. Nehmen wir z.B. an, du suchst nach den Begriffen CEO und Gründer. Dann gib diese wie vorhin gelernt bei "Titel" ein, also CEO UND Gründer. Dann auf "Anwenden" und schon spielt dir LinkedIn die gewünschten Profile aus.

Hinweis: Du kannst alle oben genannten Techniken mit einem kostenlosen LinkedIn-Konto verwenden. LinkedIn beschränkt jedoch die Anzahl der Suchvorgänge, die du mit einem kostenlosen Konto durchführen kannst. Für zusätzliche Suchfilter und ein höheres Suchvolumen solltest du ein Upgrade auf den Sales Navigator in Betracht ziehen.

Ich hoffe, du kannst etwas anfangen mit diesen Suchvarianten anhand der Booleschen Logik! Probier es einfach mal aus, denn das Ganze kann dir bei deinen Suchen viel Zeit sparen und du kannst gleichzeitig sehr zielgerichtet suchen!

. . .

Bonus Tipp:

Wenn du das Ganze etwas organisierter angehen willst und z.B. größere Outreach Kampagnen startest, dann empfehle ich dir, den Fortschritt in einer einfachen Liste festzuhalten. Hier kannst du dann die Menschen eintragen, die du über die Suche gefunden hast, wo ihr in der Kommunikation gerade steht, ob es ein Follow up geben soll und so weiter und so fort. Außerdem verhinderst du damit, dass du Personen z.B. anschreibst, denen du schon mal geschrieben hast und von denen es eine negative Antwort gab.

Zwei Super Möglichkeiten dafür, die auch noch **kostenlos** sind, sind **Google Tabellen** & **Excel**. Bevor du eine solche Tabelle erstellst, notiere dir am besten zunächst eine Liste der Details, die du verfolgen möchten. Erstelle dann eine Tabelle in einem Programm wie Google Tabellen oder Excel und füge die wichtigsten Information hinzu:

- Name
- Titel
- Unternehmen oder andere für dich und deine Suche wichtige demografische Merkmale.

Dann würde ich noch ergänzen, wann du Kontakt aufgenommen hast und ob es bereits eine Rückmeldung gegeben hat. Außerdem, ob und wann du ein Follow up planst. Du kannst auch eine Spalte für Notizen einfügen. Z.B., wenn jemand dir antwortet und sagt, hey, ruf mich doch bitte Anfang des nächsten Jahres nochmals an!

Auf diese Weise behältst du immer den Überblick und kannst besser planen. Wichtig dabei ist natürlich, dass dein Profil im

Hinblick auf deinen Bereich optimiert ist. Denn sonst wird es dir wenig bringen. wenn du dich mit z.B. potentiellen Leads kurzschließt.

Aber das sind wir ja im ersten Teil dieses Buches schon zusammen durchgegangen und jetzt (spätestens ;)) erschließt sich dir bestimmt die Logik dahinter!

7

ERSTELLE EINEN EINFACHEN FUNNEL

Einen abschließenden Tipp möchte ich dir unbedingt noch auf den Weg mitgeben:

> **So baust du einen einfachen Funnel mit LinkedIn auf und generierst neue Interessenten und Kunden**

Im vorherigen Teil dieses Buches haben wir uns zusammen angeschaut, wie du dein Netzwerk aufbauen und neue interessante Menschen und Geschäftskontakte finden kannst.

Jetzt möchte ich dir darauf aufbauen gern zeigen, wie du diesen Prozess (fast) automatisieren und noch mehr Menschen und potentielle Kunden auf dich und deine Angebote aufmerksam machen kannst.

Es geht also um einen einfachen aber effektiven **Funnel**, den du mit LinkedIn aufbauen und damit deine E-Mail-Liste vergrößern kannst.

> Warum deine E-Mail-Liste, fragst du dich jetzt vielleicht.
>
> Und, was ist denn das, ein Funnel?

Fangen wir mit der ersten Frage an:

Es ist doch so, LinkedIn, Facebook und Co. gehören dir nicht. Es sind nicht "deine Kanäle" und deshalb können sie theoretisch jederzeit abgeschaltet werden. Deine E-Mail-Liste gehört jedoch dir. Deswegen sollte es immer dein Ziel sein, diese Liste aufzubauen!

Denn damit kannst du wunderbar effektives Marketing betreiben, deine Abonnenten binden, Verkäufe lancieren, auf Neuigkeiten hinweisen und so vieles mehr...

Und was ist jetzt ein Funnel?

Ganz vereinfacht ausgedrückt ist es ein Kommunikationskanal, den du zu einem Kontakt oder einem Lead aufbaust. Er oder sie meldet sich z.B. gegen ein Gratisangebot - ein sogenanntes Freebie - zu deiner E-Mail-Liste an und damit hast du die Gelegenheit, auch weiter in Kontakt mit dieser Person zu bleiben.

Das bietet dir tolle Chancen für dein Marketing, denn so kannst du eine bessere Bindung aufbauen und natürlich auch deine Produkte, Dienstleistungen und Co. besser verkaufen.

Baue jetzt deinen eigenen Funnel auf!

Lass mich dir im Überblick die wichtigsten Schritte für deinen eigenen Funnel skizzieren:

. . .

Der Aufbau des einfachen Funnels

Im Grunde ist es ganz einfach: Wir nutzen den Publisher (den wir uns ja schon kurz angeschaut haben), um einen Artikel zu veröffentlichen. In diesem Artikel versteckt sich ein Freebie (also ein Gratis Angebot), über das sich Interessenten für deine E-Mail-Liste anmelden können.

Im Grunde sind das zwei einfache Schritte, die wir uns jetzt kurz anschauen:

Schritt 1: Ein Artikel als Basis

Zunächst mal veröffentlichen wir einen Artikel bei LinkedIn, indem wir auf der Startseite auf „Schreiben Sie einen Artikel auf LinkedIn" klicken:

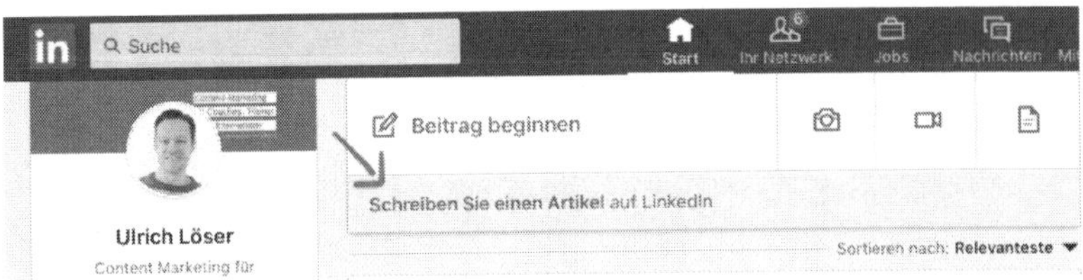

Hier fügen wir jetzt den Text und wenn nötig Bilder ein:

Hier siehst du, wie dieser Artikel bei mir aussieht:

Schritt 2: Wir installieren ein Angebot

Der Clou dabei: In diesem Artikel „verstecken" wir einen Link zu einem Freebie. Klicken Interessenten darauf, dann landen sie z.B. auf einer Seite, über die sie sich das Gratis Angebot herunterladen können.

In meinem Beispiel ist das eine Checkliste für erfolgreiches Content Marketing. Das Ganze ist wie ein Content-Upgrade aufgebaut.

Es gibt also einige Tipps – wer die volle Liste möchte, der kann sie sich unten über einen Link herunterladen:

TIPP #15 bis #33: Nur einen Klick entfernt

Du möchtest gerne noch mehr Tipps bekommen, wie dein Content-Marketing noch erfolgreicher wird? Dann klicke gleich auf diesen Link und hol dir die komplette Checkliste mit allen 33 Tipps!

Es ist natürlich auch möglich, dass du das Ganze anders aufbaust und den Link zum Gratis Angebot z.B. mitten im Text platzierst. Der Artikel ist mehr als eine Art „Köder" (natürlich mit Mehrwert) gedacht, um Interessenten auf dein Angebot aufmerksam zu machen…

Das waren schon die zwei einfachen Schritte, die dir völlig automatisiert neue E-Mail-Abonennten mit Hilfe von LinkedIn bringen werden.

Du kannst dir den Prozess gern auch bequem als Video-Tutorial anschauen. Im Video gehe ich noch näher auf den Publisher ein und erkläre dir alles Schritt für Schritt.

Den Link dazu sende ich dir auf Anfrage via info@punktzehn.de gerne zu. Du musst dich nicht zu einer Liste oder ähnlichem anmelden.

Und was kommt danach?

Wenn du dich jetzt fragst, was mache ich mit all den neuen Interessenten und Kontakten? Ganz einfach, du bleibst in Kontakt, tauschst dich aus, hast ein offenes Ohr für die Herausforderungen deiner Zielgruppe, sendest Inhalte, die wirklich weiter-

helfen, stellst deine Produkte vor und betreibst ganz einfach E-Mail-Marketing.

Das Ganze gilt natürlich auch für LinkedIn, denn auch hier kannst du Nachrichten schreiben, interessante Menschen in dein Netzwerk einladen und dich und deine Angebote vorstellen. Aber bitte, ohne alle damit zu "nerven".

8

AKQUISE MIT LINKEDIN

Das Thema Akquise bei LinkedIn

Da in letzter Zeit die sogenannten "Sales-Menschen" bei LinkedIn etwas Überhand nehmen, eine Bitte an dieser Stelle. Fokussiere dich bei deinen Kontaktaufnahmen darauf:

- Sei nicht werblich und missverstehe die LinkedIn Nachrichten nicht als puren Werbekanal.
- Sei persönlich.
- Fass dich kurz und komme auf den Punkt.
- Sei informiert über dein Gegenüber und schaffe Anknüpfungspunkte.
- Hilf weiter und mache neugierig.
- Biete etwas an (Hilfe, Gespräch, Austausch etc.).

Auf der nächsten Seite siehst du ein Beispiel, das ich persönlich als gelungen ansehe. Hier hat sich jemand tatsächlich Mühe gemacht:

[redacted] 10:26

Guten Morgen Herr Löser,

ich möchte meine persönliche Vorstellung heute nachholen.

Ich begrüße Sie herzlich in meinem Netzwerk.

Ich möchte mich Ihnen kurz vorstellen:
Ich bin [redacted] und wohne in [redacted] Stuttgart). Ich bin großer Basketball-Fan, reise gern in Deutschland und nach Dänemark, mag Kaffeepausen und genieße meine Spaziergänge mit meiner französischen Bulldoggge Wilma.

Nach fast 30 Jahren der Festanstellung als Assistentin, auf allen Ebenen, habe ich mich letztes Jahr als virtuelle Assistentin selbständig gemacht.

Ich liebe meinen Beruf. Vor allem gefällt mir die Vielfältigkeit, das Kreative, die Arbeit mit Menschen und das Finden von innovativen und guten Lösungen von herausfordernden Aufgaben. Dabei würde ich Sie gerne unterstützen, wenn Ihnen die Office Arbeit die Zeit für Ihr Business raubt.

Gerne würde ich Sie "persönlich" kennenlernen, wenn Sie möchten.

Sonnige Grüße aus [redacted]

Jetzt kenne ich die Person schon etwas und kann entscheiden, ob sie mir sympathisch ist und mir mit ihrer Expertise weiterhelfen kann.

Was ich hier noch anfügen würde, ist ein noch stärkerer persönlicher Bezug. Dazu würde ich mir das Profil des Adressaten/der Adressatin näher anschauen und sogenannte „Brücken" aufbauen.

. . .

Das kann ein ähnlicher Studiengang sein oder einfach ein Hobby, das er oder sie bei LinkedIn angegeben hat. So baue ich schneller eine Beziehung auf und zeige, dass mir das Gegenüber wichtig ist.

Auf diese Weise landen meine Nachrichten weniger schnell im Papierkorb, da mein Gegenüber genau dieses Interesse an der eigenen Person zu schätzen weiß.

Ein weiteres tolles Beispiel für eine gelungene „Cold-E-Mail“ sende ich dir auf Anfrage gern per Mail (info@punktzehn.de) zu.

9

ÜBUNG: WIR PLANEN DEINE OUTREACH-STRATEGIE

Im vorherigen Kapitel habe ich dir Möglichkeiten aufgezeigt, wie deine Kontaktaufnahme mit anderen LinkedIn-Profilen und den Menschen dahinter aussehen kann. Ich sage dazu gerne „Outreach“, da ich das deutsche Pendant so sperrig finde.

In dieser Lektion wollen wir zusammen Ordnung in deine Outreach-Strategie bringen!

Bring Ordnung und Struktur in deine Outreach-Strategie

Vielleicht kennst du das: Du nimmst dir vor, endlich mal potentielle Interessenten über LinkedIn anzusprechen und einen ersten Kontakt aufzubauen. Dann fängst du an und verlierst aber bald den Überblick, wem du schon geschrieben hast und was du vereinbart hast.

Das kenne ich nur zu gut!

Damit dir das nicht passiert und du immer den Überblick behältst, habe ich dir eine Excel-Tabelle entworfen:

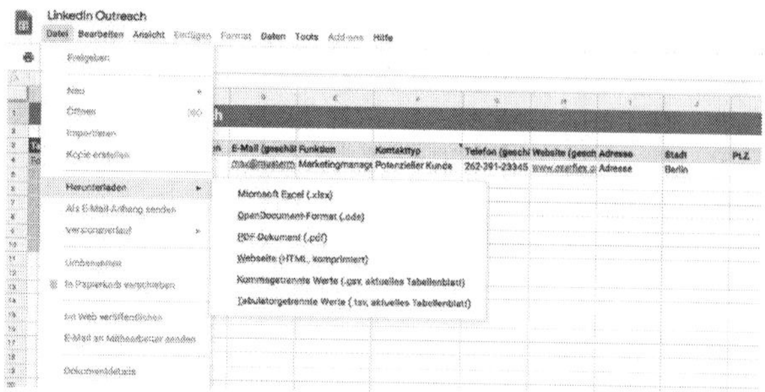

Über diesen QR-Code (einfach mit der Handy-Kamera abfilmen, du benötigst keine spezielle App dazu. Folgst du dem Link, landest du auf der Tabelle bei Google docs und kannst sie dir über „Datei" links oben herunterladen) kannst du auf sie zugreifen:

Vom Handy aus kannst du dir die Tabelle natürlich auch auf den Desktop senden. Z.B. per eMail.

So nutzt du die Tabelle

Trage einfach jeweils den Namen, den Link zum jeweiligen Profil und andere Daten ein. Wenn du nicht alle hast (z.B. die E-Mail), kannst du dieses Feld einfach leer lassen. Ganz links unter „Tag" kannst du den aktuellen Stand zur Schnellansicht eintragen. Im bereits ausgefüllten Beispiel steht „follow up" – damit ist gemeint, dass zu diesem Mensch erneut Kontakt aufgenommen werden soll.

. . .

Weiter rechts unter „Anknüpfungspunkt“ kannst du bei deiner Recherche notieren, was du mit dieser Person gemeinsam hast. Wie in der letzten Lektion beschrieben, kann dir das sehr helfen, eine „Brücke“ aufzubauen.

Nach einem Feld für Notizen kannst du dann notieren, wann der erste Kontakt stattgefunden hat und wann die nächsten kommen sollen („follow up“). So behältst du immer den Überblick!

Natürlich kannst du die Excel ganz nach deinen Wünschen weiterentwickeln und anpassen.

Jetzt bist du dran

Fange gleich heute an und nehme dir vor, ab jetzt jede Woche mindestens fünf interessanten Kontakten eine Nachricht zu schreiben und einen Erstkontakt herzustellen.

Hier nochmals meine Tipps, die allgemein für die Kontaktaufnahme gelten:

- Sei persönlich.
- Sei nicht werblich und missverstehe die LinkedIn Nachrichten nicht als Werbekanal.
- Fass dich kurz und komme auf den Punkt.
- Sei informiert über dein Gegenüber und schaffe Anknüpfungspunkte.
- Hilf weiter und mache neugierig.
- Biete Mehrwert an (Hilfe, Gespräch, Austausch etc.).
- Links zu deinen Seiten sind ok, solange sie weiterhelfen und auf den Adressaten abgestimmt sind.

Ich wünsch dir viel Freude, neue spannende Kontakte und Erfolg!

10

FAZIT

Kurz auf den Punkt gebracht:

Wer nicht auf LinkedIn aktiv ist, der verschenkt Potential.

Die Plattform ist durchdacht aufgebaut, lässt sich intuitiv bedienen und eignet sich hervorragend zur Vernetzung. Und natürlich, um dich und dein Business dort zu präsentieren, neue Partner und Kunden auf dich aufmerksam zu machen und deine Marke aufzubauen.

Durch die höhere Reichweite im Vergleich zu Facebook und Co. erreichst du deutlich mehr Menschen mit deiner Message, deinen Angeboten und Dienstleistungen. Alles gute Gründe, um die Plattform ins eigene Marketing-Konzept einzubauen.

Wenn du Tools für die **Social-Media-Automatisierung** nutzt (z.B. Buffer oder Hootsuite), dann bespielst du die Plattform fast wie von Zauberhand und gewinnst ohne großen Aufwand.

**Die Links dazu sende ich dir auf Anfrage via info@punktzehn.de gerne zu.*

. . .

Ich hoffe, ich konnte dich für die Plattform begeistern und dir Wege aufzeigen, wie du sie optimal für dein Marketing nutzen kannst.

Ich wünsch dir dabei viel Freude und Erfolg!

Rock on!

Uli

BONUS-BEREICH (ERWEITERUNGEN FÜR DICH)

Im Weiteren findest du aktuelle Erweiterungen und Bonus-Materialien dieses Buches. Ich möchte dir gerne möglichst gut mit diesem Buch weiterhelfen, deswegen erweitere ich es ständig. In dieses Buch fließt also eine Menge Liebe und ich würde mich sehr freuen, wenn du mir etwas davon in Form einer Bewertung zurückgibst – herzlichen Dank <3

Falls du dir eine bestimmte Erweiterung wünscht oder dir etwas in diesem Buch gefehlt hat, dann schreib mit doch bitte eine E-Mail an info@punktzehn.de. Ich versuche, die Erweiterungen so schnell wie möglich umzusetzen.

Jetzt aber erstmal viel Freude mit den Bonus-Materialien :)

11

LINKEDIN STORYS: SO NUTZT DU DAS FORMAT OPTIMAL!

LinkedIn Storys – jetzt gibt es die spontanen visuellen Kurzgeschichten also auch auf Deutschlands beliebtestem beruflichem Netzwerk. Dort hat man sich in Sachen Funktionen dem locker-persönlichen Stil von Instagram und Co. angepasst und mit den Storys nachgezogen.

Schauen wir uns zusammen an, wie LinkedIn Storys funktionieren und wie du damit deinen Marketing-Mix aufwerten kannst!

Was sind LinkedIn-Storys?

Die meisten kennen die Funktion bestimmt schon von Instagram. Dort sehen die Kurzgeschichten verblüffend ähnlich aus.

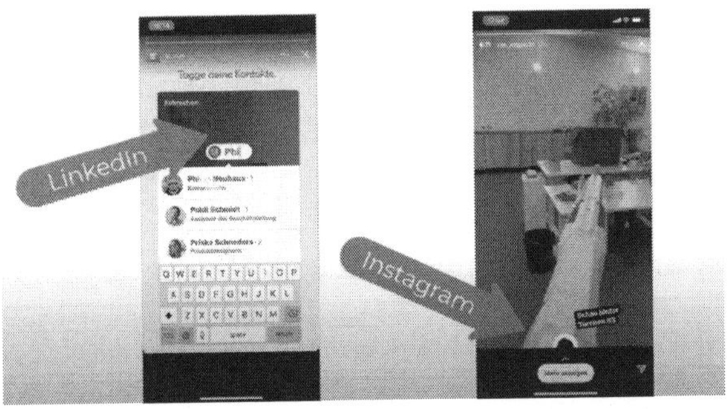

LinkedIn Stories funktionieren auf ziemlich genau dieselbe Weise. Du erstellst ein kurzes Video von bis zu 20 Sekunden Dauer, dass dann für 24 Stunden öffentlich einsichtig ist. Danach, auch das ist wie bei Instagram, verschwindet es wieder.

Warum entscheidet sich LinkedIn für das Story-Feature?

Eines der erklärten Ziele der Plattform ist es, dass Nutzer und Nutzerinnen möglichst viel Zeit auf der Plattform verbringen. Und das ein Dialog entsteht.

Da sich dieser meist um emotionale Themen und Momente entfacht und diese besonders gut durch das spontane Format der Storys kreiert werden können, erscheint mir dieser Schritt als logisch folgerichtig.

Und klar, man will technisch nicht hinter Instagram und Co. herlaufen. Microsoft ist als Eigentümer von LinkedIn ja ein Technologiekonzern, da will man auch auf diesem Gebiet vorne mitspielen.

Warum LinkedIn Storys?

Apropos Mitspielen. LinkedIn Stories werden in der App relativ prominent angezeigt und außerdem haben wir uns bereits an die kleinen "unverfälschten" Kurznachrichten in Video-Form gewöhnt. Man kann hier entweder "mitspielen", oder an der Seitenlinie warten, bis die Mitbewerber sich in Stellung gebracht haben…

Bevor wir uns zusammen ansehen, was du in deinen Stories teilen könntest, werfen wir einen Blick darauf, wie du sie am Handy erstellen kannst.

. . .

Wie erstelle ich Storys bei LinkedIn?

Das Erstellen von LinkedIn-Storys ist wirklich einfach!

Tippe einfach auf der Startseite oben links auf dein Profilbild:

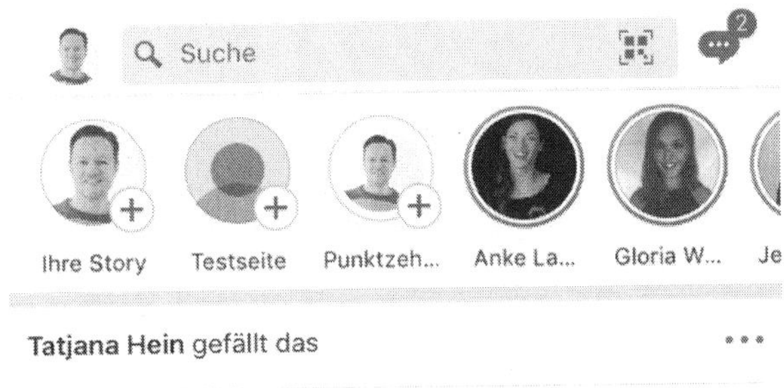

Dann bist du schon im Story-Modus und siehst das Bild der rückseitigen Kamera deines Handys. Schauen wir uns die wichtigsten Funktionen im Überblick als Schaubild an.

Die Aufnahme starten

Tippst du nun nur kurz auf den runden Aufnahme-Button ganz unten auf dem Display, dann kannst du dein Story-Arrangement als Foto teilen. Lässt du deinen Finger länger auf diesem Button, dann wird ein Video aufgenommen, dass du dann ebenfalls als Story teilen kannst.

Tippe nach der Aufnahme einfach unten rechts auf "Story teilen":

Mein Tipp: Schau dir über den QR-Code mein Video-Tutorial an, darin zeige ich dir alle Funktionen der Story ausführlich. Alternativ kannst du auf das Video auch über folgende URL zugreifen:

https://www.youtube.com/watch?v=BAzf6vlRMTw

Sollte alles nicht funktionieren, kannst du mir gern eine Mail an info@punktzehn.de senden. Das gilt auch, wenn Fragen zum Thema aufkommen.

Was kann ich in meinen LinkedIn-Geschichten erzählen?

Im Folgenden möchte ich dir einige Inspiration für deine nächsten Storys mitgeben:

Der Blick hinter die Kulissen

Der Blick hinter die Kulissen ist eine der besten Möglichkeiten, um Aufmerksamkeit für dein Unternehmen zu erzeugen. Durch die Storys bekommst du eine tolle Möglichkeit, deinem Netzwerk zu zeigen, wer hinter deiner Marke steht.

. . .

Das erzeugt eine persönliche Note und baut Vertrauen auf. Und genau das ist heutzutage extrem wichtig, um erfolgreich Social Selling zu betreiben. Wir wollen einfach wissen, bei wem wir etwas herunterladen, uns eintragen oder auch etwas kaufen. Das gilt für größere Unternehmen genauso, wie auch für Personenmarken und Solopreneure.

Verkaufen muss nicht "hart" sein

Besonders effektiv sind diese Art der Stories, wenn du neben der persönlichen Note auch einen Einblick gibst, wie du arbeitest. Wenn du Workshops oder Seminare anbietest, dann könntest du z.B. einen Live-Ausschnitt davon mit deinem Netzwerk teilen.

Dadurch bekommen sie einen exklusiven Einblick und im besten Fall Lust, mit dir zu arbeiten bzw. deine Seminare selbst einmal zu besuchen.

Oder wenn du etwas herstellst – nehmen wir als Beispiel mal an, du bist eine Modedesignerin – dann könntest du zeigen, wie deine Werke im Atelier entstehen. Woher du deine Stoffe beziehst und wie sie angeliefert werden. Auch das schafft Vertrauen und Transparenz.

Perfekt war vorgestern

Immer perfekt aussehen zu müssen und fehlerfrei durchs Leben gehen – diesen Mythos haben wir längst entlarvt und überwunden. Diese Zeiten sind lange vorbei.

Vermeintliche Fehler und kleine Unzulänglichkeiten sind kein Problem, sondern eine Chance. Wenn etwas schief läuft, dann mache daraus eine Geschichte. Lass andere an deinen Missgeschicken teilhaben und teile die Lehren, die du daraus gezogen hast. Das macht dich nicht nur als Person nahbarer, sondern transportiert auch echten **Mehrwert**.

Und der ist Trumpf, nicht nur bei LinkedIn

Erfolge? Story!

Dasselbe gilt für deine Triumphe und Erfolge. Wenn du gerade einen großen Vertrag abgeschlossen hast oder ein mehrtägiges Coaching erfolgreich über die Bühne gebracht hast, dann ist das mehr als eine Story wert.

Filme eine Geschichte und zeige deinen Followern, wie es gelaufen ist und was der Grund für deinen Erfolg ist. Lass sie daran teilhaben – genauso wie an deinen Fehlern.

Weitere Tipps für erfolgreiche Storys

Optimiere dein Profil

Wir haben uns ja schon angeschaut, dass man die LinkedIn Storys aktuell nicht auf dem eigenen Profil sieht (wie es bei Instagram der Fall ist), sondern auf der Startseite. Wir können also momentan kein aufmerksamkeit-steigerndes Vorschaubild erzeugen. Deswegen muss dein Profilbild richtig gut gemacht sein und natürlich deine Zielgruppe ansprechen sowie zu

deinem Thema passen. Denn dieses wird ja stellvertretend für deine Story angezeigt.

Starker Start

Die meisten Zuschauer und Zuschauerinnen entscheiden in den ersten Sekunden, ob sie sich deine Story anschauen oder weiterklicken. Deswegen macht es Sinn, gerade den Anfang spannend zu gestalten.

Ein paar Tipps dazu:

- Kommuniziere gleich zu Beginn den wichtigsten Punkt deines Videos und warum Zuschauer dran bleiben sollten.

- Spreche deine Zuschauer direkt an. Spreche direkt in die Kamera, denn gerade die direkte Ansprache sorgt bei deinen Zuschauern und Zuschauerinnen für Aufmerksamkeit.

- Sprich gleich zu Beginn ein Thema an, das für deine Zielgruppe wirklich wichtig und relevant ist.

Der nächste Tipp ist eng damit verbunden:

Schaffe (auch in den Storys) immer Mehrwert

Diesen Punkt hast du sicher schon oft gehört. Dennoch will ich ihn hier betonen, denn er ist einfach unumgänglich und wird oft nicht in den Fokus genommen.

Du solltest genau herausfinden, wer dein idealer Kunde ist, und diesen mit Persönlichkeitsmerkmalen, demographischen Informationen, Schmerzpunkten und Wünschen zum Leben erwecken und immer auf dem Schirm haben. Nur dann kannst du deine Inhalte so abstimmen, dass sie auch wirklich weiterhelfen.

. . .

Mein Tipp:

Notiere dir (schon vor dem Erstellen deiner Story), welchen Mehrwert (das können z.B. praktische Tipps sein) du in deiner Story präsentieren möchtest. Mir hilft dabei immer eine kurze **Checkliste**, auf der ich mir die wichtigsten Punkte notiere. Das gibt dir Sicherheit und du läufst nicht Gefahr, Kernpunkte zu vergessen.

Nimm zum Beispiel einen Blog-Eintrag, und wandle diesen, in eine Geschichte um. Nimm daraus die drei wichtigsten Punkte und hebe sie in einer Story hervor.

Fazit

Ob man die neue Story-Funktion nun verflucht oder liebgewonnen hat – sie ist eine spannende Ergänzung zum normalen Alltag auf der derzeit größten beruflichen Plattform.

Ich hoffe, meine Tipps konnten dir weiterhelfen, dieses neue Feature bestmöglich einzusetzen und Spaß dabei zu haben!

Dein Uli

12

SO ERSTELLST DU EIN LINKEDIN UNTERNEHMENSPROFIL UND GEWINNST NEUE FOLLOWER

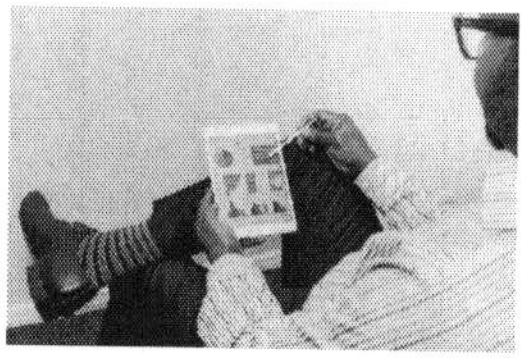

Ein **LinkedIn Unternehmensprofil** bietet Unternehmern vielfältige Möglichkeiten, sich online optimal zu präsentieren. In Verbindung mit einem **professionell gestalteten privaten LinkedIn Profil** verhelfen Geschäftsseiten zu weiterer Sichtbarkeit und bergen viel Potential in Sachen **Marketing** und **Employer Branding**.

Doch eine **Unternehmensseite bei LinkedIn** bietet noch weitere **Vorteile**. Sehen wir uns die wichtigsten im Überblick an.

Vorteile einer LinkedIn-Unternehmensseite

- Das geschäftliche Profil präsentiert dein Unternehmen optimal, nicht nur einzelne Mitarbeiter.
- Mitarbeiter können so zu Unternehmens-Botschaftern werden (und dein Unternehmen bekannt machen).
- Updates bekommen eine erhöhte Reichweite im Gegensatz zu anderen Plattformen.
- Du erhältst Benachrichtigungen, wenn jemand die eigene Marke erwähnt.

- Du schaffst dir eine tolle Bühne, um wichtige Unternehmensneuigkeiten zu verbreiten.
- Dein LinkedIn Unternehmensprofil ist kostenlos und verursacht keine weiteren Kosten (außer, du nutzt die Werbefunktionen).

Die Möglichkeiten und Vorteile eines Unternehmensprofils bei Linkedin sind vielfältig. Die Frage, ob es sich für das eigene Business lohnt, kann damit in den meisten Fällen mit ja beantwortet werden. Dafür sprechen ebenfalls die **500 Millionen LinkedIn-Nutzer** weltweit und die über **11 Millionen Konten im DACH-Bereich**.

Vor dem Start gibt es ein paar Dinge zu beachten, damit das eigene Unternehmensprofil reibungslos aufgebaut werden kann:

Was sind die Voraussetzungen für eine Firmenseite bei LinkedIn?

Der besseren Übersichtlichkeit halber möchte ich dir diese Informationen als Checkliste präsentieren:

- Du musst über ein persönliches LinkedIn-Profil mit Vor- und Nachnamen verfügen.
- Dieses Profil darf nicht jünger als sieben Tage sein.
- Du brauchst ein zumindest teilweise ausgefülltes Profil und mehrere Verbindungen zu anderen LinkedIn-Profilen.
- Du musst Mitarbeiter des Unternehmens sein und diese Position im Abschnitt (Berufs-)Erfahrung gelistet haben.
- Die E-Mail-Adresse des Unternehmens selbst muss eindeutig sein.
- Generische Domains wie gmail.de oder yahoo-Adressen sind nicht auf ein Unternehmen beschränkt und können daher nicht zum Erstellen einer Unternehmensseite verwendet werden.

Wie erstelle ich ein LinkedIn Geschäftskonto?

Wie bereits erwähnt, benötigst du dazu zunächst ein persönliches LinkedIn-Profil.

Stelle außerdem sicher, dass dein Unternehmen nicht bereits über eine Seite auf LinkedIn verfügt. Dann steht der neuen Firmenseite bei LinkedIn nichts mehr im Wege 🙂

Im Folgenden zeige ich dir die Schritte auf, die zur Erstellung deines LinkedIn Unternehmensprofils nötig sind:

So fügst du eine Firmenseite hinzu

Gehe zunächst mit dem Cursor von deiner Startseite aus auf "Arbeit" und wähle "Eine Unternehmensseite erstellen".

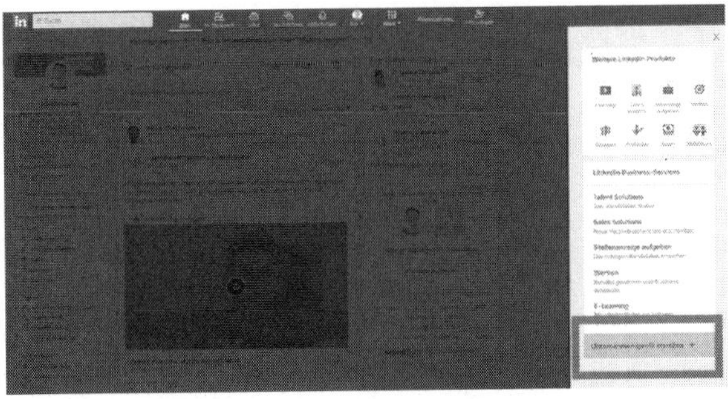

Wähle jetzt den **Typ der Unternehmensseite** aus, die du erstellen möchtest:

Gib anschließend die **Unternehmensinformationen** ein:

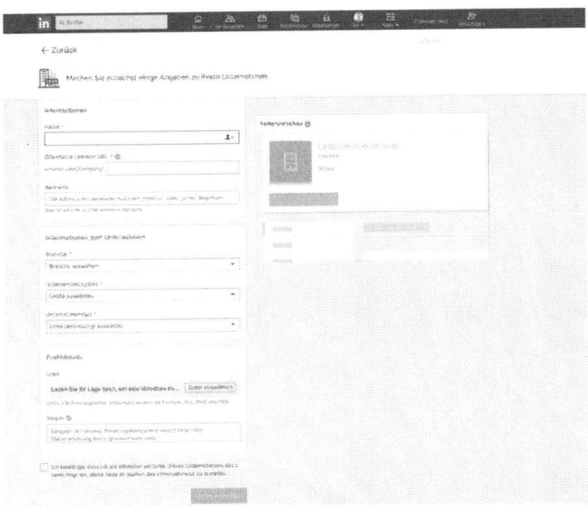

Klicke dann auf "Seite erstellen", um fortzufahren.

Glückwunsch, du hast deine Unternehmensseite bereits erstellt!

Jetzt ist es an der Zeit, diese zu optimieren:

Optimiere deine Geschäftsseite

Schreibe zunächst eine überzeugende **Zusammenfassung**. Wenn sich jemand die Zeit nimmt, bis zu dieser Beschreibung zu scrollen, dann hat er bereits Interesse an deinem Unternehmen gezeigt. Deswegen solltest du hier anschaulich beschreiben, um was es bei deinem Unternehmen geht, was du für deine Kunden möglich machst und am besten auch, welche Motivation dich zum Gründen des Unternehmens bewegt hat.

Verwende in dieser Beschreibung relevante **Schlüsselwörter**, damit dich potentielle Interessenten, neue Kontakte und Kunden in den Suchmaschinen (und bei LinkedIn selbst) leichter finden können.

Füge Hintergrundbild und Logo hinzu

Vervollständige jetzt die LinkedIn Unternehmensseite, indem du ein **Cover- oder Hintergrundbild** (Größe: 1,536 x 768 Pixel) hinzufügst und den Standort angibst.

Noch ein Tipp: Wenn du Canva verwendest, klicke dort einfach im Dashboard auf die Option "Benutzerdefinierte Dimensionen verwenden", und lege die Vorlage auf 646 x 220 Pixel fest.

Fülle auch die anderen Bereiche deines Accounts mit Inhalt.

Vergiss auch nicht, ein ansprechendes **Accountbild** hinzuzufügen. Das kann z.B. einfach das Logo des Unternehmens sein. Die empfohlene Größe liegt bei 300 x 300 Pixeln.

Glückwunsch, damit hast du dein **LinkedIn Unternehmensprofil** bereits eingerichtet und mit den richtigen Informationen gefüllt. Jetzt kannst du damit beginnen, deine Seite publik zu machen und **neue Follower** dafür zu gewinnen:

Gewinne neue Follower mit Content Marketing

Durch das **Teilen wichtiger Neuigkeiten, die auf deine Zielgruppe abgestimmt sind,** bleibst du im Gedächtnis deiner Follower und ziehst zudem neue Fans an. Achte immer darauf, Inhalte voller **Mehrwert**, z.B. wichtige Blogbeiträge deines Unternehmensblogs zu teilen. Das sorgt für **Vertrauen** und zeigt deinen Followern, dass du eine wichtige Ressource in deinem Bereich und ein echter **Experte** für dein Thema bist.

Über LinkedIn kannst du auch direkt Beiträge teilen und das Netzwerk so als einen erweiterten Blog nutzen. Das ist eine sinnvolle Erweiterung deiner **Content-Marketing-Strategie**, die für weiteres Vertrauen in deine Marke sorgen wird und deine Reichweite erhöht.

Um **Beiträge** zu teilen, wähle als Administrator einfach deine Unternehmensseite aus, indem du auf dein Account Bild oben rechts klickst. Klicke dann auf Artikel, Video, Dokument oder Beitrag teilen. Dann kannst du deinen Beitrags-Text eingeben. Du kannst natürlich auch URLs teilen, deren Vorschau dann automatisch geladen wird.

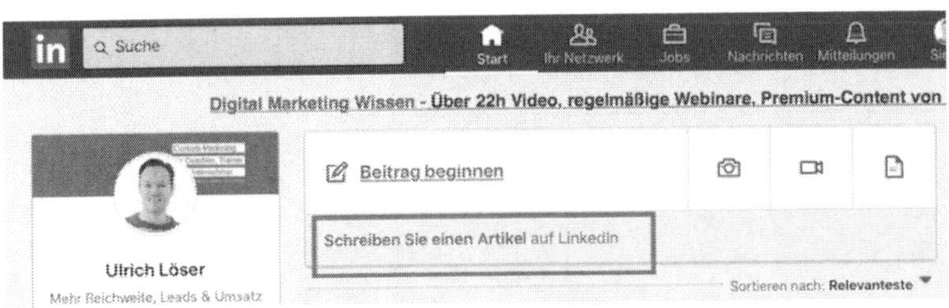

Über die entsprechenden Symbole kannst du auch Fotos, Videos und relativ neu auch Dokumente (z.B. PDFs) teilen.

Rich Media Inhalte zu integrieren macht Sinn, denn damit ziehst du die Aufmerksamkeit deiner Follower auf deine Inhalte und animierst sie, diese zu teilen. Klicke dann auf "Posten" wenn du alles fertig eingegeben hast.

Außerdem kannst du die Kommentare zu deinem Beitrag verbieten – das empfehle ich dir aber nicht, denn du möchtest ja möglichst viel **Interaktion** zu deinen Beiträgen erreichen.

Im Grunde funktioniert das Ganze so, wie wenn du einen Beitrag oder Update auf deiner privaten Seite teilen würdest.

Sei aktiv in relevanten Linkedin Gruppen

Ein weitere Tipps ist, aktiv in relevanten LinkedIn-Gruppen zu sein. Indem du aktiv in den richtigen LinkedIn Gruppen bist, kannst du dich mit neuen Interessenten und Followern verbinden.

Gleichzeitig machst du sie aufmerksam auf dein **LinkedIn Unternehmensprofil** und gewinnst **neue Follower** hinzu.

Hilf in den Gruppen anderen weiter, zeige deine **Expertise** und mach die anderen Gruppenmitglieder so auf dich und deine Seite und Angebote aufmerksam. Das Tolle daran ist, dass du so nicht nur bestehende Fans erreichst, sondern auch andere Experten aus deiner Branche und neue potentielle Follower.

Geeignete Gruppen findest du über die **Suchfunktion** ganz oben auf deiner LinkedIn Seite.

Gebe hier einfach dein Stichwort ein und schon werden dir verschiedene Gruppen vorgestellt. Natürlich kannst du auch eine eigene Gruppe gründen, die du dann mit relevanten Infor-

mationen bespielst und die Mitglieder zum Mitmachen und Mitdiskutieren animierst.

Füge diese **Gruppe anschließend deiner Unternehmensseite hinzu**, damit noch mehr LinkedIn-Mitglieder darauf aufmerksam werden.

**Auch diesen Link sende ich dir auf Anfrage via info@punktzehn.de gerne zu.*

Werbung mit LinkedIn schalten

Natürlich kannst du bei LinkedIn auch Werbung für dein Unternehmensprofil schalten. Neben sogenanntem **Sponsored Content** bietet dir LinkedIn weitere Werbelösungen wie **Text Ads** und **Sponsored InMails**.

Setze Showcase Pages ein

Showcase Pages bzw. **Fokusseiten** funktionieren im Grunde wie Subdomains und ermöglichen es dir, bestimmte Bereiche deines Unternehmens oder z.B. aktuelle Aktionen hervorzuheben.

Interessierte LinkedIn-Mitglieder, können dadurch deinen Fokusseiten folgen und werden so über Updates informiert. Je Unternehmensseite kannst du bis zu zehn Showcase Pages erstellen.

So nutzt du dein Profil, um neue Mitarbeiter zu finden

LinkedIn eignet sich optimal, um als attraktiver Arbeitgeber bei potentiellen Bewerbern zu punkten. Um auch auf diesem Gebiet das volle Potential deiner Unternehmensseite bei LinkedIn zu nutzen, solltest du den Beschreibungstext (den wir oben besprochen haben) immer aktuell halten.

Füge hier **Karriereinformationen und -chancen** hinzu und teile diese immer wieder über deine Seite. Frage bestehende Kunden nach Produkt- und Servicebewertungen sowie Testimonials. Das Teilen dieser Zeugnisse kann ein starkes Vertrauen unter potenziellen Besuchern aufbauen.

Mit den "Karriereseiten" stellt dir LinkedIn weitere Möglichkeiten zur Verfügung.

Analysiere deine Unternehmensseite regelmäßig

Die internen Seitenanalysen kann du als Unternehmer nutzen, um tiefer in das Kundenverhalten einzutauchen. Durch die Nutzung des **Trackingsystems** kannst du mehr über deine Follower, deren Trends, Wachstumsoptionen und andere wichtige Kennzahlen erfahren.

Der **Schlüssel zum Wachstum deiner Seite** ist die Analyse der gesammelten Daten sowie die anschließende **Optimierung** und **Anpassung** deiner Strategie. Indem du deine Strategie immer wieder anpasst, kannst du das Bestmögliche herausholen und deinem Unternehmen helfen, weiter zu wachsen.

Ich hoffe, ich konnte dir dabei helfen, dein LinkedIn Unternehmensprofil zu erstellen und wünsche dir dabei viel Freude und Erfolg!

Beste Grüße

Uli

13

NEUE LINKEDIN FUNKTIONEN: DAS WICHTIGSTE AUF EINEN BLICK

LinkedIn ist ein sehr dynamisches soziales Netzwerk. In den letzten Wochen und Monaten hat sich Einiges auf der Plattform getan und neue Funktionen sind hinzugekommen. In diesem Artikel möchte ich dir die **neuesten Updates und Funktionen** vorstellen.

Der „Vorgestellt"-Bereich

In diesem Bereich kannst du ab sofort Links und Dateien sehr prominent präsentieren. In der Lektion „Der „Vorgestellt"-Bereich" stelle ich das Feature im Buch ausführlich vor.

LinkedIn-Storys

LinkedIn goes Instagram. Mit den Stories kannst du kurze Videobotschaften teilen, ganz so, wie man es schon von Instagram kennt. In der Lektion „LinkedIn-Storys: So nutzt du das Format optimal" stelle ich dir die Funktion in diesem Buch vor.

Verfügbarkeit: Handy

. . .

Videobotschaft in Nachrichten teilen

Ab sofort kannst du Videos nicht nur in Posts und Artikeln teilen, sondern auch in Nachrichten. Das Ganze funktioniert recht einfach (bei mir aktuell nur vom Handy aus): Öffne einfach LinkedIn, gehe zu den Nachrichten (auf dem Handy zum Nachrichten-Symbol ganz oben rechts) und schreibe dort eine neue Nachricht bzw. öffne ein bestehende

Jetzt kannst du mit einem Klick auf das kleine + links unten neben "Nachricht verfassen" folgendes Fenster öffnen:

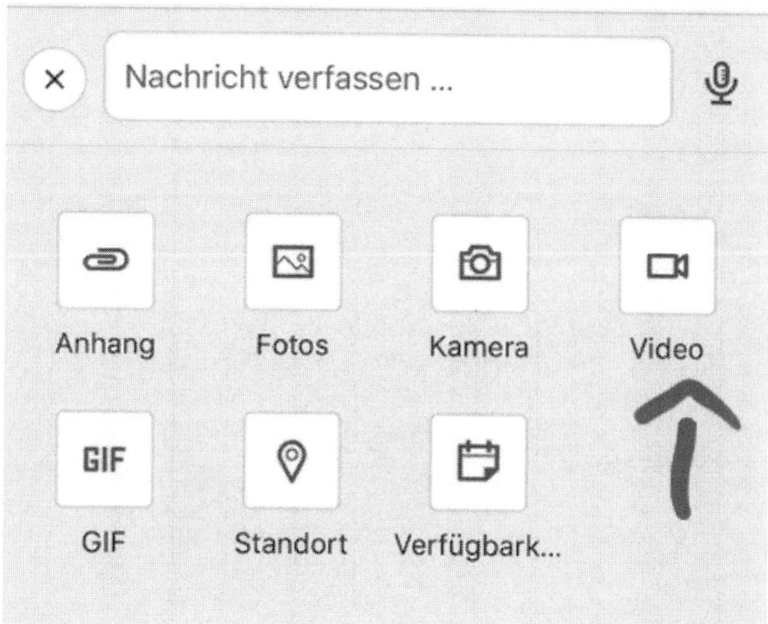

Hier tippst du einfach auf "Video" und schon kannst du deine Video-Nachricht teilen!

Echtzeit-Videostream mit LinkedIn Live

Bislang bot LinkedIn Video nicht genug Raum, sehen wir mal von der tollen Funktion ab, Videos in Posts und Artikel einzubinden. Auf diesem Bereich zieht LinkedIn nun bald mit der LinkedIn live Funktion nach.

Bislang ist das Feature noch nicht für alle Sprachräume verfügbar, doch das ist sicher nur eine Frage der Zeit. Ich werde dich auf dem laufenden halten, sobald diese Funktion flächendeckend auch in Deutschland verfügbar ist.

Dokumente oder Präsentationen teilen

Ab sofort kannst du PDFs und Folien über den Feed deiner persönlichen Seite, in einer Gruppe oder auf einer Seite auf LinkedIn veröffentlichen. So funktioniert das Ganze:

So teilst du Dokumente mit LinkedIn

Klicke einfach ganz oben auf das Dokumentensymbol:

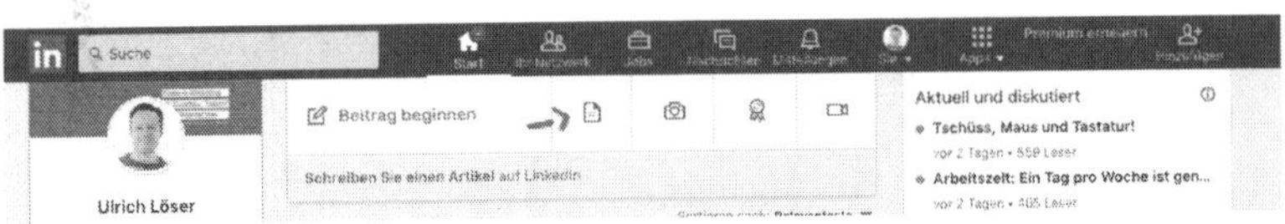

Jetzt kannst du ein Dokument deiner Wahl über "Datei auswählen" hochladen. Das funktioniert auch über die Dropbox oder Google Drive.

Reaktionen anstatt nur "likes"

Ab sofort kannst du Beiträgen nicht nur ein "Like" verpassen, sondern vielfältigeres Feedback geben. Du kannst "klatschen", ein Herz vergeben (Instagram lässt grüßen), eine Glühbirne

kommunizieren (wenn dir ein Beitrag z.B. besonders geistreich erscheint) oder ein nachdenkliches Symbol anklicken:

Andere Nutzer auf Fotos markieren

Auch diese neue Funktion kennen wir bereits von Facebook und Co. Neuerdings lassen sich andere Nutzer ganz einfach in Fotos markieren. Das ist durchaus praktisch, denn dadurch musst du diese nicht extra im Text des Postings verlinken.

So markierst du andere Nutzer auf deinen Fotos

Klicke zunächst ganz oben auf der LinkedIn Startseite auf "Beitrag beginnen":

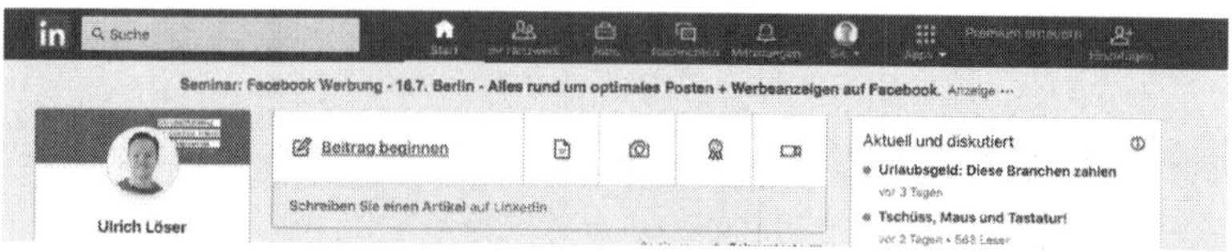

Jetzt kannst du über das Foto-Symbol ein Foto hochladen und dann mit der Maus darauf klicken, um jemanden auszuwählen, den du markieren möchtest:

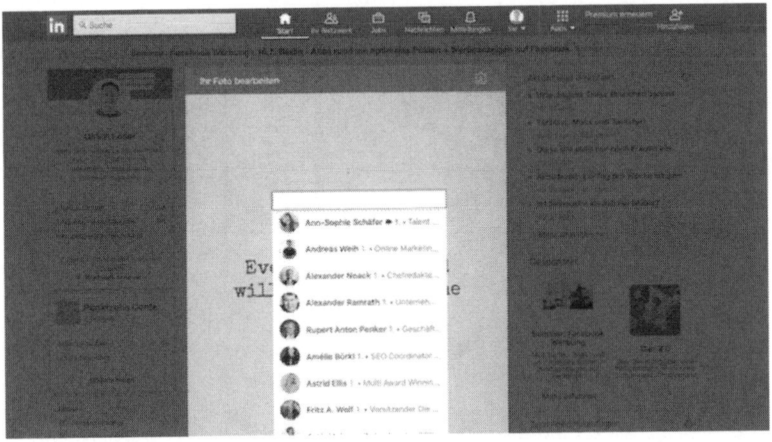

Anschließend einfach auf "Weiter" klicken und dann auf "Posten", um das markierte Foto zu veröffentlichen.

Updates für Unternehmensprofile

Angepasster Button für Unternehmensseiten

Bisher gab es lediglich den Call-to-Action Button „Folgen", mit dem Linkedin-Mitglieder **Unternehmensprofilen** folgen können.

Der bekommt nun Zuwachs:

- Anmelden
- Kontakt
- Mehr erfahren
- Registrieren
- Webseite besuchen

Den jeweiligen Button kannst du dir als Admin direkt auf deiner Unternehmensseite anzeigen lassen. Klicke dazu einfach auf den

kleinen Stift neben "Webseite besuchen":

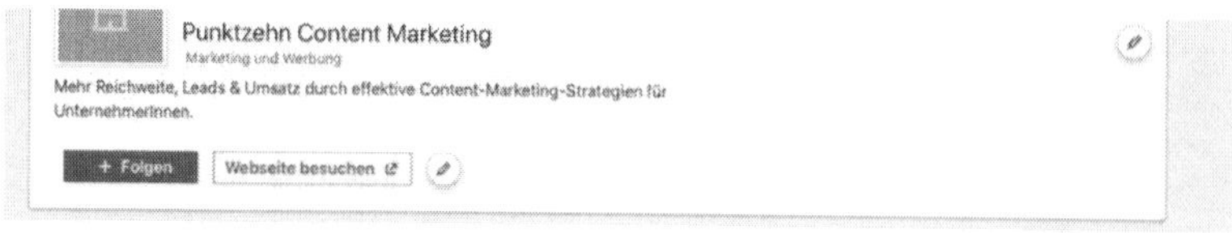

Hinzufügen lässt sich jedoch lediglich ein neuer Button.

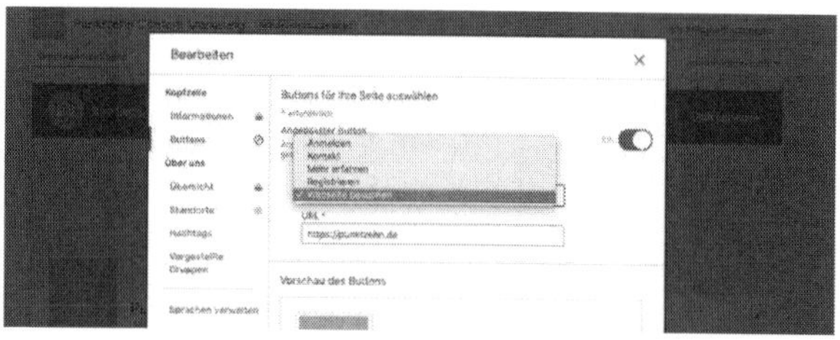

Verbesserte Analytics

Die bisherigen Analytics Funktionen sind hilfreich, aber auch hier hat LinkedIn nachgelegt. Mit den neuen Analytics Dashboards bekommen Admins nun noch mehr Informationen über die Aktivitäten der Nutzer auf der Seite.

Um zu den Analytics zu gelangen, klicke einfach auf deiner Unternehmensseite auf Analysen:

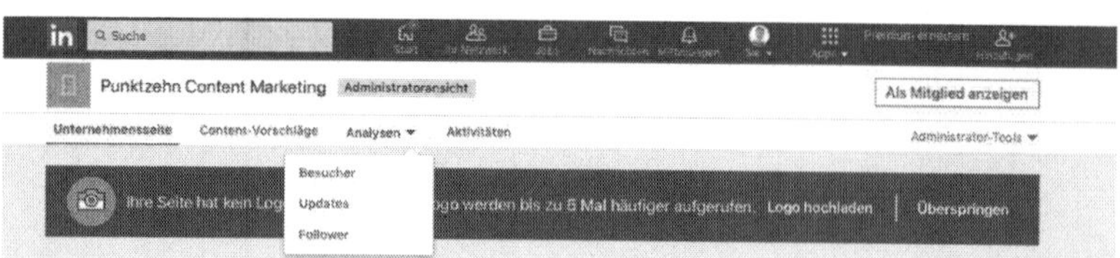

Verfügbarkeit: Desktop

Community Hashtags

Um keine relevante Diskussion auf der Plattform zu verpassen und sich mit dem eigenen Unternehmen dort einzubringen, bietet es sich an, Community Hashtags zu abonnieren. Dasselbe kennen wir im Prinzip ja schon von Instagram. Der Unterschied ist hier, dass Unternehmensseiten bei LinkedIn nur drei Hashtags abonnieren können.

Sobald es zu den Hashtags deiner Wahl neue Diskussionen gibt, kannst du jetzt sofort mitreden. Oder einfach nur aufmerksam mitlesen, denn in solchen Diskussionen finden sich oft wertvolle Hinweise zum eigenen Unternehmen.

Über LinkedIn wirst du darüber durch eine notification aufmerksam gemacht und verpasst keine wichtige Unterhaltung.

Um dich für deine Hashtags deiner Wahl zu entscheiden, klicke auf deinem Unternehmensprofil auf "Communities" rechts unten:

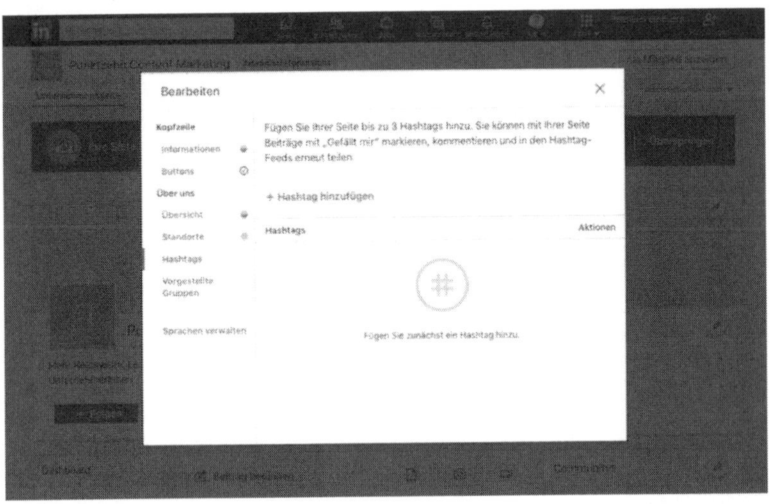

Verfügbarkeit: Desktop

Mobiles Bearbeiten von Unternehmensseiten

Mit diesem Update können Admins von Unternehmensseiten jetzt auch mobil posten, Beiträge editieren und mit anderen interagieren.

Auch die Seiteneinstellungen lassen sich jetzt bequem mobil anpassen.

Öffne dazu auf deinem Handy einfach deine Unternehmensseite:

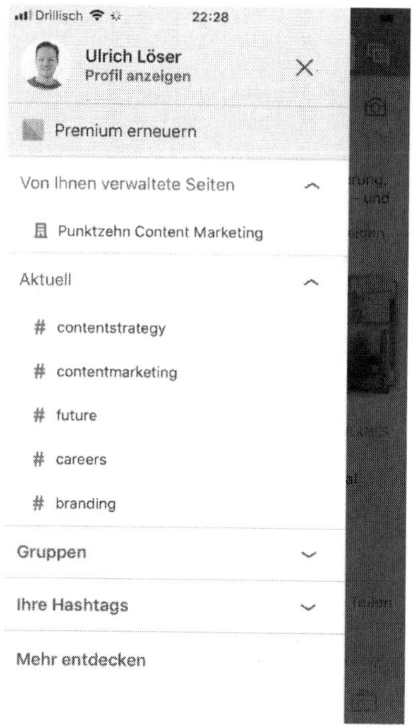

Jetzt kannst du diese ganz bequem bearbeiten und erweitern:

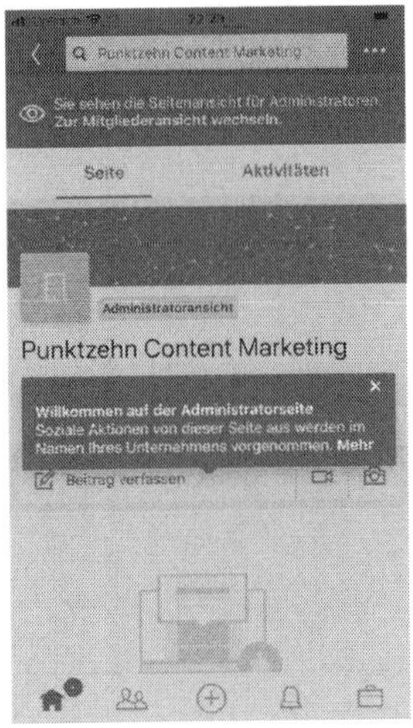

Fazit

Bei LinkedIn hat sich viel getan in den letzten Wochen. Mit den neuen Funktionen setzt LinkedIn auf mehr Interaktion und Kommunikation. Das dürfte wahrscheinlich auch ein Zeichen sein, dass sich LinkedIn weiter Facebook angleicht. Die Feeds werden voller und LinkedIn bemüht sich, nur noch den relevantesten Content auszuspielen. Und natürlich sollen die Weichen gestellt werden, um die verlorengegangene Reichweite irgendwann monetarisieren zu können.

Alles, wie wir es bei Facebook z.B. gesehen haben. Wir dürfen gespannt sein, wie sich LinkedIn in den nächsten Wochen und Monaten entwickeln wird und welche neuen Funktionen dazukommen. Mit diesem Buch (das ich immer wieder aktualisiere) bist du auf jeden Fall auf dem neuesten Stand.

Viel Freude und Erfolg mit LinkedIn, dein

Uli

14

57 POST-IDEEN FÜR LINKEDIN-BEITRÄGE

Fehlen dir auch manchmal die Ideen für neue LinkedIn-Posts?

Das kenne ich selbst nur zu gut!

Damit dir das so schnell nicht mehr passiert, habe ich dir 57 Ideen für neue spannende Beiträge zusammengetragen.

> **Auf dass dir die Post-Ideen nie mehr ausgehen!**

Lass mich dir noch einen **Tipp** mit auf den Weg geben, bevor wir starten:

Es macht Sinn, bei der Suche nach neuen Inhalten immer deine **Business-Ziele** im Blick zu haben. Denn, wenn du weißt, welchen Zweck dein Content erfüllen soll, dann kannst du ihn viel zielgerichteter erstellen und einsetzen.

Dann hast du einen Überblick über mögliche Content-Formate, kannst dich in diesem Rahmen frei bewegen und natürlich auch mal darüber hinaus kreativ werden.

Ok, legen wir los mit den Content-Ideen!

Content-Tipp 1: Quotes neu aufbereiten

Inspirierende und motivierende Zitate sind ein tolles Content-Format. Lege dir am besten eine Liste mit spannenden Zitaten an und produziere daraus z.B. Bild-Quotes und Zitate.

Mit dem im Buch kurz vorgestellten Canva geht das recht leicht und intuitiv von der Hand.

. . .

Content-Tipp 2: Teile Einblicke in deine tägliche Arbeit

Zeige deinen Followern doch mal, wie du arbeitest. Du machst gerade ein neues Vision-Board mit deiner **Content-Strategie** oder ordnest Post-Its mit deinen Zielen neu? Das sind super Gelegenheiten, davon einfach mal ein Foto zu machen und deinen Followern zu zeigen!

Content-Tipp 3: Kündige spannende Events an

Du hast von einem spannenden Event in deiner Branche erfahren, dass sicher auch für deine Follower interessant wäre? Super, dann mach daraus einen Post und erzähle anderen davon!

Content-Tipp 4: Besuche Events und berichte darüber

Bestimmt gehst du hin und wieder auf ein Bar-Camp, ein Meetup oder Ähnliches. Nimm doch mal deine Kamera (oder einfach dein Handy) mit und berichte Live von der Veranstaltung.

Oder mach ein Interview danach mit einem Experten, den du dort getroffen hast. Natürlich tut es auch das klassische Gruppen-Selfie ;)

Content-Tipp 5: Nachbetrachtung eines Events

Wenn du bei einem interessanten Event warst, dann könntest du z.B. die wertvollsten Insights mit deinen Followern teilen. So transportierst du echten Mehrwert!

Ok, genug der Events, kommen wir zu einem neuen Thema:

. . .

Content-Tipp 6: Fragestunde

Fragestunden werden normalerweise gern in Anspruch genommen. Denn damit haben deine Follower oder Kunden die Möglichkeit, dich mal so richtig auszuquetschen. Besonders gut funktioniert das Ganze als Live-QA, aber auch ein Frage-Post bietet sich an.

Content-Tipp 7: User generated Content

Gebe deinen Followern die Chance, deinen Social-Media-Auftritt oder deinen Blog mitzugestalten. Du könntest z.B. ein bestimmtes Thema aufgreifen und sie dazu animieren, ihre Sichtweise dazu in einem Foto oder Video darzulegen. Das können sie dir entweder zuschicken oder einfach als Kommentar zu einem LinkedIn-Post hinterlassen.

Content-Tipp 8: Bücher-Tipps

Du hast ein echt gutes Buch gelesen, das sicher auch für deine Follower interessant wäre? Dann lass sie davon wissen und poste ein Bild davon!

Ein oder zwei Kernthesen daraus bringen Mehrwert in den Post.

Content-Tipp 9: Schau in die Zukunft

Du bist ein Profi auf deinem Gebiet und hast das Feld im Blick. Warum nicht mal eine Zukunftsprognose wagen? Wie entwickelt sich deine Branche, welche Trends und welche Schwierigkeiten siehst du? Dabei kannst du ruhig etwas kontrovers argumentieren und deinen eigenen Standpunkt deutlich machen. Dadurch entwickeln sich oft interessante Diskussionen unter deinen Beiträgen, die deinen Posts mehr Reichweite schenken werden.

Content-Tipp 10: Geschichte deines Unternehmens

Jedem Anfang wohnt ein Zauber inne, wie man so schön sagt.

Das ist bestimmt auch bei dir so. Erinnere dich mal zurück, was hat dich am Anfang so fasziniert, dass du unbedingt dein eigenes Business starten wolltest? Bring das in einem Post oder Beitrag auf den Punkt!

Content-Tipp 11: Tool-Tipps

Da draußen gibt es so viele spannende Tools. Wenn dir ein Online-Tool bei deiner Arbeit besonders weiterhilft, dann berichte anderen davon!

Bringe eine Erklärung mit ein, damit deine Follower schneller ins Tool einsteigen können.

Content-Tipp 12: Meilensteine deines Business

Die ersten 1000 Follower bei LinkedIn oder der Einzug in das erste eigene Büro sind Meilensteine deines Business! Deshalb gehören sie anständig gewürdigt und in einem Post verewigt.

Content-Tipp 13: Kreativität

Du hast eine neue und kreative Lösung für ein Problem gefunden? Glückwunsch, teile deinen Geistesblitz und lass deine Follower daran teilhaben!

Content-Tipp 14: Best practice

Du oder jemand anderes hat eine besonders gute Leistung vollbracht, die dich inspiriert und fasziniert hat?

Dann solltest du sie gleich posten. Denn die Chance, dass deine Follower das ebenso sehen, ist meist höher, als du denkst! Vor allem, wenn du dich gut in deine Zielgruppe hineinversetzt hast und genau weißt, welche Themen sie interessieren.

Content-Tipp 15: Filmtipps

Du hast ein tolles Video auf YouTube oder eine spannende Dokumentation auf einem anderen Kanal gesehen? Wenn sie auch für deine Leser und Follower interessant ist, dann hast du genau jetzt einen neuen Post!

Achte bei LinkedIn darauf, dass dieses Video zumindest einen leicht business-lastigen Bezug hat. LinkedIn ist zwar auch Social, dennoch haben wir hier ein Netzwerk mit beruflichem Fokus vor uns.

Content-Tipp 16: Pro und Contra

Beleuchte zwei Seiten einer Medaille. Gehe z.B. auf die Vorteile und Nachteile einer neuen Social-Media-Plattform ein und frage deine Follower, was sie dazu sagen.

Content-Tipp 17: Rekorde

Wer hat in deiner Branche Besonderes geleistet? Pick dir Bestleistungen heraus und teile sie mit deinen Followern. Gib anderen eine Bühne und deren Licht wird auf dich zurück scheinen.

Content-Tipp 18: Zeitgeschehen aufgreifen

Lass hin und wieder das große Ganze in deine Kanäle einfließen. Zeitgeschichtliche Ereignisse sind sicher auch für einige deiner Follower von Interesse.

Setze diese am besten in Verbindung mit deiner Arbeit und deiner Branche. So zeigst du deinen Followern, dass du den großen Zusammenhang im Blick hast und entfesselst im besten Falle rege Diskussionen unter deinem Beitrag.

Content-Tipp 19: Zeige deine Anteilnahme

Eine für dich wichtige Person ist von uns gegangen und du möchtest gerne deine Anteilnahme mit anderen teilen? Auch wenn das ein trauriges Thema ist, einen Post kann es wert sein.

Idealerweise hatte diese Person eine Bedeutung für das Themengebiet, mit dem du dich beruflich beschäftigst.

Content-Tipp 20: Gewinnspiel

Auch wenn dieses Format von einigen Zeitgenossen meiner Meinung nach etwas inflationär eingesetzt wurde, sind Gewinnspiele oft ein guter Hebel, um deine Follower zu aktivieren und neue anzuziehen. Achte einfach darauf, dass du einen wirklich coolen Gewinn auslobst und go for it!

Natürlich muss sich das Gewinnspiel im Rahmen der LinkedIn Vorgaben bewegen. Diese ändern sich immer wieder. Schau doch bitte vor deinem Gewinnspiel mal bei LinkedIn oder Google nach den aktuellen Bedingungen.

• • •

Content-Tipp 21: Infografiken

Infografiken haben einen besonderen Vorteil: Sie bringen komplexe Inhalte schnell auf den Punkt. Darüber hinaus werden sie besonders gern geteilt. Schau z.B. mal auf **easelly** vorbei und erstelle deine eigene Infografik!

Content-Tipp 22: Um Hilfe bitten

Hast du eine Frage oder brauchst die Schwarmintelligenz deiner Follower in einer bestimmten Situation? Dann bitte sie um Hilfe! Du wirst erstaunt sein, welche Hilfsbereitschaft dir entgegenschlagen wird.

Content-Tipp 23: Hintergrundberichte

Wie ist die Story hinter deinem Business oder hinter deinen Produkten? Gibt es tiefgreifende Veränderungen in deinem Themengebiet, denen du auf den Grund gehen möchtest? Liefere deinen Followern Einblicke in deinen Werdegang etc. und lass sie an deinem Leben und Arbeiten teilhaben!

Content-Tipp 24: Quiz-Fragen

Stell deine Follower auf die Probe, indem du ihnen z.B. ein Rätsel stellst. Mach es ihnen nicht zu leicht und überlege dir etwas Kreatives! Das Ganze lässt sich vortrefflich mit einem Gewinnspiel verbinden, was die Motivation deiner Follower zusätzlich steigern kann.

Content-Tipp 25: Bad day

Hattest du heute einen richtig schlechten Tag? Dann lass mal etwas Luft ab und erzähl von deinen Erlebnissen! Das macht

dich noch menschlicher und bestimmt kann sich der eine oder andere mit deinen Erlebnissen identifizieren und kommentiert deinen Beitrag.

Content-Tipp 26: Einfach mal bedanken

Dankbarkeit ist ein starkes Gefühl und setzt Emotionen frei. Wenn du dich bei deinen Followern für ihre Treue oder etwas anderes bedanken willst, dann ist das auf jeden Fall einen Post wert!

Content-Tipp 27: Interessante Gruppen empfehlen

Es gibt eine neue interessante LinkedIn-Gruppe, die für deine Follower interessant sein könnte? Super, dann stell sie ihnen gleich in einem Post vor!

Content-Tipp 28: Best of

In Best Ofs kannst du z.B. deine erfolgreichsten Blog-Posts vorstellen. So lenkst du noch mehr Aufmerksamkeit auf deine besten Inhalte und generierst nebenbei neue Follower und Leads, die auf dich aufmerksam werden!

Content-Tipp 29: Teile aktuelle Gesetzesänderungen

Wenn sich Gesetze und Vorgaben geändert haben, die für deine Follower wichtig sein können, dann werden sie es dir danken, wenn du sie darüber informierst.

Das können z.B. Änderungen der Geschäftsbedingungen von LinkedIn oder etwas Ähnliches sein. Hauptsache, der Bezug zu deinem Thema ist klar und der Post stellt einen Mehrwert für deine Follower dar.

. . .

Content-Tipp 30: Ziele deines Unternehmens

Du hast große Ziele mit deinem Business? Dann bekenne dich dazu und mach sie öffentlich! Das hat den Zusatz-Effekt, dass jetzt "jeder" davon weiß – das wird dir die nötige Motivation verleihen, deine Ziele auch wirklich zu erreichen!

Content-Tipp 31: Teile deine Learnings

Du hattest heute ein Erlebnis, aus dem du eine Lehre ziehen konntest? Du hast den perfekten Work-Flow deiner Lieblings-Tools gefunden, der dir viel Zeit spart?
Dann teile deine Learnings mit deinen Lesern und Followern!

Content-Tipp 32: Challenge dich selbst

In dreißig Tagen das erste eigene Buch schreiben, ist z.B. eine echte Challenge. Vor allem, wenn du es neben dem normalen Trubel deines Arbeitslebens machen möchtest. Teile dein Vorhaben in einem Post mit – dann gibt es kein Zurück und du bekommst die extra Portion Motivation!

Content-Tipp 33: Zeige negatives Feedback

Du hast richtig negatives Feedback bekommen, vielleicht

sogar eines, das unter die Gürtellinie geht? Kein Problem, da stehst du drüber! Mach einfach einen Post daraus und beweise Stärke.

Content-Tipp 34: Branchenmythos entkräften

Manche Mythen sind einfach nicht totzukriegen. Bestimmt kennst du ein paar Annahmen, die völlig aus der Mode sind, sich aber auch in deinem Kunden-Kreis hartnäckig halten. Dann räume in einem Social-Media oder Blog-Post damit auf!

Content-Tipp 35: Zeige deinen USP

Was macht dich, dein Business und deine Leistungen einzigartig? Bestimmt hast du die eine oder andere Superhelden-Power, die deine Arbeit für deine Zielgruppe besonders wertvoll macht.

Bring in einem Post auf den Punkt, was dich von anderen unterscheidet und stärke damit deine Positionierung!

Content-Tipp 36: Eigene kleine Schwäche vorstellen

Jeder hat so seine kleinen Macken. Oft sind das keine Dinge, für die du dich schämen musst. Im Gegenteil –

kleine Schwächen machen dich liebenswert und betonen deine Einzigartigkeit. Teile sie mit deinen Lesern, Fans und Followern.

Content-Tipp 37: Lobes-E-Mail zeigen

Du hast eine tolle E-Mail von einem Klienten bekommen, die dich berührt hat? Super, dann teile sie uns mit, denn das sind wertvolle Referenzen, die Lust auf eine Zusammenarbeit mit dir machen!

Content-Tipp 38: Jahresrückblick

In einem Jahr kann so einiges passieren. Sicher hattest auch du große Highlights oder auch Tiefschläge in den vergangenen 365 Tagen erlebt. Ziehe ein Resümee und teile deine Erfahrungen mit anderen!

Content-Tipp 39: Die Story hinter deinem Business-Namen

Hast du deinem Business einen Namen gegeben, hinter dem eine Geschichte steckt? Vielleicht ist dir eine interessante Wort-Neu-Schöpfung gelungen oder du verbindest mit deinem Business-Namen etwas ganz besonderes – dann solltest du das auf jeden Fall mit deinen

Followern teilen!

Content-Tipp 40: Zeig her deine Geschäftsausstattung!

Du hast z.B. neue Visitenkarten machen lassen, die echt kreativ sind? Genial, dann halte sie gleich in einem Post fest!

Content-Tipp 41: Mindmap zeigen

Mindmaps sind schon eine coole und oft kreative Sache. Egal, ob du sie auf Papier festgehalten oder elektronisch aufgesetzt hast. Mach ein Foto oder einen Screenshot davon und teile das Ganze in einem Post!

Content-Tipp 42: Negativ-Beispiele zeigen

Wie macht man es definitiv nicht? Das Netz ist voller Beispiele, die die Welt nicht braucht. Vielleicht hast du gestern eine Werbe-Mail bekommen, die völlig daneben war oder dir fällt ein großes Unternehmen auf, das mit einem Tweet so richtig ins Fettnäpfchen getappt ist.

Natürlich solltest du mit diesem Post niemanden bloßstellen und jegliche Namen und andere persönliche Infos unkenntlich machen. Besonders dann, wenn es sich

um einen Menschen handelt, der diesen Fehler begangen hat.

Content-Tipp 43: Tipps & Tricks

Mehrwert ist immer eine gute Idee. Verpackt in einen Post mit Bild schaffst du Inhalte, die deine Zielgruppe gerne konsumieren werden. Picke einfach deine besten Tipps und Tricks heraus (z.B. aus deinen Blog-Beiträgen) und mache daraus Posts für Social-Media, deinen Blog und Co. Das können z.B. kurze Video-Tutorials oder How-to-Anleitungen sein.

Content-Tipp 44: Starte Umfragen

Clever gestellte Umfragen haben mehrere Vorteile. So bekommst du z.B. einen besseren Einblick, was deine Zielgruppe wirklich bewegt und regst gleichzeitig Diskussionen an, die auch für andere interessant sein können.

Kommentieren deine Follower eifrig, dann bekommst du dadurch nicht nur wertvolles Feedback, sondern auch eine größere Reichweite.

• • •

Content-Tipp 45: Greife bekannte Hashtags auf

Das können z.B. der #casualfriday, happyfriday, #photooftheday, #motivationalmonday oder #promotionfriday sein. Besonders bei Instagram funktionieren die Begriffe mit der Raute sehr gut und bringen dir mehr Reichweite und Sichtbarkeit. Sie können aber auch bei LinkedIn eingesetzt werden, um deinen Inhalten z.B. als Serie Rahmen und Struktur zu geben.

Natürlich kannst du auch kreativ werden und einfach deinen eigenen Hashtag erfinden. Wie wäre es z.B. mit #ToolFriday?

Content-Tipp 46: Nutze Content-Recycling

In deinen Blog-Beiträgen stecken jede Menge Insights, die du nur herauszupicken brauchst.
Suche dir einfach die
besten zwei oder drei Tipps heraus und mache daraus Social-Media-Posts. Ein Beispiel dazu findest du bei der ersten Inspiration in dieser Liste.

Content-Tipp 47: Stelle den beliebtesten Blog-Beitrag des Monats vor

Schau dir mindestens einmal im Monat die Performance

deiner Blog-Beiträge (Shares / Clicks / Kommentare etc.) genauer an und präsentiere am Ende des Monats den Artikel, der am besten angekommen ist.

So lenkst du neue Leser auf diesen Post, erhöhst die Zugriffszahlen und erreichst weitere Leser, denen der Beitrag nicht im Feed

angezeigt wurde..

Content-Tipp 48: Cross-Sharing

Verknüpfe deine Social-Media-Kanäle miteinander und teile von Zeit zu Zeit Inhalte mittels Cross-Sharing. So machst du die Follower auf deine anderen Kanäle aufmerksam. Und das mit nur einem Klick – einfacher gehts nicht!

Content-Tipp 49: Meme oder gif teilen

Manchmal tut es gut, sich selbst und sein Business nicht allzu ernst nehmen. Wenn du ein lustiges (und im besten Falle themen-relevantes) Meme oder gif findest, dann kannst du das ruhig mal teilen und etwas mehr Vielfalt und Frische in deine Content-Strategie bringen.
Natürlich sollten die meisten deiner Posts einen direkten Bezug zu deinem Thema und deinem Business haben.

• • •

Content-Tipp 50: Nutze Content-Generatoren

Wenn dir mal wirklich keine Ideen kommen wollen, dann lass doch einfach andere für dich arbeiten!

Dazu eignet sich z.B. der Ideen-Generator von HubSpot. Einfach das gewünschte Thema eingeben und los gehts!

Content-Tipp 51: Gastbeiträge

Gastbeiträge sind eine tolle Sache. Suche dir interessante Experten aus, die mit ihrem Wissen deinen Blog aufwerten können und frage sie, ob sie einen Gastartikel beisteuern möchten.

Wenn dein Blog noch keinen allzu großen Traffic hat, dann kannst du im Gegenzug z.B, anbieten, einen eigenen Artikel für den Blog des anderen zu schreiben.

Content-Tipp 52: Spreche offen über eigene Fehler

Wir sind alle Menschen und keine Maschinen.

Fehler sind ganz normal und kommen von Zeit zu Zeit vor.

Es macht allerdings einen entscheidenden Unterschied, wie du damit umgehst. Anstatt alles vertuschen zu wollen, könntest du offensiv damit umgehen und deine Fehler öffentlich machen.

Das schafft Vertrauen, Transparenz und sicher können andere aus deinen Fehlern lernen!

Content-Tipp 53: Reddit

Reddit ist ein spannendes Tool. Hier siehst du sofort, was andere in deiner Branche teilen und welche Inhalte am besten angekommen sind.

Davon kannst du dich inspirieren lassen und Themen aufgreifen bzw. mit deinem eigenen Standpunkt versehen.

Content-Tipp 54: Feedly

Auch Feedly eignet sich hervorragend, um neue Themen schnell auf dem Schirm zu haben. Du kannst mit dem Tool verschiedene Kanäle "abonnieren" und bleibst so immer auf dem Laufenden, was deine Lieblings-Blogs und -Webseiten Spannendes veröffentlicht haben und kannst dich davon inspirieren lassen.

Content-Tipp 55: Teile Updates deiner Webseite oder deines Blogs

Du hast eine neue About-me-Seite geschrieben? Spannend, das kannst du deinen Followern gleich in einem Social-Media-Post mitteilen!

Content-Tipp 56: Poste deine Freebies

Kostenlose Inhalte mit Mehrwert sind immer gern gesehen. Deshalb bietet es sich an, diese Angebote immer wieder mal auf verschiedenen Kanälen zu posten.

Hier siehst du, wie ich das mit meiner Content-Marketing-Checkliste mache:

Netter Nebeneffekt dabei:

Deine E-Mail-Liste füllt sich dadurch fast wie von selbst.

Content-Tipp 57: Stelle interessante Newcomer & Accounts vor

Du hast einen neuen Social-Media-Kanal oder Blog entdeckt, der für deine Kontakte, Follower und Klienten

sicher interessant wäre?

Super, dann stelle ihn vor!

Sooo, das war es jetzt aber wirklich – ich hoffe, ich konnte dir jede Menge Inspiration für neue Inhalte bieten!

Liebe Grüße und viel Spaß beim Posten 😊

Dein Uli

Impressum & rechtliche Angaben

Autor:

Ulrich Löser

Anschrift:

Ostseestraße 26A

10409 Berlin

Kontakt: info{at}punktzehn.de